高校 最重要事項100%
図解 日本史

since 1890
受験研究社

はじめに

　日本史は素晴らしい科目です。
　あまたの魅力的な人物群像。劇的で感動的な人間ドラマ。多彩で深遠な文化・芸術——。これらを学ぶことは，この国に暮らす一人の人間として永遠のかけがえのない喜びです。
　しかし，この日本の歴史の豊かさが，大学入試のときにはかえって手強い壁になって立ちはだかります。出題される用語や人名・知識の量は半端ではありません。優に1000項目を超えます。これを的確に整理・理解して，確実に記憶してゆくためには「魔法の鍵」が絶対に必要になります。実はそれが本書「最重要事項100％ 図解日本史」なのです。
　では，この参考書のどんなところが魔法なのでしょうか。理由は3つあります。
　1つ。このお洒落なコンパクトサイズ。手の平にピッタリ。心地よい軽さ。これなら通学や部活動の合間にもケイタイ感覚でサッと開けて速攻で知識をチャージできます。
　2つ。なのに，こんなにも教科書より詳しくてわかりやすい。
　この充実感はいったいなぜ？それは，本当に大切な日本史のエッセンスを選び抜いた記述と図解があざやかだから。さらに，ここぞという重要ポイントは思い切り詳しくなっています。
　3つ。この本があれば，なんとセンター試験で100点をとることも夢ではありません。実はセンター試験の問題文は，ほとんどが50～100字の短文です。この選択肢を正誤判定することが必勝法です。本書のシンプルな説明文はこれにしっかり対応しています。
　さて，本書を購入された君へ。この本を愛して，とことん付き合ってください。線を引いて，書き込んで，ボロボロにしてください。そうすれば「君の日本史」はきっと完全になります。

編著者しるす

本書の特色と使い方

　本書は，特に**定期テストやセンター試験対策に適している**学習参考書です。また，消えるフィルターを乗せれば消える語句が，解説文中のほか図や表の中にもあるため，**空所補充問題**としても使うことができます。

通 史 編

▶通史となるように，原始・古代，中世，近世，近代，現代の５章に分けられています。**教科書のページ構成に近いため，日常学習や定期テスト対策に向いています。**
▶**歴史の流れや出来事の因果関係，相関関係などがつかめる図**のほか，写真や表などを解説文中にたくさん組み入れてあります。
▶**重要な事項・用語**の詳しい解説を，ページ下部に入れました。

入試重要度 A	節見出しの下に，その節の大学入試での**重要度**をA・B・Cの３段階で示しました（Aが最重要）。また，項見出しの右に，入試重要度をさらに細分化したものを３段階で示しました。（★２つが最重要）
	重要なポイントを簡潔な文でまとめてあり，内容をすばやく復習できます。
チェックテスト	知識の総整理のための，一問一答式の確認テスト。**定期テスト直前の知識の総整理と大学入試直前の確認**に活用できるようにしました。
Try	センター試験の過去問です。自分の力を試してみましょう。

テーマ史編

▶日中関係史や農業史・宗教史など**テーマ別**にまとめてあります。
▶図表や写真が豊富で，多くの節が**充実した年表**をともなっています。
▶通史編とは違う観点から日本史を学習するため，**応用力をつけること**ができます。

目　次

通史編　……………………………………………………… 6～239

第1章　原始・古代 ……………………………………… 6～53

- 1. 旧石器時代の文化 …………… 6
- 2. 縄文時代の文化 ……………… 8
- 3. 弥生時代の文化 …………… 10
- 4. 小国の分立と邪馬台国 …… 12
- ◆ チェックテスト ……………… 14
- 5. ヤマト政権の成立と政治制度 … 16
- 6. 大陸文化の伝来 …………… 18
- 7. 古墳文化 …………………… 20
- 8. 推古朝の政治 ……………… 22
- 9. 飛鳥文化 …………………… 24
- 10. 大化改新と壬申の乱 ……… 26
- 11. 白鳳文化 …………………… 28
- 12. 律令制度 …………………… 30
- 13. 奈良時代の始まり ………… 32
- 14. 奈良時代のあいつぐ政争 … 34
- 15. 天平文化 …………………… 36
- ◆ チェックテスト ……………… 38
- 16. 平安時代初期の政治 ……… 40
- 17. 弘仁・貞観文化 …………… 42
- 18. 摂関政治 …………………… 44
- 19. 国風文化 …………………… 46
- 20. 荘園の発達 ………………… 48
- 21. 武士の台頭 ………………… 50
- ◆ チェックテスト ……………… 52

第2章　中　世 …………………………………………… 54～93

- 22. 院　政 ……………………… 54
- 23. 平氏政権 …………………… 56
- 24. 院政期の文化 ……………… 58
- 25. 鎌倉幕府の成立 …………… 60
- 26. 執権政治 …………………… 62
- 27. 武士の生活と支配の拡大 … 64
- 28. 鎌倉時代の経済と社会の変動 … 66
- 29. 蒙古襲来と幕府の動揺 …… 68
- 30. 鎌倉文化① ………………… 70
- 31. 鎌倉文化② ………………… 72
- ◆ チェックテスト ……………… 74
- 32. 建武の新政と南北朝の内乱 … 76
- 33. 室町幕府の成立 …………… 78
- 34. 東アジア世界との交流 …… 80
- 35. 惣村の形成と経済の発達 … 82
- 36. 応仁の乱と幕府の衰退 …… 84
- 37. 南北朝文化と北山文化 …… 86
- 38. 東山文化と庶民文化 ……… 88
- 39. 戦国大名の登場 …………… 90
- ◆ チェックテスト ……………… 92

第3章　近　世 …………………………………………… 94～141

- 40. ヨーロッパ人の来航 ……… 94
- 41. 織田信長の統一事業 ……… 96
- 42. 豊臣秀吉の全国統一 ……… 98
- 43. 秀吉の対外政策 ………… 100
- 44. 桃山文化 ………………… 102
- 45. 江戸幕府の成立と幕藩体制 … 104
- 46. 幕府の全国支配 ………… 106
- 47. 百姓・町人支配と身分制 … 108
- 48. 江戸時代初期の外交 …… 110
- 49. 鎖国の成立 ……………… 112
- ◆ チェックテスト …………… 114
- 50. 文治政治 ………………… 116
- 51. 農業・諸産業の発達 …… 118
- 52. 交通と商業の発達 ……… 120
- 53. 貨幣と金融および都市の発達 … 122
- 54. 寛永文化と元禄期の学問 … 124
- 55. 元禄文化 ………………… 126
- 56. 享保の改革 ……………… 128
- 57. 田沼時代と寛政の改革 … 130
- 58. 列強の接近と大御所時代 … 132
- 59. 天保の改革と雄藩 ……… 134
- 60. 新しい学問と思想 ……… 136
- 61. 江戸中・後期の文化 …… 138
- ◆ チェックテスト …………… 140

第4章 近　代 …… 142〜221

- 62. 開国とその影響 …… 142
- 63. 尊王攘夷運動の展開 …… 144
- 64. 江戸幕府の滅亡と明治維新 …… 146
- ◆ チェックテスト …… 148
- 65. 明治維新と中央集権体制 …… 150
- 66. 地租改正と殖産興業 …… 152
- 67. 四民平等と文明開化 …… 154
- 68. 初期の外交 …… 156
- 69. 士族の反乱と自由民権運動 …… 158
- 70. 松方財政と民権運動の変化 …… 160
- 71. 大日本帝国憲法 …… 162
- 72. 初期議会 …… 164
- ◆ チェックテスト …… 166
- 73. 条約改正 …… 168
- 74. 日清戦争 …… 170
- 75. 日清戦争後の内外情勢 …… 172
- 76. 日露戦争 …… 174
- 77. 日露戦争後の内外情勢 …… 176
- 78. 日本の産業革命 …… 178
- 79. 産業革命の影響と社会運動 …… 180
- 80. 近代文化の発達① …… 182
- 81. 近代文化の発達② …… 184
- ◆ チェックテスト …… 186
- 82. 第一次護憲運動と大正政変 …… 188
- 83. 第一次世界大戦と日本 …… 190
- 84. 大戦後の国際秩序の形成と日本 …… 192
- 85. 政党政治の展開 …… 194
- 86. 社会運動の進展 …… 196
- 87. 市民文化 …… 198
- ◆ チェックテスト …… 200
- 88. 協調外交と強硬外交 …… 202
- 89. 慢性的な恐慌の時代 …… 204
- 90. 満州事変 …… 206
- 91. 恐慌からの脱出 …… 208
- 92. 軍部の台頭 …… 210
- 93. 日中戦争 …… 212
- 94. 戦時統制経済と戦時下の社会・文化 …… 214
- 95. 第二次世界大戦と日本 …… 216
- 96. 太平洋戦争 …… 218
- ◆ チェックテスト …… 220

第5章 現　代 …… 222〜239

- 97. 占領と民主化対策 …… 222
- 98. 日本国憲法 …… 224
- 99. 冷戦の始まりと日本の独立 …… 226
- 100. 55年体制の成立 …… 228
- 101. 高度経済成長 …… 230
- 102. 経済大国への道 …… 232
- 103. 現代の政治・経済 …… 234
- 104. 戦後〜現代の文化 …… 236
- ◆ チェックテスト …… 238

テーマ史編 …… 240〜265

- 1. 日中関係史 …… 240
- 2. 日朝関係史 …… 242
- 3. 日米関係史 …… 244
- 4. 北海道・日露関係史 …… 246
- 5. 沖縄史 …… 248
- 6. 軍事史 …… 250
- 7. 職制史 …… 252
- 8. 土地制度・税制史 …… 254
- 9. 貨幣・金融史 …… 256
- 10. 農業史 …… 258
- 11. 身分制度・家族制度・女性史 …… 260
- 12. 宗教史 …… 262
- 13. 教育・学問史 …… 264

索　引 …… 266〜272

1. 旧石器時代の文化

入試重要度 B

1 旧石器時代の日本 ★

①旧石器時代の年代と人類の進化…人類は，およそ650万年前にアフリカで誕生したと考えられる。約250万年前からはじまる更新世は氷河時代とも呼ばれ，寒冷な氷期と比較的温暖な間氷期が交互におとずれた。人類は猿人・原人・旧人・新人の順に出現した❶。更新世に人々が，打製石器を用い狩猟・採取生活を営んでいた時代を旧石器時代と呼ぶ。

②旧石器時代の日本と大陸

- 氷期には海面が100m以上下降し，日本列島はアジア大陸と陸続きとなり，ナウマンゾウやオオツノジカなどがきた。動物を追って，人類も日本列島に渡来。
- 日本列島で発見された更新世の化石人骨　静岡県の浜北人や沖縄県の港川人・山下町洞人（いずれも新人段階のもの）など。

▲大型動物の渡来

③日本人の形成…日本人の原型はアジア大陸南部に住んでいた古モンゴロイドの系統に属する縄文人。弥生時代以降，中国や朝鮮半島などから渡来した新モンゴロイドの系統に属する弥生人と混血をくり返して，現在の日本人が形成された。

2 旧石器時代の人の生活 ★★

①岩宿の発見…1949(昭和24)年，群馬県の岩宿遺跡で相沢忠洋の調査により，更新世に堆積した関東ローム層から打製石器が発見された。→日本での旧石器時代の存在が明らかになった。

---

❶現代人の起源は，多地域進化説と，アフリカで誕生した新人が各地域に拡散・進化したとするアフリカ単一起源説があるが，猿人の化石はアフリカでしか発見されていない。

- 日本国内にある旧石器時代の遺跡は後期(約3万6000年前以降)旧石器時代が多いが,中期(約3万6000～約13万年前)や前期(約13万年以前)旧石器時代の遺跡の発掘が各地で行われている❷。

白滝遺跡群(北海道)
国内最大級の黒曜石原産地。

野尻湖遺跡(長野県)
ナウマンゾウ,オオツノジカなどの骨や牙が出土。

茶臼山・上ノ平遺跡(長野県)
近くに黒曜石の一大原産地和田峠がある。

国府遺跡(大阪府)
旧石器時代～室町時代の複合遺跡。

早水台遺跡(大分県)
旧石器時代中期末末か旧石器時代後期初頭とみられる。

置戸安住遺跡(北海道)
遺跡から,多数の黒曜石製細石刃が出土。

樽岸遺跡(北海道)
旧石器時代の遺跡。1万5000～1万7000年前と推定,船底形石器などが出土。

岩宿遺跡(群馬県)
更新世に堆積した関東ローム層から打製石器が出土。

茂呂遺跡(東京都)
両側のふちが加工されたナイフ形石器が出土。

月見野遺跡群(神奈川県)
堆積したローム層中にナイフ形石器→尖頭器→細石刃といった石器の変遷が層位的にとらえられる。

▲主な化石人骨と旧石器時代の遺跡

②旧石器時代の食・住…<u>狩猟</u>と植物性食料の<u>採取</u>の生活を送り,**移動性の高い**生活をしていた。住まいはテント式の小屋で,洞穴を利用することもあった。

石斧	ナイフ形石器	尖頭器	細石刃(器)
直接手に持つか,短い柄をつける。木材の伐採,狩猟,土掘り具などに使用した。	直接持つか,柄をつけて肉や皮を切断する道具として,あるいは槍先につけて使用した。	柄の先端につけ,突き槍や投げ槍として使用した。	小さな打製石器(細石刃)を組み合せて,木・骨・角などに埋め込み,槍や銛などとして使用した。

▲さまざまな旧石器とその使用法

 重要ファイル
- 更新世の化石人骨は浜北人,港川人,山下町洞人などである。
- 岩宿遺跡発見により,日本での旧石器時代の存在が明らかになった。
- 打製石斧・ナイフ形石器(切る),尖頭器・細石刃(刺す)

❷2000年,発掘調査担当者による宮城県上高森遺跡の石器捏造が明らかになった。その結果,この担当者が発掘にかかわった中期,前期のものとされる遺跡が否定されることになった。

2. 縄文時代の文化

入試重要度 A

1 縄文文化の成立 ★★

①縄文文化の特色
- ●気　候　完新世(約1万年前より)には地球も温暖になり，大陸から切り離されて日本列島が形成された。
- ●植　物　東日本では落葉広葉樹林，西日本では照葉樹林が広がる。
- ●動　物　大型の動物は絶滅。かわってイノシシ・シカなどが増える。
- ●道　具　弓矢や食物を煮る土器，磨製石器の出現。

②縄文土器の変遷…表面に縄文と呼ばれる文様をもつ土器が多いので縄文土器といわれる。厚手で黒褐色のものが多い。縄文土器の変化から草創期[1]・早期・前期・中期・後期・晩期の6期に区分されている。

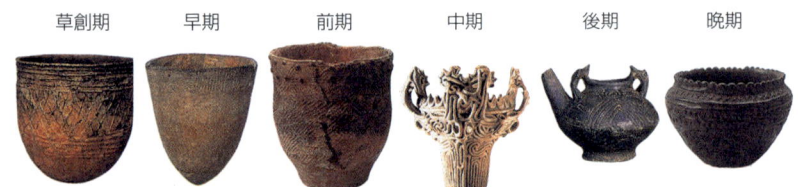

草創期　早期　前期　中期　後期　晩期

▲縄文土器の変遷

2 縄文人の生活と信仰 ★

①縄文人の生活
- ●植物性食料　クリやドングリなどの木の実，ヤマイモの採取。また，クリ林やヤマイモの増殖，マメ類などの栽培も行われていたと考えられる[2]。
- ●狩　猟　イノシシやシカを狩るために弓矢を使用。
- ●漁　労　各地に残る貝塚[3]から，さかんだったと推測できる。釣針や銛などの骨角器，石錘，網も使用されていた。丸木舟も発見されており，縄文人が外洋航海を行っていたことがわかる。

---

[1] 草創期の土器は，現在のところ世界でもっとも古い土器の一つである。
[2] 一部にコメ・ムギ・アワ・ヒエなどの栽培もはじまっていた可能性が指摘されているが，本格的な農耕の段階には達していなかった。
[3] アメリカ人モースが1877年に行った大森貝塚(東京)の発掘調査は，日本における科学的な考古学の出発点となった。

②縄文人の住居
- **定住のはじまり** いろいろな食料を得ることにより，徐々に定住が広まる。身分の上下や貧富の差はなかったと考えられている。
- **竪穴住居**（たてあなじゅうきょ） 地面を掘り下げ，その上に屋根をかけた住居。縄文時代の一般的な住居で，食料を保存する場所もあった。
- **三内丸山遺跡**（さんないまるやまいせき） 青森県で発見された，縄文時代を代表する大集落遺跡。

③**縄文人の交易**…石器の原材料である黒曜石（こくようせき）や装身具用のひすい（硬玉）（こうぎょく）などの分布から，各地の集団との交易が行われていたことがわかる。

サヌカイト	アスファルト	ひすい（硬玉）
火山岩の一種で，石器の原料として西日本で多く利用された。	骨角器や石器を柄の先に固定したり，土器を補修したりする接着剤として利用された。	半透明の緑色の石。勾玉（まがたま）や大珠（たいしゅ）などの装身具の材料として使われた。

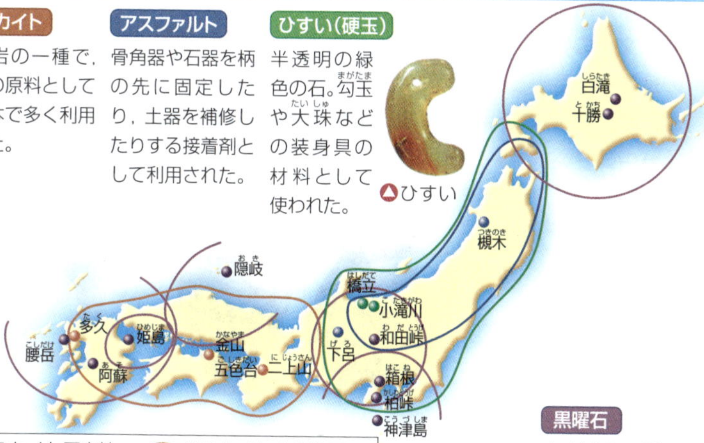

黒曜石
火山岩の一種で，打製石器の製作に利用された。

凡例：
- ●サヌカイト原産地　○サヌカイト交易範囲
- ●アスファルト産出地　○アスファルト交易範囲
- ●ひすい原産地　○ひすい交易範囲
- ●黒曜石原産地　○黒曜石交易範囲

▲縄文時代の交易

④**縄文人の信仰と風習**…縄文人たちは，あらゆる自然物や自然現象に霊威（れいい）が存在すると考えた。これを<u>アニミズム</u>という。こうした呪術的遺物に，女性をかたどった<u>土偶</u>（どぐう）や，男性の生殖器をかたどった<u>石棒</u>などがある。このころにさかんになった<u>抜歯</u>（ばっし）は成人の通過儀礼（つうかぎれい）と考えられる。<u>屈葬</u>（くっそう）が多く見られるが，これは死者の霊が生者（しょうじゃ）に災いをおよぼすことを恐れたためと考えられている。

重要ファイル
- 縄文文化の特徴は，弓矢，縄文土器，磨製石器の出現。
- 縄文の石器…石鏃（せきぞく），石匙（いしさじ），磨製石斧（せきふ），石皿とすり石。
- 代表的遺跡…三内丸山遺跡，大森貝塚，上野原遺跡（うえのはら）（鹿児島県）。

3. 弥生時代の文化

入試重要度 A

1 弥生文化の成立 ★★

①弥生文化の成立
- ●弥生文化　紀元前4世紀頃に成立。土器や金属器、水稲農耕❶(西日本から東日本に広がる)が特徴。この頃から紀元後3世紀中頃を弥生時代❷と呼ぶ。
- ●続縄文文化　北海道地方で展開した縄文文化に続く文化。
- ●貝塚文化　沖縄や南西諸島で展開した食料採取中心の文化。

②弥生文化の特色…弥生文化は、水稲農耕、弥生土器❸の使用、青銅、鉄などの金属器、磨製石器、機織り技術などをともなう新しい文化である。弥生土器には、甕(煮炊き用)、壺(貯蔵用)、鉢や高杯(食物を盛る)などの種類がある→中国や朝鮮半島から伝来。

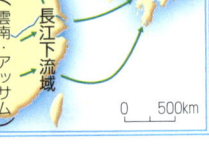

▲稲作技術の伝来

①は壺形土器、②は甕形土器、③は高杯形土器。

▲弥生土器

2 弥生人の生活 ★

①弥生時代の農耕
- ●農具　木で作られた鍬や鋤、木臼・竪杵など。収穫は石包丁を使った穂首刈りが行われ、高床倉庫におさめる。
- ●田の変化　湿田(前期)から乾田(中期・後期)へ移行していった。

②弥生人の住居…竪穴住居のほかに、高床倉庫や平地式建物。

③弥生時代の墓制…死者は、集落の近くの共同墓地に葬られ、伸展葬が普及し

---

❶イネは雲南(中国)、アッサム(インド)地方を原産とし、中国の長江下流域から山東半島付近を経て朝鮮半島の西海岸に至り、日本にもたらされたとする説が有力である。
❷弥生時代　土器の編年をもとに前期・中期・後期に区分されている。
❸弥生土器　弥生土器の名称は、東京都の本郷弥生町(現在の文京区弥生)で、この様式の土器が発見されたことにちなんでつけられた。

た。各地にみられる方形周溝墓、九州北部にみられる支石墓、甕棺墓、吉備(岡山)地方の楯築墳丘墓、山陰地方の四隅突出型墳丘墓など特色ある墳丘墓が出現する。
- 副葬品　青銅製の武器や中国鏡など→多くの副葬品をともなう大きな墓は、各地域の王のものと考えられる。

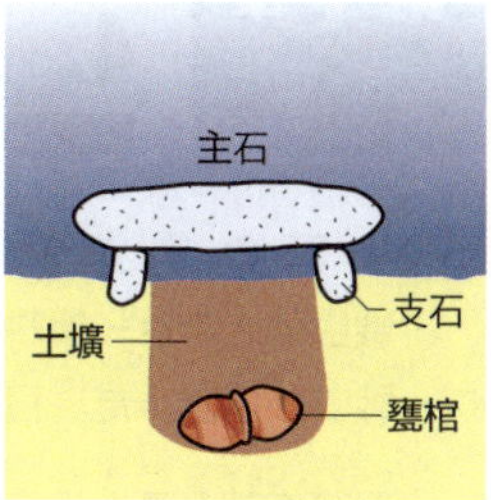

▲支石墓と甕棺

④弥生時代の青銅器…この時代には、豊かな収穫を祈願する祭り、また戦いのための祭りが行われ、これらの祭りには、銅鐸や銅矛・銅剣・銅戈などの青銅製の祭器を使用した。
- 荒神谷遺跡(島根県)　銅鐸6点、銅矛16本、銅剣358本発見。
- 加茂岩倉遺跡(島根県)　銅鐸39点発見。

｝古代出雲文化圏を示すものとして注目

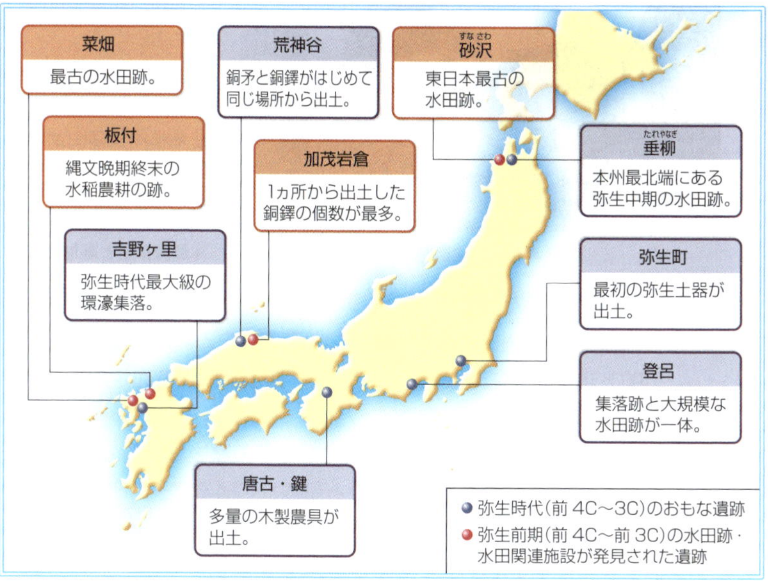

菜畑
最古の水田跡。

荒神谷
銅矛と銅鐸がはじめて同じ場所から出土。

砂沢
東日本最古の水田跡。

板付
縄文晩期終末の水稲農耕の跡。

加茂岩倉
1ヵ所から出土した銅鐸の個数が最多。

垂柳
本州最北端にある弥生中期の水田跡。

吉野ヶ里
弥生時代最大級の環濠集落。

弥生町
最初の弥生土器が出土。

登呂
集落跡と大規模な水田跡が一体。

唐古・鍵
多量の木製農具が出土。

● 弥生時代(前4C〜3C)のおもな遺跡
● 弥生前期(前4C〜前3C)の水田跡・水田関連施設が発見された遺跡

▲弥生時代のおもな遺跡

- 弥生文化の特徴は、水稲農耕、金属器、弥生土器の使用。
- 北海道では続縄文文化、沖縄・南西諸島では貝塚文化。
- 代表的遺跡…吉野ヶ里、菜畑、板付、唐古・鍵、登呂、垂柳

第1章 原始・古代
4. 小国の分立と邪馬台国

入試重要度 B

1 小国の分立 ★

①**戦いの始まり**…農耕社会が成立し，土地や用水，貯蔵された生産物をめぐる戦いが始まった。日本列島各地に「クニ」というまとまり(小国)が形成された。

②**環濠集落と高地性集落**

- **環濠集落** 周囲に濠などをめぐらせた集落。
- **高地性集落** 弥生時代の中期〜後期に西日本に多く見られた，山頂・丘陵につくられた集落。

} 激しい争いの時代であったことが想像できる。

環濠集落
周囲を濠や土塁で囲んだ集落。防御的な機能をもつ。

高地性集落
生活に不便な山上に位置し，逃げ城的な機能をもつ。

▲吉野ヶ里遺跡　　▲環濠集落と高地性集落

③**中国の歴史書から見た日本**

- **『漢書』地理志** 班固によって書かれた前漢の歴史書。紀元前1世紀頃，倭人が100あまりの国に分かれていること，楽浪郡に使者を定期的に送っていたことが記されている。
- **『後漢書』東夷伝** 范曄によって書かれた後漢の歴史書。倭の奴国❶の王が，57年に光武帝から印綬を与えられたと記されている。その印と考えられる金印❷は福岡県志賀島で発見された。107年に倭国王帥升等が生口(奴隷)160人を安帝に献じた。また桓霊の間(2世紀前半)，倭国で大乱が起きたと記されている。

---

❶**奴国** 須玖岡本遺跡(福岡県春日市)は，奴国の中心地と考えられている。甕棺墓からは銅鏡，銅剣など多数の副葬品が発見された。
❷**金印** 1784年，農夫が偶然発見した。印面には「漢委奴国王」と刻まれている。

2 邪馬台国連合 ★★

①邪馬台国連合の成立…「魏志」倭人伝によると、2世紀後半に大乱が続いたので、「クニ」は共同して邪馬台国の女王卑弥呼を立てたところ大乱はおさまり、邪馬台国を中心とする29国ばかりの連合をつくった。239年、卑弥呼は魏の皇帝に使いを送り、「親魏倭王」の称号と金印、銅鏡100枚などをおくられた。

②邪馬台国の社会制度…大人、下戸などの身分があり、奴隷もいた。租税、刑罰の制度があり、市が開かれていた。

③晩年の卑弥呼…狗奴国と争うが247年ごろ亡くなる。その後内乱がおこるも、卑弥呼の一族の女性壱与が王となるとおさまった。266年、晋に倭の女王(壱与?)が遣使して(『晋書』)以後約150年間、倭国に関する記事が中国の歴史書から消える。

④邪馬台国の所在地
- 近畿説(奈良) 邪馬台国はヤマト政権の前身と考えられ、3世紀前半にはヤマト政権が近畿から九州北部にかけて成立していたと考えられる。
- 九州説(九州北部) 邪馬台国は九州北部を中心とする小範囲の国だったと推測される。

▲3世紀の東アジア

『漢書』地理志	100あまりの国が存在。楽浪郡に使節を送る。
『後漢書』東夷伝	57年、光武帝が奴国の王に金印を与える。
『魏志』倭人伝	女王卑弥呼が治め、鬼道と呼ばれる呪術を用いて政治を行う。

▲中国の歴史書にみられる倭国

重要ファイル
- 環濠集落:唐古・鍵(奈良)、吉野ヶ里(佐賀)、高地性集落:紫雲出山(香川)
- 『漢書』地理志(班固)、『後漢書』東夷伝(范曄)、『魏志』倭人伝(陳寿)
- 楽浪郡:前漢の武帝が設置。帯方郡:公孫氏が設置、魏が支配。

❸奈良県桜井市の纒向遺跡で3世紀前半の大型建物群が発見された。この遺跡内の箸墓古墳は、出現期の前方後円墳として最大の規模をもつ。いずれも邪馬台国との関連を指摘されている。

チェックテスト

解答

① 約250万年前から約1万年前までの期間を地質学では□□□という。 — 更新世

② 静岡県で発見された①の化石人骨は□□□である。 — 浜北人

③ 沖縄県で発見された①の化石人骨は ⓐ と ⓑ である。 — ⓐ山下町洞人 ⓑ港川人（順不同）

④ ①の時期に使用された石を打ち欠いただけの道具を□□□という。 — 打製石器

⑤ 1949年，相沢忠洋によって□□□が発見された。 — 岩宿遺跡

⑥ 温暖な気候による海面の上昇で日本列島が形成された。この時期を地質学では□□□という。 — 完新世

⑦ 約1万3000年前から約2500年前頃まで続いた，磨製石器と土器の使用を特徴とする文化を□□□という。 — 縄文文化

⑧ 縄文時代にあらわれた新しい狩猟具は□□□である。 — 弓矢

⑨ 貝殻や土器などのごみ捨て場であった遺跡を□□□という。 — 貝塚

⑩ 1877年，アメリカ人モースによって□□□が発掘された。 — 大森貝塚

⑪ 縄文時代の一般的な住居を□□□という。 — 竪穴住居

⑫ 青森市にある縄文中期の大集落遺跡を□□□という。 — 三内丸山遺跡

⑬ あらゆる自然物や自然現象に精霊が宿るとする考えを□□□という。 — アニミズム

⑭ 女性をかたどったものが多い土製品を□□□という。 — 土偶

⑮ □□□は成人になるための通過儀礼と考えられている。 — 抜歯

⑯ 縄文時代には死者の手足を折り曲げた，□□□が行われている。 — 屈葬

⑰ 紀元前4世紀頃に西日本で成立し，紀元後3世紀中頃まで続いた文化を□□□という。 — 弥生文化

⑱ ⑰の特徴は ⓐ 農耕，青銅や鉄など ⓑ の使用， ⓒ の使用である。 — ⓐ水稲 ⓑ金属器 ⓒ弥生土器

⑲ 福岡県の□□□で縄文晩期の水田や水路が発見された。 — 板付遺跡

⑳ 佐賀県の□□□で縄文晩期の水田や水路が発見された。 — 菜畑遺跡

㉑ 稲の貯蔵のために□□□が建てられた。 — 高床倉庫

- ㉒ 奈良県の[　　]は弥生時代前期〜後期の代表的遺跡である。　　唐古・鍵遺跡
- ㉓ 静岡県の[　　]は弥生時代後期の代表的遺跡である。　　登呂遺跡
- ㉔ 島根県の[　　]から，358本の銅剣，6点の銅鐸，16本の銅矛が出土した。　　荒神谷遺跡
- ㉕ 島根県の[　　]から39点の銅鐸が出土した。　　加茂岩倉遺跡
- ㉖ 弥生時代，濠や土塁をめぐらした集落を[　　]という。　　環濠集落
- ㉗ 弥生時代，丘陵上にみられた集落を[　　]という。　　高地性集落
- ㉘ 佐賀県にある巨大な㉖は[　　]である。　　吉野ヶ里遺跡
- ㉙ 倭に関する最古の記録がある中国の歴史書は[　　]である。　　『漢書』地理志
- ㉚ [　　]は，朝鮮半島のピョンヤン付近にあった漢の武帝がおいた郡である。　　楽浪郡
- ㉛ 紀元57年に，倭の使者が印綬を与えられたことを記す中国の歴史書は[　　]である。　　『後漢書』東夷伝
- ㉜ 邪馬台国が中国に朝貢したことを記す魏の歴史書は[　　]である。　　『魏志』倭人伝
- ㉝ 邪馬台国の女王を[　　]という。　　卑弥呼
- ㉞ 魏の皇帝は㉝に[　　]の称号を与えた。　　親魏倭王
- ㉟ ㉝の死後，その地位を継いだのは一族の[　　]である。　　壱与

Try 次の問いに答えなさい。〔センター試験・追試験―改〕

○ 縄文時代の生活に関して述べた文として正しいものを，次の①〜④のうちから一つ選びなさい。

① 狩猟採集の生活を送り，獲物を追って移動していたため，集落を形成することはなかった。

② 木の加工などが比較的容易になる磨製石器の登場によって，打製石器が作られなくなった。

③ 植物相の変化により，ドングリなどの木の実や，イモ類などの植物資源が豊富となった。

④ 縄文土器は，火にかけて使用できないので，おもに貯蔵道具や埋葬道具として用いられた。

解答　③

5. ヤマト政権の成立と政治制度

入試重要度 A

1 古墳とヤマト政権の関係 ★

①**古墳の出現とヤマト政権**…3世紀後半から4世紀末にかけて、近畿中部から瀬戸内海沿岸に前方後円墳などの大規模な古墳が出現した❶。古墳の多くは、墳丘の形や埋葬施設、副葬品などに画一的な特徴をもち、最大規模のものが奈良県の大和地方にみられることから、大和の首長を中心とした政治連合であるヤマト政権が成立したと考えられる。

②巨大古墳とヤマト政権

- ●ヤマト政権の拡大　5世紀後半から6世紀にかけ、勢力圏が、東北地方から九州中部にまで拡大した。
  - ▶『宋書』倭国伝　倭の五王❷が南朝に朝貢したことや倭王武の上表文に、倭の王権が地方の豪族を従えたという記事が記されている。
  - ▶稲荷山古墳の鉄剣銘・江田船山古墳の鉄刀銘　それぞれの鉄剣銘と鉄刀銘に見られる「獲加多支鹵大王」は倭王武(雄略天皇)と考えられている。

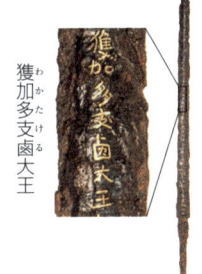

獲加多支鹵大王

▲稲荷山古墳出土鉄剣

- ●河内平野の巨大古墳　5世紀になると、濠をめぐらした巨大な古墳が河内平野(大阪)につくられるようになる。大仙陵古墳(大阪府堺市)は日本最大の規模をもち、2番目の規模をもつ誉田御廟山古墳(大阪府羽曳野市)などとともに、この時期にヤマト政権の大王の権力が河内平野を拠点にして強まったことを示している。

▲4世紀後半~5世紀末の前方後円墳の分布

  - ▶前方後円墳の分布　南は鹿児島県(塚崎古墳群)から北は岩手県(角塚古墳)にまで広まり、ヤマト政権の勢力圏が拡大したことがわかる。

---

❶奈良県桜井市の箸墓古墳は出現期最大の規模をもつ定型化された前方後円墳である。
❷倭の五王　讃・珍・済・興・武の五王で、讃は仁徳・応神・履中のいずれか、珍は反正・仁徳のいずれかの天皇、済は允恭、興は安康、武は雄略の各天皇とされている。

2 ヤマト政権と政治制度 ★★

①**氏姓制度**…ヤマト政権の政治・社会制度で，大王を中心とする豪族支配の政治的身分秩序。

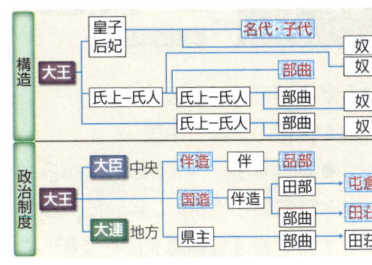

▲氏姓制度

- **氏** 豪族が血縁を中心に構成した同族集団。蘇我・葛城・平群など地名によるものと，大伴・物部など職名によるものがある。
- **姓** ヤマト政権が氏単位に家柄や地位を称号として与えた身分序列。大王家から分かれた皇別氏族には**臣**，特定職能の氏族には**連**の姓が与えられた。地方の有力豪族には**君**，一般の地方豪族には**直**の姓が与えられた。

②**中央政治**…臣・連の中からとくに有力な氏の代表者が**大臣・大連**に任じられ，政治の中枢をになった。

- **伴造** 手工業生産や，軍事・祭祀などヤマト政権の多くの職務を分担して代々継承する団体の**伴**や**品部**を統率する首長。

③**ヤマト政権と豪族の経済基盤**…ヤマト政権の直轄地として**屯倉**を各地に設け，有力な豪族は**田荘**とよぶ私有地をもっていた。地方豪族には**国造**または県主などの地位を与え，名代・子代の部民に屯倉の管理にあたらせた。

▲屯倉の分布

④**部民制**…ヤマト政権や豪族に隷属して，直接生産に従事する人々を部民といい，大王家や豪族は，奴(奴婢)というさらに身分の低い隷属者を所有した。

- **名代・子代** 大王家に属する部民。
- **部曲** 豪族に属する部民。
- **品部** 農業・漁業や各種の手工業に従事する部民。

⑤**磐井の乱**…527年，**筑紫国造磐井**が新羅と結んでおこした反乱。ヤマト政権は2年がかりでこれを鎮圧した。これ以降，政権の西日本支配が確立された。

> **重要ファイル** ● 3世紀後半ごろにはヤマト政権が大和地方に成立したと考えられ，5世紀後半から6世紀にかけてその勢力圏を拡大した。

6. 大陸文化の伝来

入試重要度 B

1 東アジア諸国との外交 ★

① 4世紀の朝鮮・中国
- **朝鮮半島** 中国東北部からおこった**高句麗**が313年に楽浪郡，ついで帯方郡を滅ぼし朝鮮北部を支配した。半島南部では，多くの小国連合からなる**馬韓・弁韓・辰韓**が形成されていた。
- **中国** 3世紀後半に晋が国内を統一したが，4世紀初め，匈奴をはじめとする五胡とよばれる北方民族の侵入により南へ移り，**南北朝時代**となった。

▲4～5世紀の東アジア

② 倭国と朝鮮半島…ヤマト政権は朝鮮半島南部の鉄資源を確保するために，早くから弁韓の地の**加耶（加羅）諸国**と密接な関係をもっていた。4世紀中ごろに，馬韓から**百済**，辰韓から**新羅**が建国した。4世紀末には高句麗が南下をすすめて，百済・新羅を圧迫した。4世紀末に，倭国が高句麗と交戦したことが高句麗の**好太王碑**（広開土王碑）の碑文に残されている。

③ 倭の朝貢…『**宋書**』**倭国伝**によると，5世紀初めから約1世紀の間に，讃・珍・済・興・武の**倭の五王**があいついで中国の南朝に朝貢し，朝鮮半島南部の支配権を示す称号を得ようとしたということが記されている。

▲好太王碑

重要ファイル
- 倭国は鉄資源の確保のために，早い時期から朝鮮半島南部の加耶諸国との関係をもっていた。
- 倭の五王は，朝鮮南部に影響力をもつため中国の南朝に朝貢した。

2 大陸文化の伝来 ★★

① **渡来人**…朝鮮半島から渡ってきた人々。最初は，4～5世紀初めにかけての楽浪・帯方に住んでいた漢民族で，さまざまな技術を伝えてヤマト政権に貢献した。5～6世紀に入ると，百済系の人々が渡来し，飛鳥文化に寄与した。

②技術の伝来…渡来人によって須恵器や鉄器・土木・機織などの諸技術が伝えられた。ヤマト政権は渡来人を各地に居住させ，韓鍛冶部・錦織部・陶作部などの技術をもつ者の集団に組織した。
- **王仁** 『論語』・『千字文』を伝えたとされる西文氏の祖先。
- **阿知使主** 文筆に優れ，史部を管理したとされる東漢氏の祖先。
- **弓月君** 養蚕や機織を伝えたとされる秦氏の祖先。

③漢字の伝来…百済の王仁が『論語』・『千字文』を伝えたことにより，漢字の使用が始まり，漢字の音で人名や地名などを書き表すことが可能になった。

④儒教・仏教の伝来…6世紀には，百済から五経博士や医・易・暦の諸博士が渡来して儒教やその他の学術を伝えた。仏教については，538年（または552年）に百済の聖(明)王が欽明天皇に仏像・経典を伝えたとの記録がある(仏教公伝)。

⑤伝承の編纂…のちの『古事記』『日本書紀』編纂の資料となった伝承が6～7世紀にまとめられた。

▲仏教伝来の道すじ

- **「帝紀」** 大王家の系譜を中心とする古代の伝承などをまとめたもので，欽明天皇のころ成立した。
- **「旧辞」** 古代の神話・伝承をまとめたもので，欽明天皇のころ成立した。

	渡来人	事績	その他
5世紀	王仁	『論語』『千字文』を伝えたとされる	西文氏の祖
	阿知使主	文書記録を担当する史部を管理したとされる	東漢氏の祖
	弓月君	養蚕・機織を伝えたとされる	秦氏の祖
6世紀	五経博士	儒教を伝える ＊五経＝『易経』『書経』『詩経』『春秋』『礼記』	
	司馬達等	大和国高市郡に草堂を建て，仏像を礼拝。孫は鞍作鳥(止利仏師)	鞍作氏の祖
	易・暦・医博士	易学(陰陽道)・暦法・医学を伝える	

▲5～6世紀の渡来人とその事績

重要ファイル
- 朝鮮半島から渡ってきた渡来人により，さまざまな優れた技術・漢字・儒教・仏教などが伝えられた。
- 渡来人は，ヤマト政権の政治制度に組み入れられて貢献した。

7. 古墳文化

第1章 原始・古代　入試重要度 B

1 前期古墳文化 ★

①古　墳…大きな墳丘をもつ墓。形には前方後円墳・前方後方墳・円墳・方墳などがあり，その規模はさまざまである。斜面は葺石でふかれ，濠がめぐらせてあるものも存在する。埋葬施設・副葬品・墳丘上に並べられた埴輪などはつくられた時期によって異なる特徴をもっている。

②前期古墳(3世紀中頃〜4世紀後半)
- 埋葬施設　竪穴式石室や粘土槨。
- 副葬品　銅鏡(三角縁神獣鏡)・碧玉製腕飾り・鉄製武器や農工具など呪術的・宗教的な色合いが強く，被葬者は司祭者的性格をもっていたと考えられる。
- 埴　輪　円筒埴輪や家形埴輪・器財埴輪(形象埴輪)が用いられている。

▲竪穴式石室(左)と横穴式石室(右)

2 中期古墳文化 (4世紀後半〜5世紀末) ★

- 埋葬施設　竪穴式石室や粘土槨，横穴式石室。
- 副葬品　鉄製武器・武具が多くなっていることから，被葬者は武人的性格をもつようになったと考えられる。
- 埴　輪　前期の埴輪に加え，人物・動物埴輪(形象埴輪)も用いられている。

3 後期・終末期古墳文化

(6〜7世紀) ★

①後期古墳(6世紀)…九州や東日本の一部には装飾古墳が現れ，古墳の地域的特色が強くなった。また，各地で群集墳と呼ばれる小規模な円墳や横穴墓が数多くつくられた。

時期	前期 (3世紀後半〜4世紀後半)	中期 (4世紀後半〜5世紀末)	後期 (6世紀〜7世紀)
分布	近畿・瀬戸内海沿岸	全国に拡大	全国に分布
形態	前方後円墳など	巨大な前方後円墳など	群集墳の増加
埴輪	円筒埴輪など	家形埴輪，器材埴輪など	人物・動物埴輪など
内部	竪穴式石室，粘土槨など	竪穴式石室，横穴式石室など	横穴式石室，装飾古墳など
副葬品	銅鏡・碧玉製腕飾りなど＝呪術的・宗教的色合いが強い→被葬者は司祭者的性格	鉄製武器・武具などの軍事的なもの→被葬者は武人的性格	土器(土師器・須恵器)・馬具・金銅製装身具・日用品など
代表的な古墳	ホケノ山古墳(奈良県桜井市) 箸墓古墳(奈良県桜井市)	誉田御廟山古墳(大阪府羽曳野市) 大仙陵古墳(大阪府堺市)	高松塚古墳(奈良県明日香村) 新沢千塚古墳群(奈良県橿原市)

古墳の変遷▶

- 埋葬施設　入口をひらいて追葬ができる墓室構造の横穴式石室がひろく採用され，全国に普及した。
- 副葬品　土器などの日常生活用具の副葬がはじまった。
- 埴　輪　人物・動物埴輪などの**形象埴輪**が多く見られる。

②**終末期古墳**…6世紀末から7世紀初めになると前方後円墳の造営が終わり，7世紀後半に，天武・持統両天皇の合葬陵とされる**八角墳**がつくられた。

> **重要ファイル**
> - 古墳文化は前期・中期・後期。石室は竪穴式→横穴式と変化，副葬品は呪術的なもの→軍事的なもの→日常的なものへと変化していった。

4 古墳時代の人々の生活 ★

①住　居…支配者である豪族と民衆の居住空間は明確に分離されていた。
- 豪　族　民衆の集落とは離れた，環濠や柵をめぐらせた**居館**に住んだ。
- 民　衆　多くは，竪穴住居に住み，集落は竪穴住居，平地住居，高床倉庫などで構成された。

②土　器…前期から中期初めにかけては，弥生土器の流れをくむ赤焼きの**土師器**が用いられ，5世紀前後には，朝鮮半島から伝来した硬質で灰色の**須恵器**もともに用いられた。

▲土師器(左)と須恵器(右)

③衣　装…上下に分かれ，男女とも筒袖の衣をつけ，男は下に袴，女性は裳をつけた。人物埴輪にも表現されている。

④祭　り…農耕に関する祭祀は，人々にとって最も重要な農耕儀礼であった。
- **祈年の祭**　春に豊作を願って行われた。
- **新嘗の祭**　秋に収穫を感謝して神に祈った。

⑤呪　術…当時の人々は，太陽・山・川などを神の宿るところとして恐れあがめ，祭祀の対象とした。
- 禊・祓　身に着いたけがれを落とし清め，災いを免れるためのもの。
- **太占の法**　鹿や馬の骨を焼き，そのひび割れの形で吉凶を占った。
- **盟神探湯**　熱湯に手を入れ，火傷の有無で真偽を確かめた。

> **重要ファイル**
> - 古墳時代の豪族と一般民衆は，その生活空間がはっきりと区別されていた。
> - 農耕儀礼は最も重要なもので，呪術的な風習も行われた。

8. 推古朝の政治

入試重要度 B

1 東アジアの動向とヤマト政権の動揺 ★

① 6世紀の東アジア…朝鮮半島では高句麗と百済・新羅の対立が続いた。中国では，隋が南北朝を統一して周辺国にも進出していた。

▲ 6世紀の朝鮮半島

- 朝鮮半島　南下した百済・新羅が562年までに加耶諸国を支配下におくと，ヤマト政権の朝鮮半島での影響力は低下し，国内では大連の大伴金村❶が朝鮮政策の失敗により失脚した。
- 中　国　楊堅(文帝)が隋を建国し，589年には南北朝を統一したが，2代皇帝煬帝の時代の大運河建造や外征で国力が衰え，618年に唐の李淵に滅ぼされた。

② 蘇我氏と物部氏の対立…6世紀中ごろ，大臣蘇我稲目(崇仏派)と大連の物部尾輿(排仏派)が権力を握って対立し，仏教の受容問題で崇仏論争がおきた。

③ 蘇我氏の権勢…蘇我稲目が斎蔵・内蔵・大蔵の三蔵を管理して財政を握り，政治機構の整備を進めて蘇我氏興隆の基礎を築く一方，排仏派の物部氏と対立した。

- 蘇我馬子❷　蘇我稲目の子で敏達天皇〜推古天皇の大臣。587年，物部尾輿の子で排仏派の物部守屋を滅ぼした。仏教の受容を積極的に進め，飛鳥寺を建立し，592年の崇峻天皇暗殺により政治権力を手中にした。

重要ファイル
- 6世紀中ごろ，蘇我稲目と物部尾輿が対立し崇仏論争がおきた。
- 蘇我馬子は物部氏を滅ぼし，崇峻天皇暗殺後，姪にあたる推古天皇を即位させて，権力をにぎった。

---

❶ 大伴金村　6世紀初めに，継体天皇を擁立して全盛期であったが，「任那4県」の百済への割譲を弾劾されて540年に失脚した。

❷ 7世紀前半の古墳で約30の巨石からなる玄室が露出している奈良県明日香村の石舞台古墳は，蘇我馬子の墓とされる。

2 推古朝の政治 ★★

崇峻天皇の暗殺後，推古天皇が初の女帝として即位した。甥の厩戸王(聖徳太子)と蘇我馬子が協力して組織改革をすすめた。

①**冠位十二階の制**…603年に定められ，12階に分けられた冠位を才能や功績に応じて個人に与える制度。世襲化した氏姓制度の打破をはかり，人材登用の道を開くものであった。

②**憲法十七条**…604年制定。豪族に対する天皇への服従，官吏に対する道徳的訓戒に加え，仏教を敬い，仏教を政治理念として取り入れた。

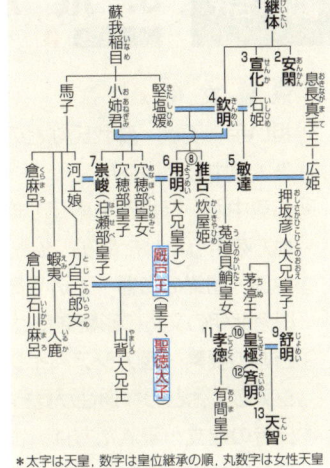
▲天皇家と蘇我氏の関係系図
＊太字は天皇，数字は皇位継承の順，丸数字は女性天皇

③**遣隋使**…600年に第1回遣隋使を派遣，607年に小野妹子を派遣し，このときの国書では，隋と対等な立場を示して煬帝を激怒させた。しかし翌608年，裴世清を答礼使として日本に遣わした❸。『隋書』倭国伝にも当時のことが記されている。

④**歴史書の編纂**…蘇我馬子とともに『天皇記』・『国記』を編纂したとされるが，大部分が焼失したとされる。内容は不明。

⑤**留学生・学問僧の派遣**…遣隋使とともに留学生や学問僧も派遣された。留学生の高向玄理，学問僧の南淵請安・旻らにより中国の制度・思想・文化についての新知識が伝えられ，のちの政治改革に大きな影響を与えた。

▲7世紀初頭の東アジアと遣隋使の航路

- 厩戸王(聖徳太子)は蘇我馬子と協力し，天皇中心の中央集権国家をめざし，冠位十二階の制，憲法十七条を制定した。
- 中国の制度・文化吸収のため，遣隋使や留学生を隋へ派遣した。

❸答礼使を派遣した背景には，煬帝が612年から始めた高句麗遠征があったとも考えられる。

9. 飛鳥文化

入試重要度 B

1 飛鳥文化 ★

①担い手…王族・蘇我氏などの豪族・渡来人が中心となった。

②仏教中心…奈良盆地南部の飛鳥・斑鳩地方を中心とした最初の仏教文化。

③中国・朝鮮の影響…百済や高句麗，中国南北朝の文化の影響を受けている。

④西方の要素…西アジア，インド，ギリシアの文化との共通性が見られる。

⑤氏寺の建立…豪族たちは，古墳の築造のかわりに氏寺を建立し，寺院建立が古墳に代わる権威の象徴となった。

▲エンタシス
パルテノン神殿(左)と法隆寺の柱(右)

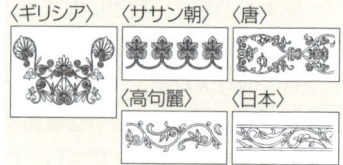

▲忍冬唐草文様

- 飛鳥寺(法興寺) 蘇我馬子が建立。
- 四天王寺 厩戸王(聖徳太子)が建立。四天王寺式伽藍配置❶。
- 法隆寺(斑鳩寺)❷ 厩戸王(聖徳太子)が建立。西院伽藍は現存する世界最古の木造建築群である。
- 中宮寺 厩戸王(聖徳太子)が建立。法隆寺に隣接する尼寺。
- 広隆寺 秦河勝が建立。秦氏の氏寺で半跏思惟像が有名。

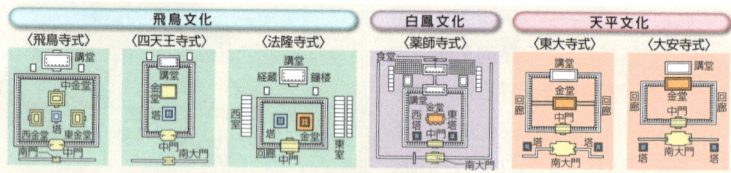

▲伽藍配置の変遷

重要ファイル
- 7世紀ころには，従来の権威の象徴であった古墳はつくられなくなり，かわって寺院建立が豪族の権威を示すようになった。

---

❶伽藍配置は，当初は塔が中心であったが，しだいに装飾的な意味合いになっていった。
❷『日本書紀』に670年焼失の記事があり，法隆寺の再建・非再建をめぐる論争があったが，若草伽藍跡の発掘で現存の金堂・五重塔などの再建説が有力となった。

2 飛鳥建築 ★★

①**法隆寺金堂**…西院の中心となる伽藍最古の建築物。

②**法隆寺五重塔**…金堂に続く建立とみられ、金堂と左右対称に建てられている。初層に8世紀初頭の塑像群が安置されている。

▲法隆寺西院伽藍

3 飛鳥彫刻 ★★

①**北魏様式**…鞍作鳥(止利仏師)の一派。
杏仁形の目と仰月形の唇、左右対称の衣文、力強い端正な顔立ちが特徴。

- **飛鳥寺釈迦如来像** 鞍作鳥作の金銅像で飛鳥大仏とも呼ばれる。
- **法隆寺金堂釈迦三尊像** 鞍作鳥作の金銅像で、北魏様式の典型。
- **法隆寺夢殿救世観音像** フェノロサと岡倉天心によってその姿が解明された木像仏。

②**百済・中国南朝様式**…非止利派。柔和な顔立ち、自然な衣文の表現が特徴。

▲法隆寺金堂釈迦三尊像　▲中宮寺半跏思惟像

- **法隆寺百済観音像** 日本でつくられたとみられ、体の丸みが特徴の木像。
- **中宮寺半跏思惟像** 片足をもう一方の足の上にのせる半跏の姿勢の木像。
- 広隆寺半跏思惟像　半跏の姿勢の弥勒菩薩像と考えられる木像。

4 飛鳥絵画・工芸 ★

①絵　画

- **法隆寺玉虫厨子須弥座絵** 古墳などを除いた最古の絵画で、左右の捨身飼虎図・施身聞偈図が特に有名である。

②工　芸

- **法隆寺玉虫厨子** 本尊を納めた宮殿と須弥座・台脚部からなる工芸品。
- **中宮寺天寿国繡帳**(断片)

▲法隆寺玉虫厨子

第1章 原始・古代

10. 大化改新と壬申の乱

入試重要度 A

1 大化改新 ★★

① 7世紀の東アジア…中国では，618年，隋にかわって唐がおこり，周囲の国を圧迫しはじめた。この東アジアの新動向に対して，日本は遣唐使❶を派遣するとともに，中央集権確立の必要に迫られた。

② 乙巳の変…厩戸王(聖徳太子)の死後，蘇我蝦夷，入鹿親子が権力を強め，643年に蘇我入鹿が厩戸王(聖徳太子)の子山背大兄王一族を滅ぼした。これに対し，645(大化元)年，天皇中心の中央集権国家体制をめざす中大兄皇子が，蘇我倉山田石川麻呂や中臣鎌足の協力で蘇我蝦夷・入鹿を滅ぼした。

③ 新政権の組織…乙巳の変により発足した新政権の中枢は，孝徳天皇，皇太子に中大兄皇子，左大臣に阿倍内麻呂，右大臣に蘇我倉山田石川麻呂，内臣に中臣鎌足，国博士❷に旻と高向玄理がなった。さらに，大化という年号を定め，都を飛鳥から難波(長柄豊碕)宮に移した。

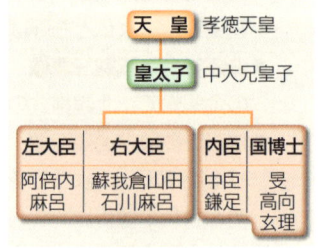

▲新政権の中枢

④ 改新の詔❸…646(大化2)年に孝徳天皇が宣布し，改新の基本政策を明示した。

- ●公地公民制 皇室の屯倉・子代の民，豪族の田荘・部曲を廃止して，朝廷が直接支配する制度。
- ●地方行政の整備 各地に，郡(評)という地方行政組織を設置した。
- ●班田制 戸籍・計帳の作成と班田収授法の実施をめざす。
- ●税制 調などの税を課した。

⑤ 大化改新…645年の蘇我氏打倒に始まる，孝徳天皇時代の一連の政治改革。中大兄皇子・中臣鎌足を中心に，天皇中心の中央集権国家建設をめざした。

重要ファイル
- 645年の乙巳の変以降の一連の改革を大化改新という。
- 改新の詔の基本方針は，公地公民・地方制度・班田収授・税制の4項目。

---

❶ 630年に，第1回の遣唐使として犬上御田鍬が渡海した。
❷ 国博士 唐の制度を導入し，制度化するための政治顧問として大化改新時に設置された。
❸ 改新の詔 大宝令(701年)を参照して書き直された部分がある。

2 天智朝 ★★

①朝鮮半島…新羅が唐と結んで660年に百済を，668年には高句麗を滅ぼして朝鮮半島を統一した。

②斉明天皇…孝徳天皇の死後，皇極天皇が重祚して即位した。都を飛鳥に戻し，百済救援などを行った。

③白村江の戦い…百済復興のために，663年，倭が朝鮮半島に大軍を派遣したが唐・新羅連合軍に敗れた戦い。以後，国内統治に専念し，唐・新羅の来襲に備え，水城や朝鮮式山城を築くなどの防衛政策を進めた。

▲白村江の戦い

④天智朝…667年，中大兄皇子は都を飛鳥から近江大津宮に移し，翌年即位して天智天皇となった。近江令（完成していないという説もある）を制定させ，670年には最初の戸籍である庚午年籍が作成された。

3 天武・持統朝 ★★

①壬申の乱…天智天皇の死後，弟の大海人皇子と，子の大友皇子が皇位継承をめぐって対立し，672年に大海人皇子が大友皇子を倒した戦い。

②天武朝…673年，大海人皇子が飛鳥浄御原宮で即位して天武天皇となり，中央集権国家の形成が進展した。それまでの大王にかわって「天皇」という称号が用いられたのもこのころからとされる。

- ●八色の姓　豪族を新しい身分秩序に編成するために，684年に制定された。
- ●富本銭　天武朝期に鋳造された銅銭で，飛鳥池遺跡から多数出土した。国内最古の鋳造貨幣であるが，流通は不十分であった。

▲富本銭

「富本」とは，「民を富ませる基本は，食と貨幣にある」という中国の故事による。

③持統朝…天武天皇の死後，皇后の持統天皇が後を継いだ。689年に飛鳥浄御原令を施行し，690年には庚寅年籍が作成された。694年には，完成した藤原京に遷都した。

重要ファイル
- ◎ 天智天皇→近江大津宮・近江令（？）・庚午年籍
- ◎ 天武天皇→飛鳥浄御原宮・八色の姓・富本銭
- ◎ 持統天皇→藤原京・飛鳥浄御原令・庚寅年籍

11. 白鳳文化

入試重要度 C

1 白鳳文化の特色

①白鳳文化…天武・持統朝を中心とする7世紀後半から8世紀初頭にかけ，藤原京を中心として展開した文化を白鳳文化という。

②特　徴…唐初期の文化の影響を受けた仏教文化を基調とする，律令国家形成期の明るく清新な若々しい文化。

③仏教興隆の推進…仏教興隆が国家的に推進され，大官大寺（のちの大安寺），薬師寺などの寺院が国家の安泰を祈ることを重要な使命として建立された。また，郡司らの地方豪族層による郡寺の建立により，急速な仏教の展開が見られた。

▲藤原京と飛鳥地方

2 白鳳文化の建築・美術

①建　築…仏教興隆の推進策により多くの寺院が建立された。
- 薬師寺東塔　730年の建立とされる白鳳様式を伝える裳階・水煙をもつ三重塔である。明治時代に来日したアメリカの美術研究家フェノロサは「凍れる音楽」と評したとされる。

②彫　刻
- 法隆寺阿弥陀三尊像　丸顔で柔らかな表情をした金銅像。
- 法隆寺夢違観音像　唐初期の様式を伝える金銅像。
- 興福寺仏頭　興福寺東金堂の本尊台座下から発見され，白鳳精神を示す童

顔で明るい顔をした金銅像。もと山田寺[1]薬師三尊像の中尊の頭部と推定されている。
- 薬師寺東院堂聖観音像　天平仏の内面性への推移が見られ，技巧に優れた金銅像。
- 薬師寺金堂薬師三尊像　中尊の薬師，日光・月光の脇侍の金銅像。その姿勢は柔らかに表現されており，台座の唐草文様などに西アジアの影響が見られる。

③絵　画…壁画に，インドのアジャンター壁画，敦煌石窟壁画や朝鮮の高句麗の壁画の影響が見られる。
- 法隆寺金堂壁画　断層的なぼかしの技法などインドや西域の影響が見られる壁画で，12面あったが1949年に焼失した。
- 高松塚古墳壁画　奈良県明日香村で発見された高松塚古墳の壁画。石棺式石室の内壁に高句麗の影響を受けた男女群像などが極彩色で描かれている。

④漢詩文…中国的教養に影響を受けた豪族たちにより，中国の漢詩をもとにした，五・七調の漢詩文が生まれた。

⑤和　歌…歌の形式が整えられ，柿本人麻呂や額田王[2]などの歌人が出た。

薬師寺東塔

◀興福寺仏頭

高松塚古墳壁画▶

重要ファイル
- 白鳳文化は，律令国家形成期の明朗さと清新さをもち，唐初期の文化の影響を受けた仏教文化を基調とした文化である。
- 代表的なものは，薬師寺東塔・興福寺仏頭・法隆寺金堂壁画・高松塚古墳壁画など。

[1] 山田寺　蘇我石川麻呂が建立した氏寺で，1982年に東回廊が倒れたままの状態で発見された。
[2] 額田王　大海人皇子の寵を受けたのち天智天皇に召された女流歌人。『万葉集』に12首が収録。

12. 律令制度

第1章 原始・古代　入試重要度 A

1 律令制度の確立 ★★

①**律令制度**…7世紀後半から9世紀ごろ、中央集権的官僚制の律令制度が確立した。律は現在の刑法、令は行政法・民法に相当し官制・民政・税制など。
- **大宝律令**　701(大宝元)年、刑部親王や藤原不比等らの編集により成立した。
- **養老律令**　718(養老2)年に制定され、757年に藤原仲麻呂によって施行。

②**中央官制**…神祇祭祀をつかさどる**神祇官**と行政を統轄する**太政官**がおかれ、太政官に所属する**八省**が政務を分担した。重要な問題では**公卿**[1]による合議がなされた。

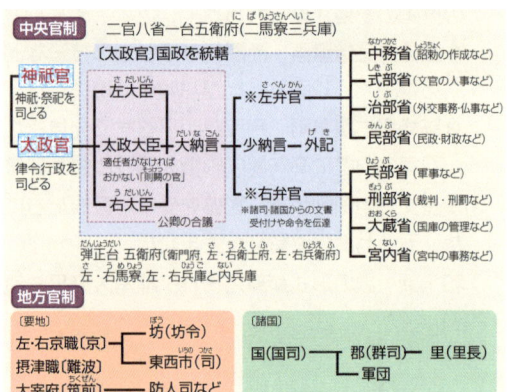

▲律令官制表

③**地方官制**…全国を**畿内・七道(東海・東山・北陸・山陰・山陽・南海・西海)** に行政区分し、さらに**国・郡・里**に区分して、それぞれを**国司・郡司・里長**が統治した。
- **国司・郡司**　国司は中央から派遣され、**国府**(国衙)で政務をとった。郡司には旧国造など在地豪族が任命され、**郡家**(郡衙)で政務をとった。
- **要地の役所**　京には**左京職・右京職**、難波には**摂津職**、九州には「遠の朝廷」とも呼ばれた**大宰府**がおかれた。

④官僚制と貴族の特権
- **四等官制**　各省庁に**長官・次官・判官・主典**の4等級の幹部職員をおいた。
- **官位相当制**　官吏が、その位階に相当する官職に任命される制度で、位階・官職に応じた給与が与えられ、調・庸・雑徭などの税は免除された。
- **蔭位の制**　五位以上の子、三位以上の子・孫に、父・祖父の位階に応じた一定の位を与える制度。上層貴族の官位独占を生んだ。

---
[1] **公卿**　公(太政大臣・左・右・内大臣)と、卿(大・中納言、参議、三位以上)で公卿という。

⑤司法制度…刑罰には，笞・杖・徒・流・死の五刑があった。天皇・国家・尊属に対する罪には謀反などの八虐があり，特に重く罰せられた。
⑥身分制度…律令制下の人民の身分は，貴族，下級官人，公民，品部・雑戸の良民と官有の陵戸，官戸，公奴婢と，私有の家人，私奴婢の五色の賤といわれる5種類の賤民の2階級に大別されていた。

>
> - 701年の大宝律令によって，律令制度が整った。
> - 中央は二官八省と弾正台・五衛府。地方は国（国司），郡（郡司），里（里長），要地の京（左・右京職），難波（摂津職），九州（大宰府）設置。

2 土地制度と税制・兵役 ★★

①土地制度…民衆は戸に編成され，6年ごとに戸籍に登録され，課税台帳となる計帳が毎年作成された。6歳以上の男女に口分田を班給し，本人が死ぬと収公した。これを班田収授法という。

②税 制
- 租 田1段につき稲2束2把を納入。
- 調 絹・布など郷土の産物を納入。
- 庸 労役10日にかわり布を納入。調・庸は運脚の義務により都へ送られた。
- 雑徭 国司の命令による60日以下の労役。
- 出挙 国が春に稲を貸し付け，秋に利息とともに回収する制度。

区分	負担者		
	正丁 (21〜60歳の男性)	次丁(老丁) (61〜65歳の男性)	中男(少丁) (17〜20歳の男性)
租	田地にかかる租税。田1段につき稲2束2把を納入（収穫の約3%）		
調	正規の調は，絹・絁，糸（絹糸），綿（綿綿），布（麻布）などのうち1種を納入	正丁の1/2	正丁の1/4
課役	庸 (歳役)	労役年間10日のかわりに布（麻布）2丈6尺（約8m）を納入	正丁の1/2	—
	調副物	染料（紫・紅・茜）・胡麻油・塩・漆・麻などのうち1種を納入	—	—
	雑徭	年間60日を限度とする労役	正丁の1/2	正丁の1/4
兵役	正丁3〜4人に1人(国内の正丁の3分の1)を徴発 軍団兵士（諸国の常備軍）：10番交代で勤務 衛士（宮城の警備）：1年間 防人（九州沿岸の警備）：3年間	—	—
仕丁	50戸につき正丁2人を3年間徴発	—	—
出挙 (公出挙)	国が春に稲などを貸し付け，秋の収穫時に高い利息とともに徴収する。当初は勧農救貧政策であったが，のちに強制的な貸し付けに変質		
義倉	親王を除く全戸が貧富に応じて粟などを納める		

▲公民の税負

③兵 役…正丁の3〜4人に1人の割合で兵士となり軍団に配属され，一部は都の警備にあたる衛士や九州防衛の防人として配置された。

>
> - 班田収授法により，6歳以上の男女に口分田が班給された。
> - 民衆には，租・調・庸の税の他にも，雑徭・出挙などがあり，兵士として徴発され，一部は防人として九州に配置された。

13. 奈良時代の始まり

第1章 原始・古代
入試重要度 B

1 日本と東アジア諸国の交流 ★★

①遣唐使…中国では，618年に唐がおこり，強力な中央集権国家を形成していた。日本は630年に第1回遣唐使[1]を派遣し，以後894年の停止まで10数回にわたり派遣され，外交や文化の移入に大きな役割を果たした。

- ●吉備真備　聖武天皇に重用され，右大臣となった学者政治家。
- ●玄昉　聖武天皇に重用され，護国仏教の確立に努めた法相宗の僧。

②新羅…朝鮮を統一し，日本ともしばしば使節を交換したが，7世紀末頃から，日本が従属国として扱おうとしたため，関係が悪化した。

③渤海…7世紀末，ツングース系の靺鞨族や旧高句麗人を中心に建国された。唐や新羅との対抗上，日本に通交を求め，日本も応じて使節を交換した。

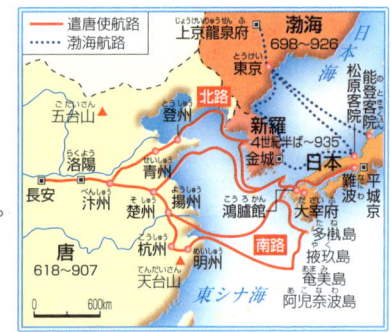
▲8世紀中頃の東アジアと日唐交通

2 平城京 ★

①平城京遷都…710年，元明天皇は藤原京から奈良盆地北部の平城京に遷都した。以後，長岡京遷都までを奈良時代という。

②平城京…唐の都長安をモデルとし，条坊制[2]をもつ都市。中央を南北に走る朱雀大路により左京と右京にわかれ，中央北部には平城宮が位置した。当時の人口は約10万人とされる。

- ●平城宮　天皇の居所である内裏，政務・儀礼などが行われた大極殿・朝堂院，二官八省などの官庁などがおかれた。

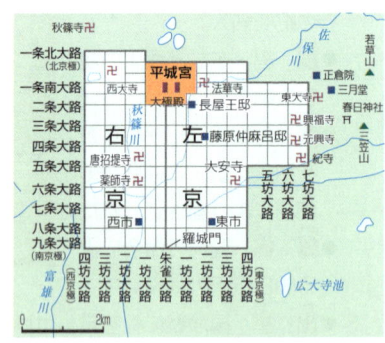
▲平城京

[1]遣唐使「井真成」の墓誌に「国号日本」とあり，唐が「日本」を国号と認めていたことがわかる。
[2]条坊制　古代の都城制において，土地を東西・南北に走る道路で碁盤目状に区画する制度。

- **市**　京には左京に東市，右京に西市がおかれ，市司の管理のもとに各地の産物が取引された。
- **寺　院**　大安寺(もと大官大寺)・薬師寺・元興寺(もと飛鳥寺)，東大寺・西大寺などの寺院が建立された。

③**和同開珎**[3]…唐の開元通宝にならい，708年に和同開珎が鋳造された。711年に蓄銭叙位令を発布してその流通を奨励した。しかし，畿内以外の地域では，稲や布などの物品による交易が広く行われていた。

3 地方社会 ★

①**官　衙**…都から派遣された国司が政務を行う国府には，政庁(国衙)を中心に，役所群，国司居館，倉庫群などがおかれ，一国内の政治・経済・文化の中心となった。郡司が政務を行う郡家も郡内の中心となった。

②**交通路の整備**…都から七つの官道(駅路)が諸地域へのび，約16kmごとに駅家をおく駅制がしかれて官吏の公用に利用された。地方では，駅路とは離れた郡家間を結ぶ網目状の伝路が構成された。

4 支配領域の拡大 ★

①**東北地方**
- **蝦　夷**　大化改新以後，政府と抗争を続けた東方地方の住民。
- **日本海側の支配**　7世紀半ばに渟足柵・磐舟柵をおき，斉明天皇下で，阿倍比羅夫が秋田・津軽方面まで進出した。712年に出羽国をおき，ついで秋田城を築き東北経営の拠点とした。

▲多賀城政庁の復元模型

- **太平洋側の支配**　陸奥国府となる多賀城を築き，蝦夷征討のための役所である鎮守府をおいた。

②**南九州**…南九州の住民隼人を，8世紀初めに大隅国をおいて服属させた。

重要ファイル
- 和同開珎が鋳造され，平城京では，市での交易が活発化した。
- 7世紀半ばから，東北の蝦夷征討が進展し，日本海側に出羽国，秋田城，太平洋側には多賀城が築かれた。

❸和同開珎以後，12回にわたって鋳造された銅銭を皇朝十二銭(本朝十二銭)という。

14. 奈良時代のあいつぐ政争

入試重要度 A

1 藤原氏の進出 ★

①奈良時代初期の動向…皇族や貴族間の勢力の均衡が保たれ，律令制度の確立が進んだ。その中心の藤原氏の政界進出により，他の有力貴族は衰退した。

②**藤原不比等**…藤原氏発展の基礎を築いた。娘の宮子を**文武天皇**に嫁がせ，のちの聖武天皇である皇太子にも娘の光明子を嫁がせた。

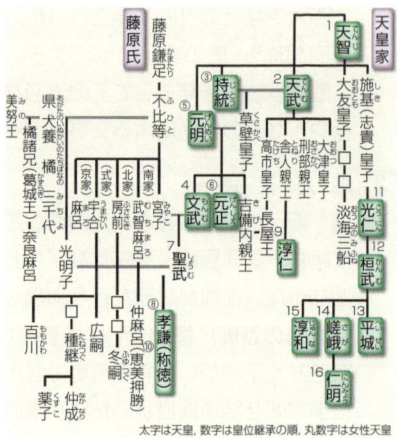

▲天皇家と藤原氏関係系図

2 政権の動揺 ★★

①聖武天皇の時代…あいつぐ戦乱や災害に動揺し，数年間に恭仁京，難波宮，紫香楽宮と遷都を繰り返した。この不安定な政治・社会を仏教の持つ鎮護国家の思想で立て直すため，741年の国分寺建立の詔により，諸国に国分寺・国分尼寺の建立を命じた。また，743年には大仏造立の詔を出した。

▲聖武天皇の遷都

- **長屋王の変** 藤原不比等の死後，政権を握った皇族の長屋王を，729年に不比等の子武智麻呂・房前・宇合・麻呂の4兄弟が謀反の疑いをかけて自殺に追い込んだ事件。また，不比等の子の光明子を聖武天皇の皇后に立てた。
- **藤原広嗣の乱** 藤原4兄弟の天然痘による死後，橘諸兄が政権を握った。唐から帰国した吉備真備と玄昉が活躍するなか，740年に藤原広嗣が，吉備真備，玄昉の排除を求めて九州で反乱をおこしたが鎮圧された。

②**藤原仲麻呂の時代**…752年に大仏の開眼供養の儀式を行った。政界では，光明皇太后の信任を得た藤原仲麻呂が勢力をのばした。

- **橘奈良麻呂の変** 藤原仲麻呂の勢力伸展に対し，橘奈良麻呂が反乱をくわ

だてたが鎮圧された。仲麻呂は淳仁天皇を即位させ恵美押勝の名を賜った。
③称徳天皇の時代…光明皇太后の死後，孝謙太上天皇の病を治し信任を得た僧道鏡の勢力が大きくなり仲麻呂と対立した。

- **恵美押勝の乱** 孝謙太上天皇と道鏡に危機感を持った恵美押勝が，764年に反乱をおこしたが，太上天皇側に先制され滅ぼされた。その後，孝謙太上天皇が重祚して称徳天皇となった。
- **道　鏡** 称徳天皇のもとで太政大臣禅師，さらに法王という地位につき，権勢をほこった[1]。しかし称徳天皇の死後勢力を失い，下野薬師寺に追放された。後継の天皇には，藤原百川らによって光仁天皇が立てられた。

3 土地政策の推移 ★★

①農民の動向

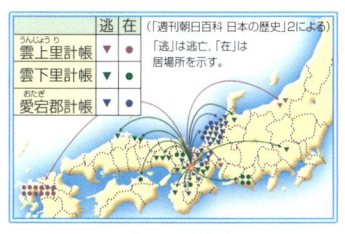
▲農民の逃亡先

- **家　族** 竪穴住居にかわる掘立柱住居が普及し，結婚は妻問婚を経て夫婦が家を持ったが，女性は別姓のままなど女性の発言力が強かった。
- **生　活** 口分田以外にも乗田(公田)や貴族・大寺院などの田地を借りて耕作(賃租)し，地子をおさめるなど生活は苦しかった。また，飢饉もしばしばおこり，農民の浮浪・逃亡が増えた。

②土地政策…人口増加にともない口分田が不足してきたため，長屋王・橘諸兄政権下で新政策が実施された。

- **百万町歩の開墾計画** 722年に出された良田100万町歩を開墾する計画。農民に食料・道具を支給して開墾させようとしたが失敗に終わった。
- **三世一身法** 723年施行。新しい灌漑施設で開墾した者には三代，旧来の灌漑施設を利用した者は本人一代に限り，田地の私有を認めた。
- **墾田永年私財法** 743年制定。開墾した土地の永久私有を認めた法。これは律令体制の基礎である土地公有の原則を壊すものであった。

③初期荘園…墾田永年私財法により，貴族・寺院・地方豪族などは，灌漑施設をつくって大規模な開墾を行い，私有地を拡大していった。

> **重要ファイル**
> - 長屋王の変→藤原広嗣の乱→橘奈良麻呂の変→恵美押勝の乱→道鏡追放
> - 口分田不足から，三世一身法，墾田永年私財法が制定された。

---

[1] 769年，称徳天皇が宇佐神宮の神託により道鏡に皇位を譲ろうとしたが，和気清麻呂が阻止。

15. 天平文化

入試重要度 B

1 天平文化 ★★

①担い手…聖武天皇・光明皇后・貴族を中心とする貴族文化。

②唐の影響…遣唐使が伝えた盛唐文化の影響を強く受けた国際色豊かな文化。

③国史編纂…律令国家確立により国家意識が高まり，史史が編纂された。

- 『古事記』 712年に完成。天武天皇の命で，『帝紀』『旧辞』をもとに稗田阿礼が誦習した伝承を太安万侶が筆録した。神代から推古天皇時代までを収録。
- 『日本書紀』 720年に完成。舎人親王を中心に編纂され，漢文の編年体で書かれた最初の官撰史書で六国史の最初の作品。

六国史	巻数	対象とする時代	成立年代	天皇	編者
日本書紀	30	神代～持統	720(養老4)	元正	舎人親王
続日本紀	40	文武～桓武	797(延暦16)	桓武	藤原継縄
日本後紀	40	桓武～淳和	840(承和7)	仁明	藤原緒嗣
続日本後紀	20	仁明一代	869(貞観11)	清和	藤原良房
日本文徳天皇実録	10	文徳一代	879(元慶3)	陽成	藤原基経
日本三代実録	50	清和・陽成・光孝	901(延喜元)	醍醐	藤原時平

▲六国史

④地　誌…713年に各地の伝説・地理・産物などの筆録が命じられ，『風土記』が編纂された。常陸・播磨・肥前・豊後・出雲の五カ国のものが現存するが，完本は『出雲国風土記』のみ。

⑤文　学…漢詩文は官人の教養とされ，和歌も多くの人々に詠まれた。

- 漢詩文　751年に漢詩集『懐風藻』が編纂され，大津皇子はその代表的詩人。文人として淡海三船・石上宅嗣らが有名。
- 和　歌　759年までの約4500首を集めた歌集『万葉集』が770年ころ成立。漢字の音・訓を用いて日本語を表す万葉仮名が使用されている。歌人や貴族だけでなく，東歌・防人歌などの民衆の歌も多数採録されている。

⑥教育機関…官吏養成のために中央に大学，地方に国学がおかれた。

⑦国家仏教…奈良時代の仏教は，国家に保護され，仏教によって国家の安定をはかるという鎮護国家の思想が特徴である。

- 南都六宗　三論・成実・法相・倶舎・華厳・律という仏教理論の学派が形成された。
- 鑑　真　唐から来日して戒律を伝え，のちに唐招提寺を創建した。

重要ファイル
○ 万葉集のおもな歌人…第1期(天智天皇時代まで)→有間皇子・額田王，第2期(平城遷都まで)→柿本人麻呂，第3期(天平年間初め)→山上憶良・山部赤人，第4期(淳仁天皇時代)→大伴家持などが有名。

- **仏教と社会事業** 行基は民衆への布教で政府の弾圧を受けながらも，救済施設の設置などの社会事業を行った。また光明皇后は貧窮者・孤児の救済施設悲田院，貧窮の病人の医療施設施薬院を設けた。

2 天平建築・美術・工芸 ★★

①建 築…均整がとれ，礎石・瓦を使用した壮大な寺院などが建てられた。
- 東大寺法華堂 三月堂とも呼ばれ，寄棟造の正堂が天平建築。
- 法隆寺伝法堂・夢殿 伝法堂は東院の講堂，夢殿は八角円堂形式。
- 正倉院宝庫 校倉造が用いられ，東大寺宝庫群で唯一現存するもの。
- 唐招提寺金堂・講堂 金堂は寄棟造で天平期金堂唯一の遺構。講堂は平城宮朝集殿を移建したもの。

▲法隆寺夢殿

▲東大寺正倉院宝庫

②彫 刻…漆で塗り固めた乾漆像，木を芯として粘土を塗り固めた塑像の技法が発達した。
- 乾漆像 興福寺十大弟子像・唐招提寺鑑真像・東大寺法華堂不空羂索観音像・興福寺八部衆像(阿修羅像など)。
- 塑 像 東大寺法華堂の日光・月光菩薩像，執金剛神像，東大寺戒壇院戒壇堂四天王像

▲日光・月光菩薩像　▲阿修羅像

③絵 画…唐の影響を受けた，豊かな体躯とみずみずしい顔立ちの華麗な表現。
- 正倉院鳥毛立女屛風 6枚の樹下美人図。
- 薬師寺吉祥天像 吉祥天が描かれた仏教絵画。
- 過去現在絵因果経 釈迦の一生を描いたもので，絵巻物の源流といわれる。

④工 芸…西アジア・南アジアの影響を受けたものもみられる。正倉院の螺鈿紫檀五絃琵琶，漆胡瓶，白瑠璃碗などが有名。百万塔に収められた百万塔陀羅尼は現存最古の印刷物といわれている。

▲鳥毛立女屛風 　▲螺鈿紫檀五絃琵琶

チェックテスト

解答

① 円に四角を組み合わせた形式の古墳を ⓐ といい，出現期の最古のものとされるのは奈良県の ⓑ である。
ⓐ 前方後円墳
ⓑ 箸墓古墳

② 4世紀ころまでに成立した大和地方を中心とする政治連合を ⓐ といい，その盟主を ⓑ という。
ⓐ ヤマト政権
ⓑ 大王

③ ②ⓐの政治・社会制度を ___ という。
氏姓制度

④ ②ⓐの直轄地を ⓐ といい，大王家に属する部民を ⓑ という。
ⓐ 屯倉
ⓑ 名代・子代

⑤ 有力豪族の私有地を ⓐ といい，豪族に属する部民を ⓑ という。
ⓐ 田荘
ⓑ 部曲

⑥ 倭と高句麗が交戦したことを示す石碑を ___ という。
好太王碑

⑦ 中国の南朝に倭王が朝貢したことを記す中国の歴史書を ⓐ といい，倭王 ⓑ の上表文の記事が見られる。
ⓐ 『宋書』倭国伝
ⓑ 武

⑧ 朝鮮半島から技術や文化を伝えた人々を ___ という。
渡来人

⑨ 仏教公伝は，百済の ⓐ が日本の ⓑ 天皇に仏像・経典を伝えたこととされる。
ⓐ 聖(明)王
ⓑ 欽明

⑩ 墳丘上に並べられた素焼きの焼き物を ___ という。
埴輪

⑪ 古墳時代後期に多い埋葬施設は ___ である。
横穴式石室

⑫ 朝鮮半島から伝来した硬質で灰色の土器を ⓐ といい，赤焼きの ⓑ とともに用いられた。
ⓐ 須恵器
ⓑ 土師器

⑬ 蘇我馬子と協力して国政を担当したのは ___ である。
厩戸王(聖徳太子)

⑭ ⑬が制定した新しい人材登用制度を ___ という。
冠位十二階

⑮ ⑬は ___ で豪族に官吏として守るべき道を示した。
憲法十七条

⑯ 607年，小野妹子が ___ として派遣された。
遣隋使

⑰ 6〜7世紀ころ栄えた最初の仏教文化を ___ という。
飛鳥文化

⑱ 蘇我蝦夷・入鹿が滅ぼされた事件を ___ という。
乙巳の変

⑲ ⑱を主導したのは ⓐ とのちに藤原の姓をたまわった ⓑ である。
ⓐ 中大兄皇子
ⓑ 中臣鎌足

⑳ 646年に ___ が出され，新政の大綱が示された。
改新の詔

㉑ 土地・人民を朝廷が直接支配する制度を ___ という。
公地公民制

㉒ ⑱にはじまる一連の政治改革を ___ という。
大化改新

㉓ 倭が唐・新羅連合軍に敗れた戦いは ___ である。
白村江の戦い

- ㉔ 670年に作成された初の全国的戸籍は□である。　庚午年籍
- ㉕ 672年，皇位継承をめぐって ⓐ がおこり，勝利した大海人皇子が ⓑ として即位した。　ⓐ壬申の乱　ⓑ天武天皇
- ㉖ 684年に新しい身分秩序である□が定められた。　八色の姓
- ㉗ 持統天皇のもとで，689年に ⓐ が施行され，690年に ⓑ が作成された。　ⓐ飛鳥浄御原令　ⓑ庚寅年籍
- ㉘ 7世紀後半に栄えた文化を□という。　白鳳文化
- ㉙ ㉘の絵画として，□古墳の壁画が有名である。　高松塚
- ㉚ 701年に，唐の律令を模範とした□が完成した。　大宝律令
- ㉛ 律令制の中央官制として置かれた二官は，神祇祭祀をつかさどる ⓐ と行政を統轄する ⓑ である。　ⓐ神祇官　ⓑ太政官
- ㉜ 九州におかれた□は「遠の朝廷」といわれた。　大宰府
- ㉝ 官吏が位階に相当する官職に任命される制度を ⓐ ，上層貴族が代々特権的地位を維持できた制度を ⓑ という。　ⓐ官位相当制　ⓑ蔭位の制
- ㉞ 人々は6年ごとに作成される ⓐ に登録され，調・庸は毎年作成される ⓑ に基づいて徴収された。　ⓐ戸籍　ⓑ計帳
- ㉟ 3年交代で北九州の沿岸を守る兵士を□という。　防人
- ㊱ 遣唐使として唐に渡り，帰国後聖武天皇に重用され活躍したのは学者 ⓐ と僧 ⓑ である。　ⓐ吉備真備　ⓑ玄昉
- ㊲ 称徳天皇の信任を得て勢力をのばした僧は□である。　道鏡
- ㊳ 723年の，墾田の私有を三代の間認めた法を ⓐ ，743年の墾田の永久私有を認めた法を ⓑ という。　ⓐ三世一身法　ⓑ墾田永年私財法
- ㊴ 712年に完成した現存最古の歴史書は『 ⓐ 』で，720年に完成した漢文の編年体で書かれた史書は『 ⓑ 』である。　ⓐ古事記　ⓑ日本書紀
- ㊵ 759年までの歌約4500首を集めた歌集を『□』という。　万葉集

Try 次の問いに答えなさい。　〔センター試験一改〕

○ 古墳時代前期の埋葬方式の特徴を述べた文として正しいものを二つ選びなさい。

① 銅鏡や石製品、玉製品などが副葬された。
② 銅鏡・銅鐸・銅剣がセットとして副葬された。
③ 長大な竪穴式石室に木棺を納めた。
④ 長大な横穴式石室に埴輪が副葬された。

解答　①・③

16. 平安時代初期の政治

第1章 原始・古代 / 通史編

入試重要度 C

1 桓武天皇の政治 ★

①平安遷都…平安時代をきり開いた桓武天皇は，まず平城京での仏教政治の悪弊を断ち，人心を一新し王権を強化するために遷都を断行した。
- 長岡京(784年)　785年藤原種継暗殺事件[1]もあり工事が難航。
- 平安京(794年)　和気清麻呂の進言による。秦氏により土木工事が行われ，都の基礎ができる。

②蝦夷との闘争
- 伊治呰麻呂の乱　蝦夷の豪族。780年，多賀城をおとしいれ以後反乱が持続。
- 阿弖流為の活躍　789年，征東大使紀古佐美軍を撃破。
- 坂上田村麻呂　征夷大将軍[2]となり，802年，胆沢城(奥州市)を築き蝦夷を攻撃。阿弖流為は帰順するも斬殺される。胆沢城を鎮守府とし，803年，志波城(盛岡市)を構築する→将軍文室綿麻呂が徳丹城を築く。

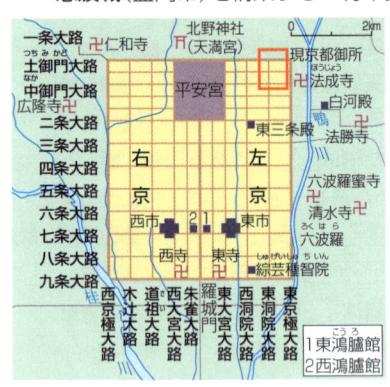

▲平安京図

▲東北北方の城柵

> **重要ファイル**
> - 桓武天皇は専制的な天皇権力によって2度の遷都と蝦夷出兵を断行。
> - 平安時代の東北進出は胆沢城・志波城など太平洋側を北上した。

[1] 藤原種継暗殺事件　造長岡宮使で藤原式家の種継が長岡京で射殺された。容疑は皇太子早良親王にかけられたが潔白を主張し絶食死。直後の皇族の不幸は親王の怨霊の仕業と恐れられた。
[2] 征夷大将軍　蝦夷を征討する将軍(令外官)の称号で，794年の大伴弟麻呂が初見。坂上田村麻呂は797年に任官した。

③徳政論争…805年，打ち続く対蝦夷戦争＝「軍事」，新都の造営＝「造作」は民衆の苦しみであるとする藤原緒嗣の進言を受け天皇は事業を停止した。

2 平安時代初期の政治改革 ★

①桓武天皇の改革…桓武天皇は強い権力によって大胆な制度改革に着手した。
- **勘解由使の設置**　国司の交替時の文書(解由状)を厳しくチェックし地方政治の不正を防ぐ。勘解由使は律令官制にない**令外官❸**。
- **健児の採用**　民衆から徴発する兵が充分でないことから，有力農民・郡司の子弟の志願兵による，強健な少数で精鋭の兵士を確保しようとした。
- **租　税**　6年1班であった班田の期間を12年(一紀)に変更した。また，雑徭の日数を年間60日から30日とし負担を軽減した。

②**薬子の変(平城太上天皇の変)**…桓武天皇の後を継いだ**平城天皇**は早期に弟の**嵯峨天皇**に譲位したが，その後平城京への遷都を画策し天皇と公然と対立した。810年，嵯峨天皇側の迅速な対応により阻止され，平城天皇の愛人の**藤原薬子❹**も自殺した。この時，**蔵人頭**として**藤原冬嗣**が活躍し，以後の藤原北家台頭のさきがけとなった。

③**私的土地所有の展開**…9世紀には律令制度による国家財政の維持ができなくなり，官司や皇族・貴族らがさまざまな私的土地所有を行うようになった。

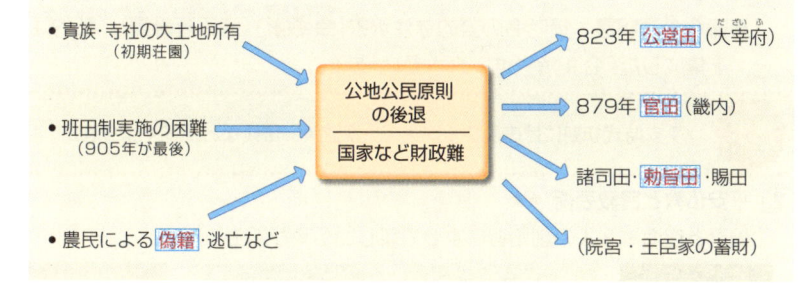

- 貴族・寺社の大土地所有 (初期荘園)
- 班田制実施の困難 (905年が最後)
- 農民による偽籍・逃亡など

→ 公地公民原則の後退／国家など財政難

- 823年 公営田 (大宰府)
- 879年 官田 (畿内)
- 諸司田・勅旨田・賜田
- (院宮・王臣家の蓄財)

> **重要ファイル**
> - 平安初期には令外官が多く設置されて活躍するようになった。
> - 9世紀には国家財政の維持が困難になり，皇族や貴族が私的な土地所有に乗り出すことになった。

---

❸**令外官**　令に規定のない官職。奈良時代の中納言・参議・内大臣，平安時代の勘解由使・検非違使・蔵人頭・征夷大将軍・押領使・追捕使・関白などが有名である。

❹**藤原薬子**　藤原式家，種継の娘。人妻であったが平城天皇の愛人となり天皇の復位を勧めたとされた。しかし，復位は平城太上天皇自身が主導したというのが事実である。

17. 弘仁・貞観文化

入試重要度 B

1 唐風文化の繁栄 ★

平安時代初期(平安京遷都〜9世紀末)の文化を嵯峨・清和天皇時の年号をとって弘仁・貞観文化と呼ぶ。唐風文化を取り入れた古代末期の爛熟した貴族文化であり、密教色の強い神秘的な仏教美術が強烈な印象を与える。

①**文章経国の思想**…嵯峨天皇の唐文化への傾倒によって政治においても漢詩文が奨励され、文人貴族が重用された。
- **勅撰漢詩集** 『凌雲集』(814年)、『文華秀麗集』(818年)、『経国集』(827年)
- **文人の輩出** 空海(漢詩集『性霊集』)、小野篁、都良香、菅原道真など。
- **学問の重視**❶ 有力貴族は一族子弟のために寄宿施設として大学別曹を設置。藤原氏の勧学院、和気氏の弘文院、在原氏の奨学院、橘氏の学館院など。

②**法典の編纂**…社会の変化に対応して律令を補足・修正する法令や、律令の解釈書が必要となり、9世紀を通じて様々な法典・書籍が編纂された。
- **格式の編纂** 律令を補足・修正する法令を格、施行細則を式という。
- **三代格式** 『弘仁格式』(嵯峨)、『貞観格式』(清和)、『延喜格式』(醍醐)、そのうち格を集成した『類聚三代格』と『延喜式』のみが現存する。
- **律令の注釈書** 養老令の公的な注釈書『令義解』(清原夏野編)、私的注釈を集成した『令集解』(惟宗直本編)がある。

> **重要ファイル** ● 平安時代初期には唐風文化が栄え、漢詩集・法典などが多く作られた。

2 平安仏教と密教芸術 ★★

①**最澄と空海** 2人の創始者によって新しい仏教が誕生した。

天台宗(顕教)
- 教典・修行重視
  「山家学生式」教育
  「顕戒論」南都と論争
- 延暦寺(比叡山)
  大乗戒壇をおく
  仏教研究の中心地

真言宗(密教)
- 加持祈祷重視
  「三教指帰」
- 金剛峰寺(高野山)
  真言宗総本山
  教王護国寺
  (平安京)→東寺
  密教の根本道場

▲最澄(伝教大師)

▲空海(弘法大師)

❶儒教を学ぶ明経道や、歴史・文学を学ぶ紀伝道(文章道)がさかんになった。

★空海は「万能人」→弘仁・貞観文化は空海を軸にしてまとめよう。

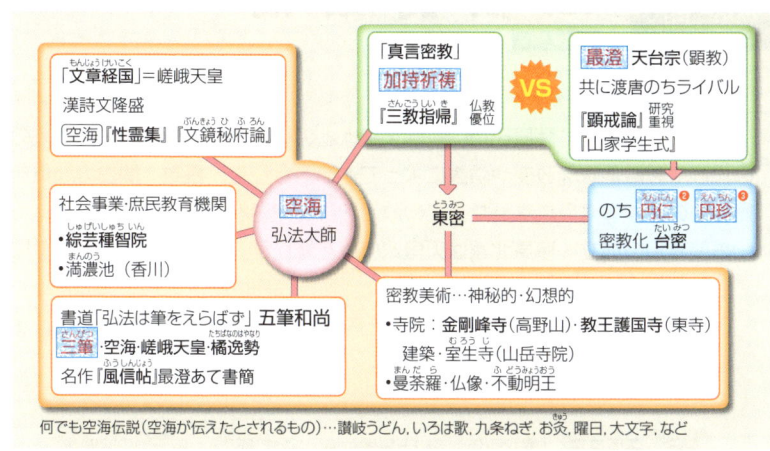

```
┌─────────────────────┐    ┌──────────┐ ┌─────────────────┐
│「文章経国」＝嵯峨天皇│    │「真言密教」│ │最澄 天台宗(顕教)│
│ 漢詩文隆盛          │    │ 加持祈禱  │VS│ 共に渡唐のちライバル│
│ 空海『性霊集』『文鏡秘府論』│ │「三教指帰」仏教│ │『顕戒論』研究重視│
└─────────────────────┘    │       優位 │ │『山家学生式』    │
                            └──────────┘ └─────────────────┘
┌────────────────────┐   ┌──────┐              ┌──────────┐
│ 社会事業・庶民教育機関│   │ 空海 │→ 東密   のち │❷円仁 ❸円珍│
│ ●綜芸種智院         │   │弘法大師│            │ 密教化 台密│
│ ●満濃池(香川)       │   └──────┘              └──────────┘
└────────────────────┘
┌────────────────────────────────┐   ┌────────────────────────────────┐
│ 書道「弘法は筆をえらばず」五筆和尚│   │ 密教美術…神秘的・幻想的         │
│ 三筆…空海・嵯峨天皇・橘逸勢      │   │ ●寺院：金剛峯寺(高野山)・教王護国寺(東寺)│
│ 名作『風信帖』最澄あて書簡       │   │   建築・室生寺(山岳寺院)        │
└────────────────────────────────┘   │ ●曼荼羅・仏像・不動明王          │
                                       └────────────────────────────────┘
```

何でも空海伝説(空海が伝えたとされるもの)…讃岐うどん、いろは歌、九条ねぎ、お灸、曜日、大文字、など

②**密教芸術**…真言宗(密教)は、経典以外の儀式や呪法を重んじるため、荘厳な寺院の中に神秘的で幻想的な仏像・絵画が数多くつくられた。これらは、日本美術史上特筆すべき強烈で魅力的な宗教芸術である。

建築	寺院は主に山中に自由な伽藍配置…**室生寺五重塔・金堂**など
彫刻	①神秘的で迫力豊か…**観心寺如意輪観音像** ②**一木造、翻波式**(波型の衣文)…神護寺・元興寺の薬師如来 ③神仏習合の像…**薬師寺僧形八幡神像**
絵画	①強烈な力感…**園城寺不動明王像(黄不動)** ②密教の教義を図像化した曼荼羅：**神護寺・教王護国寺の両界曼荼羅**(両界は金剛界と胎蔵界)
書道	三筆(唐風の楷書体)…空海『**風信帖**』・嵯峨天皇・橘逸勢

> **重要ファイル**
> ● 最澄の天台宗と空海の真言宗はその後の日本仏教の主流となった。
> ● 密教寺院は山間に立地、神秘性の強い芸術を生み出した。
> ● 平安仏教は総じて密教化して貴族社会に深く定着した。

❷**円仁**(慈覚大師) 入唐後、天台宗第3世座主として天台宗の密教化を促進。『入唐求法巡礼行記』は貴重な旅行記。

❸**円珍**(智証大師) 入唐後、第5世座主として園城寺を復興。のち円珍派は園城寺に入って寺門派とされ、延暦寺(山門派)と対立する。

18. 摂関政治

第1章 原始・古代
入試重要度 B

1 藤原北家の発展 ★★

9世紀を通じて、藤原氏(北家)は天皇家との結びつきを深め、古代以来の他の氏族や藤原他家を政変や陰謀によって追い落として、摂政・関白の地位を不動のものにするようになった。この政治を摂関政治と呼ぶ。

①摂関政治の成立…藤原北家は天皇家に娘を嫁がせ、生まれた男児を天皇にして、外戚(外祖父)として実権を握った。藤原良房は皇族以外でははじめて摂政となり、藤原基経ははじめて関白となった。関白は天皇の地位を代行する権限を持つ。

摂政・関白の任官には、事実上の着任と正式任官の2段階がある。

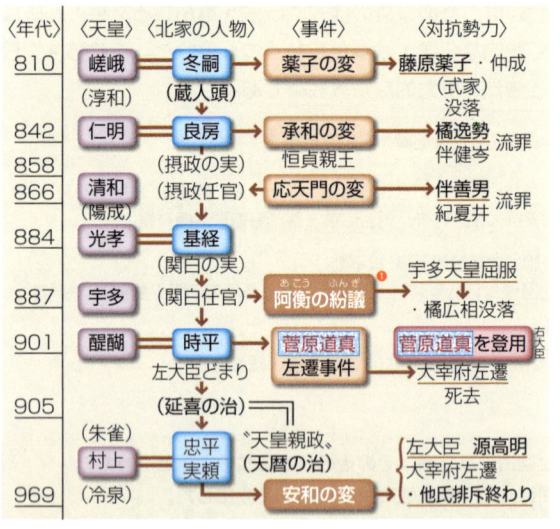

摂政:藤原良房	(実)858年 清和天皇即位時	(正式)866年 応天門の変直後
関白:藤原基経	(実)884年 光孝天皇即位時	(正式)887年 宇多天皇即位時

〈年代〉	〈天皇〉	〈北家の人物〉	〈事件〉	〈対抗勢力〉
810	嵯峨(淳和)	冬嗣(蔵人頭)	薬子の変	藤原薬子・仲成(式家)没落
842	仁明	良房	承和の変	橘逸勢 流罪 伴健岑 恒貞親王
858		(摂政の実)		
866	清和(陽成)	(摂政任官)	応天門の変	伴善男 流罪 紀夏井
884	光孝	基経(関白の実)		
887	宇多	(関白任官)	阿衡の紛議 ❶	宇多天皇屈服・橘広相没落
901	醍醐	時平 左大臣どまり	菅原道真 左遷事件 (延喜の治)	菅原道真を登用 右大臣 大宰府左遷 死去
905				
	(朱雀)村上(冷泉)	忠平 実頼	"天皇親政"(天暦の治)	
969			安和の変	左大臣 源高明 大宰府左遷・他氏排斥終わり

▲菅原道真

学者の家系であり学問に優れる。『類聚国史』編纂。詩文集『菅家文草』を著す。宇多天皇に重用され、後に右大臣にまで登るが、陰謀により左遷され、大宰府で死去した。死後怨霊として恐れられ、北野天満宮に祀られる。「学問の神様」「商売の神様」として各地で「天神さん」と呼ばれ信仰を集めている。

> **重要ファイル**
> ● 摂関政治への道を藤原氏の人物と他氏排斥事件で整理して理解しよう。
> ● 摂関政治はあくまで律令政治の仕組みの中での権力独占である。

❶阿衡の紛議　887年宇多天皇が詔で関白を「阿衡」(職掌を伴わない位)と表記したことに基経が怒り出仕を拒否、翌年、天皇は起草者である橘広相を処分して詔を改めた。

②延喜・天暦の治
- 「延喜の治」　醍醐天皇は当初，摂関を置かず，藤原時平を左大臣，菅原道真を右大臣に任じ親政を行う→901年，道真の左遷後も時平は摂政にならず。
- 延喜の荘園整理令　最初の荘園整理令。および，最後の班田を行う。
- 三善清行「意見封事十二箇条」　律令制の崩壊の事実を鋭く告発。
- 「天暦の治」　藤原忠平の後，村上天皇が摂関を置かず親政。『乾元大宝』鋳造。

これらの「治」は後世の史観による理想化であり，実態としては律令制の崩壊は避けられず，むしろ地方政治の乱れも著しかった。

2 摂関政治の全盛 ★

969年の安和の変以降は，藤原北家の氏長者が自動的に摂関につくことが常態となり，以後は北家の親族間で摂関の地位を争うようになった❷。

①道長と頼通…道長・頼通の父子は約80年にわたって貴族政治に君臨した。

藤原道長	摂政になるが関白にならず（内覧就任）	4人の娘を入内させ後一条・後朱雀・後冷泉3天皇の外祖父となり実権を掌握した。	法成寺建立 日記『御堂関白記』
藤原頼通	摂政・関白に約50年間	6人の娘を入内させるが男子を生まなかったため外戚になれず，晩年は宇治に隠棲した。	宇治に平等院鳳凰堂を建立

②摂関政治の実態

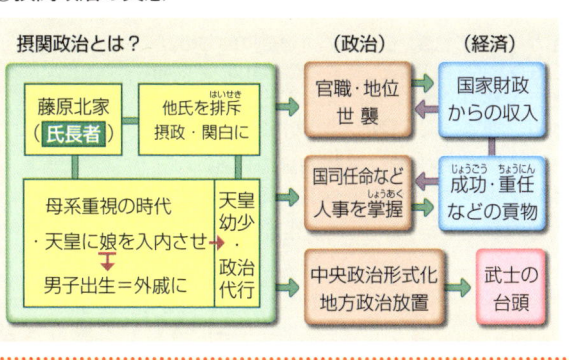

```
摂関政治とは？                          （政治）      （経済）
┌─────────┐   ┌─────────┐      官職・地位     国家財政
│ 藤原北家 │──→│ 他氏を排斥│──→  世　襲   ←── からの収入
│ (氏長者) │   │ 摂政・関白に│
└─────────┘   └─────────┘
     │                            国司任命など    成功・重任
     ↓                            人事を掌握  ←── などの貢物
┌─────────┐   ┌─────┐
│母系重視の時代│   │天皇 │
│・天皇に娘を入内させ│   │幼少 │
│     ↕     │   │  ・  │      中央政治形式化    武士の
│男子出生＝外戚に│   │政治 │      地方政治放置  ──→  台頭
└─────────┘   │代行 │
              └─────┘
```

※摂関は独裁者？
摂関家が自宅に政所を設け政治を私物化していたという説は誤りで，律令制の形式を守って，成人の天皇とも相談しながら国政を行ったというのが真相である。

> **重要ファイル**
> - 11世紀の藤原道長と頼通父子の時代が摂関政治の絶頂期。
> - 摂関家は高位高官について多くの荘園を集積し栄華をほしいままにした。

❷特に藤原兼通・兼家兄弟の関白位をめぐる争い。また，藤原道長と伊周（中関白家）の争いは有名だが，伊周が左遷されて道長の実権が確立した。

第1章 原始・古代

19. 国風文化

入試重要度 B

1 国風文化とは何か ★

①国風文化の形成
- **遣唐使の停止** 894年，菅原道真は宇多天皇に遣唐使の中止を建議した。唐は衰退（907年滅亡），新羅・渤海が滅亡し国家の儀礼的外交は断絶する。
- **貿易・交流はさかん** それ以後も中国商人の往来，文物の交易，僧侶の渡航はさかんであり中国文化の流入はむしろ増大する傾向にあった。
- **文化の融合・成熟** 10世紀には大陸文化の影響を消化し，在来文化と融合した独自の日本的な感性・美意識にあふれた国風文化が形成された。

②国文学の隆盛
- **かな文字の使用** 漢字＝「真名」は公式文書，男性の日記，漢詩文に使う。
  - ▶**平がな** 漢字の草書体に由来。非公式の文字として女性に普及。女性らの繊細で自由な表現が可能になり文学が量産された。
  - ▶**片かな** 漢字の扁や旁などに由来。学習用に僧侶・学生に普及。

詩歌	『古今和歌集』905年，醍醐天皇の命で紀貫之が編纂した勅撰和歌集。繊細で技巧的な作風。以後の8つの勅撰和歌集を「八代集」という。六歌仙の活躍。『和漢朗詠集』藤原公任編。和歌・漢詩文の名句を朗詠用に抜粋。
物語	『竹取物語』かぐや姫の物語。伝奇文学。「物語」のはじめ。『伊勢物語』在原業平を主人公とした歌物語。類作『大和物語』『源氏物語』紫式部（中宮彰子に出仕）による壮大な物語文学。『宇津保物語』や『落窪物語』，『源氏物語』の「擬古物語」
日記	『土佐日記』紀貫之の「かな日記」。『蜻蛉日記』藤原道綱の母。『更級日記』菅原孝標の女。『紫式部日記』『和泉式部日記』
随筆	『枕草子』清少納言（皇后定子に出仕）宮廷生活を活写。

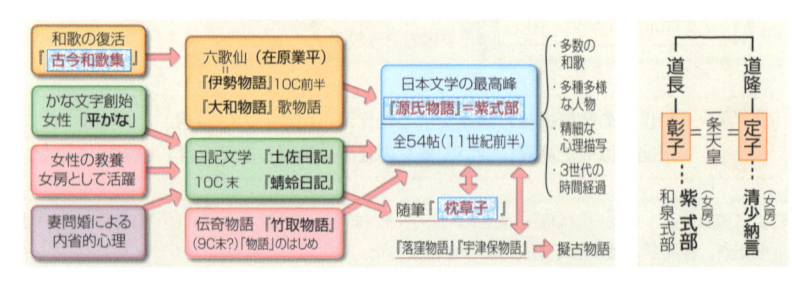

```
和歌の復活             六歌仙（在原業平）           ・多数の
『古今和歌集』          『伊勢物語』10C前半          和歌
                      『大和物語』歌物語    日本文学の最高峰  ・多種多様
かな文字創始                               『源氏物語』＝紫式部  な人物
女性「平がな」                              全54帖（11世紀前半）・精細な
                                                          心理描写
女性の教養             日記文学『土佐日記』                  ・3世代の
女房として活躍          10C末  『蜻蛉日記』                  時間経過

妻問婚による           伝奇物語『竹取物語』      随筆『枕草子』
内省的心理             （9C末?）「物語」のはじめ
                                          『落窪物語』『宇津保物語』→擬古物語
```

```
道長ーー道隆
 ｜    ｜
彰子＝一条天皇＝定子
 （女房）      （女房）
 紫式部      清少納言
 和泉式部
```

2 浄土教の発達 ★★

平安時代中期以後,末法の乱世がくるとする**末法思想**などから従来の国家仏教・氏族仏教にはない,より個人的な信仰が成立し普及した。また,日本固有の神々と仏を結びつけた**本地垂迹説**が発生した。

①**浄土教の発達**…平安時代中期の社会背景から考えてみよう。

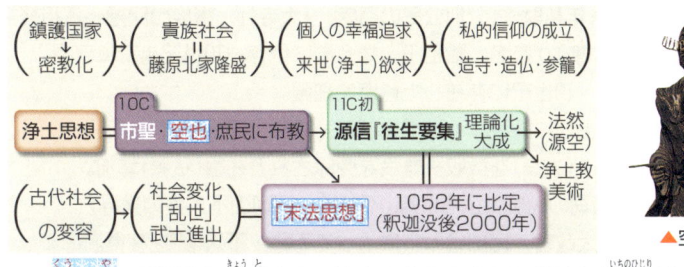

```
(鎮護国家)→(貴族社会  )→(個人の幸福追求)→(私的信仰の成立)
(密教化 )  (＝藤原北家隆盛)  (来世(浄土)欲求)  (造寺・造仏・参籠)

                10C                11C初
浄土思想 ⇒ 市聖・空也・庶民に布教 ⇒ 源信『往生要集』→理論化 → 法然
                                          大成   (源空)
                                                  ↓
                                                 浄土教
                                                 美術
(古代社会)→(社会変化)→ 末法思想   1052年に比定
(の変容 )  (「乱世」)          (釈迦没後2000年)
           (武士進出)
```

▲空也像

- **空也** 10世紀に京都市中で浄土の教えを庶民に説法し「**市聖**」と呼ばれた。
- **源信(恵心僧都)** 比叡山で『**往生要集**』を執筆し浄土思想を確立した。
- 極楽往生した人々の伝を集成した**往生伝**(慶滋保胤『日本往生極楽記』)

②**浄土教美術**…極楽浄土や往生を具現化しようとする美術が多く作られた。

建築	阿弥陀堂建築	**平等院鳳凰堂**…1053年,**藤原頼通**が建立した阿弥陀堂建築の代表的遺構。その他,日野法界寺阿弥陀堂,石山寺本堂など。
彫刻	阿弥陀如来像	**鳳凰堂阿弥陀如来**…**定朝**が**寄木造**の技法で作成。優美端正な作風。その他,法界寺阿弥陀如来,浄瑠璃寺九体仏など。
絵画	阿弥陀来迎図	**高野山聖衆来迎図**…阿弥陀・諸菩薩が正面から迫る圧倒的名作。その他,鳳凰堂扉絵来迎図。多くの山越阿弥陀図など。

3 日本的な生活文化

①衣…男性 (正装)束帯,衣冠 (通常服)直衣,狩衣 (平服)直垂・水干
　　　女性 (正装)女房装束＝十二単 (平服)袿,小袿,小袖
②住…**寝殿造** 寝殿を中心に対屋・釣殿・泉殿を透渡殿や廊で接続し庭を囲む。
　　　大和絵 装飾などに唐絵でなく日本的風物を描く大和絵を用いた。
　　　蒔絵 貴族の調度品は漆工芸の蒔絵が愛好された。螺鈿を施すことも。
③儀式・行事…節会・大祓・新嘗祭・賀茂祭・灌仏会・除目・盂蘭盆会など。
④書道…三跡(蹟) 小野道風・藤原行成・藤原佐理『離洛帖』

> **重要ファイル**
> - 平等院鳳凰堂は浄土教美術の粋を集めた世界文化遺産である。
> - 10世紀になって唐風ではない日本風の貴族文化が始まった。

20. 荘園の発達

第1章 原始・古代　入試重要度 B

1 平安時代前期までの荘園 ★

①初期荘園（墾田地系荘園）…律令制の中の荘園制。
- 743年墾田永年私財法（公地公民の否定）→大寺社・貴族の開墾・賃租経営。
- 東大寺領（越前）が有名。輸租田。律令制に依存→10世紀までに衰退。

②雑役免系荘園…10世紀に存在した過渡的荘園。
- 名を単位に土地に課税する負名体制が一般化。国司が徴税する。
- 官物（租）雑役（夫役）を徴収→雑役を免除される荘園（私領）増加。
- 国免荘　国司の免判による荘園（不輸権，国司の不入権の獲得）
- 官省符荘　太政官，民部省の符によって不輸・不入権❶を獲得。

③荘園整理令…荘園新設の禁止と公領の拡大をめざす。
- 902年　延喜の荘園整理令（藤原時平）
- 1045年　寛徳の荘園整理令
- 1069年　延久の荘園整理令を出し，記録荘園券契所を設けた。

2 寄進地系荘園の増大 ★★

①荘園の寄進…「名をかりて実を取る」
- 10世紀以後，開発領主❷は中央の貴族・寺社に土地を寄進して荘園とした。
- 開発領主は荘官（預所・公文・下司など）として現地を保持し実質経営。
- 寄進を受けた有力者は領家と呼ばれ，荘園の年貢を荘官から上納される。
- 領家は権威を求めてさらに上の有力者に寄進した。これを本家という。

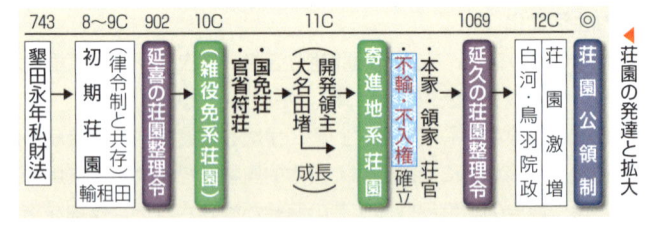

743	8〜9C	902	10C	11C		1069	12C	◎
墾田永年私財法	初期荘園（律令制と共存）輸租田	延喜の荘園整理令	（雑役免系荘園）官省符荘・国免荘	大名田堵→開発領主成長	寄進地系荘園・本家・領家・荘官／不輸・不入権確立	延久の荘園整理令	白河・鳥羽院政／荘園激増	荘園公領制

◀荘園の発達と拡大

---

❶**不輸・不入権**　当初，荘園は租（官米）を納める義務があったが，これを免除される特権を不輸権という。また，国司が田地を調査するために派遣する検田使の立ち入りを拒否する特権を不入権という。特権を認められて荘園として手続きすることを立券荘号という。

❷**開発領主**　名を請け負った農民を田堵といい，国司と結んで大規模な経営を実現した者は大名田堵と呼ばれた。彼らは開発領主として，さらに開発を広げて荘園経営者に成長する。

②荘園の激増…院政は荘園制社会を決定づけた。
- 白河法皇が院政を開くと、院とその周辺に荘園寄進が集中した。
- 鳥羽法皇は荘園を規制せず、爆発的に荘園が増大することになった。
- 同時期に公領の国衙領化も進行し、荘園公領制社会が確立した。

> **重要ファイル**
> - 律令制的な初期荘園は、8・9世紀がピーク。
> - 私的所有の拡大vs荘園整理令→延久の荘園整理令は効果大。
> - 開発領主は寄進によって特権確保→寄進地系荘園成立。
> - 院政期に荘園は爆発的に増加。荘園公領制が確立。

3 国衙領の成立 ★★

①国司制度の腐敗…「受領は倒れるところに土をつかめ」
- 10世紀以後、国司は徴税を請負うため、莫大な利益を得る利権となった。
- 任国に赴任しない国司は遙任といい、派遣した目代と現地の在庁官人に実務を任せた。現地に赴任した国司の最上席者は受領として利得を稼いだ。
- 「尾張国郡司百姓等解（文）」 988年、国司藤原元命の横暴を中央に告発。

②国衙領の成立…国衙(国府)は公領を荘園のごとく支配した。
- 11世紀以後、公領も国司のもとに在庁官人らが権限を分与して私領化した。
- 在庁官人は開発領主であり、保司、郷司として現地経営を任されていた。
- 耕作する名主(百姓)から荘園と同様に、年貢・公事・夫役❸を徴収した。

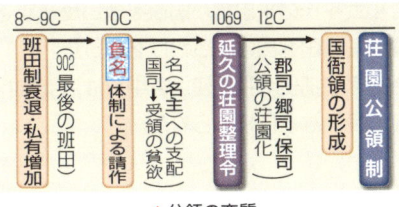

▲公領の変質

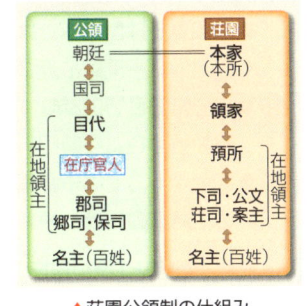

▲荘園公領制の仕組み

> **重要ファイル**
> - 公領は国司らの私領のようになり国衙領と呼んだ。
> - 荘園も公領も多くの「職」が重なって❹生産物を分配。

❸年貢・公事・夫役　中世の税制は、律令制の租の系譜をひく年貢(米)、調にあたる公事(特産品)、庸・雑徭にあたる夫役(労働)の3つを基本とした。
❹中世の荘園・公領は、1つの土地に複数の所有権が複雑に重なりあった重層的な構造になっている。

21. 武士の台頭

第1章 原始・古代　入試重要度 A

1 武士団の成立 ★★

律令制の地方政治の動揺と混乱の中で、豪族・有力農民らは自ら武装して自存自衛し、互いに競い合って勢力を拡大するようになった。やがて、その中から、**武士**・侍と呼ばれる新しい集団が出現した。

①桓武平氏と清和源氏
- 彼らは支配下の農民らを**家子**・**郎党**として組織し、武士団を形成した。
- やがて、地方に下向した皇族・貴族らを**棟梁**に迎え大きな集団となった。
- 特に源経基に始まる**清和源氏**と、平高望に始まる**桓武平氏**は有力であった。

▲武士の家の構造

②承平・天慶の乱…平将門の乱と藤原純友の乱を合わせての呼称。
- **平将門の乱**(939〜940年)　常陸・上野・下野国府を攻めて新皇を自称した。
- **藤原純友**の乱(939〜941年)　前伊予国司が海賊の首領となり大宰府を襲撃。

③武士の中央への進出
- **清和源氏は関東へ**　はじめ摂津に土着した**源満仲**とその子の**源頼光・頼信**兄弟は、摂関家に近づいて仕えることで、棟梁としての地位を高めた。
- **平忠常の乱**(1028年)　上総で桓武平氏の**平忠常**が国衙を襲い反逆すると、**源頼信**はこれを鎮圧して、源氏の東国進出のきっかけを作った。
- 武士は地方では争乱鎮圧のための**追捕使**や**押領使**、宮中では治安維持のための**滝口の武者**や検非違使庁の役人などに任じられた。

2 奥州の戦乱と「東の源氏」 ★

①**前九年合戦**(1051〜1062年)…陸奥の豪族安倍氏(**安倍頼時**・貞任)は国司の差別的な扱いに不満を持ち反抗した。陸奥守となった**源頼義**は、その子の**源義家**とともに、東国の武士を率いて、**清原氏**とともに戦い安倍氏を滅ぼした。
②**後三年合戦**(1083〜1087年)…陸奥・出羽で勢力を拡大した清原氏の内紛に源義家が介入して**藤原(清原)清衡**[1]を助け、これを平定した。これらの戦いを通じて源氏は東国の武士集団との関係を深め、棟梁としての地位を固めた。

---

[1] 清原清衡は藤原氏に改姓、以後3代にわたり、奥州の平泉で独自の経済文化圏を築き上げた。

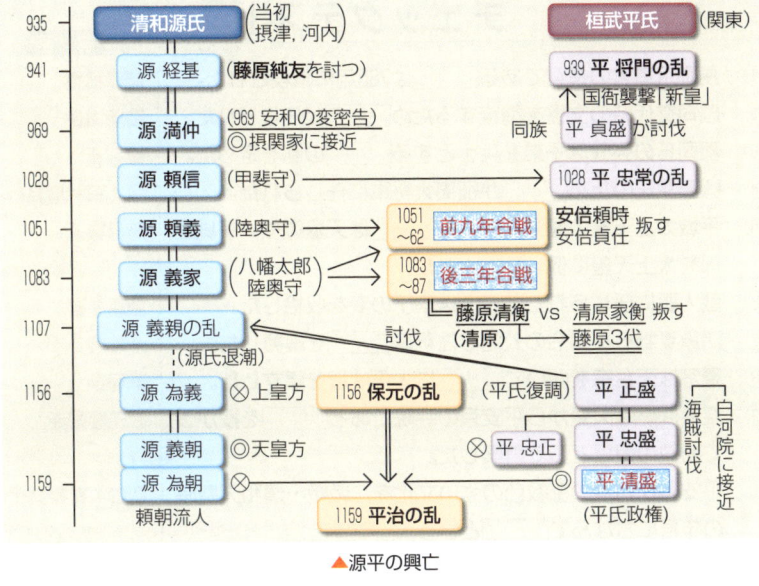

```
935 ─ 清和源氏 (当初 摂津,河内)                    桓武平氏 (関東)
941 ─ 源 経基 (藤原純友を討つ)           939 平 将門の乱
                                         ↑ 国衙襲撃「新皇」
969 ─ 源 満仲 (969 安和の変密告)   同族  平 貞盛 が討伐
              ◎摂関家に接近
1028 ─ 源 頼信 (甲斐守)                 1028 平 忠常の乱
1051 ─ 源 頼義 (陸奥守) → 1051  前九年合戦  安倍頼時
                         ~62              安倍貞任 叛す
1083 ─ 源 義家 (八幡太郎) → 1083  後三年合戦
               陸奥守     ~87
                          藤原清衡 vs 清原家衡 叛す
                          (清原)    → 藤原3代
1107 ─ 源 義親の乱 ←── 討伐
       (源氏退潮)
1156 ─ 源 為義 ⊗上皇方  1156 保元の乱  (平氏復調)  平 正盛
                                                         海
       源 義朝 ◎天皇方       ⊗ 平 忠正  平 忠盛    賊  白
                                                  討  河
1159 ─ 源 為朝 ⊗            →  ←         平 清盛    伐  院
                                                         に
       頼朝流人          1159 平治の乱    (平氏政権)       接
                                                         近
```

▲源平の興亡

3 院政と「西の平氏」 ★

① 桓武平氏の復活…伊勢・伊賀を地盤とする伊勢平氏は,**平正盛**が出雲で反乱を起こした源義親(義家の子)を征伐し,白河上皇に接近していった。

②「西の平氏」…平正盛の子,**平忠盛**は瀬戸内海の海賊を討伐し九州・瀬戸内に勢力を広げ「西の平氏」と称されるようになった。

③ 清盛登場…平忠盛の子の平清盛は海賊討伐や,院を守る北面の武士などで活躍し,院近臣としても勢力を伸ばすようになった。

	始 祖	賜 姓	仕えたのは	10世紀	11世紀	12世紀
源 氏	清和天皇	源経基	藤原摂関家 滝口の武者	河内・摂津 (満仲)	関東・東北 (義家)	沈滞期 (義親)
平 氏	桓武天皇	平高望	院(白河) 北面の武士	関東一円 (将門)	伊勢・伊賀 (正盛)	瀬戸内 (忠盛)

▲源氏と平氏の比較(活躍期が100年ごとに交代することに注目)

> **重要ファイル**
> ● 武士団として清和源氏と桓武平氏が有力だった。
> ● 前九年合戦,後三年合戦により,源氏が東国での地位を確立した。

参考 1019年,九州北部に中国の女真族(刀伊)が侵入。大宰権帥の藤原隆家が撃退した。

チェックテスト

解 答

① 長岡京造営の長官である_____は785年に暗殺された。　藤原種継
② 国司交代時の文書を調査するため_____が任じられた。　勘解由使
③ 郡司らの強健な子弟を兵士とする_____の制を定めた。　健児
④ 蝦夷鎮圧のため_____が征夷大将軍に任じられた。　坂上田村麻呂
⑤ 平城太上天皇の寵愛を受けた_____は天皇復位・平城還都を太上天皇に促したとされた。　藤原薬子
⑥ 蔵人頭に任じられた_____は薬子の変を収拾した。　藤原冬嗣
⑦ 清原夏野らが律令の公的な注釈書_____を編纂した。　令義解
⑧ 最澄は天台宗を開いて_____に大乗戒壇を建立した。　延暦寺
⑨ 空海は嵯峨天皇から平安京の寺院である_____を授かって密教の道場として再興した。　教王護国寺
⑩ 平安時代初期の密教色の強い文化を、嵯峨・清和天皇時の年号にちなんで_____という。　弘仁・貞観文化
⑪ 嵯峨朝以後、勅撰によって編集された三大漢詩集とは『凌雲集』『文華秀麗集』と_____である。　経国集
⑫ 「三筆」と称される書の名手は空海と橘逸勢と_____である。　嵯峨天皇
⑬ 密教の世界観を図像化した絵画が_____である。　(両界)曼荼羅
⑭ 空海は庶民に教育を行うために_____を設置した。　綜芸種智院
⑮ 858年_____は清和天皇即位に際して摂政となった。　藤原良房
⑯ 866年、内裏の火災事件が原因で大納言伴善男らが流罪となったのが_____である。　応天門の変
⑰ 学者である_____は宇多天皇に重用されたが、藤原氏によって大宰府に左遷された。　菅原道真
⑱ 醍醐・村上天皇が行った親政を_____という。　延喜・天暦の治
⑲ 969年に左大臣源高明が左遷された_____により、藤原氏の摂政関白独占が確立した。　安和の変
⑳ _____は4人の娘を天皇に嫁がせ、3人の天皇の外祖父となって権勢をほしいままにした。　藤原道長
㉑ 905年に紀貫之らは醍醐天皇の勅により『_____』を編纂した。　古今和歌集

- ㉒ 「三蹟」と称される名人の1人＿＿＿は『離洛帖』を書いた。 　藤原佐理
- ㉓ 貴族の女子の正装は＿＿＿という華麗な女房装束である。 　十二単
- ㉔ 仏法が衰え乱世がくるとする＿＿＿が流行した。 　末法思想
- ㉕ 源信は念仏往生の方法などを論じた『＿＿＿』を著した。 　往生要集
- ㉖ 神と仏では仏が本地で神は権現であるという神々と仏を結びつけた一説を＿＿＿という。 　本地垂迹説
- ㉗ 藤原頼通は宇治に極楽浄土を具現した＿＿＿を建立した。 　平等院鳳凰堂
- ㉘ 定朝は阿弥陀如来像を＿＿＿という手法で制作した。 　寄木造
- ㉙ 阿弥陀如来が正面から荘厳に来迎するさまを描いた傑作が高野山＿＿＿である。 　聖衆来迎図
- ㉚ 任国に赴任して権限を行使した国司を＿＿＿という。 　受領
- ㉛ 尾張国司＿＿＿は郡司・百姓により暴政を告発された。 　藤原元命
- ㉜ ＿＿＿とは太政官符や民部省符により不輸権を認められた荘園である。 　官省符荘
- ㉝ 10世紀以後＿＿＿は名田を経営し領地を拡大した。 　大名田堵（開発領主）
- ㉞ 10世紀以後公領は国司が私領化して＿＿＿となった。 　国衙領
- ㉟ 939年＿＿＿は関東の国府を襲撃し「新皇」を称した。 　平将門
- ㊱ 939年前伊予国司＿＿＿は海賊集団と大宰府を攻めた。 　藤原純友
- ㊲ 陸奥の安倍頼時らは陸奥守源頼義らと＿＿＿を戦った。 　前九年合戦
- ㊳ ＿＿＿は㊲と後三年合戦に活躍し剛勇を謳われた。 　源義家
- ㊴ 後三年合戦に勝った＿＿＿は平泉を拠点に奥州に支配を広げ以後藤原氏3代と呼ばれた。 　藤原（清原）清衡

Try 次の問いに答えなさい。 〔センター試験〕

- 寺院と国家の関係に関して述べた次の文Ⅰ～Ⅲについて，古いものから年代順に正しく配列したものを下の①～⑥のうちから一つ選びなさい。
  - Ⅰ 開発領主のなかに国司の圧迫を逃れようとして有力寺院などに土地を寄進する者が現れるようになった。
  - Ⅱ 有力寺院が下級僧侶を僧兵に組織し神木や神輿を押し立てて自分たちの要求を通すため朝廷に強訴するようになった。
  - Ⅲ 有力寺院の初期荘園が律令制的支配の衰えとともに衰退していった。
  - ① Ⅰ-Ⅱ-Ⅲ　② Ⅰ-Ⅲ-Ⅱ　③ Ⅱ-Ⅰ-Ⅲ
  - ④ Ⅱ-Ⅲ-Ⅰ　⑤ Ⅲ-Ⅰ-Ⅱ　⑥ Ⅲ-Ⅱ-Ⅰ

[解答] ⑤

22. 院　　政

入試重要度 B

1 後三条天皇の政治 ★★

①後三条天皇即位…1068年，藤原氏の娘を母としない**後三条天皇**が即位。摂関家の影響を排除して**大江匡房**らを重用した積極的な国政改革を行った。

②後三条天皇の改革…1069年，**延久の荘園整理令**を出し，**記録荘園券契所**を設置して厳密な荘園整理を断行した。
- 新立荘園の禁止。
- 証拠書類の不備なもの，国司の政務を妨げるものを禁止した。これらは摂関家，藤原頼通も例外でなく厳格に実施された。
- 宣旨枡を制定し，国家による統一的な徴税制度を整備した。

2 白河院政の開始 ★★

①院政の開始…白河天皇は1086年，堀河天皇に譲位して**上皇**として**院庁**を設置し，政治の実権を握った。さらに堀河天皇の死後，本格的な**院政**を開始した。

②院庁の機構…院庁の役人は**院司**と呼ばれ，摂関政治期に冷遇された中下級貴族が集まった（**院近臣**）。また院庁から下される**院庁下文**や，上皇の命令である**院宣**が国政において効力を発揮した。

③院政の期間…この後，鳥羽上皇・後白河上皇と，通算100年余り続いた。

3 院政期の社会 ★★

①荘園の激増と集積…特に鳥羽上皇期に，荘園の寄進と集積が激しくなった。鳥羽上皇が皇女八条院に伝えた**八条(女)院領**（約100カ所）と後白河上皇が長講堂に寄進した**長講堂領**（約90カ所）は中世の二大荘園群である。

②知行国の制度…貴族・皇族に**知行国主**として一国の支配権を与え，その国の収益を与える方式。近親者や近臣を国司に任じ，国司は現地に**目代**を派遣。つまり，**公領(国衙領)**はあたかも知行国主や国司の私有地のようになった。

③中世社会の始まり…院政期には私的な土地所有が完成して，朝廷(院・公卿)・武士・大寺社がそれぞれ補完的に社会を支配する中世国家体制が完成した。よって，院政をもって中世の始まりとする。

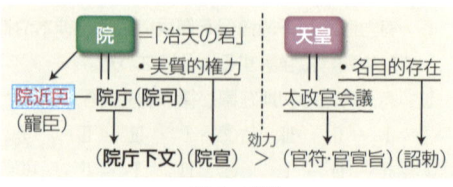

```
   院 ＝「治天の君」          天皇
   ‖   ・実質的権力          ‖  ・名目的存在
 院近臣 ― 院庁(院司)          太政官会議
 (寵臣)                    効力
      (院庁下文)(院宣)  ＞ (官符・官宣旨)(詔勅)
```

▲院政の構造

4 院政と仏教 ★★

①**院の仏教信仰**…3人の上皇は仏教をあつく信じており、出家して**法皇**となった。
- **六勝寺**などの大寺院を造営し、壮麗な堂塔や仏像を建立し、盛大な法会を行った。
- 紀伊の**熊野詣**や**高野詣**を頻繁に行った。
- 京都郊外の白河や鳥羽に広大な離宮を造営し、そこで政務を行い、生活した。

▲熊野参詣ルート　▲熊野古道

②**院政期の大寺院**…各宗の大寺院は広大な荘園を所有し、多くの人口を養う巨大な社会勢力であった。その利益を守るために下級僧侶を**僧兵**として武装させ、国司と争ったり、朝廷に**強訴**して要求を通した。強訴は神木や神輿を奉じて市中に繰り出すという威嚇的な大衆行動であった。

▲僧兵

③**僧兵の活動**…大寺院の僧兵は武士団にも匹敵する組織的軍事力であった。
- **興福寺**　「**南都**」「**奈良法師**」と称し、春日神社の神木を奉じた。
- **延暦寺**　「**北嶺**」「**山法師**」と称し、日吉神社の神輿を奉じた。

④**寺社権門**…これら大寺院は天台(顕教)・真言(密教)に基づく**鎮護国家**を唱え、中世の国家・民衆に深く根ざした思想的影響力を保持していた。

> **重要ファイル**
> - 後三条天皇の改革は摂関政治を終わらせる一因となった。
> - 院政において荘園公領制が確立し、日本の中世社会が始まる。
> - 大寺院は政治経済的・思想的に中世社会の一大権門となる。

参考　今まで「武家政権＝中世の政治」「武士＝中世の主役」、よって「鎌倉幕府成立が中世の開始」という図式(常識)が用いられてきたが、現在では、「荘園公領制＝中世社会」「院政が中世の開始」という見解が主流になっている。中世になっても院・朝廷・大寺院などの古代的権門の社会的重要性はほとんど減少せず、武家は軍事部門を担当する一権門として位置づけられるからである。ただし、長期的には勢力関係は変化し、武家の主導権がしだいに優越することになる。「中世」概念をテーマにして日本の歴史をどうみるか考えてみよう。

第2章 中世
23. 平氏政権

入試重要度 B

1 保元・平治の乱 ★★

①**保元の乱**…鳥羽上皇は長男の**崇徳天皇**を冷遇した。摂関家でも藤原忠通と頼長兄弟が対立した。鳥羽上皇の死後、崇徳上皇は頼長と組んで弟の**後白河天皇**と対立。1156年、源氏・平氏を巻き込んだ乱で天皇方が勝利、武士の政治的影響力が強まった。

勝	弟 後白河天皇	兄 忠通(関白)	甥 清盛	長男 義朝
	皇室	藤原氏	平氏	源氏
敗	兄 崇徳上皇 (讃岐配流)	弟 頼長(左大臣) (傷死)	叔父 忠正 (斬首)	父 為義(斬首) 八男 為朝(伊豆島配流)

▲保元の乱関係図

②**平治の乱**…保元の乱後の処遇をめぐり**源 義朝**と**平清盛**が対立し、貴族の藤原通憲(信西)と藤原信頼が対立していた。1159年、義朝が挙兵し通憲を自殺に追い込んだが、清盛は上皇を確保して戦いに勝利した。これで清盛の実権が決定的となった。

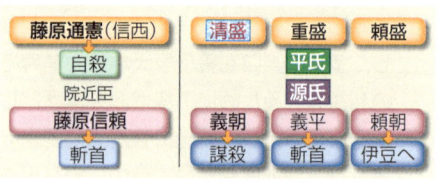

藤原通憲(信西) — 自殺 — 院近臣
藤原信頼 — 斬首
清盛 重盛 頼盛 — 平氏
義朝 義平 頼朝 — 源氏
謀殺 斬首 伊豆へ

▲平治の乱関係図

2 平氏政権の成立 ★★

①**平氏政権**…清盛は1167年、**太政大臣**となり、一族も高位高官についた。清盛の娘、徳子は高倉天皇の中宮となり皇子が誕生。1180年、安徳天皇が即位すると清盛は外祖父として権勢を極めた❶。

②**財政基盤**…平氏一門は20以上の**知行国**と500カ所の荘園を得た。

③**地　頭**…清盛は地方の武士団を**地頭**に任命して荘園・公領に派遣した。

④**武家政権**…清盛の嫡子、**平重盛**らが**六波羅**において幕府を開設した。

⑤**福原遷都**…1180年、清盛は摂津の福原に遷都して西海・東アジアに目を向けた新都を建設するが、上皇らの反対で半年で京都に戻った。

> **重要ファイル**
> - 保元の乱は、貴族社会のトラブルを武士の力で解決した。
> - 平治の乱は、武家の主導権争いに貴族が関わったもの。
> - 2つの乱を通して武家の平氏が強大な権力を確立した。

---

❶平氏が高位高官を極め天皇の**外戚**になったことにより、武家政権としての不完全性を指摘する見方が一般的だが、六波羅に幕府としての実態があると考えることもできる

3 平氏と日宋貿易 ★★

①日宋貿易…南宋建国(1127年)以後,日本,高麗間の商船往来が活発になる。平氏は忠盛以来,貿易に力を入れ,瀬戸内海航路を確保した。貿易の収益は平氏の重要な経済基盤となり,院・貴族らへの贈物として利用した。

②大輪田泊(今の神戸)…清盛が貿易港として修築,直接貿易に関わる。

③音戸の瀬戸(安芸・呉)…航行に便利な水道を開く。

④厳島神社(安芸)…航海の守護神として清盛が崇敬。平氏は氏神として尊重。
- ●平家納経　1164年,厳島神社に平氏一門の繁栄祈願として奉納。

⑤貿易の品目❷(輸出)　金,硫黄,木材,刀剣,扇子,漆器,蒔絵
　　　　　　(輸入)　宋銭,陶磁器,香料,薬品,書籍,茶

特に大量の宋銭の輸入が国内の貨幣経済の発達を促し,各地の経済に大きな影響を与えた。

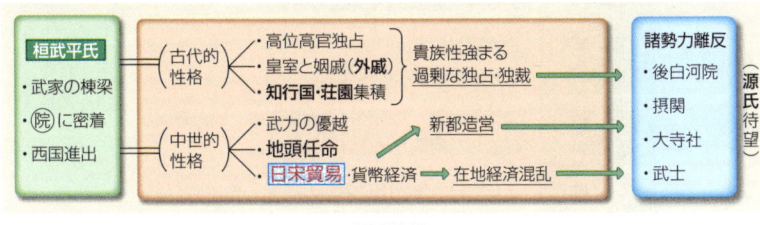

▲平氏政権

4 平氏打倒の動き ★

①鹿ヶ谷の陰謀(1177年)…後白河法皇の近辺は平氏の専横に対する反感が強く,藤原成親や僧の俊寛らが京都の鹿ヶ谷で平家打倒の陰謀を企てたが事前に摘発された(俊寛らは鬼界ヶ島に流罪となる)。

②後白河法皇幽閉…清盛は法皇を鳥羽殿に幽閉し,多数の貴族の官職を剥奪。強圧的手段で国家権力を集中し独裁体制を構築した。「平家にあらずんば人にあらず」(平時忠)という状況は院・貴族・寺社などの反対勢力の結集を促し,地方でも平氏に対抗する源氏の復活を待望する声を強めた。

> **重要ファイル**
> - ●平氏は日宋貿易を積極的に展開し,重要な財源とした。
> - ●貿易による宋銭や文物は,日本の経済・文化に影響を及ぼした。
> - ●平氏の権力独占は,やがて反対勢力の結集を招いてゆく。

❷近年の研究によると日宋貿易の最大の輸出品は大量の硫黄であったとされる。武器に用いる火薬の原料となり世界の歴史に影響を与えるものであった。

24. 院政期の文化

第2章 中世 / 通史編

入試重要度 B

1 王朝文化の地方への拡大 ★★

①**地方寺院の隆盛**…浄土教の教えは僧侶らによって全国に広がり，地方豪族は信仰と財力によって個性的な地方寺院を数多く建立した。特に，陸奥平泉の奥州藤原氏は，3代に渡り豊かな経済力を背景に都にも拮抗する華麗な文化圏を築いた。(平泉❶は2011年世界文化遺産に認定された。)

陸奥 (岩手)	**中尊寺金色堂** 1124年，藤原清衡が建立。金蒔絵と螺鈿細工を施した華麗な須弥壇。壇の下に藤原氏三代のミイラを納める。
陸奥 (岩手)	**毛越寺庭園** 藤原基衡建造の寺院は焼失。典型的な浄土庭園(極楽浄土の再現)。
陸奥 (福島)	**白水阿弥陀堂** 1160年，藤原秀衡の妹，徳姫が亡夫の慰霊のために建立。
豊後 (大分)	**富貴寺大堂** 九州最古の建築遺構。地方豪族が建立した簡素で端正な阿弥陀堂。
因幡 (鳥取)	**三仏寺投入堂** 山岳信仰の霊場三徳山の険阻な断崖に貼りつくように建てられたお堂。
安芸 (広島)	**厳島神社** 平清盛が広大な社殿を造営した。
豊後 (大分)	**臼杵磨崖仏** 岩に彫られた巨大な石像仏。
京都	**浄瑠璃寺本堂** 山城国最南部の山中にあり，九体の阿弥陀如来像を壮麗に安置する。

2 絵巻物の創始 ★★

①**絵巻物**…説明文(詞書)と絵を交互に配列し複数の巻物にしたもので，読み手は右から左へ自由な速度で楽しみながら巻き取るという画期的な芸術作品である。まさに現代の漫画(詞と絵の融合・自由な読み方)の源流である。

②「**四大絵巻**」…貴族・武士・一般庶民の生活と表情が生き生きと描きこまれ，背景となる風物や家屋・室内も当時の日本的情景である。

---

❶発掘調査でわかる平泉は京都・奈良に並ぶ都市であり，日本海をめぐる北方文化や京都の文化の影響もみられ，広範な交流を展開していたことが明らかになっている。

絵巻物	『源氏物語絵巻』	室内を吹抜に描き、顔を引目鉤鼻に描く。異時同図法で物語を象徴的に表現する。
	『信貴山縁起絵巻』	僧命蓮の奇蹟譚を描く。大仏殿の場面と飛び倉が有名。庶民の豊かな表情が見事である。
	『伴大納言絵巻』	事件発覚につながる子供の喧嘩、応天門炎上に驚く人々など群衆描写にも優れる。
	『鳥獣戯画』	高山寺の鳥羽僧正覚猷らの作。兎や蛙などを擬人化して、人間の世俗生活の堕落を風刺している。
絵画	『扇面古写経』	扇に法華経を写経。下絵は市中の庶民生活を情感豊かに描写。

▲院政期の絵画

▲『源氏物語絵巻』

▲『扇面古写経』

3 貴族文学の新傾向 ★★

文学・芸能の新ジャンル…王朝文学の達成を受けた新展開。

説話集	仏教を素材にしたものから世間の奇談まで幅広い小話集。 『今昔物語集』(源 隆国編?) インド・中国・日本の説話を集成。「本朝世俗部」には庶民・武士の生態が生々しく描かれる。
軍記物語	『将門記』 平将門の乱を描く日本最初の軍記物語。 『陸奥話記』 前九年合戦の顛末を描く軍記物語。
歴史物語	『栄華物語』 (赤染衛門?)道長を中心とした藤原氏の栄華を描く。 『大鏡』 藤原氏の栄華を批判的に描く。 『今鏡』 (藤原為経)『大鏡』の後を受けた伝記・逸話。
歌謡	今様 『梁塵秘抄』(後白河法皇) 民衆の流行歌である今様を集成した。庶民生活の哀歓が優美に歌われ、法皇を魅了した。 催馬楽 古代の歌謡から発達した宮廷歌謡。
芸能	猿楽 滑稽な身振りで物まねをする雑芸・歌曲。 田楽 豊作祈願の田遊びから都市で芸能化されて人気を博す。

> **重要ファイル**
> - 院政期の文化のキーワードは「地方・庶民・武士」。
> - 陸奥平泉は都に拮抗する一大文化圏を形成した。
> - 院政期の四大絵巻物は日本美術史上の最高傑作。

第2章 中世

25. 鎌倉幕府の成立

入試重要度 A

1 源平の争乱 ★★

治承・寿永の乱(1180〜1185年)…源氏の挙兵から平氏の滅亡までの全国的争乱。

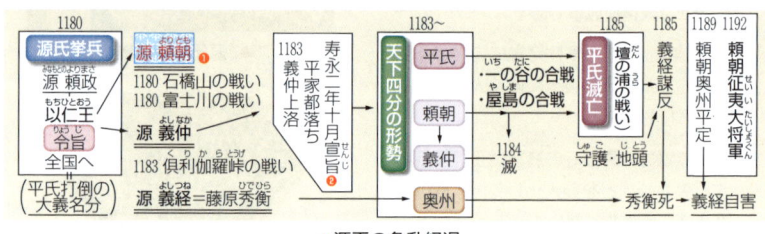

```
1180                              1183〜         1185    1185   1189 1192
┌源氏挙兵┐  ┌源 頼朝┐❶             ┌平氏┐  ┌平氏滅亡┐ 義経謀反 頼朝 頼朝
 源 頼政   1180 石橋山の戦い  1183          ・一の谷の合戦         奥州 征夷
 以仁王    1180 富士川の戦い  寿永二年十月 ┤頼朝├  ・屋島の合戦   ↓    平定 大将軍
  令旨                      平氏都落ち         ┤義仲├ 壇の浦の戦い 守護・地頭
 全国へ     源 義仲           義仲上洛                   1184
           1183 倶利伽羅峠の戦い                          滅
(平氏打倒の
 大義名分)  源 義経=藤原秀衡                         └奥州┘ 秀衡死→義経自害
```

▲源平の争乱経過

2 鎌倉幕府の成立 ★★

①幕府組織の整備…侍所・政所・問注所を中心とする創立時の体制。

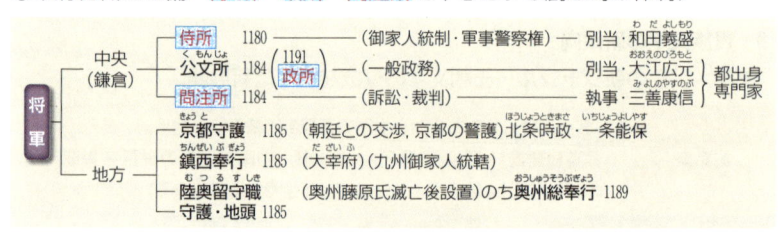

```
            ┌侍所      1180          (御家人統制・軍事警察権) — 別当・和田義盛
    中央   │公文所    1184 ┌1191┐  (一般政務)               — 別当・大江広元 ┐都出身
将軍─(鎌倉)─┤         政所          (訴訟・裁判)             — 執事・三善康信 ┘専門家
    │    └問注所    1184
    │    ┌京都守護   1185  (朝廷との交渉,京都の警察)北条時政・一条能保
    └地方─┤鎮西奉行   1185  (大宰府)(九州御家人統轄)
          │陸奥留守職       (奥州藤原氏滅亡後設置)のち奥州総奉行 1189
          └守護・地頭 1185
```

▲鎌倉幕府の職制

②守護と地頭…源頼朝は1185年平氏滅亡後, 義経・行家・平家残党追捕のためと称して, 後白河法皇に諸国の守護・地頭を任命する権利と段別5升の兵糧米徴収を認めさせた(北条時政の兵を京都に派遣して圧力とした)。

守護(諸国に設置)	地頭(全国の荘園・公領)
有力御家人	(一般の)御家人・武士
● 国内御家人の統率	● 土地管理 ● 年貢徴収
● 大犯三カ条 ┌大番催促 　　　　　　 ┤謀叛人逮捕 　　　　　　 └殺害人逮捕	● 治安維持 (得分)段別5升の兵粮米 (本補地頭)

▲守護と地頭

③幕府の経済基盤…関東の荘園・国衙領には強固な支配権を確保。
　●関東御領　将軍家の荘園。地頭が管理し年貢等を直接幕府に納入。

---

❶源頼朝　源義朝の子で,北条政子の夫。1180年の以仁王の令旨により平氏打倒の兵を挙げた。1192年に征夷大将軍となり,鎌倉幕府を開いた。

❷寿永二年十月宣旨　後白河法皇は源頼朝の要請を受けいれ東海道・東山道諸国の支配権を認め,頼朝は東国の支配権を得た。東国国家(鎌倉政権)成立を意味するものである。

- ●関東知行国（関東御分国） 将軍が国主である知行国。国司を推薦。
- ④御家人体制…将軍と御家人の封建的主従関係（封建制度[3]）。

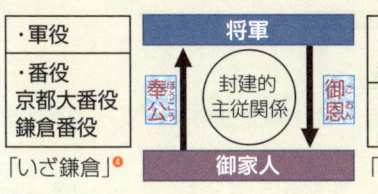

```
・軍役                        将軍              ・本領安堵
・番役        奉       封建的       御         先祖伝来領の保障
 京都大番役   公       主従関係     恩         ・新恩給与
 鎌倉番役                                      恩賞地の給与
          「いざ鎌倉」[4]    御家人     「一所懸命」[4]
```

▲御家人制

重要ファイル
- 内乱の過程で鎌倉幕府の東国行政権・地方支配権が確立した。
- 幕府は簡素な実務組織で発足し，順次機関が追加された。
- 守護・地頭の設置は，武家政権の確立において決定的に重要であった。
- 御家人体制は，御恩と奉公の利益提供を基盤とした主従関係であった。

3 公武二元支配 ★★

鎌倉時代前半の全国の権力構造

- ●鎌倉幕府成立後も院政・公家・寺社勢力は健在であり，畿内・西国のほとんどの地域の土地支配権を確保し，地頭（鎌倉方）の介入を許さなかった。
- ●鎌倉幕府は東国中心の武家政権で，当初は全国支配を目指していなかった。

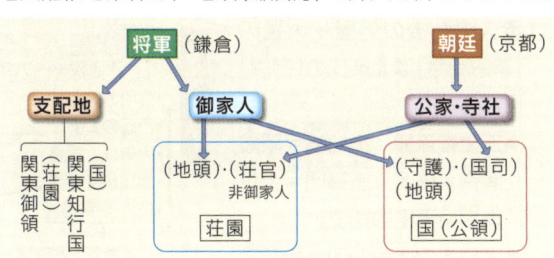

```
              将軍（鎌倉）              朝廷（京都）
   支配地       御家人              公家・寺社
   関東  関東   （地頭）・（荘官）    （守護）・（国司）
   御領  知行国                非御家人    （地頭）
        （荘園）（国）
                   荘園              国（公領）
```

▲公武二元支配

重要ファイル
- 鎌倉初期には王朝権力は強固であり，二元的な支配が存在した。
- 日本の中世封建社会をどう見るかは最大の論点である。

---

[3] **封建制度** 西洋中世の封建制度の概念は，土地の給付を媒介とした武人の主従関係と，農奴が地代を納める社会制度を指す。日本では前者は御家人体制が当てはまるが，社会制度としては王朝寺社を含んだ荘園・公領制社会を農奴制度＝封建制度と見る学説も有力である。

[4] **「一所懸命」「いざ鎌倉」** 鎌倉幕府の御家人は領地が一族の存続の基盤であり，その安堵と獲得のために軍役や番役で命がけで奉公をするのである。その戦功を得るために「一所懸命」（一つの領地に命がけ），「いざ鎌倉」（一番乗りは最大の戦功）の努力をした。

第2章 中世

26. 執権政治

入試重要度 B

1 執権政治の成立 ★★

①**源氏将軍の断絶**…源頼朝と北条政子❶の子や孫はすべて若くして亡くなった。
- **大姫入内計画** 天皇近臣源通親に働きかける→大姫の死→頼朝急死。
- **2代将軍頼家** 独裁と失政。比企の乱→伊豆修禅寺に幽閉→謀殺される。
- **3代将軍実朝❷** 政治に関与せず都文化に没入→頼家の子公暁により暗殺。

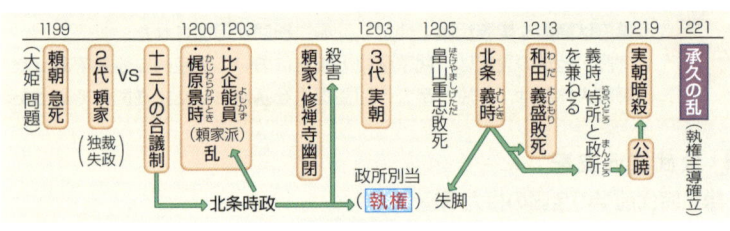

▲執権政治の確立

1199 頼朝急死(大姫問題) → 2代頼家(独裁・失政) vs 十三人の合議制 → 1200 梶原景時(頼家派)乱 → 1203 比企能員殺害 → 1203 頼家修禅寺幽閉 → 北条時政(政所別当) → 1205 3代実朝 → 畠山重忠敗死 → 1213 北条義時(執権)/和田義盛敗死/義時、侍所と政所を兼ねる → 1219 実朝暗殺/公暁 → 1221 承久の乱(執権主導確立)

失脚

②**承久の乱**…無謀な討幕失敗はかえって幕府支配の全国的強化を招いた。

③**承久の乱後の処置**…大量の「新恩給与」は北条氏の「御恩」になる。
- **三上皇流罪** 後鳥羽=隠岐，順徳=佐渡，土御門=土佐。後堀河天皇の即位。
- 上皇方の所領3000カ所を没収。地頭を任命した。(3000カ所は全国の半数)

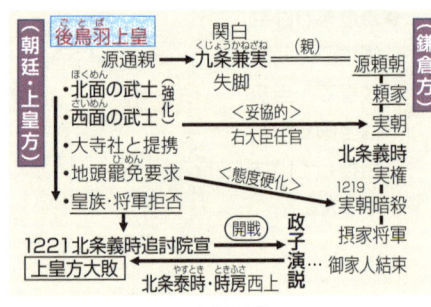

▲承久の乱

(朝廷・上皇方) 後鳥羽上皇 — 関白九条兼実(親) — 源頼親 失脚
- 北面の武士 強化
- 西面の武士
- 大寺社と提携
- 地頭罷免要求
- 皇族・将軍拒否

<妥協的> 右大臣任官
<態度硬化>
[開戦]

(鎌倉方) 源頼朝 — 頼家 — 実朝 — 北条義時・実朝 1219 実朝暗殺 摂家将軍

1221 北条義時追討院宣 → 上皇方大敗 / 北条泰時・時房西上 / 政子演説…御家人結束

> **重要ファイル**
> ● 執権政治は，より純粋な東国武士自身による政権である。
> ● 承久の乱によって，鎌倉幕府勢力はほぼ全国に浸透した。

---

❶**北条政子** 都から迎えた4代将軍藤原頼経は2歳の幼児であり，政子は後見として実際に将軍の職権を代行していた。人は敬意をこめて尼将軍と呼んだ。

❷**源実朝**は後鳥羽院を敬愛し京の文化に憧れた。藤原定家に和歌の指導を受け『金槐和歌集』を編んだ。妻も京より迎え，「位討ち」とも言える右大臣の宣下を受けた。鶴岡八幡宮で公暁によって殺されたが，その公暁も北条義時に討たれている。

- 新補地頭の得分（新補率法）　①段別5升の加徴米　②11町に1町の給田。
- 六波羅探題設置（1221年）　初代は北条時房。朝廷監視と西国御家人の統率。

2 執権政治の安定 ★★

①北条泰時（第3代執権）
- 合議と法を重んじ御家人の協調をはかり執権政治を安定化させた。
- 連署設置（1225年）　執権の補佐・初代北条時房。
- 評定衆設置（1225年）　重要事項の評議や裁判。有力御家人11名を任命。

②御成敗式目（貞永式目）の制定（1232年）
- 作成者　北条泰時
- 目　的　御家人間の紛争や訴訟を公正に迅速に処理するための基準を明文化。
- 内　容　全51カ条。平易，簡素。頼朝以来の先例，武家社会の「道理」慣習。
- 対　象　幕府御家人に限定。（公家社会には律令，公家法などが存在のため，干渉せず）
- 意　義　初の成文化した武家法＝後の武家法に影響を与えた。女性の法的地位について明文化。「女人養子のこと」

御成敗式目
一、諸国守護人の職務・権限のこと
　このことについて，右大将家（源頼朝）の時代に定めおかれたのは，大番役の催促，謀叛人・殺害人（夜討ち）・強盗・山賊・海賊を付け加える）の逮捕などの事柄である。
一、諸国の地頭が年貢をおさえとどめていること
一、御下文（幕府が出す本領安堵・新恩給与の下文）を持っているにもかかわらず，実際の土地支配を行なわぬままに所定の年数を経た所領のこと
一、女性が養子を迎えること

③北条時頼❸（第5代執権）
- 優れた人格と強い指導力で執権政治の全盛期を現出させた。
- 宝治合戦（1247年）　有力御家人の三浦泰村と戦い三浦氏を滅ぼす。
- 引付衆設置（1249年）　訴訟処理の迅速化，効率化をはかり北条氏が進出。

> **重要ファイル**
> - 泰時・時頼で執権政治は安定。北条氏の突出の兆しもみられた。
> - 武士最初の成文法，御成敗式目は後世の武家法の手本となった。

❸北条時頼には，僧形に身を包んで単独で視察の旅に出ていたという「諸国廻遊伝説」がある。雪の夜に上野国の落ちぶれた御家人佐野常世の家に宿泊して心意気に感動。後日鎌倉に非常召集し言葉通りの一番乗りに対して松・梅・桜にちなんだ荘園を与えた，というもの。虚構であるが，北条時頼の人望がうかがえる物語である。時頼は病気で早期引退するが，影響力を維持し得宗のような存在になっていた。

第2章 中世
27. 武士の生活と支配の拡大

入試重要度 C

1 惣領制の役割 ★

①惣領制…鎌倉幕府の基盤となる武士の血縁共同体。
- **惣領** 武士の一族の宗家(本家)の長を惣領(家督)と呼んだ。
- **惣領の義務** 戦時には指揮官。平時には先祖を祀り，氏神の祭祀を行う。
- **惣領と幕府** 惣領が御家人として幕府に奉公し，御家人に列せられる。

②分割相続…一族のすべての子弟に所領を相続する制度。
- 惣領(嫡子)以外の庶子らも相続し，庶子が分家となり結束は守られた。
- 女性にも相続権があり，財産を分与され，女性が御家人・地頭になることもあった。
- **分割相続**の繰り返しは所領を零細化し，武士を弱体化させた。(単独相続へ)

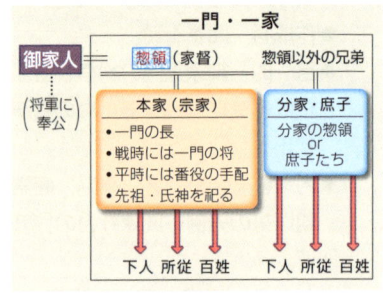

```
          一門・一家
御家人    惣領(家督)    惣領以外の兄弟
(将軍に   ┌─────┐   ┌─────┐
 奉公)    │本家(宗家)│   │分家・庶子│
          │・一門の将 │   │分家の惣領│
          │・戦時には一門の将│ or │
          │・平時には番役の手配│ │庶子たち │
          │・先祖・氏神を祀る │  │         │
          └─────┘   └─────┘
            ↓ ↓ ↓         ↓ ↓ ↓
          下人 所従 百姓   下人 所従 百姓
```
▲惣領制

2 武士の生活 ★★

①所領の経営…鎌倉時代の武士は，自ら土地を耕作し，農民❶を管理した。
- **武士と所領** 開発領主以来の本領を守り，精力的に経営・開発を行った。
- **直営地・開発** 直営地(門田・佃など)では下人を使い耕作。荒地の開発。
- **地頭の職務** 公領・荘園の管理者として年貢を徴収し納入。加徴米を得る。

②武士の生活…質実剛健で簡素な生活。
- **武士の「館」** 堀や塀を巡らし矢倉を設け，馬屋・武器庫も含んでいた。
- **武士の修練** 実戦に備え，流鏑馬・笠懸・犬追物・巻狩などで武技を磨く。
- **「武家のならい」** 武勇と名誉を重んじ一門の団結を尊重。武士道の源流。

> **重要ファイル**
> - 鎌倉幕府は武士の血縁関係(惣領制)を基盤にしていた。
> - 鎌倉時代の女性の地位は封建社会のなかでは比較的高かった。
> - 鎌倉時代の武士は土地に密着して簡素な暮らしをした。

❶鎌倉時代の農民は荘園・公領において土地の保有を認められ年貢・公事・夫役を負担する自立した名主層が「百姓」と呼ばれるようになる。また，荘官層・武士・百姓の下で直営地を耕作した下層農民「下人」は，しだいに地位が上昇し，鎌倉時代後期以後は農村の構成員となった。

3 地頭領主制の拡大 ★★

①**地頭の荘園侵略**…幕府の力を背景に地頭の現地支配が強まる。
- **地頭の権限** 武士領以外の荘園・公領では農地管理・治安維持に限定。
- **地頭の勢力拡大** 鎌倉中期以後、年貢を横領したり農民を使役したり、権限を超えて勢力を拡大し、荘園領主や荘官・名主らと争うようになる。
- **地頭の非法** これらの行為を領主側は幕府に「非法」として訴えた。

②**地頭請所**…地頭の権限の拡大は地頭の領主化を招いた。
- 現地を支配する地頭の勢力は強く、領主は訴訟によっても排除できなかった。
- 領主は荘園の管理を地頭に委任し、年貢の**一定額の納入**を請け負わせた。
- 契約後も結果的に地頭が年貢を横領し、地頭が領地を奪うこともあった。

③**下地中分**…ついに地頭の一円支配が広がる。
- **下地中分** 領主は地頭との紛争を避けるために、荘園(下地)そのものを分割して地頭に与え、以後の干渉を排除するようにした。
- **和 与** 領主と地頭の話し合いによるものを和与中分という。
- **地頭領主制** 地頭分の領地は地頭の一円支配となり地頭は領主となった。

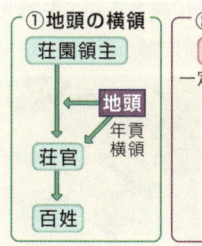

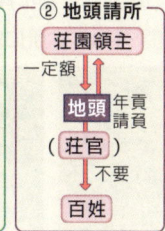

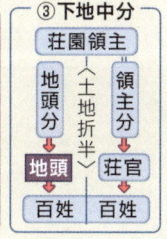

▲地頭の侵略

> **重要ファイル**
> - 荘園領主vs地頭→地頭請所・下地中分(地頭の勝利)
> - 鎌倉時代を通じて地頭の領主化が拡大した。
> - やがて百姓・下人は自立し団結した。

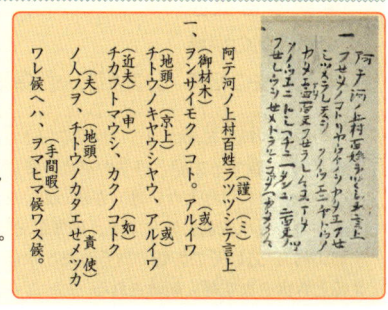

参考 『**紀伊国阿弖河荘民の訴状**』 「ミミヲキリ・ハナヲソギ」という地頭湯浅氏の残虐な所行を訴えた右の資料は、荘園領主寂楽寺が訴訟のために提出した証拠である。このなかで、百姓は地頭の不当な徴発・暴力を訴えつつ、領主に対しても材木の公事が遅れた事情を愁訴しており、巧みに言い分を主張している。鎌倉時代後期の農民集団のしたたかな知恵と成長が読みとれる。

> 阿テ河ノ上村百姓ラツツシテ言上
> 一、ヲンサイモクノコト。アルイワ
> (材木)
> (地頭)(京上) (或)
> チトウノキヤウシヤウ、アルイワ
> (近夫) (申) (知)
> チカフトマウシ、カクノコトク
> ノ人フヲ、チトウノカタエセメツカ
> (夫) (地頭) (責 使)
> ワレ候ヘハ、ヲテヒマ候ワス候。
> (手間暇)

第2章 中世
28. 鎌倉時代の経済と社会の変動

入試重要度 C

1 諸産業の発達と流通 ★

① 農　業…近畿、西日本で裏作に麦をつくる二毛作が普及。
刈敷、草木灰などの肥料の使用。牛馬耕の普及。大唐米の栽培。
荏胡麻(灯油原料)の栽培。絹布や麻布の生産と流通。

② 工　業…鍛冶・鋳物師・紺屋・木地屋などの巡回の専門職人が増加。

③ 商　業…定期市＝三斎市(月に3度)の開催。行商人＝連雀商人、振り売り。

④ 都　市…人口が密集。見世棚(常設店舗)の出現。

⑤ 運　輸…問丸＝貨物の運送と保管・販売。馬借・車借の出現。

⑥ 金　融…貨幣経済の発達。為替＝金銭の手形決済。借上＝高利貸業者。
宋銭が利用され、年貢の銭納も増加。農村にも貨幣経済が浸透。

⑦ 同業団体…座の結成。寺社に属するものを神人、皇室に属するものを供御人
と呼んだ。(座は有力な本所に頼って独占権・特権を得る同業者団体である。)

▲牛耕　　▲借上『山王霊験記絵巻』　　▲見世棚『一遍上人絵伝』

重要ファイル
- 二毛作・肥料(刈敷・草木灰)・大唐米で農業生産が向上した。
- 多様な職人・商人・芸能民・僧侶が道を行き来する時代。
- 貨幣経済の発達により、武士や農村の人間関係が変化していった。

2 変貌する社会 ★★

① 御家人制の崩壊

● 相続法の転換　分割相続→所領細分化・存続の危機→庶子・女子相続権制

参考 中世史家網野善彦は13〜14世紀を日本社会の重大な転換期とみた。これ以前の世界は、「非農業民」の活躍する未開と野生の時代、多様な職人・芸能民・庶民・僧侶らが浮浪する定住農民のみを主役には語れない社会があった。それが南北朝の内乱を境として農業優位の非血縁の定着する社会へ質的に変化する。網野の史観はユニークで興味深く、映画『もののけ姫』『千と千尋の神隠し』はその影響で作られた。学問的には批判も少なくないが、日本の歴史全体を考えるとき大きな空想を刺激される。

限→嫡子の**単独相続**に変更→一族安定→庶子は被官化・独立へ。
- **血縁関係**を重視した一族集団(**惣領制**)→**地縁関係**でまとまる集団の形成へ。
- 御家人制の基盤となる社会そのものの変貌と解体。

②幕府・御家人の窮乏
- **貨幣経済の浸透**→所領争い・借金トラブル増加→訴訟激増→幕府は対応できず→**永仁の徳政令**(1297年)の発布→訴訟放棄→有力御家人・庶民は不満が募り，御家人も窮乏していった。
- **得宗専制政治**と北条氏の守護独占などに不満増大→武力に訴えて年貢の納入を拒否したりする**悪党**や海賊が各地で反乱を起こし幕府支配は動揺。

③悪党の横行…ついに反幕府活動集団の発生・拡大。
- **起　源**　窮乏した元御家人・血縁を離れた庶子・主を失った所従・荘官。
- **風　体**　「異形異類の輩」(『峰相記』)，烏帽子・袴をつけず(規格外の存在)。
- **行　動**　年貢の滞納・強奪，河川・港・街道などを掌握，横領・海賊行為。
- **特　徴**　ゲリラ的戦術(飛礫・放火・忍び)，道義なき集団(博打・裏切り)。
- **規　模**　当初10〜20人→14世紀には，50騎100騎の武装集団→正規の武士団。
- **対　策**　守護による追討軍派遣，一時的鎮圧→再蜂起を繰り返す・**幕府権威失墜**。

④幕府政治の迷走
- **北条貞時**　得宗専制体制を確立し，1311年死去。子息高時(9歳)が継ぐ。
- **内管領長崎高資**の専横・賄賂政治，蝦夷の反乱。
- 高時は暗愚で闘犬・田楽に熱中。御家人の反発も強まり，朝廷は討幕の計画を進め，幕府は末期状態へと向かっていった。

3段階区分	政治区分	将軍・執権	主要政策	その他
①1185〜1219年	源氏将軍期	頼朝〜実朝	幕府の草創	源氏断絶
②1221〜1285年	北条執権期	義時〜時宗	御成敗式目	承久の乱
③1285〜1333年	得宗専制期	貞時〜守時	永仁の徳政令	幕府滅亡

▲鎌倉幕府政治の覚え方

> **重要ファイル**
> - 鎌倉時代後半に分割相続から単独相続主流へ転換。
> - 上記が惣領制を解体させ血縁的関係が後退，地縁重視へ。
> - 人間関係の原理の変化は社会構造全部の変化を招いた。

第2章 中世

29. 蒙古襲来と幕府の動揺

入試重要度 A

1 蒙古襲来(元寇) ★★

①東アジアの動乱…**チンギス＝ハン**の建国から世界帝国へ。
- **フビライ＝ハン** 元建国(1271年)・高麗服属・南宋攻撃・日本遠征へ。
- 東アジア通商圏　日宋貿易は拡大の傾向→襲来前後も活発に商船往来。
- 日本攻撃の理由❶　東アジア経済圏の拡大を目指した。

②蒙古襲来(元寇)の経過

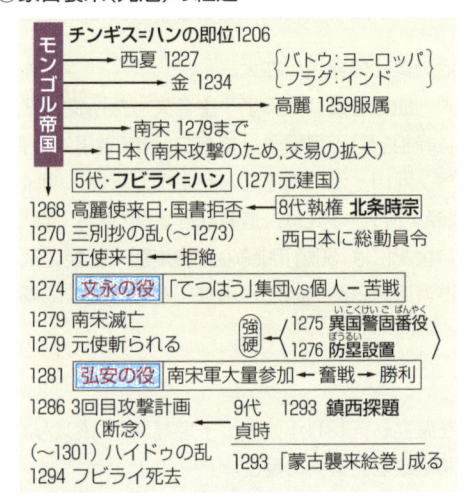

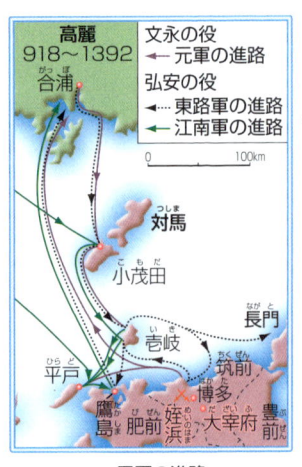

```
モンゴル帝国
 チンギス＝ハンの即位1206
 ├ 西夏 1227
 ├ 金 1234          {バトゥ：ヨーロッパ
 │                   フラグ：インド
 ├ 高麗 1259服属
 ├ 南宋 1279まで
 └ 日本(南宋攻撃のため、交易の拡大)
     ↓
 5代・フビライ＝ハン (1271元建国)

1268 高麗使来日・国書拒否   8代執権 北条時宗
1270 三別抄の乱(～1273)    ・西日本に総動員令
1271 元使来日←拒絶
1274 文永の役 「てつはう」集団vs個人ー苦戦
1279 南宋滅亡           強硬 1275 異国警固番役
1279 元使斬られる              1276 防塁設置
1281 弘安の役 南宋軍大量参加→奮戦→勝利
1286 3回目攻撃計画  9代   1293 鎮西探題
    (断念)        貞時
(～1301) ハイドゥの乱  1293「蒙古襲来絵巻」成る
1294 フビライ死去
```

地図:
- 高麗 918〜1392
- 合浦
- 文永の役 ←元軍の進路
- 弘安の役 ←東路軍の進路 ←江南軍の進路
- 対馬・小茂田・壱岐・長門・平戸・博多・筑前・鷹島・姪浜・肥前・豊前・大宰府

▲元軍の進路

③蒙古襲来(元寇)のてん末
- 元の敗因　南宋・高麗混成軍，指揮系統が弱く，海戦に不慣れ。
- 日本の勝因　幕府統制力がピーク，恩賞要求が切実，西国御家人の奮戦。
- 周辺状況　高麗❷の三別抄の乱，ベトナム・旧南宋の反乱→3度目断念。
- 神国思想の発生　大寺社の敵国調伏祈願→不敗の国観念→近代の軍国主義。

> **重要ファイル**
> - 元の狙いはユーラシア・東アジア通交圏の拡大。
> - 元軍の寄せ集め軍vs戦意高い日本御家人軍(一所懸命)。

❶通商，交易路の拡大が目的。元寇中でも日元貿易・文化交流は盛んであった。
❷高麗は服属後も国王親衛軍の三別抄が済州島にこもって戦うなど，日本上陸の前後に活動した。これは高麗を日本攻撃の基地としていた元にとっては致命的な失敗要因であった。

2 蒙古襲来(元寇)後の政治 ★★

①北条時宗(第8代執権)…1268年就任後得宗を継ぐ。
- 元軍襲来に備え執権就任,のち得宗として戦時態勢を指揮。1284年急死。

②北条貞時(第9代執権)…14歳で執権に就任し,得宗を継ぐ。
- 霜月騒動(1285年) 得宗の政治主導=(御内人)内管領平頼綱の専横強まる。御家人代表の安達泰盛❸との政治的対立→1285年,安達泰盛敗北し,一族滅亡→没収地を元寇の恩賞に充てた。
- 得宗専制政治確立 北条氏の守護職独占が進行。
- 平頼綱の乱(1293年) 得宗貞時が成長し,平頼綱を排除。平頼綱滅亡。
- 鎮西探題の設置(1293年) 元の国書到来→北条兼時を鎮西に派遣。

③永仁の徳政令(1297年)
- 御家人の所領の質入れ・売買は今後は一切禁止。
- 御家人関与の金銀貸借の訴訟は今後受け付けない。越訴(再審)も禁止。
- 御家人の質入れ・売却した所領は無償で返還された。
- 驚異の御家人救済法→買い主(債権者)激怒→以後,金銀貸借に応じない→御家人の窮乏は救えなかった。

> 関東御事書の法
> 一,質券売買地の事,永仁五年三月六日
> 右,地頭・御家人の買得地に於ては,本条を守り,廿箇年を過ぐるは,本主は取返すに及ばず。⑤非御家人并びに凡下の輩の買得地に至りては,⑦年記(紀)の遠近を謂はず本主是を取返すべし。
>
> ①質券売買地 売買された土地のこと
> ②買得地 買い取った土地
> ③本条 御成敗式目の規定
> ④本主 御家人以外元の所有者
> ⑤非御家人 御家人以外の武士
> ⑥凡下 庶民。ここでは借上
> ⑦年記 知行二〇年

> **重要ファイル**
> - 得宗専制は北条氏の独裁を強め,御家人に不満が募る。
> - 永仁の徳政令は債務を放棄させる超法規的処分。(しかし以後の徳政令の前例となる)

❸肥後国海東郡の御家人竹崎季長は,所領を持たずわずか5騎で文永の役に参加,決死の覚悟で「先駆けの功」を果たす。鎌倉に乗り込んで恩賞を訴えるが結局聞いてくれたのは無名の御家人をも尊重する安達泰盛だった。領地と名馬を与えられた季長は,弘安の役でも小舟で元船に夜襲をしかける活躍をする。大恩人の安達泰盛を描き込んだ『蒙古襲来絵巻』を奉納したのは,1293年,平頼綱の滅後,泰盛の名誉回復後のことである。

▲元軍との陸戦の図(『蒙古襲来絵巻』部分)

30. 鎌倉文化 ①

入試重要度 A

1 仏教の革新 ★★

時代の変転の中から、革新的な宗教思想を掲げる6人の宗祖たちが現れた。

宗派	宗祖	著書	関係寺院
浄土宗	法然	『選択本願念仏集』	知恩院（京都）
浄土真宗（一向宗）	親鸞	『教行信証』	本願寺（京都）
時宗	一遍	（『一遍上人語録』）	清浄光寺（神奈川）
臨済宗	栄西	『興禅護国論』	建仁寺（京都）
曹洞宗	道元	『正法眼蔵』	永平寺（福井）
日蓮宗（法華宗）	日蓮	『立正安国論』	久遠寺（山梨）

- 法然（1133〜1212年）（浄土宗・念仏系）美作の武士出身。
  阿弥陀仏の本願を信じ、念仏を唱えるだけで成仏すると主張。既成仏教から攻撃され、四国に流される。九条兼実ら公家・武士にも帰依された。
- 親鸞（1173〜1262年）（浄土真宗・念仏系）京都出身、法然の弟子。
  越後に流され、絶対他力により煩悩に苦しむ悪人こそ救われる❶と説いた。
- 一遍（1239〜1289年）（時宗・念仏系）伊予の武士出身。
  信・不信を問わずあらゆる人が救われるとして、踊念仏を行って遊行した。
- 栄西（1141〜1215年）（禅宗）宋から禅宗を伝える。
  公案を重視。京都・鎌倉の貴族・有力武士に帰依され大寺院を建立させた。
- 道元（1200〜1253年）（禅宗）京都の公家出身。
  座禅を徹底して重視❷する。厳しい信仰態度は地方武士の支持を集めた。
- 日蓮（1222〜1282年）（法華宗）安房の漁師出身。他宗を激しく攻撃。
  南無妙法蓮華経の題目を唱える。現世利益的で商人に支持された。

> **重要ファイル**
> - 新仏教諸派は、いずれも個人の内面や生き方を鋭く問いかける。
> - 念仏・題目・座禅など、一つの行「一向専修」に絞って布教した。
> - 新仏教は革新的であったが、社会勢力としては旧仏教に及ばなかった。

❶この思想を悪人正機説といい、弟子の唯円の『歎異抄』に紹介されている。
❷これを「只管打坐」といい、弟子の懐奘の『正法眼蔵随聞記』に紹介されている。

2 旧仏教の攻勢 ★★

新仏教の出現は、古代仏教にも変革をもたらした。

宗派	僧侶	事跡
法相宗	貞慶(解脱)	戒律復興。『興福寺奏状』で法然を非難。
華厳宗	明恵(高弁)	高山寺を再興。『摧邪輪』で法然に反論。
律宗	叡尊(思円)	戒律復興。慈善事業、土木事業を行う。
律宗	忍性(良観)	北山十八間戸(病院)や土木事業。

3 学問研究の諸成果 ★★

①歴 史…『吾妻鏡』(不詳)幕府の編年体記録。『水鏡』(中山忠親?)
『愚管抄』(慈円)❸仏教の道理から歴史を解釈し「武者の世」と規定。
『元亨釈書』(虎関師錬)仏教史上の高僧の伝記。
②有職故実…儀式・古典研究。『禁秘抄』(順徳天皇),『釈日本紀』(卜部兼方)
③伊勢神道…『類聚神祇本源』(度会家行)神を仏より主とする神本仏迹説の理論。
④朱子学…泉涌寺の俊芿が移入→後醍醐天皇の倒幕の「大義名分論」。
⑤金沢文庫…北条実時が相模の称名寺に書物を集めて学問の場を開設。

4 中世文学のおこり ★

①和 歌…勅撰歌集『新古今和歌集』(藤原定家ら)後鳥羽上皇の主導により1205年成立。勅撰「八代集」の最後で、技巧的・観念的な人工美の頂点。
  ●私家集 『山家集』(西行=元北面の武士佐藤義清)世捨人の澄んだ諦念の美。
  『金槐和歌集』(源実朝)鎌倉幕府3代将軍。万葉調の力強い歌風。
②説 話…『十訓抄』教訓を含む説話。『古今著聞集』(橘成季)
③仏教説話…『沙石集』(無住),『発心集』(鴨長明),『撰集抄』(西行)
④紀 行…『十六夜日記』(阿仏尼)女性の鎌倉紀行。『東関紀行』(源親行?)
⑤随 筆…『方丈記』(鴨長明)源平争乱時の世相や天災より隠棲、深い無常意識。
『徒然草』(兼好法師)鎌倉時代末期成立。生きる知恵と人生への洞察の宝庫。
⑥軍 記…『保元物語』・『平治物語』・『平家物語』(信濃前司行長?)
『平家物語』は琵琶法師によって平曲として語られた。

> **重要ファイル**
> ● 中世にはこの世を「無常」とする日本的な世界観が生まれた。
> ● 『平家物語』は壮大で劇的な国民的叙事詩文学である。

❸慈円は関白九条兼実の弟であり天台座主の地位におり、後鳥羽上皇による承久の討幕計画をいさめる趣旨から、保元よりは「武者の世」と記述したとされる。

31. 鎌倉文化 ②

第2章 中世

入試重要度 B

1 鎌倉芸術の特徴 ★

①**東大寺再建**…この大事業は，偉大なる天平芸術の復興と革新という美術史上注目すべきムーブメントを現出させた。

1180 源平争乱	→	国家鎮護の要（平和の要）	→	全国に勧進、西行、「勧進帳」	開眼は後白河
平重衡・南都焼討（大仏・諸堂・寺宝消滅）		・再建は国家の急務		宋・陳和卿「大仏様」	
		・後白河は重源を任命		東大寺・興福寺の傑作仏像（天平学研究）	落慶に頼朝・政子参列
平氏は仏敵→滅亡		・京・奈良仏師集団動員			
		・源頼朝は大金寄進		旧仏教革新（明恵、貞慶）	

②**武士のエネルギーと芸術**…洗練された貴族文化に加えて，新たに武家の宗教的要求が禅宗美術などに反映されるようになった。

2 寺院建築の新展開 ★★

大仏様（天竺様）	東大寺南大門 重源が宋から導入した豪快で力強い新様式
禅宗様（唐様）	円覚寺舎利殿 木材を精巧に用い自然に調和した清楚な様式
折衷様	観心寺金堂 諸様式の折衷
和様	蓮華王院本堂（三十三間堂）

▲東大寺南大門

●鎌倉では中国より禅僧を招き，寺院を建立。

建長寺	北条時頼が蘭渓道隆を招く
円覚寺	北条時宗が無学祖元を招く

▲円覚寺舎利殿

3 鎌倉彫刻の潮流 ★★

●**運慶・快慶**を総帥とする「奈良仏師」集団による彫刻❶。

東大寺南大門金剛力士像（阿形：快慶）（吽形：運慶）	慶派の総力を結集した記念碑的大作
東大寺僧形八幡神像（快慶）	神仏習合の神像、リアルで明解な人物表現
興福寺無著・世親像（運慶ら）	人物の性格・内面まで描き出す写実の大傑作
興福寺天燈鬼・龍燈鬼像（康弁ら）	ユーモラスで技巧的な想像力が成功
六波羅蜜寺空也上人像（康勝）	市聖・空也の布教姿を生き生きと伝える
重源上人像（康慶？）	東大寺復興を実現した強い意志が伝わってくる

❶蓮華王院（三十三間堂）の千体千手観音像は慶派・院派など，京都・奈良の仏師集団が総力を挙げて完成させた仏像群である。中央の本尊は運慶の子，湛慶の作品。

4 中世絵画の完成 ★★

- **似絵** 藤原隆信・信実らが有名。
  伝源頼朝像・平重盛像(藤原隆信)神護寺蔵
- **頂相** 禅宗の高僧の肖像画。
- **絵巻物** 寺社の縁起や高僧の絵伝に傑作続出。

『北野天神縁起絵巻』	菅原道真の流罪と怨霊の物語
『春日権現験記』(高階隆兼)	春日明神の霊験物語
『粉河寺縁起絵巻』	千手観音像をめぐる霊験談
『石山寺縁起絵巻』	寺院の建築作業の描写で有名
『蒙古襲来絵巻』	竹崎季長絵詞ともいう
『法然上人絵伝』	法然の生涯を忠実に描く
『一遍上人絵伝』(円伊)	市井の民衆や情景を活写
『男衾三郎絵巻』	武家の日常生活・訓練を描く

▲伝源頼朝像

長く源頼朝像とされてきたが，近年の研究で鎌倉時代の作品ではなく足利直義を描いた室町時代の作であるという考えが有力である。

◀『平治物語絵巻』
源義朝の軍勢が三条殿を焼き討ちする場面。

◀『一遍上人絵伝』
備前福岡の市で男が一遍を切ろうとしている場面。

- **書道** 尊円入道親王が青蓮院流を開く。代表作『鷹巣帖』
- **工芸**(刀剣) 粟田口吉光(京都)，岡崎正宗(鎌倉)，長船長光(備前)が有名。
  (甲冑) 明珍(京都) (陶芸) 加藤景正が尾張で瀬戸焼を創始。

> **重要ファイル**
> - 東大寺再建運動❷は日本美術界の総力を結集した一大事業。
> - 古代(天平)と平安・鎌倉芸術の出会いが生んだ傑作彫刻群。
> - 鎌倉武士・地方武士も禅宗に寄り添った文化形成。

❷東大寺の再建は，俊乗房重源が大勧進職となって募金から建築まで一切を取り仕切って，苦難の末に完成した大事業である。新作の彫刻群には，当時の奈良仏師(彫刻家)たちが古代の名作を乗り越えようとした研究の成果が窺える。まさに日本の写実芸術の頂点である。

チェックテスト

		解答
①	1068年に即位した____は，荘園整理等の改革を行った。	後三条天皇
②	後三条天皇は，荘園整理のために____を設置した。	記録荘園券契所
③	1086年____は譲位して上皇となり，院政を開始した。	白河天皇
④	鳥羽上皇死後，____は兄の崇徳上皇と対立し，保元の乱を戦って勝利した。	後白河天皇
⑤	平治の乱に際して学者・貴族の____は，平清盛と組んだが源義朝に襲われて自害した。	藤原通憲（信西）
⑥	平氏が力を入れた____のおもな輸出品は金・硫黄，輸入品は宋銭・陶磁器などである。	日宋貿易
⑦	平家を倒そうとした貴族・僧侶らの____は発覚した。	鹿ヶ谷の陰謀
⑧	④は，民間の今様を採集し____を編集した。	梁塵秘抄
⑨	____は，藤原氏の栄華を批判的に描いた物語である。	大鏡
⑩	藤原清衡は，平泉に黄金・螺鈿細工を駆使した____を建てた。	中尊寺金色堂
⑪	____は鳥羽僧正覚猷の作とされ，動物を擬人化して風刺的に描いた傑作絵巻である。	鳥獣戯画
⑫	____は，応天門の変をテーマに人物群像を表情豊かに描いた絵巻物の傑作である。	伴大納言絵巻
⑬	1180年，平氏打倒を命じる____の令旨が発せられた。	以仁王
⑭	1180〜1185年の源平の争乱を総称して____という。	治承・寿永の乱
⑮	鎌倉将軍家が所有する荘園を____と称した。	関東御領
⑯	謀反人や殺害人の逮捕などの守護の任務を____という。	大犯三カ条
⑰	1221年____は承久の乱を起こし，朝廷の敗戦を招いた。	後鳥羽上皇
⑱	承久の乱後____が設置され，朝廷の監視などを行った。	六波羅探題
⑲	____は承久の乱で活躍し，最初の連署になった。	北条時房
⑳	北条泰時は，武士のための法典____を制定した。	御成敗式目
㉑	裁判迅速化のために，評定衆の下に____が設置された。	引付衆
㉒	鎌倉武士は，____・笠懸・犬追物などで武芸を鍛えた。	流鏑馬
㉓	荘園領主は，領地を地頭と折半する____を行うことで地頭とのトラブルを避けた。	下地中分
㉔	鎌倉時代後期に分割相続はしだいに____に代わった。	単独相続

☐㉕	鎌倉時代の定期市は，月に3度程度の___だった。	三斎市
☐㉖	農業には ⓐ や ⓑ 等の自然の肥料を用いた。	ⓐ・ⓑ刈敷・草木灰
☐㉗	元の皇帝___は，元使を拒絶した日本を侵攻した。	フビライ＝ハン
☐㉘	元の攻撃に備え，西国御家人らに___が課せられた。	異国警固番役
☐㉙	鎌倉時代後期は，北条の嫡流が権力を握る___になる。	得宗専制政治
☐㉚	有力御家人の安達泰盛は，___で平頼綱に滅ぼされた。	霜月騒動
☐㉛	親鸞は煩悩を抱える凡人を救う___を説いた。	悪人正機説
☐㉜	日蓮は他宗を禁じるよう幕府に『___』を提出した。	立正安国論
☐㉝	旧仏教の ⓐ ・ ⓑ は法然の革新思想を批判した。	ⓐ明恵・ⓑ貞慶
☐㉞	慈円は仏教の道理で歴史を解釈し，『___』を著した。	愚管抄
☐㉟	___は，精力的な行動によって東大寺を再建した。	重源(俊乗房)
☐㊱	禅宗様の建築様式は，鎌倉の___が代表作である。	円覚寺舎利殿
☐㊲	東大寺南大門の___は，慶派仏師の総力の結晶である。	金剛力士像
☐㊳	『___』は菅原道真の生涯を描いた絵巻物である。	北野天神縁起絵巻
☐㊴	『___』は中世の下層民衆の生業や踊念仏などが描かれた，重要で感動的な絵巻物である。	一遍上人絵伝

Try 次の問いに答えなさい。 〔センター試験〕

● 御恩と奉公の関係について述べた文a～dについて，正しいものの組み合わせを，下の①～④のうちから一つ選びなさい。

a 鎌倉幕府における御恩とは，俸禄の米を支給することが主である。
b 鎌倉幕府における御恩とは，土地支配にかかわる権限を認めることが主である。
c 合戦や大番役への動員では，国ごとに国司が荘園領主に賦課していた。
d 合戦や大番役への動員では，国ごとに守護が御家人を統率した。

① a・c ② a・b ③ b・c ④ b・d

解答 ④

● 鎌倉時代の武士について述べた文として正しいものを，次の①～④のうちから一つ選びなさい。

①鎌倉時代の武士は，城下町への集住が義務付けられていた。
②鎌倉時代を通じて，武士の所領は嫡子単独相続を原則としていた。
③鎌倉時代の武家社会における一族の結合体制を，寄親・寄子制とよんでいる。
④鎌倉時代の武士の間では，流鏑馬・犬追物などの武芸の鍛錬がさかんに行われた。

解答 ④

32. 建武の新政と南北朝の内乱

入試重要度 A

1 鎌倉幕府の滅亡 ★

①両統迭立…鎌倉幕府との協調体制をつくった後嵯峨天皇のあと，皇統は分裂し持明院統は長講堂領を，大覚寺統は八条院領を相承した。幕府の調停により交互に皇位を継承することになった。

②後醍醐天皇…1318年即位。幕府の影響力を排し，皇位を子に継承させるために親政を開始し，倒幕を志す。

③幕府政治のゆるみ…執権北条高時のもと，内管領長崎高資の専横に対する御家人層の反発が強まる。

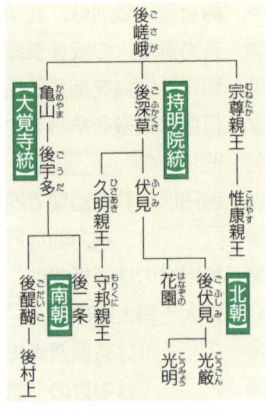

④鎌倉幕府滅亡

1324 正中の変
↓
1331 元弘の変
↓
1333 幕府滅亡

後醍醐天皇は側近と倒幕を計画。事前に内容がもれ失敗，側近が配流→再度倒幕を計画。失敗し後醍醐は隠岐へ配流。側近処刑。持明院統の光厳天皇即位→護良親王・楠木正成の反乱は継続。反乱討伐に上洛した足利高氏❶が，幕府にそむいて六波羅探題を攻略。関東では新田義貞が鎌倉を攻略し，幕府は滅亡した。

▲両統迭立関係系図

2 建武の新政 ★

①公武一統…幕府滅亡後，後醍醐天皇は京都に帰還し，光厳天皇を廃して天皇に復帰。元号を建武と改め新政を開始。公家，武家を問わず，全ての土地支配権を綸旨❷で確認することを宣言。

②新政のしくみ…記録所を復活させ重要政務を担当させたが，土地訴訟量が激増して幕府引付にあたる雑訴決断所が設けられた。

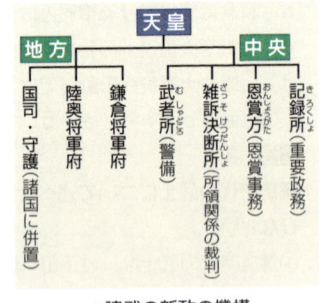

▲建武の新政の機構

❶足利高氏　戦後，後醍醐天皇の諱，尊治から一字を与えられ尊氏となった。
❷綸旨　天皇の意志を伝える命令文書。「二条河原落書」にはにせ綸旨の横行が書かれている。

③地方支配…関東支配を任務に**鎌倉将軍府**，奥州支配を任務に**陸奥将軍府**が創立され，それぞれ後醍醐天皇の皇子を将軍としたが，実態は小幕府であった。

3 南北朝の内乱 ★★

①**足利尊氏の離反**…1335年，鎌倉が**中先代の乱**❸によって陥落すると尊氏は鎌倉救援を願ったが，後醍醐はこれを許さなかった。尊氏は制止を振り切って下向し，乱を鎮圧するとそのまま京へ帰らず新政に対する反旗を鮮明にした。

②**南北朝の成立**…1336年，尊氏は京都を占領し後醍醐天皇は京都を逃れた。持明院統の**光明天皇**が即位。尊氏は**建武式目**を発して幕府再興を宣言した。一方，後醍醐は奈良の**吉野**にのがれ，朝廷を再建。ここに南北朝が成立。1338年，尊氏は光明天皇より**征夷大将軍**に任じられて幕府が成立。

③**観応の擾乱**…内乱は有力武将を緒戦で失った南朝側が劣勢であったが，**北畠親房**を中心に関東や九州の武士勢力を味方に抵抗した。一方，幕府内部では武力で旧秩序を破壊❹し，領地拡大をめざす新興武士勢力と鎌倉幕府的な秩序を重視する上層武士勢力の対立が激しくなり，**高師直**と足利直義・上杉重能の対立から合戦が始まった。

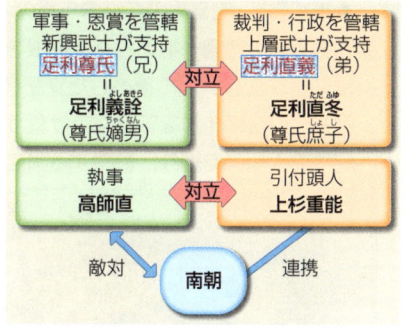

軍事・恩賞を管轄
新興武士が支持
足利尊氏（兄） ⇔対立⇔ **足利直義**（弟） 裁判・行政を管轄 上層武士が支持
‖ ‖
足利義詮（尊氏嫡男） **足利直冬**（尊氏庶子）

執事 **高師直** ⇔対立⇔ 引付頭人 **上杉重能**

敵対　**南朝**　連携

▲観応の擾乱対立関係図

④**九州探題**…南朝が優勢であった九州に**今川貞世（了俊）**が派遣され形勢逆転した。

⑤**血縁的結合から地縁的結合へ**…内乱の過程で惣領制は解体し，遠く離れた血縁よりも日常的な**地縁的結合**が利益確保のために重視されるようになった。

> **重要ファイル**
> ● 建武政権崩壊の原因は武士の道理を無視した後醍醐天皇の綸旨乱発にあった。
> ● 建武式目は御成敗式目を基本法として尊重し，それを補足する内容であった。
> ● 内乱が長期にわたり全国化した理由は，(A)新興武士層が所領拡大をもとめて旧秩序の破壊を望んだ。(B)分割相続制にかわって嫡子単独相続が主流となったことで家督の地位が絶対的となり，その地位をめぐって一族間の抗争が激しくなった。(C)南朝の存在が利害の対立する敵方との抗争に大義名分を与え，激しく離合集散が繰り返された。この3点に集約される。

❸**中先代の乱**　北条高時の遺児，時行が信濃諏訪氏などにかつがれ，鎌倉を陥落させた事件。
❹高師直は『太平記』の中で「王(天皇)だの，院は必要なら木彫りや金の像で作り，生きているそれは流してしまえ」と発言した人物として描写される。

33. 室町幕府の成立

入試重要度 A

1 守護大名の成立 ★★

①**守護の権限拡大**…従来の大犯三カ条に加えて下記の権限が新たに付与された。

- **刈田狼藉の取り締まり権** 所領紛争中なのに、自らの所領であると主張して田畑を一方的に刈り取る行為を取り締まる警察権限。
- **使節遵行の執行権** 幕府による所領裁定を現地で実際に執行する権限。
- **半済**❶ 管轄下の荘園の年貢の半分を軍費として徴発できる権限。

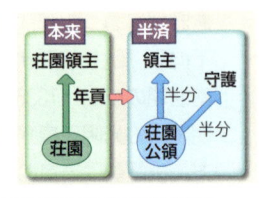

②**守護大名の登場**…拡大された権限を使って管轄下の荘園や公領を侵略し、地域に居住する武士に獲得した支配権を分け与えて被官(家臣)化❷していった。領主分の荘園年貢を守護が請け負う守護請もはじまり守護は事実上、土地支配権の大部分を握り、管轄する国を領国化して世襲する守護大名となった。

おもな守護大名(15世紀初めごろ)

- 明徳の乱 1391
- 土岐康行の乱 1390
- 応永の乱 1399

足利氏一門 / 三管領(細川・斯波・畠山氏) / 四職(赤松・一色・山名・京極氏)

2 国人の成長

①**国人とは**…鎌倉時代の地頭の系譜を引き、南北朝の動乱を通じて、地元の百姓への支配力を強めて独立性を高めた在地領主。

②**国人一揆**…経済先進地域では国人を守護が被官とすることは容易でなく、国人たちが地縁にもとづく一揆❸を組織し守護権力に対抗することもあった。

---

❶**半済** 最初の半済令(1352年)は1年限りで近江、尾張、美濃であったが、しだいに無期限、全国化していった。

❷**被官**とは臣下の礼をとる家臣とは違い、従属するものの独立性も保つものであった。

❸**一揆** 中世では目的を同じくする人々が神仏の前で誓約をかわし(一味同心)行動した。このような平等な構成員による結合を一揆と呼んだ。

③ 室町幕府 ★★

①**南北朝の内乱の終結**…1392年，3代将軍**足利義満**により**南北朝合体**実現。
②**義満の政権**…当初は幼少で管領細川頼之の補佐をうけたが後に親政に転ずる。
- 朝廷がもつ京都市中の治安維持権，**土倉**や**酒屋**への課税権を接収。
- 荘園公領の別なく課されていた**段銭**の徴収権を獲得。
- 京都室町に**花の御所**と呼ばれる将軍公邸を造営。（室町幕府呼称の由来）
- 強大となった守護大名の統制を強力に行った。
  - ▶**土岐康行の乱** 尾張，伊勢，美濃の守護**土岐康行**を討伐(1390年)。
  - ▶**明徳の乱** 西国11カ国の守護を一族でしめる**山名氏清**を討伐(1391年)。
  - ▶**応永の乱** 周防，長門を拠点に勢力を伸ばした**大内義弘**を討伐(1399年)。

③室町幕府のしくみ
- **管領** 将軍を補佐。細川，斯波，畠山（**三管領**）の足利一門から任命。
- **侍所所司** 京都市中の警備を担当。山名，一色，赤松，京極の4氏（**四職**）から任命。
- **守護大名** 常に在京し，幕政に関与。領国は家臣の中から**守護代**を任じて任せる。
- **奉公衆** 将軍の直轄領である**御料所**の管理および将軍直属の軍事力。
- **財政** 御料所の年貢。**段銭**，**棟別銭**。守護の分担金。地頭御家人への賦課。1393年に**酒屋役・土倉役**を導入後商業，流通への課税を強化。京都五山の商業活動にも課税。関銭・津料など通行税も設置。日明貿易の収入。
- **鎌倉府** 関東，伊豆，甲斐を管轄する半独立政権。のちに奥州も管轄。足利尊氏の四男基氏が初代長官で以後は世襲，京都の公方[4]に対して**鎌倉公方**と呼ぶ。上杉氏が補佐役となり，これも世襲されて**関東管領**と呼ばれる。

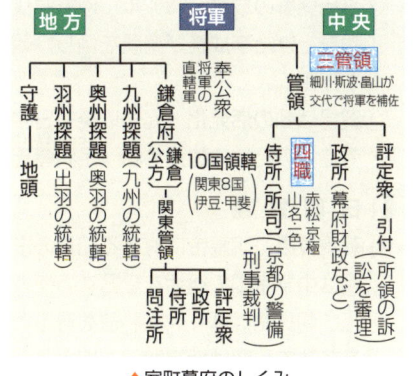

▲室町幕府のしくみ

重要ファイル
- 南北朝の内乱は守護大名が地域権力を確立したことで収束に向かった。
- 室町幕府の財政は京都を中心とした商業経済に大きく依存していた。

[4] **公方** 日本の統治権者を意味する朝廷用語。足利尊氏が称することを許されるが，義満の代から積極的に使用されるようになった。

第2章 中世

34. 東アジア世界との交流

入試重要度 A

1 14世紀後半の東アジア世界 ★

①**明帝国の成立**…1368年，**朱元璋**（洪武帝）が元を打倒して明を建国。

②**前期倭寇の活動**…南北朝の内乱期，対馬・壱岐・肥前松浦地方の海民が海賊（倭寇）となり朝鮮・中国沿岸で略奪を行った。

③**李氏朝鮮の成立**…1392年，倭寇討伐に功を上げた**李成桂**（イソンゲ）が高麗を倒し，朝鮮を建国。

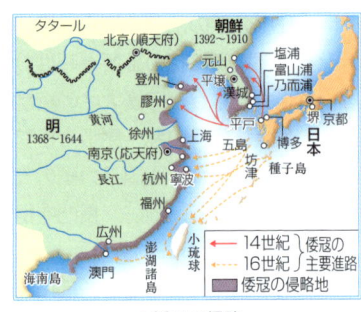

④**貿易活動の活発化**…元寇以後も日中の民間貿易は拡大。鎌倉幕府による建長寺造営のための**建長寺船**，足利尊氏による天龍寺造営のための**天龍寺船**など。

▲倭寇の侵略

2 日明貿易 ★★

①**朝貢貿易**…明皇帝に対する朝貢の形式をとった朝貢側に有利な国家間貿易。明は中華帝国の復活を宣言する使者を世界各地に派遣し，朝貢貿易をすすめた。朝貢側はばく大な利益を得ると同時に明皇帝の権威が誇示された。

②**海禁政策**…明は朝貢貿易を確実なものとするため，倭寇禁圧も目的として民間貿易を禁止する政策をとり，朝貢国に対しても海賊取り締まりを求めた。

③**日明貿易の開始**…足利義満は1401年，五山僧❶の**祖阿**を正使，博多商人の**肥富**を副使として明に派遣し国交を開いた。義満は**日本国王**として冊封され，永楽帝から「日本国王之印」と遣明船の証明書である勘合を贈られた。勘合が貿易船の証明となったことからこの貿易を**勘合貿易**とも呼ぶ。

④その後の日明貿易

```
4代将軍      6代将軍
義持、朝貢を → 義教、利を → 応仁の乱 → 細川氏= → 寧波の乱 → 大内氏= → 大内氏滅亡 → 豊臣秀吉
嫌い中止      求めて再開              堺商人                博多商人    後期倭寇    海賊取締令
  1411        1432      1467                    1523        1551                  1588
              大内氏=
              博多商人
```

⑤**貿易品**…輸出品：工芸品・銅・硫黄　輸入品：銅銭・生糸・絹織物・陶磁器。

❶五山の禅僧は中国の最新事情に通じ，幕府の外交顧問であった。

3 日朝貿易 ★

①開　始…14世紀末,明と同様に倭寇取り締まりを契機に開始。
②特　徴…倭寇の根拠地であった対馬の宗氏が朝鮮王朝と条約を結んで行う。
- 1419年,宗氏の内紛で倭寇が再活発化し,朝鮮軍が来襲(**応永の外寇**)。
- 1443年の**嘉吉条約**(癸亥約条)で貿易量を制限。
- **富山浦**・**乃而浦**・**塩浦**の三浦が開港場で,倭館がつくられ居留民が居住。
- 1510年,朝鮮王朝の貿易量削減方針に反発した三浦の居留民による反乱 (三浦の乱)がおこり,一時貿易は途絶。翌年の壬申約条で再開。

③貿易品…輸出品：銅,硫黄,琉球経由の蘇木(染料),香木(香料)
　　　　　輸入品：木綿,綿織物,**大蔵経**(仏教の印刷経典)

4 琉球王国 ★

①成　立…1429年,中山王**尚巴志**が沖縄本島を統一して琉球王国成立。
②**中継貿易**…明と朝貢関係を結び活発に貿易を行うとともに,東南アジア諸国間の中継貿易も行い,15世紀に王国は最盛期を迎えた。
③**万国津梁の鐘**…1458年に首里城正殿にかけられたとする鐘。万国津梁とは世界の架け橋を意味し,銘文には「朝鮮の優れたものを集め,明国を支えに日本と兄弟のよしみを結び,中間に位置する琉球は宝のような島である。そのおかげで琉球は豊かになった」という内容が刻まれている。

▲万国津梁の鐘

5 蝦夷ヶ島 ★

①日本海ルート…14世紀には**津軽十三湊**と畿内を結ぶ海上ルートがあり,蝦夷ヶ島の鮭や昆布といった特産物が運ばれた。
②**道南十二館**…津軽の安藤氏の支配下で和人が蝦夷地に居住地をつくった。
③**アイヌ**…蝦夷ヶ島の先住民アイヌは和人の進出により生活を圧迫され,ついに1457年コシャマインが和人に対して武装蜂起。
④**蠣崎氏の支配**…コシャマインを破った蠣崎氏は以後,道南和人の支配者となり,松前氏と改姓して江戸幕府下の大名となる。

重要ファイル
- 日明,日朝貿易の輸出品は銅・硫黄,輸入品は明から生糸,朝鮮からは木綿。
- 琉球王国は16世紀後半にはポルトガル船にその地位をとって替わられ衰退。
- コシャマインを江戸時代のシャクシャインと混同しない。

第2章 中世
35. 惣村の形成と経済の発達

入試重要度 A

1 惣村の形成 ★★

①惣村とは…鎌倉時代後期以後に生まれた自治的結合を中心とした村落。
- 荘園、公領のなかに地縁的結合で誕生した。
- 名主層に加えて、農業生産の発展によって成長した自立小農民が構成員。
- 村の鎮守をまつる宮座の結成と祭礼執行、共同の農作業、戦乱からの自衛などを通じて結合を強める。

②形成の背景…貨幣経済の普及による商工業の発展により、必需品が領主に頼らず入手可能となったり、商品作物などを販売できるようになった。

③惣村のあり方…戦乱からの自衛を目的に集落が形成され、複数の集落が惣村を構成。荘園、公領内に複数の惣村が成立し、領主が同じ惣村の集合を惣荘、惣郷と呼ぶ。室町時代に入り守護、国人の領主権が大きくなると、それとの結びつきが強まり、惣村の有力者の中には守護の被官として武士化し地侍と呼ばれた者もいた。

④惣村のしくみ

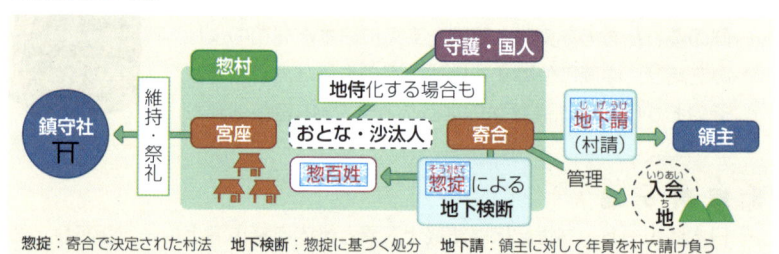

```
                    守護・国人
                        │
                   地侍化する場合も
                        │
   維持・祭礼    惣村
  鎮守社 ── 宮座  おとな・沙汰人  寄合 ── 地下請 ── 領主
    卍              惣百姓      │     (村請)
                           惣掟による   │
                           地下検断    管理
                                     入会地
```

惣掟：寄合で決定された村法　地下検断：惣掟に基づく処分　地下請：領主に対して年貢を村で請け負う

⑤惣荘一揆の形成…非法な荘官の罷免や年貢の減免を目的に一揆が結ばれた。

2 土一揆(徳政一揆) ★★

①発生の背景…貨幣経済の農村への浸透(具体的には土倉や酒屋、寺院などからの借銭)による農業経営の危機により、支配者交代にあたっては善政がしかれるべきとの観念が普及したこと。将軍代替わりを契機に徳政(貸借関係の破棄)が要求されるようになった。

②内　容…惣荘一揆が連絡を取り合いながら一斉に蜂起して、幕府や守護権力に対して徳政を要求。守護大名と関係をもつ地侍も参加し交渉活動を行う。市中の土倉・酒屋などを襲い、貸借書類を破棄した。

③代表的な土一揆(徳政一揆)
- 正長の徳政一揆(1428年)　6代将軍義教就任を契機におこる。近江坂本の馬借一揆がきっかけで畿内近国にも波及。大和国柳生の徳政碑文は、大和守護の興福寺から徳政令を勝ち取った記念碑とされる。
- 嘉吉の徳政一揆(1441年)　嘉吉の変による義教の死、新将軍就任が契機でおこる。幕府は徳政令を発令。

▲柳生の徳政碑文

3 農業の発展 ★
① 農業技術の発展…畿内で三毛作。早稲・中稲・晩稲の品種改良。下肥の普及。
② 手工業原料の商品化…苧(麻糸原料)、桑(養蚕飼料)、楮(紙原料)、漆、藍(染料)、茶などが普及。

4 商工業の発展 ★★
① 座…公家を本所(保護者)とする供御人、寺社を本所とする神人の称号を持つ特定商人の座(同業組合)が原料を仕入れ、販売を独占し活動。
例：蔵人所の灯炉供御人(鋳物師)。大山崎離宮八幡宮の油神人(油座)。

② 貨幣経済の発達
- 永楽通宝など明銭が普及し年貢の銭納が広がる。為替(割符)が一層普及。
- 貨幣不足から悪銭が増加すると良貨のみを選ぶ撰銭が広がり、その禁止令である撰銭令が幕府や戦国大名によって発令された。
- 酒屋・土倉が繁盛し、利益で金融業を営む。

③ 流通の発達…遠隔地取引が広まり、海上輸送を行う廻船や陸上輸送をになう馬借・車借が登場。交通の要地には商品の保管、卸売を行う問屋が成立。

④ 特産品…農村で手工業品の原材料となる商品作物が各地でつくられる。

⑤ 商業活動の活発化
- 三斎市から六斎市へと回数増加
- 行商人の増加(振売・連雀商人・桂女・大原女)
- 見世棚のある常設店舗の一般化

絹織物	西陣(先染めした糸で織る豪華な織物) 丹後・加賀(高級絹織物)
紙	美濃(美濃紙)・播磨(杉原紙)
陶器	美濃・尾張(瀬戸焼)
刀剣	備前(長船)・美濃(関)
酒造	京都・摂津(西宮)・河内(平野)

▲おもな地方特産品

重要ファイル
- 惣村の形成には商工業の発達と貨幣経済の浸透が背景にある。
- 土一揆(徳政一揆)は嘉吉の徳政一揆以後も頻発し、15世紀後半以後は債務もしくは債権額の1割(分一銭)を納めた当事者の債権破棄もしくは保護を認め、幕府収入とするようになった(分一徳政令)。

第2章 中世
36. 応仁の乱と幕府の衰退

入試重要度 A

1 万人恐怖の政治 ★

神前でのくじ引きで選ばれた❶6代将軍足利義教は，将軍権力の強化をねらって強権的な政治を行い，万人恐怖❷の政治と恐れられた。

①永享の乱…1438年，義教は反抗的であった鎌倉公方足利持氏❸が関東管領上杉憲実と対立したことを好機とし，憲実を支援して持氏を滅ぼした。

②結城合戦…1440年，持氏の遺児を守って挙兵した結城氏朝を滅ぼした。

③嘉吉の変…1441年，相次いで守護の粛清を行う義教が，有力守護の赤松満祐に酒宴の席で謀殺された。赤松満祐は山名持豊(宗全)らの働きによって討伐されたが，直後には嘉吉の徳政一揆なども起こり，幕府の権威は失墜した。

2 応仁の乱 ★★

①8代将軍足利義政…義教の横死のあと7代将軍が若死にすると，わずか8歳の義政が守護大名らの妥協によって将軍となった。

②応仁の乱の対立図式

- **将軍家** 弟義視に将軍職をゆずると約束していたが，正室日野富子に実子義尚が誕生して態度を翻す。
- **畠山家** 持国の嫡子義就の相続に家臣が反対。当初は細川勝元，山名持豊が支持した政長が家督を得たが，勝元と持豊の対立によって持豊は義就を支援した。
- **斯波家** 義政は山名持豊と縁戚関係にあった義廉の家督を放棄させ，義敏を指名。その後持豊の反撃で義廉に家督はもどる。

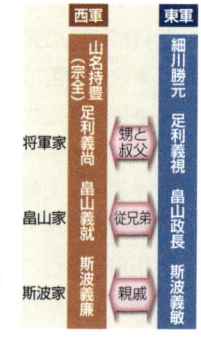

	西軍		東軍
将軍家	山名持豊(宗全)・足利義尚	甥と叔父	細川勝元・足利義視
畠山家	畠山義就	従兄弟	畠山政長
斯波家	斯波義廉	親戚	斯波義敏

③乱の経過…1467年，畠山政長と義就の衝突から乱は始まり，全国の守護大名家を二分する大乱となった。細川勝元は足利義視を擁して義尚を擁する山名持豊(宗全)と戦ったが，勝元が義政の意向を受けて義尚擁立にまわると，義視は翌年，山名方に立場を移した。以後10年にわたって戦乱は続き，1477年に勝元，持豊の死去を契機に和睦が成立し，京都での戦乱は終息した。

---

❶5代将軍が若死にしたあと，実権を握っていた前将軍足利義持が後継を決めずに死去したため後継争いが混乱し，禅僧満済の提案で実施された。
❷伏見宮貞成親王の日記『看聞御記』に見られる。
❸1416年にも前関東管領上杉禅秀と対立，この時幕府は禅秀を討伐した(上杉禅秀の乱)。

▲応仁の乱初期の勢力分布

3 関東での争乱
①**鎌倉府の再興**…足利持氏の子，**足利成氏**が幕府公認で鎌倉公方に復帰。
②**享徳の乱**…1454年，成氏が関東管領上杉憲忠を謀殺したことから乱が始まった。成氏は下総古河に本拠地を移し，反対勢力と戦い続けた(**古河公方**)。この乱以後関東は中央に先んじて戦国時代に入った。
③**幕府の対応**…永享の乱後，足利義政の弟**足利政知**が鎌倉公方として下向したが，関東に入れず伊豆の堀越に拠点を築いた(**堀越公方**)。
④**鎌倉府支配の崩壊**…幕府は堀越公方の支配地を伊豆1国とし，古河公方を公認したが関東管領家の上杉氏も扇谷家と山内家に分裂して争い，鎌倉府の支配は完全に崩壊していった。

4 国人の成長 ★★
①**国人一揆**…地縁で結ばれた国人が自らの利益を守るために結成した一揆。のちには国人一揆の盟主が領国支配者に成長し，戦国大名化するものも現れた。
②**国一揆**…国人や武士，地域住民が連合して起こした一揆。1485年，畿内の山城国では守護家の畠山義就，政長の両軍を追放し，8年の間一揆による自治が続いた(**山城の国一揆**)。
③**一向一揆**…浄土真宗本願寺派信者たちが起こした一揆。1488年，加賀の浄土真宗本願寺派信者が守護富樫政親を滅ぼした。以後，加賀では100年にわたって一揆による支配が続いた(**加賀の一向一揆**)。

> **重要ファイル**
> ● 応仁の乱後，守護大名は在京をやめ領国経営に下向し，京都の荘園領主は地方の荘園支配が実質的にできなくなり，荘園制は崩壊した。
> ● 関東では享徳の乱，全国的には応仁の乱以後を戦国時代とする。
> ● 応仁の乱では農民が足軽として用いられ，内裏や公家邸に押し入り乱暴をはたらいた。このような身分秩序の崩壊を下剋上と呼ぶ。

37. 南北朝文化と北山文化

入試重要度 A

1 南北朝時代の文化 ★

①歴史書…公家，武士，それぞれの立場からの歴史観が示された。
- 『増鏡』❶ 源平争乱以後，南北朝時代までの歴史を公家の立場から叙述。
- 『神皇正統記』 北畠親房が南朝の正統性を，伊勢神道の理論と宋学の大義名分論にもとづいて主張。
- 『梅松論』 北朝の正統性を幕府の立場から叙述。

②軍記物…南北朝の内乱を背景に登場。
- 『太平記』❷ 後醍醐天皇の即位から3代将軍足利義満の初期までを描いた軍記物語。史実を基本にするが脚色も多い。
- 『曾我物語』 源頼朝が行った富士の巻狩の時の仇討ち事件の伝承をまとめたもの。日本三大仇討ちの一つとして江戸時代以後演劇化される。

③バサラ❸…新興武士たちは既成の秩序を嫌い，派手でぜいたくな新奇を好んだ。彼らが生み出した流行は庶民にも広く受け入れられた。
- 連歌 和歌の上の句と下の句を別人が詠むおもしろさから発展し，五七の韻律で多人数が句をつないでいくことで趣深い作品が生まれた。詠み手が一同に会して行われる。
- 『菟玖波集』 二条良基の編纂した連歌集で勅撰集と同格とされ，連歌が芸術として確立。
- 『応安新式』 二条良基があらわした連歌の規則集。全国に普及した。
- 茶寄合 喫茶の風習が広がり，茶の産地をあてる賭事として闘茶が流行した。

▲闘茶 部屋奥に賞品が飾ってある（『慕帰絵詞』）

④有職故実…建武の新政による朝儀の復興にともなって南朝方で重視された。
- 『職原抄』 北畠親房。朝廷の官職についての起源を考証したもの。
- 『建武年中行事』 後醍醐天皇。朝儀の復興を目的に朝廷儀式を詳細に記述。

❶『増鏡』『大鏡』・『今鏡』・『水鏡』とともに四鏡のひとつ。
❷今川了俊によって前半部分の内容の間違いを批判した『難太平記』がある。
❸バサラ 婆沙羅と書く。高師直，佐々木導誉はバサラ大名として知られる。

2 北山文化 ★★

①**特　徴**…公家文化と武家文化の融合。寝殿造（初層），武家造（二層），禅宗様（三層）が折衷された金閣に象徴されるので北山文化と呼ばれる。

▲鹿苑寺金閣

②**禅宗文化**…足利尊氏・直義兄弟の師である禅僧夢窓疎石❹の活躍により禅宗が重んじられた。足利義満の時代までに京都と鎌倉に五山・十刹❺の制が完成し，僧録（初代僧録は春屋妙葩）が設置されて監督した。五山の禅僧は学芸に優れていた。

- **水墨画**　明兆・如拙・周文の禅宗経典の内容が素材として描かれた❻。
- **五山文学**　絶海中津・義堂周信。禅宗経典や宋学（宋時代の儒学）の研究や漢詩文の創作など。成果は五山版と呼ばれる出版物となった。

```
           僧録
            │
           南禅寺
    ┌────────┴────────┐
 京都五山  天龍寺・相国寺・建仁寺・
          東福寺・万寿寺
 鎌倉五山  建長寺・円覚寺・寿福寺・
          浄智寺・浄妙寺
            │
         京都十刹
         関東十刹
            │
           諸山
```
▲五山・十刹の制

③**猿楽能**…「能」は猿楽や田楽など寺社に奉納される歌や舞，演劇の総称。大和猿楽四座（観世座・宝生座・金春座・金剛座）が寺社の保護を受けて専門集団として成立。足利義満に保護を受けた観世座の観阿弥・世阿弥父子は上層階級に好まれる洗練された優美な猿楽能を完成した。世阿弥の著作である『風姿花伝』は芸能論の傑作。

▲『瓢鮎図』（如拙）

> **重要ファイル**
> - 武家の力が公家を圧倒しはじめた時代。
> - 幕府が京都にあることで武家文化と公家文化の融合がすすんだ。
> - 禅宗文化の色彩が濃く，禅寺は最先端の文化発信地としての役割をもった。

❹足利直義は夢窓疎石との禅の教えについての問答を著作して施政方針とした。また，夢窓疎石は後醍醐天皇の菩提寺として天竜寺建立を勧めた。

❺**五山・十刹**　宋の官寺制度にもとづく。足利義満建の相国寺を五山に入れるため南禅寺が別格とされた。京都五山（天龍寺，相国寺，建仁寺，東福寺，万寿寺），鎌倉五山（建長寺，円覚寺，寿福寺，浄智寺，浄妙寺）

❻如拙の『瓢鮎図』は禅の公案「ひょうたん（瓢箪）でナマズ（鮎）をおさえる」を描いたもの。

38. 東山文化と庶民文化

入試重要度 A

1 東山文化 ★★

① 特　徴…禅の精神と伝統文化の幽玄が融合した美意識。生活文化全体に行きわたった。足利義政が東山に造営した山荘にちなみ東山文化という。

② 建築文化…書院造と枯山水の庭園❶。
- ●書院造　畳を敷き詰めた武家造。東山山荘内の慈照寺銀閣の第1層，隣接する東求堂同仁斎が有名。
- ●枯山水　岩石と砂利だけで自然を象徴的に表現した庭園。龍安寺石庭や大徳寺大仙院庭園が有名。

▲書院造

③ 絵　画…書院造の部屋に飾る絵画や襖絵が発達。
- ●雪舟　明で学んだ後帰国。各地で写生を行い，従来の禅画の制約を越えた水墨画の独自の技法を大成。代表作は『四季山水図巻』『天橋立図』。
- ●土佐光信　宮廷の絵所預や幕府の絵師を務め，土佐派を確立。
- ●狩野派　狩野正信が幕府の御用絵師として登用され狩野派を開いた。水墨画の描線と大和絵の彩色を融合させた画風を創始し，子の元信とともに活躍した。代表作は『周茂叔愛蓮図』(正信)『大徳寺大仙院花鳥図』(伝元信)。

④ 侘　茶…闘茶などの賭事も含んでいた茶の湯を一新したのが村田珠光で，精神性を重視する侘茶の基礎を固めた。戦国期には堺の武野紹鷗が受け継ぐ。

⑤ その他…立花の池坊専慶❷。彫金の後藤祐乗❸。高蒔絵の技法。

2 公家文化の継承

① 一条兼良…当代随一の文化人。『公事根源』で宮中行事の解説。足利義政の求めにより，『樵談治要』で統治の心得を9代将軍足利義尚に教授した。

② 唯一神道…吉田神社の神官，吉田兼俱が反本地垂迹説をもとに仏教や儒学を総合して唯一神道を創始した。

③ 古今伝授…和歌の古典『古今和歌集』の解釈を口伝の秘事として整え，これを教授することの価値を高めた。東常縁の宗祇への伝授で始まった。

> **重要ファイル**
> - 公家文化が上層武士や商人によって洗練されて成立したのが東山文化。
> - 書院造は日本家屋の原型であり，簡素をよしとする日本的美意識が確立した。

❶義政の同朋衆となった河原者(被差別民)の善阿弥がその作庭に深く関わった。
❷・❸立花では戦国期に池坊専応が出る。後藤家は，これより刀剣装飾工芸を世襲した。

3 庶民文芸 ★

①狂言…狂言は猿楽能の一演目であったが,その風刺性や民衆生活をもとにした内容は庶民の人気を得て独自に興行されるようになった。
②『閑吟集』…庶民の間に流行した流行歌(=小歌)を集めた歌集。
③連歌の展開…南北朝時代に二条良基によって確立された連歌が普及。
- 宗祇 『新撰菟玖波集』『水無瀬三吟百韻』 正風連歌を確立。
- 宗鑑 『犬筑波集』 滑稽を重んじた俳諧連歌を中心に活動した。

4 文化の地方への普及

①山口(周防)の繁栄…大内氏の城下町。京都から多くの文化人が移住し,文化の再現と普及が行われた❹。
②桂庵玄樹…明に留学経験をもち,薩摩の島津氏に招かれて薩南学派をおこした❺。
③足利学校…関東管領上杉憲実が整備を行い,武士の高等教育機関となった。
④教育の普及…地方武士の間では『庭訓往来』『御成敗式目』などで教育が行われ,都市の商工業者や上層農民の間では読み・書き・そろばんの必要性が生まれた。『節用集』という国語辞書も編纂刊行された。

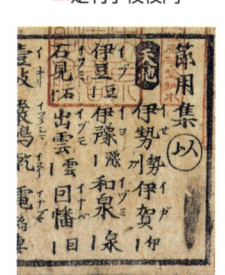

▲足利学校校門

▲『節用集』 イからはじまり伊勢国の説明が記述されている。

5 仏教界の変化 ★

①林下…幕府に保護された五山以外の禅宗諸派の総称。曹洞宗永平寺や臨済宗大徳寺が中心で大徳寺の一休宗純も活躍し,地方の武士階級に信者を獲得していった。
②法華宗…足利義教のころ,日親が出て京都の町衆に布教。商工業者に広まる。
- 1532年に法華一揆を結び,一向一揆と対決。山科本願寺を破壊。
- 1536年に天文法華の乱で比叡山僧兵と戦い敗北。一時衰退する。

③一向宗…浄土真宗8世の蓮如が御文を布教手段とし,惣村をまるごと信仰組織である講として教線を広げ,国人,地侍に多くの信者を獲得した。結果,地域権力である大名と各地で対立し,一向一揆が各地で頻発した。

> **重要ファイル**
> - このころから庶民文化が隆盛を始め,武士や庶民に教育が普及し始めた。
> - 法華宗と一向宗がこの時期から急激に支持を広げ,前者は都市商工業者に,後者は惣村へと広がっていった。

❹・❺山口は日明貿易で,薩摩も外国船が多く出入りし,文化の先進地帯だった。

第2章 中世

39. 戦国大名の登場

入試重要度 B

1 戦国大名 ★

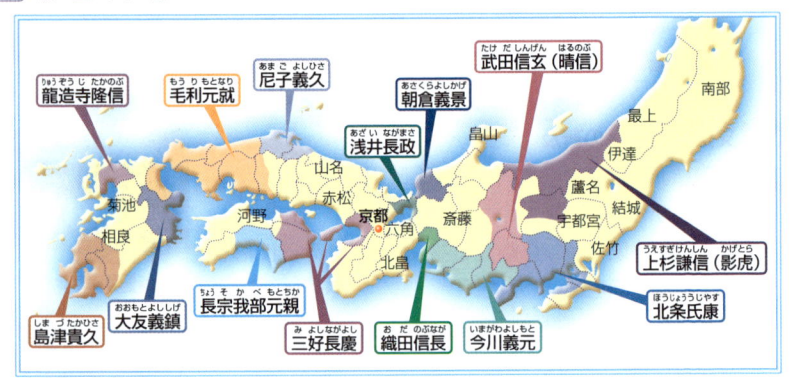

▲戦国大名の勢力範囲（16世紀半ばごろ）

①**戦国大名**…独自の支配地（＝**領国**）を独力で獲得し，独自の支配を構築した者を戦国大名と呼ぶ。

②**最初の戦国大名**…14世紀末に京都から下って堀越公方を滅ぼして伊豆を領国化した**北条早雲**（伊勢宗瑞）が最初の典型的な戦国大名。その子孫は北条を名乗り，関東を支配する戦国大名に成長。

③**戦国大名の出自**…戦国大名はさまざまな階層から下剋上でのし上がった。
- **守護代から** 長尾氏[1]（越後），朝倉氏（越前），尼子氏（出雲）
- **国人から** 毛利氏（安芸），伊達氏（陸奥），長宗我部氏（土佐）
- **守護大名から転身** 武田氏（甲斐），今川氏（駿河），大友氏（豊後）
- **その他** 後北条氏[2]（相模），斎藤氏（美濃）

④**貫高制**…所領高は幕府の段銭をもとに銭で換算。これにより軍役を負担。

⑤**寄親・寄子制**…大名は家臣化した地侍を寄子として有力家臣に預けて統率させ，上意下達の集団戦闘が可能な組織をつくった。

2 戦国大名の領国支配 ★

①**分国法**（家法）…領国を分国ともいい，領国統治の基本法とする例も多かった。

---

[1] 関東管領上杉氏から長尾景虎が名跡をゆずられ上杉謙信となる。
[2] 北条早雲の子孫は関東支配にあたり鎌倉幕府執権北条氏の名称を利用した。

②戦国時代を反映した条文例
- ●喧嘩両成敗法　所領などをめぐっての当事者同士の争いを厳しく禁じ、大名に決定を委ねることを定めた。例：甲州法度之次第(武田氏)
- ●家臣団の城下集住。例：朝倉孝景条々(朝倉氏)
- ●領国外との姻戚関係を禁止。例：今川仮名目録(今川氏)

③指出検地…家臣団に支配下の所領を、農村名主に村高を自己申告させて記録。

④商工業の振興…戦費や軍需物資調達のために積極的な振興策をとった。
- ●城下町を建設　●関所の撤廃　●商工業者の城下町集住
- ●楽市の実施❸　●鉱山の開発❹　●大規模な治水や灌漑工事

3 都市の発達

戦国大名は富国強兵のため商工業の発展をうながし、各地に都市が発達した。❺

①城下町…戦国大名が建設。領国の政治経済の中心として繁栄。

②寺内町…浄土真宗寺院を中心に発達。本拠の石山本願寺の寺内町は大規模。

③門前町❻…地方寺院の門前に寺院や参詣者の便宜をはかる商工業者が集住。

④堺と博多…遠隔地商業の拠点として発達。有力商人らによる自治組織が発達。堺＝36人の会合衆。博多＝12人の年行司。

▲石山本願寺

⑤京都の町衆…道路をはさんで向かい合った商家が町と呼ばれる自治組織をつくり(両側町)、その構成員を町衆と呼んだ。町には町法が定められ、互選された月行事がとりしきった。町の連合組織を町組という。京都は応仁の乱以後、町衆によって再建され祇園祭も町衆の祭りとして繁栄した。

> **重要ファイル**
> - ●戦国時代は、在地領主や領民を保護する実力が戦国大名の地位を左右した。
> - ●戦国大名は、家臣団の統制や農民の直接掌握を積極的に推進した。その過程で古い荘園制は有名無実となり、太閤検地によって完全に消滅した。
> - ●戦国時代は、富国強兵政策により商工業と都市の大発展の時代であった。
> - ●堺の繁栄ぶりは、宣教師ガスパル＝ヴィレラによってベニスの如くと評価。

❸近江南半分を支配した六角氏が観音寺城下に出したものが早い例。
❹毛利氏の石見大森銀山、武田氏の甲斐金山は有名。
❺戦国時代の都市は堀などで外郭を囲み敵襲に備え、自治都市では傭兵をもちいた所もある。寺内町は一向一揆の拠点として城塞化していた。
❻伊勢神宮の宇治・山田、信濃の善光寺の長野などが有名。

チェックテスト

解答

① 後嵯峨天皇のあと，皇統は_____と大覚寺統に分裂した。　持明院統
② 執権_____のもとで，内管領長崎高資が専横をふるった。　北条高時
③ 公武一統をかかげ，後醍醐天皇は_____という文書で政務を処理した。　綸旨
④ 新政は，訴訟激増により_____を設置した。　雑訴決断所
⑤ _____をきっかけに足利尊氏が離反し，新政は瓦解した。　中先代の乱
⑥ _____の背景は，高師直と足利直義の対立だった。　観応の擾乱
⑦ 内乱の過程で_____を原因とする家督争いが激化した。　嫡子単独相続制
⑧ 守護は，半済と_____で土地支配権を拡大し，守護大名化した。　守護請
⑨ 地頭層は農民への支配力を強め，_____と呼ばれた。　国人
⑩ 3代将軍_____の時に南北朝の合一が実現した。　足利義満
⑪ ⑩は_____で山名氏を，応永の乱で大内氏を討伐した。　明徳の乱
⑫ 管領に任じられる家柄を_____と呼んだ。　三管領
⑬ _____は関東，奥州を幕府同様に支配する権限を持った。　鎌倉府
⑭ 14世紀後半，大陸では_____および李氏朝鮮が成立した。　明
⑮ 日明，日朝貿易開始のきっかけは_____の取り締まりであった。　倭寇
⑯ 日明貿易は朝貢貿易の形式をとる独占貿易であったので，遣明船である証明として，_____を使用した。　勘合
⑰ 日朝貿易は，対馬の_____を通して行われた。　宗氏
⑱ 1429年に成立した琉球王国は_____で栄えた。　中継貿易
⑲ 1457年，蝦夷ケ島に進出した和人がアイヌを圧迫したため，_____は武装蜂起した。　コシャマイン
⑳ 惣村の結合の中心は神社をまつる_____であった。　宮座
㉑ 惣村による一揆は，土倉・酒屋などからの借財の帳消しを幕府に求める_____に成長していった。　徳政一揆（土一揆）
㉒ 著名な㉑として1428年の ⓐ の㉑，1441年の ⓑ の㉑がある。　ⓐ正長　ⓑ嘉吉
㉓ 畿内では_____が普及し，商品作物の栽培も盛んとなり，貨幣経済が農村に浸透していった。　三毛作

□㉔	貨幣不足から粗悪銭が流通し，□□□が行われた。	撰銭
□㉕	三斎市から□□□に発展し，活発な商取引が行われた。	六斎市
□㉖	6代将軍□□□は万人恐怖の政治と怖れられた。	足利義教
□㉗	1438年，□□□で鎌倉公方足利持氏は滅んだ。	永享の乱
□㉘	1441年，有力守護赤松満祐は□□□で将軍を殺害した。	嘉吉の変
□㉙	管領家である畠山氏，斯波氏の内紛に加えて8代将軍足利義政の後継争いから1467年，□□□が起こった。	応仁の乱
□㉚	関東では鎌倉公方と関東管領の対立は続き，1454年の□□□以後，関東は戦国時代となった。	享徳の乱
□㉛	1485年の□□□では，争いをやめない畠山氏を追放した。	山城国一揆
□㉜	北畠親房の『□□□』は南朝の正統性を，『梅松論』は幕府の立場を述べた歴史書である。	神皇正統記
□㉝	幕府は禅僧□□□の勧めに従い，天龍寺を造営した。	夢窓疎石
□㉞	幕府は臨済宗を保護し，□□□の制を定めた。	五山・十刹
□㉟	観世座の観阿弥・□□□により猿楽能が大成された。	世阿弥
□㊱	銀閣に隣接する□□□は，書院造の代表事例である。	東求堂同仁斎
□㊲	□□□は水墨画を禅画の枠から解放し，大成させた。	雪舟
□㊳	連歌が盛んとなるなかで，□ⓐ□による正風連歌と□ⓑ□による俳諧連歌が成立した。	ⓐ宗祇 ⓑ宗鑑
□㊴	一向宗（浄土真宗）に□□□があらわれて信者を拡大した。	蓮如
□㊵	戦国時代の所領高は□□□によって把握された。	貫高
□㊶	□□□で私闘を禁じ，大名への権力集中を図った。	喧嘩両成敗法
□㊷	浄土真宗寺院を中心に発達した町を□□□という。	寺内町
□㊸	戦国大名は□□□を実施して領国内の生産力を把握した。	指出検地（検地）

Try　次の問いに答えなさい。　〔センター試験〕

● 11年間におよんだ応仁の乱に関連して述べた文として正しいものを，次の①〜④のうちから一つ選びなさい。

①京都が戦火をさけることができた背景には，町衆による自治の発展があった。
②この乱は，将軍家や幕府の管領家の家督争いがからんで起こった。
③この乱の最中に，畠山氏の軍を退去させた山城国一揆が起こった。
④この乱は，天文法華の乱を契機に終息していった。

解答　②

第3章 近世

40. ヨーロッパ人の来航

入試重要度 A

1 ヨーロッパ人の東アジア来航 ★

①**ポルトガルの動き**…アジア貿易に進出しインドのゴアを拠点とした。さらに，マカオの居留権を明から認められ東アジアの拠点として確保した。

②**スペインの動き**…アメリカ大陸に植民地を獲得し，メキシコから太平洋を横断する航路を確立し，16世紀後半にはフィリピンのマニラに拠点を確保した。

③**東アジアの貿易**…明は海禁政策をとり，私貿易を禁圧していたにもかかわらず，中国，日本，朝鮮，琉球，安南(ベトナム)を結ぶ中継貿易が活発に行われていた。ヨーロッパ人は世界貿易とつながりつつ，東アジア貿易に参入。

2 南蛮貿易 ★★

①**南蛮という呼称**…中華思想にもとづいて，南方の異国を南蛮とイメージ。南方からやってきたポルトガル人とスペイン人を南蛮人❶と呼んだ。

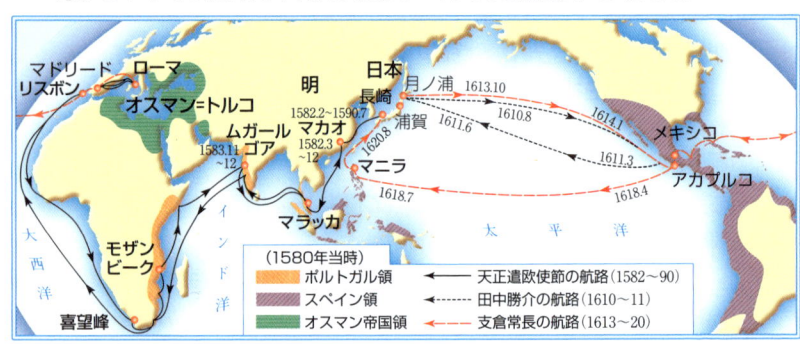

▲ポルトガル・スペインの世界進出と日本人の航跡

②**ポルトガルとスペインの来航**…1543年(1542年説もあり)に九州の種子島に来航した中国船に同乗していたポルトガル人が，島主の種子島時尭に鉄砲を伝えた❷と記録される。以後，ポルトガル船が九州各地に寄港するようになった。スペインは1584年になって平戸に来航した。

---

❶**南蛮人** 1600年以降に来日したイギリス人とオランダ人はプロテスタントであり，スペイン・ポルトガルとは対立関係にあったので，日本側でも区別してイギリス人・オランダ人を紅毛人と呼んだ。

❷種子島時尭は鉄砲の製造法も研究させたと『鉄炮記』には記録されている。その製法は堺，近江国友，紀伊根来に伝わり一大生産地となる。

③貿易の内容…ポルトガル船の積荷は**中国産の生糸**で，帰りに銀を持ち帰った。日本は世界有数の銀産国であった。また，鉄砲の伝来と普及は戦国時代の戦法を一変させ，城郭の構造も変化した。

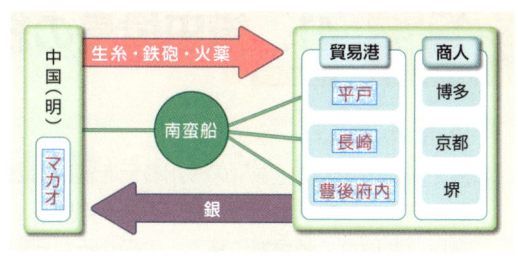

▲南蛮貿易

3 キリスト教の拡大 ★★

①**貿易と布教は一体**…南蛮人は進出した地域でカトリックを布教することを国家目的としており，貿易の利益が布教活動に利用された。したがって，南蛮人にあっては布教と貿易は分けられないものであった。

②宣教師の来航
- **フランシスコ=ザビエル** イエズス会士。1549年鹿児島に上陸し布教開始，京都へ向かうが布教の許可が下りなかった。大内義隆および大友義鎮の保護により**山口**(大内義隆城下)と**豊後府内**(大友義鎮城下)での布教に成功。
- **ガスパル=ヴィレラ** 将軍足利義輝の保護を受けて京都で布教を行う。『耶蘇会士日本通信』に自由都市堺を「東洋のベニス」と紹介。
- **ルイス=フロイス** 京都での布教に尽力。上洛後の織田信長の信任を得て，巡察師ヴァリニャーニの通訳として安土城も訪問。滞日は30年を超え，その記録を『日本史』に著した。
- **アレッサンドロ=ヴァリニャーニ** 天正遣欧使節の派遣，帰国に尽力。日本人聖職者養成のためコレジオ(宣教師養成)・セミナリオ(神学校)を建設。1590年の再来日時，活字印刷機を伝える。

③**キリシタン大名**…戦国大名の中には洗礼を受けてキリスト教徒となる者もいた。大友義鎮，大村純忠，有馬晴信の3人は1582年，4人の少年たちをローマ教皇への使節として派遣した(天正遣欧使節)。

▲南蛮寺

> **重要ファイル**
> - ポルトガルはマカオ，スペインはフィリピンのマニラを拠点にした。
> - 南蛮貿易での日本からの輸出品はほぼ銀であった。
> - 宣教師の中でザビエル・ヴィレラ・フロイス・ヴァリニャーニの業績が重要。

41. 織田信長の統一事業

第3章 近世　入試重要度 B

1 信長の戦い

①**天下布武**…1560年，駿河の今川義元を**桶狭間の戦い**で討ち取る。今川氏の支配から自立した隣国三河の**徳川家康**と同盟し，美濃の斎藤氏を攻略。1567年，斎藤氏を破り，**岐阜城**に移る。このころから「天下布武」の印判を用い，天下統一の意志を示した。翌年，信長を頼ってきた**足利義昭**を立てて上洛。義昭を将軍職につけた。

②**信長包囲網**…実権を信長に掌握され不満をもった義昭は，各地の反信長勢力と通じて包囲網をつくった。しかし，信長は1570年には浅井・朝倉連合軍を北近江の姉川で破り（**姉川の戦い**），翌年には敵対した**比叡山延暦寺**を焼打ちした。1573年，義昭を京都から追放して室町幕府を滅ぼした。1575年には**長篠合戦**で武田勝頼を堅固な陣地と鉄砲により大敗させた。1576年，安土城を築城（79年完成）したが，本能寺の変後に焼失。

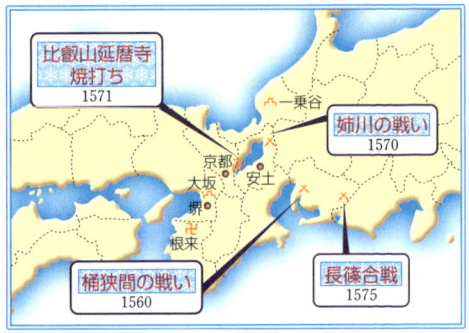

地図内ラベル：
- 比叡山延暦寺焼打ち 1571
- 姉川の戦い 1570
- 桶狭間の戦い 1560
- 長篠合戦 1575

▲信長の戦い

③**一向一揆との戦い**…信長を苦しめたのは大坂**石山本願寺**を中心とする一向一揆であった。「進む者は往生，退く者は地獄」として徹底反抗した一向一揆に対して信長は容赦をせず，1574年の**長島一向一揆**や翌年の**越前一向一揆**平定にあたっては「根切り」と称する殲滅を行った。石山本願寺の**顕如**は毛利氏と同盟を結んで信長に抵抗を続けたが1580年ついに降伏した。

④**本能寺の変**…1578年に上杉謙信が病没し，1580年には**加賀一向一揆**を平定。1582年には**武田勝頼**を滅ぼして，近畿および東海，北陸の大部分を支配下に入れた。西国の毛利氏攻略を羽柴秀吉に命じ，さらに四国平定の命令を下したあと京都に滞在中，**明智光秀**の謀反によって敗死した（**本能寺の変**）。

重要ファイル
- 信長に敵対…「同格の戦国大名」「中世的権威（幕府・比叡山）」「一向一揆」
- 信長は最新兵器である鉄砲を大量投入し，勝利のために効果的に利用した。

2 信長の政策 ★

①政治政策
- 家臣団の城下町集住を強力にすすめた❶。
- 身分にとらわれない人材登用を行い権力集中をはかった。
- 豊かな経済力を背景に兵農分離をすすめ、兵力を常備した。
- 安土城に壮麗な天守と御殿を築造し、権力を誇示。

②経済政策
- 指出検地❷を実施 ┐
- 関所の撤廃　　　 ┘ 他の戦国大名も実施したが、広大な支配地に徹底した。
- 撰銭令を布告し、撰銭による経済的混乱を規制した。
- 岐阜城および安土城下に楽市令を出し、営業活動の自由を認めた。
- 自由都市であった堺など重要都市を武力を背景に支配下においた。

③宗教政策
- キリスト教を保護し、安土城下にセミナリオ(神学校)建設を許可した。
- 安土宗論❸を主催し、法華宗徒を弾圧した。
- 一向一揆とは終始敵対関係にあった。

> **重要ファイル**
> - 撰銭令や楽市令、港湾都市の直接支配など経済政策をすすめた。
> - キリスト教に対してはきわめて寛容で、安土城下にはセミナリオを許可。

◀安土城(復元模型)
安土城は、5層7重の天守を持ち、1579年、標高199mの安土山に完成。合戦を考慮するなら全く不利な幅広の大手道を天守の南面に備えていた。平時の政庁として建築された近世城郭建築のはじまりを告げるものである。天皇を迎える準備をしていたといわれる。

長篠合戦図屏風▶
連射ができない当時の鉄砲の不利を補うために織田軍陣地の前に防御のための土塁や柵が構築されている。実際の古戦場からは激戦を示す鉛玉が発見される。

❶安土に集住が進まないため、岐阜城下の家臣の家を焼却までして移住を強制した。
❷指出検地　家臣や農民に耕地面積や収入額を自己申告させる検地。
❸安土宗論　安土城下で法華宗僧侶が浄土宗僧侶に議論をふきかけたのを信長が取り上げた。過激な布教活動を行う法華宗全体を統制する意図があったといわれる。

42. 豊臣秀吉の全国統一

入試重要度 A

1 天下統一への道

①**信長の後継者**…柴田勝家を滅ぼして信長の後継者争いに勝利した秀吉は、大坂城の築城を開始してその立場を誇示した。

②**関白就任**…秀吉は関白および豊臣姓を朝廷から獲得し、後陽成天皇を聚楽第に迎えた上で、武家関白❶として徳川家康以下の諸大名を臣従させ、政権を安定させた。

③**四国・九州平定**…秀吉に反抗した四国の長宗我部元親、九州の島津義久を破った。

1582	山崎の合戦（明智光秀を滅ぼす）
1583	賤ヶ岳の戦い（柴田勝家を滅ぼす）
	大坂城築城開始
1584	小牧・長久手の戦い
	（徳川家康と対決・和睦）
1585	関白に就任
	四国平定（長宗我部元親をやぶる）
1586	太政大臣に就任　豊臣姓を下賜される
	家康戸従
1587	九州平定（島津義久をやぶる）
	バテレン追放令
1588	後陽成天皇を聚楽第にむかえる
	刀狩令
1590	関東の北条氏政を滅ぼす
	家康の関東転封

④**対外政策**…九州遠征の際、長崎が大村純忠によってキリスト教会に領地として寄進されているのを知り、南蛮人の侵略意図を疑いバテレン（宣教師）追放令を出した。

⑤**天下統一**…1590年に関東を支配していた北条氏政を滅ぼすと同時に伊達政宗をはじめとする奥州の諸大名も臣従して天下統一は完成した。

2 豊臣政権の構造

①**惣無事の論理**…関白として惣無事を呼びかけ❷、統一を早期に完成させた。

②**秀吉の独裁**…秀吉の独裁政権。五大老・五奉行制❸の整備は秀吉の晩年。五奉行には秀吉が城持ちとなって以後育てた文治派の武将があてられた。

> **重要ファイル**
> - 秀吉は、天皇の権威を利用して、関白として政権をにぎった。
> - 大名間の戦闘を私闘とみなすという惣無事の論理で統制を図った。

❶関白職は藤原摂関家の世襲であり、武家が就任したのは空前絶後。
❷「惣無事」が全国法令として出されたかどうかについては学会で論争あり。
❸五奉行は石田三成（行政）、長束正家（財政）、浅野長政（司法）、前田玄以（宗教）、増田長盛（土木）の五名、五大老は徳川家康、前田利家、宇喜多秀家、毛利輝元、小早川隆景（死後は上杉景勝が就任）である。

③財政基盤…直轄領(蔵入地),佐渡・石見大森・生野などの金銀鉱山,京都・大坂・堺・伏見・長崎などの重要都市を直轄し,堺(千利休・小西隆佐など)や博多(神谷宗湛など)の豪商の力を利用。1588年には天正大判を鋳造させた。

3 太閤検地 ★★

①太閤検地…秀吉によって行われた検地で,指出検地とは異なり統一基準のもとに実施された。天正の石直しともいう。

②検地の方法…石田三成を総奉行に行われた。
- 面積単位の1歩を6尺3寸四方とし,300歩＝1段,10段＝1町とした。(従来は360歩＝1段)
- 枡の容量を京枡に統一。
- 田畑・屋敷地の面積を役人を派遣して実測。
- 田畑1段あたりの米の生産量を石盛,石盛に面積をかけて得られた量を石高とした。
- 一地一作人の原則にもとづき作人,石高,面積,等級を明記した検地帳を作成。屋敷地も登録された。
- 1591年,朝鮮出兵にそなえて諸大名に領国の検地帳と国絵図の提出を命じた。

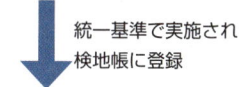

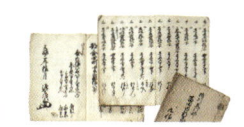

統一基準で実施され検地帳に登録

③太閤検地の意義
- 検地帳に作人として登録されることで,土地に対する農民の所有権が確立した。
- 大名領地を石高で把握可能となり,転封(国替)が容易になった。

4 兵農分離 ★

①刀狩令…1588年,百姓の武器所有を禁じ,大仏造立を口実に供出させる。
②身分統制令と人掃令…1591年,武家奉公人(戦時の雑兵)が町人や百姓になることなどを禁じた人掃令を発した。朝鮮出兵の兵力確保を目的として翌年,関白秀次の名で再令され,戸口調査による村ごとの人員調査が命じられた。
③兵農分離の完成…戦時に兵として動員される者が百姓・町人身分から分離され,太閤検地の意義とあわせて,近世社会の基本的なしくみが完成した。

> **重要ファイル**
> - 太閤検地は土地と人民を秀吉が完全に掌握するために実施された。
> - 刀狩で帯刀を武士のみに限り,朝鮮出兵の兵員確保の施策実施により兵農分離が完成。

43. 秀吉の対外政策

第3章 近世

入試重要度 B

1 キリスト教を禁教 ★

① **バテレン（伴天連）追放令**…1587年、九州遠征の時に大村純忠が長崎をキリスト教会領として寄進したことを知った秀吉は、福岡でキリスト教宣教師（当時伴天連と呼ばれていた）の追放を命じた。

> **バテレン追放令①**
> 一、日本ハ神国たる処、きりしたん国より邪法を授け候儀、太以て然るべからず候事。
> 一、伴天連、其知恵の法を以て、心ざし次第に檀那❷を持ち候と思召され候へハ、右の如く日域の仏法を相破る事曲事に候条、伴天連の儀、日本の地ニハおかせられ間敷候間、今日より廿日の間ニ用意仕り帰国す可く候。……
> 一、黒船の儀ハ商売の事に候間、各別に候の条、年月を経、諸事売買いたすべき事。
> 天正十五年六月十九日
> （松浦文書）
> ❶五条からなる ❷信者 ❸日本 ❹ポルトガル船やスペイン船

② **キリシタン大名への対応**…キリスト教信仰を許可制とした。キリシタン大名であった高山右近❶は明石6万石の領地を取り上げられた。

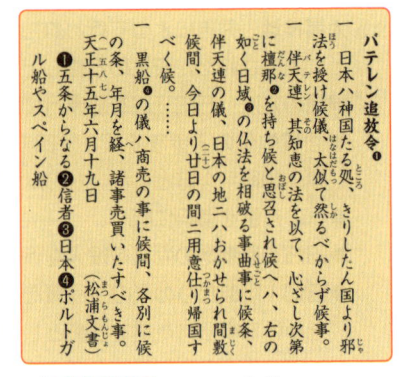

③ **貿易と禁教の切り離し**…秀吉は1588年に海賊取締令を出して倭寇を取り締まるなど海上支配を強化した。一方、朱印状を出して堺や博多の豪商に積極的な南方交易を奨励したので、宣教師の潜入は容易であった。

④ **サン＝フェリペ号事件**…1596年、土佐に漂着したスペイン船サン＝フェリペ号の乗組員が役人の態度に激高して、スペインによる日本侵略の意図を口にしたことから、秀吉は京都で宣教師および信者26名をとらえて長崎に護送し処刑させたとされる（26聖人殉教❷）。

▲26聖人殉教祈念碑（長崎）

この背景には、新しく日本に参入してきたフランシスコ会と従来のイエズス会との勢力争いがあったともいわれている。

> **重要ファイル**
> ● 長崎がキリスト教会領に寄進されていたことが禁教のきっかけだった。
> ● 禁教方針の一方で海外貿易は積極的にすすめたため、禁教は不徹底に終わった。

❶ 高山右近　その後加賀前田家の客将として仕えたが、1612年の江戸幕府の禁教令により、1614年マニラへ追放処分となり翌年客死した。
❷ 26聖人殉教　ローマ教皇がこの時の犠牲者を「聖人」に列したことからこう呼ばれる。

2 朝鮮侵略 ★

①出兵のいきさつ…1587年に対馬の宗氏を通じて朝鮮に入貢と明征服の道案内を要求したが拒否され，出兵を計画した。その前線基地として壮大な**名護屋城**を8ヵ月の突貫工事で築いた。

②出兵の経過

文禄の役(1592〜1593年)

戦線がのびた日本軍は兵糧が尽き，和平交渉開始。和平をのぞむ小西行長の偽計が発覚し，秀吉が激怒，再度の出兵が命令される。

- 加藤清正，小西行長ら軍勢15万
- 朝鮮全土に戦線拡大
- 李舜臣の水軍の活躍と義兵の抵抗
- 明(李如松ら)の援軍

慶長の役(1597〜1598年)

秀吉の死去により，撤兵。徳川家康は講和交渉を行い，1605年に講和が成立し，1607年に朝鮮から刷還使❸が来日した。

- 朝鮮半島南部の占領をめざす
- 14万余の大軍で再び出兵
- 戦線は膠着状態になる
- 李舜臣の水軍に再び苦戦

③出兵の影響
- 加藤清正ら前線を担当した武将と後方の補給を担当した石田三成ら奉行ちとの対立が激化，のちの関ヶ原の戦いでの豊臣家臣団の分裂の原因となり豊臣政権の滅亡を早めた。
- 多くの朝鮮人技術者が捕虜❹となり，新しい文化を日本にもたらした。
  - ▶**活字印刷術** 銅活字や木活字による慶長勅版❺の出版。
  - ▶**陶磁器生産技術** 有田焼(磁器)李参平，薩摩焼(陶器)沈寿官
- 戦場となった朝鮮の被害は大きく，江戸幕府とは国交を開いたものの日本人の国内立ち入りを厳しく制限した。
- 明王朝も多大な戦費負担を強いられ，滅亡を早めた。

> **重要ファイル**
> - 対馬海峡を李舜臣の水軍に阻まれ補給が続かなかったことが敗因の一つ。
> - 侵略の過程で豊臣家臣団の中に分裂が生じ，豊臣政権崩壊の原因となった。
> - 捕虜として来た多くの朝鮮人技術者が，日本文化に大きな影響を与えた。

❸・❹12回の公式使節のうち最初の3回は捕虜の帰還を任務としていたので，刷還使と呼ばれる。
❺**慶長勅版** 後陽成天皇の命により，木活字で『源氏物語』などの古典が京都で出版された。

44. 桃山文化

第3章 近世　入試重要度 B

1 桃山文化
①戦国時代の勝利者となった**天下人，大名，豪商**らが担い手。
②富をつぎこんだ**豪壮，華麗**が特徴。
③仏教文化の色彩がほとんどない←戦国時代に寺院勢力が衰退。
④ヨーロッパ文化の影響→西洋文化との接触で多彩なものに。
⑤政治の中心である**上方の都市**を中心とした町人文化。

2 桃山美術 ★
①**城郭建築**…天下人や諸大名が軍事的・政治的な理由から**平城**を築造。
- **伝聚楽第遺構**　西本願寺飛雲閣と大徳寺唐門。
- **伏見城遺構**　都久夫須麻神社❶本殿と唐門。
- **姫路城（白鷺城）**　関ヶ原の戦いの直後に池田輝政によって築城。
- **二条城二の丸御殿**　関ヶ原の戦い後，幕府が諸大名に命令し造営。
  ▶書院造による居館。濃絵や水墨画で飾られた障壁画。精巧な透し彫による欄間彫刻。

▲姫路城

②**茶　室**…妙喜庵茶室（待庵）を**千利休**が創建。現存最古の茶室建築。
③**障壁画**…襖・壁・屏風などを障壁といい，それらに描かれた装飾画。
- **狩野永徳と狩野山楽**　水墨画の線描と大和絵の彩色を融合した**濃絵**が特徴。『洛中洛外図屏風』❷
『唐獅子図屏風』（狩野永徳）
『松鷹図』『牡丹図』（狩野山楽）
- **海北友松**『山水図屏風』と**長谷川等伯**『松林図屏風』は水墨画。

▲唐獅子図屏風

④**調度品**…京都高台寺の蒔絵調度品と同様の作品を『高台寺蒔絵』と呼ぶ。
⑤朝鮮侵略で連行された職人の手による木製活字印刷→『慶長勅版』

---
❶琵琶湖に浮かぶ観音霊場としても知られる竹生島に所在する。
❷永徳の洛中洛外図は1576年に織田信長が上杉謙信に贈ったもので，現在は米沢市上杉博物館蔵。

③ 町衆文化 ★

①都市(京都・大坂・堺・博多)の豪商が担い手。

②茶の湯の隆盛
- **茶会の流行** 武士や富裕な町人は茶会を主催することによってその経済力, 政治力を誇示した。
  ▶豊臣秀吉による**北野大茶湯**や黄金の茶室。
- **千利休** 堺の商人出身。簡素・閑寂を基本とする侘茶を創始。秀吉の茶の師匠であったが, のち秀吉と対立し切腹。
- 千利休の弟子に織田有楽斎, 小堀遠州, 古田織部らがいる。
- 千利休や古田織部が作らせた茶器は「利休好み」「織部好み」と称されて珍重された。

▲千利休

③庶民文化
- **かぶき踊り** **出雲阿国**が京都四条河原で妖艶な女性たちによる群舞を上演→女歌舞伎は江戸幕府が禁止(若衆歌舞伎→野郎歌舞伎へ)
- **人形浄瑠璃** 琉球渡来の三線をもとにした三味線の伴奏で上演。
- **小歌** 庶民に親しまれた流行歌。堺の高三隆達がうたった**隆達節**が流行。
- **生活文化の変化** 衣服は袖の開口部が小さな**小袖**が一般化。男子の礼装として袴が一般化。女性は着流し。

▲出雲阿国のかぶき踊り

④ 南蛮文化

①南蛮文化…南蛮貿易によって伝えられたヨーロッパの文化。
②南蛮屏風…西洋画の技法を取り入れ, 南蛮人の風俗を描いた。
③活字印刷術…宣教師ヴァリニャーニによって金属活字が伝えられる→**キリシタン版(天草版)**辞書や日本古典も出版。

▲南蛮人

> **重要ファイル**
> - この時代の豪壮・華麗な文化は城郭建築に象徴されている。
> - 茶の湯は豪壮・華麗と対極の簡素・閑寂を旨とし桃山文化を豊かにした。
> - 都市における庶民文化が天下泰平とともに大きく変化した。
> - 南蛮文化は短命に終わったが, 今日なお衣服(メリヤスやビロード)や食物(カステラやテンプラ)の名に影響が残っているものがある。

45. 江戸幕府の成立と幕藩体制

入試重要度 B

1 幕府の成立

①**関ヶ原の戦い**…1600年，豊臣政権の前途を憂えた石田三成ら西軍が，徳川家康ら東軍と戦って敗れた戦いで，天下分け目の戦いと称された。この戦いに勝利した家康は1603年に征夷大将軍となり江戸に幕府を開いた。

| 西軍 | 盟主 毛利輝元
石田三成・上杉景勝
＋西国大名 | VS（対） | 東軍 | 徳川 家康
福島正則・黒田長政ら
豊臣家家臣 |

②**大坂の役**…幕府が開かれてからも豊臣秀頼は高い官位を保持し，大坂城を居城として幕府の大きな脅威となっていた。1605年に将軍職を子の秀忠にゆずり大御所となっていた家康は，1615年についに豊臣氏を滅ぼした。

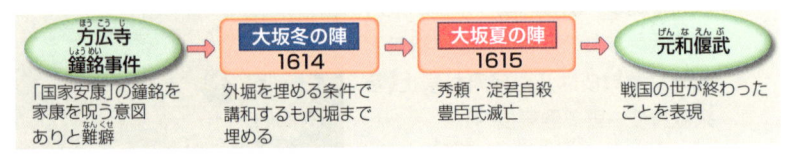

方広寺鐘銘事件	→	大坂冬の陣 1614	→	大坂夏の陣 1615	→	元和偃武
「国家安康」の鐘銘を家康を呪う意図ありと難癖		外堀を埋める条件で講和するも内堀まで埋める		秀頼・淀君自殺 豊臣氏滅亡		戦国の世が終わったことを表現

2 幕藩体制 ★

①**大名統制**…幕府の安定にとって最大の課題は大名統制であった。
- **一国一城令** 元和偃武を理由に領内の居城以外の城の破却を命じた。
- **武家諸法度** 大名統制の法令。違反者には減封，改易❶などで処罰。
- **軍役の賦課** 平時の軍役として天下普請❷と参勤交代を位置づけた。

②**武家諸法度**…幕府の許可なく行われる城の修築，大名家どうしの婚姻などを禁止。1635年家光のときに改定されて，参勤交代が制度化される（寛永令）。

③**参勤交代**…1年おきに江戸と国元を往復。正妻と継嗣に江戸在住を強制。

④**親藩・譜代・外様**…領地1万石以上の将軍家臣が大名とされる。
- **親 藩** 徳川家と血縁関係がある大名家 ┐ 江戸周辺と全
- **譜 代** 関ヶ原の戦い以前から徳川家の家臣だった大名家 ┘ 国要地に配置
- **外 様** 関ヶ原の戦い以後に徳川家に臣従した大名家 → 辺境に配置

---

❶**改易** 領地の没収。福島正則は居城を無断修理したとして改易された。
❷**天下普請** 江戸城や名古屋城の築城，その他の土木工事を軍役奉仕として諸大名に命じて行わせた。

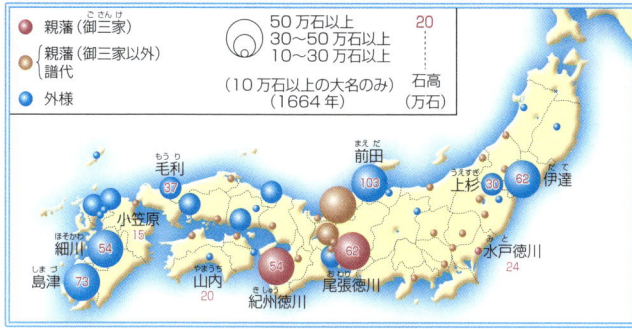

九州は東端の豊前・豊後の小笠原氏のみが譜代。西日本に外様が多く大坂城が押さえになっていることに注意。関東・東海・近畿にはほとんど親藩・譜代を配置。

▲江戸時代初期の大名配置

> **重要ファイル**
> - 大名統制の中心は武家諸法度と参勤交代。正妻と継嗣の江戸在住は人質。
> - 3代将軍家光が発布した武家諸法度で参勤交代が制度化された。

3 幕府による朝廷支配 ★★

①禁中並公家諸法度…天皇を含む朝廷の政治への関与を禁じ，朝廷の権限に関わることについても幕府の許可制とした。後水尾天皇のとき，紫衣事件[3]がおこり，朝廷に対する幕府の優位を決定づけた。

②武家伝奏…朝廷と幕府とをつなぐ窓口役の公家。幕府が人選して監視役とした。

4 幕府の宗教政策 ★

①諸宗寺院法度…1655年に出された諸宗共通の法度。寺院と朝廷との結びつきを禁じ，本山・末寺という本末制度の確立を求めた。

②諸社禰宜神主法度…公家の吉田家を通して全国の神社を統制する法令。

③寺請制度…禁教を徹底するために宗門改めを実施し，キリスト教信者ではないことを寺院に人別登録することで証明させた。その後，日蓮宗不受不施派の禁教も行われ，神職も含めたすべての人びとは所属する寺をもつ制度（寺請制度）が整備され，結婚や出稼ぎなどの際に寺請証文（身分証明）が必要となった。

> **重要ファイル**
> - 紫衣事件によって朝廷に対する幕府の優位が確定した。
> - 寺請制度はキリスト教だけでなく日蓮宗不受不施派も対象としていた。

---

❸**紫衣事件** 後水尾天皇が幕府の許可なく紫衣を勅許し，幕府がその決定を覆した事件。その後，天皇は幕府に抗議して勝手に譲位を敢行した。

第3章 近世

46. 幕府の全国支配

入試重要度 A

1 幕府のしくみ ★★

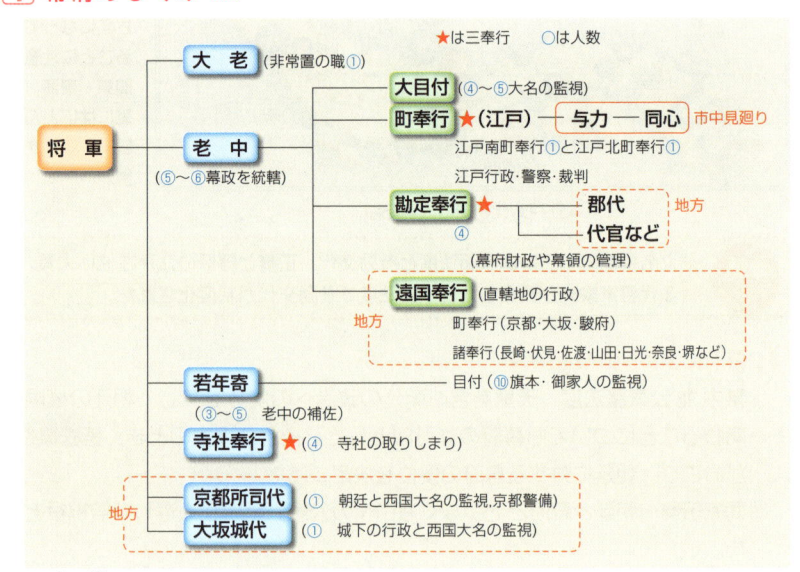

★は三奉行　○は人数

- 将軍
  - 大老（非常置の職①）
  - 老中（⑤〜⑥幕政を統轄）
    - 大目付（④〜⑤大名の監視）
    - 町奉行 ★（江戸）— 与力 — 同心　市中見廻り
      - 江戸南町奉行①と江戸北町奉行①
      - 江戸行政・警察・裁判
    - 勘定奉行 ★ ④
      - 郡代
      - 代官など　地方
      - （幕府財政や幕領の管理）
    - 遠国奉行（直轄地の行政）　地方
      - 町奉行（京都・大坂・駿府）
      - 諸奉行（長崎・伏見・佐渡・山田・日光・奈良・堺など）
  - 若年寄（③〜⑤ 老中の補佐）
    - 目付（⑩旗本・御家人の監視）
  - 寺社奉行 ★（④ 寺社の取りしまり）
  - 京都所司代（① 朝廷と西国大名の監視,京都警備）地方
  - 大坂城代（① 城下の行政と西国大名の監視）地方

①月　番…幕府の中央職制が整った1635年からは，老中以下の役職はすべて複数定員となり，重要問題については合議したが，通常業務は1ヵ月交代で担当した。

②大　老…常置の職ではなく，特別な必要性がある場合のみ設置された。

③老　中…当初は年寄といった。幕政を統轄する最高職。数万石程度の譜代大名から選ばれた。筆頭老中は老中会議の議長をつとめ，幕政の中心を担った。

④若年寄…老中を補佐するとともに旗本・御家人ら直参家臣の統制が主要任務。

⑤寺社奉行…寺社の統制，寺社領民の訴訟受付，1万石以上の大名が就任。

⑥町奉行…江戸の行政，警察，裁判を担当。南北奉行所は管轄地域が分かれているのではなく，月番交代で全域を担当し，職務にあたった。

⑦勘定奉行…幕府財政を担当。幕領（全国総石高約3000万石のうち，約400万石）に派遣された郡代❶および代官を統轄した。

❶郡代　関東・美濃・飛騨・西国（九州管轄）の4つが設けられていた。

⑧ 評定所…幕政の合議機関で管轄がまたがる政務や訴訟を扱った。構成員は老中と寺社奉行, 町奉行, 勘定奉行(三奉行)が原則。
⑨ 大目付・目付…大目付は老中配下で, 大名の監視にあたり, 目付は若年寄配下で旗本・御家人ら直参家臣を監視した。
⑩ 京都所司代…京都に置かれ, 武家伝奏を通じて朝廷を監督し, 同時に外様大名の大藩が多かった西国の監視にあたった。
⑪ 遠国奉行…重要直轄都市に配置された。金山を管轄する佐渡奉行, 長崎貿易を管轄する長崎奉行, 京都, 大坂の町奉行などは重要。幕末の蝦夷地直轄にともなって松前奉行が新設されたりした。
⑫ 譜代大名と旗本…老中など将軍直属の職は譜代大名から任命された。老中配下の町奉行などは旗本から任命された。旗本は数千石以下の将軍直臣で, 江戸に常住した。他に将軍に謁見できない身分として御家人があった。

▲おもな幕府直轄領と直轄地

2 藩のしくみ

各大名の支配地およびその統治機構のこと。家臣は城下町に集住し藩政を支えた。いずれの藩でも家臣への給与は地方知行制❷から俸禄制❸へとしだいに切り替えられ, 藩主の一元的な領地支配が実現していった。

> **重要ファイル**
> ● 幕政の中心は老中と三奉行で, 合議機関である評定所の構成員の中心。
> ● 幕政に関与できる大名は譜代大名に限られ, 親藩, 外様は原則関与できず。
> ● 勘定奉行は郡代や代官を幕領に派遣して支配にあたらせた。

---

❷ **地方知行制** 地方知行制とは家臣に個別の領地支配を認めるもの。
❸ **俸禄制** 年貢上納を藩に集中させ, 蔵米(禄米)として家臣に支給するしくみ。

第3章 近世

通史編

47. 百姓・町人支配と身分制

入試重要度 A

1 村と百姓 ★★

①村方三役…**名主**(庄屋・肝煎)・**組頭**・**百姓代**の三役を中心に自治が行われ，**村法**(村掟)を制定し，違反者には村八分などの制裁があった。

②五人組…年貢納入や治安維持などで5戸を基準に連帯責任を負わせた制度。

③村の負担
- **本途物成** 検地で登録された田畑や屋敷地(高請地)に課せられた年貢。
- **小物成**(雑税) 副業や山野河海からの収益に課せられた。
- **国役** 大規模な土木工事など，1国単位で課せられた。
- **助郷役** 宿駅に賦課された公用交通のための伝馬役が不足するときに，臨時に近隣の村に労務や金銭の提供が求められ，しだいに拡大，常態化していった。

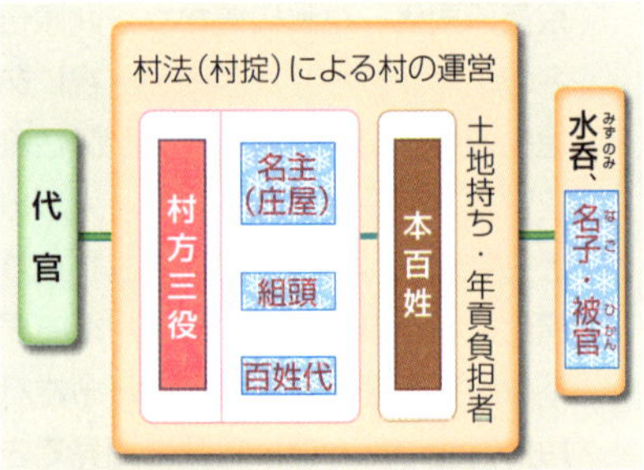

▲百姓の統制 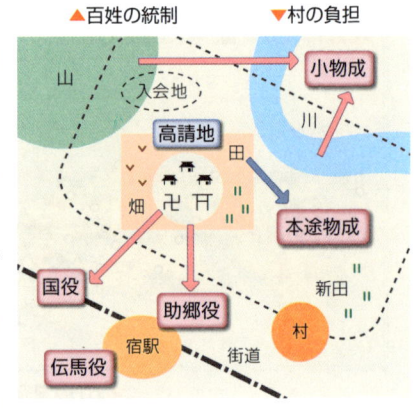　▼村の負担

村法(村掟)による村の運営

代官 — 村方三役（名主(庄屋)／組頭／百姓代）— 本百姓 — 土地持ち・年貢負担者 — 水呑／名子・被官

2 農村への統制 ★★

石高の40〜50%を負担する農民の生活を保障し，年貢収入を確保するため，1643年に**田畑永代売買の禁止令**，**田畑勝手作りの禁**が，寛永の飢饉対策として農民に質素倹約を指示する法令とともに布告された。しかし，貨幣経済の発展にともない高請地の売買や商品作物の作付が行われており，享保の改革のときには実質的に黙認されるようになった。

①田畑永代売買の禁止令…田畑の売買禁止の法令。
②田畑勝手作りの禁…米にかえて木綿などの商品作物の作付を禁止。
③**分地制限令**(1673年)…農地を一定面積以下に細分化しての相続を禁止。

3 町と町人 ★

①**城下町**…大名の居城を中心に身分ごとに武家地・寺社地・町人地が区分されていた。武家地の面積がもっとも広大で，町人地は街道に面していた。

②**町のしくみ**…町人地は町方と呼ばれ，商人と職人が集住。村の自治組織と同様の町と呼ばれる組織があり町法が定められ町役人によって運営された。

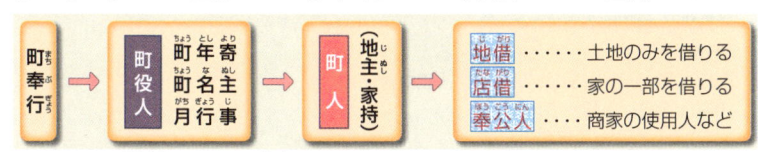

```
町奉行 → 町役人 [町年寄・町名主・月行事] → 町人（地主・家持）
   地借……土地のみを借りる
   店借……家の一部を借りる
   奉公人……商家の使用人など
```

③**町の負担**…家持に対する地子（宅地税）は免除であることが多かった。しかし，上下水道や道路の整備など都市機能の維持のための労役や金銭負担があった。

4 身分秩序 ★

①**身分制社会**…居住地の制限と主従関係，家柄，格式，職業などによって複雑に秩序づけられ，上下関係が基本となって社会秩序が維持されていた。支配階級は少数の貴族と武士，被支配階級は百姓と町人である。百姓は農民だけでなく林業，漁業に従事するものも含み，町人は商人と職人を含む。

②**士農工商の意味**…この身分観念は儒学にもとづく抽象的概念で，百姓と町人に身分の上下があったというような，実際の身分制度ではない。

③**特別な身分**…学問，知識，芸能関連，僧侶，神職などの身分集団があった。

④**被差別身分**…身分集団全体として社会の最下層におかれたのが「かわた」・「非人」身分である。服装や居住地が厳しく制限され，賤視の対象となったが，住民生活に必須の社会的業務の担い手でもあった。

- ●「**かわた**」 農村に居住し，死牛馬の処理を行い皮革業などに従事したり，村の治安を命をはって守る警察業務の末端を担った。えた，長吏などの別称もある。
- ●「**非　人**」 主に都市に居住し，町奉行所の末端として番人や清掃人などの社会的業務を担った。貧困や刑罰により，もとの身分を剥奪されたものが中心。

⑤**家制度**…家では家長（戸主）が強い権限をもち，女性の地位は低かった。

> **重要ファイル**
> - 百姓・町人は被支配身分として武士身分の支配を受ける立場であった。
> - 各身分の中にも家柄や役職による整然とした身分の上下関係があった。
> - 家と結びついた身分，役職は原則的に跡継ぎによって世襲された。

第3章 近世

48. 江戸時代初期の外交

入試重要度 B

1 海外交易 ★★

1600	オランダ船リーフデ号、豊後に漂着
1604	糸割符制度はじまる
1609	オランダの平戸貿易はじまる
1610	家康、メキシコに通商を求め田中勝介を派遣
1612	幕府、直轄領に禁教令
1613	イギリスの通商許可 伊達政宗は支倉常長を欧州に派遣(慶長遣欧使節)。禁教令、全国におよぶ
1616	中国船を除く外国船の寄港地を平戸・長崎に制限

①リーフデ号…1600年豊後臼杵に漂着。乗組員のウィリアム=アダムズ(三浦按針)とヤン=ヨーステン(耶揚子)が家康と謁見、外交顧問となった。

②紅毛人…プロテスタントのイギリス・オランダは、南蛮人に対して紅毛人と呼ばれた。オランダは1609年に、イギリスは1613年に平戸に商館を開いた。

③糸割符制度(1604年)…中国産生糸の貿易を独占し巨利を得ていたポルトガル商人に対して長崎、大坂、堺、京都、江戸(五カ所商人)に糸割符仲間をつくらせて一括購入させ価格を公定、ポルトガルの独占利益を排除した。

④朱印船貿易…東南アジアへの貿易船に朱印状(渡航許可証)を発行して奨励。東南アジア各地に日本町が形成され、山田長政はシャム(タイ)のアユタヤ朝に仕えた。

▲朱印船のおもな渡航地と日本町

- 輸入品　中国産生糸など。
- 輸出品　銀など(日本の銀輸出量は、世界の銀産出量の3分の1)。

⑤スペインとの関わり
- 田中勝介(京都の商人)のメキシコ(ノビスパン)派遣(1610年)→日本に漂着

> **重要ファイル**
> - 徳川家康は貿易に熱心で、イギリス・オランダと通商を開始し、朱印船貿易などをすすめた。
> - 当初の長崎での貿易はポルトガル船がもたらす中国産の生糸が中心だった。

したスペインのフィリピン臨時総督を送り届けるため渡海→家康の求めでメキシコとの貿易を交渉したが目的を果たせず。
- 支倉常長(伊達政宗家臣)のスペイン派遣(1613年)→伊達政宗が仙台藩とメキシコとの貿易を目的に派遣するが使命を果たせず。

2 朝鮮との講和 ★

対馬藩の宗氏が幕府公認で朝鮮外交にあたった。1609年己酉約条を締結。釜山に倭館が設置された。朝鮮貿易は対馬藩が独占し，その利益によって藩政を維持した。

江戸時代を通じて12回の使者の来日があり，最初の3回は捕虜の送還が目的で，4回目以降は通信使として将軍の代がわりごとに来日した。

3 薩摩藩による琉球王国支配 ★

1609年，薩摩藩の島津家久が琉球征服。琉球王国は存続したが，明との通商権は薩摩藩に握られ，その支配を受ける。家康は薩摩藩の琉球支配を公認し，琉球王国は国王の代がわりごとに謝恩使，将軍の代がわりごとに慶賀使を幕府に派遣した。

4 蝦夷地支配 ★

戦国時代に和人地(道南部)を支配していた蠣崎氏が豊臣秀吉に臣従して所領安堵を受ける。秀吉の死後，松前氏と改名して徳川家康に臣従。江戸幕府支配下の大名となり，アイヌとの交易独占権が保障された。

松前藩は，蝦夷地のアイヌとの交易場の権利を家臣に与えることで成り立っていた(商場知行制)。

1669年，松前藩の苛政に対してシャクシャインが蜂起したが，松前藩は津軽藩の援軍を得てこれを鎮圧した(シャクシャインの戦い)。以後，アイヌ支配は強化され，和人商人たちによって商場が請負となった(場所請負制度)。和人商人の収奪は激しく，アイヌはしだいに困窮していった。

▲和人の北上(1669年頃)

> **重要ファイル**
> - 幕府は対馬藩に朝鮮外交を担当させ，琉球および蝦夷地の支配を薩摩藩，松前藩に公認し，直接の関係をもたなかった。
> - 朝鮮通信使や琉球の謝恩使，慶賀使は幕府の威光を国内に浸透させる効果をもった。また朝鮮通信使の滞在先には日本の儒学者が教えを請いに訪れ，さかんに交流が行われたという。

第3章 近世

49. 鎖国の成立

入試重要度 A

1 鎖国への道 ★★

1616	ヨーロッパ船の寄港地を平戸・長崎に制限	秀忠
1622	元和の大殉教	
1623	イギリス,オランダとの競争に敗北したため平戸商館を閉鎖	家光
1624	スペイン船の来航禁止	
1631	奉書船制度はじまる	
1633	奉書船以外の海外渡航,5年以上の海外居住者の帰国を禁止	
1634	海外との住来・通商を制限	
1635	日本人の海外渡航および,在外日本人の帰国全面禁止	
1636	ポルトガル人の子孫を海外追放	
1637	島原の乱(〜38)	
1639	ポルトガル船(かれうた)の来航禁止(最後の鎖国令)	
1641	平戸のオランダ商館を長崎出島に移す 長崎のみが貿易港として残る	

①鎖国の理由
- **キリスト教の禁教** スペイン・ポルトガルの侵略を恐れた幕府は,キリスト教信徒が信仰のために団結することを恐れた。
- **幕府による貿易独占** 西国大名が貿易で富強になるのを恐れた。

②鎖国令…1623年から3代将軍家光の親政がはじまった。外様ばかりだった九州に譜代大名を配置することに成功。長崎奉行にも将軍直参の旗本を配置することになった。1633年から長崎奉行に発令された指示を鎖国令と呼ぶ。
- **寛永十年禁令** 1633年,奉書船以外の海外渡航を禁止。
  - ▶奉書船 朱印状以外に老中が発行する渡航許可証(老中奉書)をもつ船。
- **寛永十二年禁令** 1635年,日本人の海外渡航と海外居住者の帰国をすべて禁止。朱印船貿易は途絶えた。
- **寛永十六年禁令** 1639年,ポルトガル船の来航を全面禁止。

③島原の乱…かつてキリシタン大名の支配地であった天草・島原のキリスト教信者が領主の苛政を訴え,益田(天草四郎)時貞を首領に蜂起。島原城跡に立て籠もる。3万余りの一揆勢に対して幕府は12万の兵力を動員し,鎮圧した。

④殉教…秀忠が幕政を主導していた時期,元和の大殉教に代表される過酷なキリシタン弾圧が行われた。キリシタンを見つけ出すために絵踏が行われ,凄惨な拷問と処刑が繰り返された。

2 長崎貿易 ★

①**オランダとの貿易**…1634年に**出島**が長崎港内につくられ、1641年に**オランダ商館**が出島に設けられ、出入りは厳しく制限された。オランダ商館長は定期的に江戸に行き**オランダ風説書**を提出した。

②**中国との貿易**…1644年に明が滅亡し清朝の支配が確立。正式な国交は回復されず、民間貿易が行われた。1689年には中国人の居住が**唐人屋敷**に限定された。

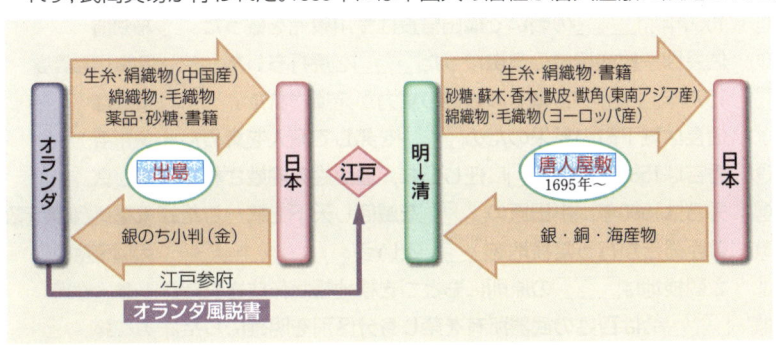

[オランダ→日本] 生糸・絹織物(中国産)・綿織物・毛織物・薬品・砂糖・書籍 (出島)
[日本→オランダ] 銀のち小判(金)
江戸参府・オランダ風説書

[明・清→日本] 生糸・絹織物・書籍、砂糖・蘇木・香木・獣皮・獣角(東南アジア産)、綿織物・毛織物(ヨーロッパ産) (唐人屋敷 1695年〜)
[日本→明・清] 銀・銅・海産物

③**年間貿易額制限**…1685年に年間貿易額を銀換算でオランダ船3000貫、清船6000貫に制限して銀の流出を防ぐ。1688年には清船の来航を年間70隻に制限。

④**鎖国という用語**…17世紀末にオランダ商館医師ケンペルが『日本誌』の中で閉ざされた国との表現を使用。19世紀はじめに元オランダ通詞**志筑忠雄**が「鎖国」の語を造語。

⑤**鎖国下の4つの窓口**

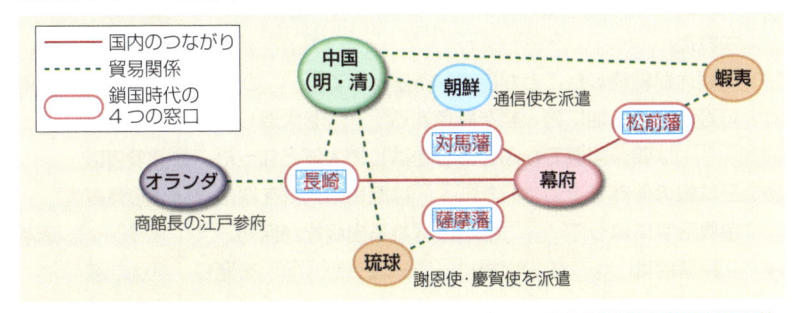

- 国内のつながり
- 貿易関係
- 鎖国時代の4つの窓口

中国(明・清) — 朝鮮 — 蝦夷
対馬藩(通信使を派遣)、松前藩
オランダ — 長崎 — 幕府
商館長の江戸参府
薩摩藩 — 琉球(謝恩使・慶賀使を派遣)

重要ファイル
- 鎖国政策は幕政が安定した3代将軍徳川家光のもとで積極的に進められた。
- 鎖国政策の目的はキリスト教禁教と幕府による貿易独占であった。
- 鎖国とはいっても完全に国を閉じていたわけではなく、4つの窓口があった。

チェックテスト

解答

① 1543年，鉄砲が伝来した島は□□□である。 — 種子島
② ポルトガル商人との貿易決済は□□□によって行われた。 — 銀
③ 信長は安土城下に神学校の□□□の建設を許可した。 — セミナリオ
④ 1582年，□□□がローマ教皇のもとへ派遣された。 — 天正遣欧使節
⑤ 1560年，□□□の戦いで織田信長は今川義元を破った。 — 桶狭間
⑥ 信長は宗教的権威の象徴だった□□□を焼打ちした。 — 比叡山延暦寺
⑦ 1575年，□□□合戦では鉄砲の威力が発揮された。 — 長篠
⑧ 信長は城下町の繁栄のため□□□を発して商人を集めた。 — 楽市令
⑨ 秀吉は1585年に□□□に任じられ，豊臣姓を賜姓された。 — 関白
⑩ 秀吉は1590年，小田原の□□□を滅ぼし天下を統一した。 — 北条氏(北条氏政)
⑪ 豊臣秀吉が行った検地を□□□という。 — 太閤検地
⑫ 太閤検地は□□□の原則にもとづき検地帳が作成された。 — 一地一作人
⑬ □□□令は百姓の武器所有を禁じ身分区別を明確にした。 — 刀狩
⑭ 1587年，秀吉は九州遠征の時，福岡で□□□を出した。 — バテレン(伴天連)追放令
⑮ サン=フェリペ号事件をきっかけに26人の宣教師・信者が長崎で処刑された□□□事件がおこった。 — 26聖人殉教
⑯ 秀吉の朝鮮侵略は出兵時の年号をとって□□□・□□□という。 — 文禄の役 / 慶長の役(順不同)
⑰ 朝鮮水軍の将□□□は亀甲船を用いて日本軍を苦しめた。 — 李舜臣
⑱ 朝鮮侵略で肥前に連れ帰られた陶工によって□□□が開かれた。 — 有田焼
⑲ 千利休が創建したことが確実な茶室として□□□がある。 — 妙喜庵茶室(待庵)
⑳ 狩野派は金箔地に青・緑を彩色する□□□を大成した。 — 濃絵
㉑ □□□は四条河原でかぶき踊りをはじめ人気となった。 — 出雲阿国
㉒ 三味線の伴奏で上演された□□□は庶民の人気を得た。 — 人形浄瑠璃
㉓ 金属活字によって□□□版と呼ばれる出版物が発刊。 — キリシタン(天草)
㉔ 江戸幕府は ⓐ の役直後に一国一城令や ⓑ を発して諸大名を厳しく統制した。 — ⓐ大坂 ⓑ武家諸法度
㉕ 大名に義務づけられた□□□は軍役奉仕の代替であった。 — 参勤交代
㉖ 幕府は ⓐ 諸法度を発して天皇および朝廷を統制し，1643年におこった ⓑ 事件によって幕府の優位が確定。 — ⓐ禁中並公家 ⓑ紫衣

114

☐㉗	幕府はキリスト教の禁教を徹底するために ⓐ を行い ⓑ 制度を確立した。	ⓐ宗門改め ⓑ寺　請
☐㉘	幕府政治は ___ が中心で，若年寄がこれを補佐した。	老　中
☐㉙	三奉行とは寺社を管轄する ⓐ ，江戸を管轄する ⓑ ，財政を管轄する ⓒ である。	ⓐ寺社奉行 ⓑ町奉行 ⓒ勘定奉行
☐㉚	幕府政治の中心的役職は ⓐ 大名および将軍直参の ⓑ から任命されるのが原則であった。	ⓐ譜　代 ⓑ旗　本
☐㉛	大名家の家臣への給与は ___ に切り替わっていった。	俸禄制
☐㉜	近世村落の自治は ___ を中心に行われた。	村方三役
☐㉝	検地帳に登録された土地持ちを ___ という。	本百姓
☐㉞	近世の年貢の中心は ___ と呼ばれた。	本途物成
☐㉟	幕府は農民経営維持のため，土地の売買を禁じた ⓐ 令，利用を制限した ⓑ を発した。	ⓐ田畑永代売買の禁止 ⓑ田畑勝手作りの禁
☐㊱	家康は ___ をスペイン支配下のメキシコへ派遣した。	田中勝介
☐㊲	伊達政宗は ___ をスペインへ派遣し通商を求めた。	支倉常長
☐㊳	ポルトガルの生糸貿易独占に対抗し ___ が創設された。	糸割符制度
☐㊴	宗氏を通じて朝鮮と外交関係を結び ___ が来日した。	朝鮮通信使
☐㊵	琉球王国は ___ に征服され，その支配を受けた。	薩摩藩
☐㊶	朱印状に加えて老中の許可を得た貿易船を ___ という。	奉書船
☐㊷	1637年，九州のキリスト教徒らによる ___ がおこった。	島原の乱
☐㊸	1639年 ___ 船が来航禁止となった。	ポルトガル
☐㊹	1641年長崎の ___ にオランダ商館が移された。	出　島

Try　次の問いに答えなさい。　〔センター試験　追試験〕

●兵農分離・石高制・鎖国に関して述べた次の文Ⅰ〜Ⅲについて，古いものから年代順に正しく配列したものを，下の①〜⑥のうちから一つ選びなさい。

Ⅰ　ポルトガル船の来航が全面的に禁止された。
Ⅱ　島津氏は，琉球征服の直後，琉球の検地を行い，その石高を確定した。
Ⅲ　朝鮮出兵を前に人掃令が出された。

① Ⅰ－Ⅱ－Ⅲ　　② Ⅰ－Ⅲ－Ⅱ　　③ Ⅱ－Ⅰ－Ⅲ
④ Ⅱ－Ⅲ－Ⅰ　　⑤ Ⅲ－Ⅰ－Ⅱ　　⑥ Ⅲ－Ⅱ－Ⅰ

解答　⑥

50. 文治政治

入試重要度 A

1 文治政治への転換　4代将軍徳川家綱の時代 ★

①**牢人の増加**…関ヶ原の戦い以後,家光の時代までに複数の大名が改易され多くの牢人が発生。1651年,由井正雪の乱(慶安の変)がおこった。

②**保科正之**…幼君を補佐し実権を握った家光の異母弟で会津藩主。

③**文治政治への転換**
- **末期養子の禁止の緩和**　跡継ぎのない大名の死の直前の養子は禁止されていたが,慶安の変後,50歳未満の大名に末期養子が認められた。
- **殉死の禁止**　1663年に発布された寛文の武家諸法度で追加。家臣は大名家に仕えるものとされ,跡継ぎに忠義をつくすことが求められた。

④**諸藩の改革**…統治機構の整備や学問の奨励などが行われ,私塾も開かれた。

▲おもな藩学・私塾

岡山藩	池田光政	熊沢蕃山	花畠教場と閑谷学校❶を開校
水戸藩	徳川光圀	朱舜水	彰考館と『大日本史』❷編纂
加賀藩	前田綱紀	木下順庵	学問に励み百科全書を編纂
会津藩	保科正之	山崎闇斎	稽古堂を開校

2 元禄時代　5代将軍徳川綱吉の時代 ★★

①**5代徳川綱吉**…初期には大老堀田正俊,その暗殺後は側用人❸柳沢吉保が補佐するが政治には意欲的で親政を行う。

---

❶花畠教場は藩士の学校であるのに対し,閑谷学校は郷学で庶民も受けいれた。
❷大日本史　完成は明治時代。尊王思想が水戸藩で栄えるもととなった。
❸側用人　将軍の側近として将軍の意思を老中に取り次ぐ。

②文治政治の展開
- ●天和の武家諸法度　「弓馬の道」→「文武忠孝を励し，礼儀を正すべきこと」
- ●儒教の奨励　木下順庵を登用。湯島聖堂[4]を建立。林鳳岡(信篤)を大学頭として聖堂学問所を開かせた。
- ●朝廷儀式の復興　天皇の即位儀礼である大嘗祭などの朝儀の復興に資金を出し，禁裏御料も増やした。
- ●生類憐みの令　仏教教義にもとづき殺生を禁じた。野犬保護は有名。
- ●服忌令　近親者の死に際して服喪や忌引の日数などを定めて社会に普及。

③財政再建
- ●財政の逼迫　金銀山の枯渇，家綱時代の明暦の大火による再建費用，綱吉の信仰にもとづく寺社造営にともなう支出増。
- ●組織改革　老中の中に勝手掛(財政担当)を置く。勘定吟味役(会計監査にあたる)を創設。側用人に家柄とは関係なく有能な人材を登用。
- ●貨幣改鋳　勘定吟味役荻原重秀によるもの。小判の金の含有量を約5割下げ改鋳。差額収入(出目)がそのまま幕府収入に→通貨量が増え物価上昇。

| 慶長小判　慶長小判　金純度約84% | → | 元禄小判　元禄小判　金純度約57% | ＋ | 元禄小判＝出目 |

[3] 正徳の政治　6代将軍徳川家宣・7代将軍徳川家継の時代 ★

①新井白石…儒学者で木下順庵の弟子。家宣に登用される。
②政　策…綱吉時代の政治を悪政とみた白石による改革政治。
- ●生類憐みの令撤廃　家宣就任後ただちに発せられた。
- ●将軍権威の確立　将軍権威の裏づけとして朝廷を重視→閑院宮家[5]創設。朝鮮通信使の朝鮮から日本への国書宛名を「大君」から「国王」へ。
- ●正徳小判　元禄小判を回収して慶長小判と同品位の小判を鋳造→経済混乱
- ●長崎貿易の制限　1715年，金銀の流出をさけるため海舶互市新例を制定。
  ▶清船は年間30隻，銀6000貫。オランダ船は年間2隻，銀3000貫。

> **重要ファイル**
> - 文治政治とは儒教(特に朱子学)を理念とした政治である。
> - 綱吉の武家諸法度は「文」と「礼」を奨励した点で画期的な意義をもつ。
> - 財政の悪化を食い止めるための経済政策がこの時代以後重要となる。

---

[4] 聖堂とは儒教の祖の孔子をまつった廟堂。
[5] 閑院宮家　天皇の跡継ぎを出す家柄として新たに創設。

51. 農業・諸産業の発達

第3章 近世

入試重要度 A

1 農業生産の発展 ★★

①**新田開発**…戦国の築城・鉱山開発技術→**灌漑**用水の**開削**❶・**干拓**事業❷に応用。幕府や諸藩、町人らによって開発。17世紀末からは**町人請負新田**の増加。

②農業技術の進歩

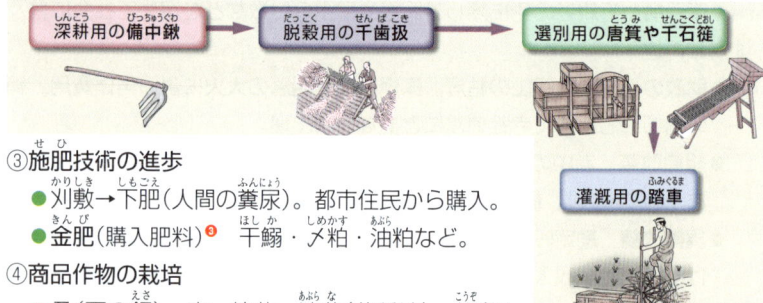

深耕用の備中鍬 → 脱穀用の千歯扱 → 選別用の唐箕や千石簁

灌漑用の踏車

③**施肥技術の進歩**
- 刈敷→下肥(人間の糞尿)。都市住民から購入。
- **金肥**(購入肥料)❸ 干鰯・〆粕・油粕など。

④商品作物の栽培
- 桑(蚕の餌)・麻・綿花・油菜(菜種油)・楮(紙原料)・たばこ・茶・余剰米→城下町や**在郷町**の商人のもとに集められた。

⑤農業特産物の出現
- 出羽の紅花・阿波の藍玉(いずれも染料)、駿河・山城の茶、紀伊のみかん、備後の藺草(畳表)、越前の奉書紙、甲斐のぶどう、薩摩(琉球)の黒砂糖

⑥農書の刊行…『清良記』(江戸初期)、『**農業全書**』(1697年、**宮崎安貞**著)・『農具便利論』(1822年)・『広益国産考』(1859年、**大蔵永常**著)

▼おもな特産物

○特産物

秋田杉、紅花、輪島塗、九谷焼、有田焼、伊万里焼、畳表、備前焼、絹織物、塩、酒、紙、春慶塗、木綿、木曽檜、絹織物、藍玉、茶、綿、木綿、木綿、茶、絹織物、しょうゆ、鰹、鰯、黒砂糖

❶芦ノ湖から駿河東部に引いた箱根用水や利根川から引水した見沼代用水が有名。
❷湖沼干拓では下総の椿海、干潟干拓では備前の児島湾、九州の有明海などが有名。
❸綿花栽培は大量の肥料を必要とした。

2 諸産業の発達

①漁　業…上方より網漁が全国に伝わる。
- ●網　漁　上総九十九里浜の地曳網による鰯漁(干鰯に加工)，肥前五島の鮪漁，松前(蝦夷地)の鰊漁(〆粕に加工)
- ●釣　漁　瀬戸内海の鯛漁，土佐の鰹漁
- ●その他　紀伊・土佐・肥前・長門の捕鯨，蝦夷地の昆布や俵物❹

（※俵物は17世紀末以降，高級中華食材として中国への主力輸出品）

②製塩業…従来の揚浜塩田から入浜塩田への転換。（土木技術の発達による）

③林　業…都市の発達による建築資材としての需要増，材木問屋の活動。
- ●木曽檜(尾張藩)・秋田杉(秋田藩)が藩専売化。
- ●漆と櫨　漆は塗料，櫨は蝋燭や整髪用の油の原料として栽培を奨励。

④鉱山業…金銀産出量が17世紀中頃には急減，かわって銅の生産が急増。
佐渡相川(金山)，石見大森・但馬生野・出羽院内(以上，銀山)，下野足尾・伊予別子・出羽阿仁(以上，銅山)，銅は長崎貿易の最重要輸出品。
- ●製　鉄　たたら精錬でつくられた玉鋼が全国に普及。

3 手工業の発達

①織物業の発達…特に江戸時代に入ると農村手工業が発達。
- ●木　綿　15世紀に朝鮮から伝わる。河内平野が綿花の産地。
- ●麻　各地で生産されていたが，奈良晒などの特産地ができる。
- ●絹　各地で生産されたが，金襴・緞子の高級品は京都西陣の高機を使って生産。18世紀になると，技術が関東に伝わり上野桐生などでも生産された。

②和紙の生産…行政文書や商業文書などの必要から紙の需要が高まる。流漉の技術の発達で紙の生産量がのびる。多くの藩で紙の専売制がしかれた。

③陶磁器生産…磁器❺生産が肥前有田で開始→長崎貿易の主要輸出品。
磁器をまねた陶器生産が尾張瀬戸などでさかんになった。

> **重要ファイル**
> - ●農業技術の進歩を支えた農具類とその使用法に注意。
> - ●宮崎安貞が著した『農業全書』は農業の進歩に貢献した。
> - ●長崎貿易の輸出品として銀にかわって銅，俵物，有田焼が重要となった。
> - ●藩が販売を独占する専売制がいくつかの特産物で行われ，藩財政を支えた。

❹俵物　いりこ・干し鮑・ふかひれなどの高級中華材料を俵につめたもの。
❺磁器　陶器より高温焼成，ガラス質の高級焼物で，朝鮮出兵にともなって肥前有田に連行された李参平により生産が始まった。

第3章 近世

52. 交通と商業の発達

入試重要度 A

1 交通の発達 ★★

地図凡例:
- ― 五街道　C 甲州道中　― おもな脇街道　○ おもな宿場町・港町
- A 東海道　D 日光道中　⋯⋯ おもな海運　■ おもな奉行所所在地
- B 中山道　E 奥州道中　● おもな城下町

西廻り海運（江戸・大坂⇄東北地方日本海沿岸）
東廻り海運（東北地方→江戸）
南海路（菱垣廻船・樽廻船）

0　200km

①陸上交通

- **五街道**　**東海道**・**中山道**・甲州道中・奥州道中・日光道中は，江戸を起点。幕府支配の要として**道中奉行**によって管理された。**一里塚**が整備され，要所には**関所**が置かれて通行を厳しく監視した。
- **おもな脇街道**　伊勢街道・北国街道・中国街道・長崎街道
- **宿駅**　主要街道に幕府公用のために2～3里ごとに置かれた。

	大名・旗本	町人
宿泊施設	本陣・脇本陣	旅籠
通信・荷物送り	大名飛脚	町飛脚

- **伝馬役**や**助郷**は，街道の輸送のための人馬不足を補うために，周辺住民に課されていた負担。
- **問屋場**には宿駅の責任者である問屋・年寄・帳付の**宿役人**がつめ，幕府の書状，荷物の継ぎ送り（**継飛脚**）の人馬を**伝馬役**や**助郷**を差配して常備した。**本陣**・**脇本陣**は大名が参勤交代の際に利用する宿泊施設として整備された。
- 宿駅を中心に発達した小都市を**宿場町**と呼び，一般の武士や町人が宿泊する**旅籠**などが繁盛した。大名が国元と江戸屋敷を連絡するために運営した大名飛脚や，町人や一般武士が利用するための町飛脚も宿場町を中継点に整備された。

②水上交通
- ●河川交通　角倉了以による富士川の整備・高瀬川の開削。
- ●海上交通
  - ▶南海路　大坂―江戸間は菱垣廻船・樽廻船が定期的に運行。
  - ▶東廻り海運・西廻り海運　河村瑞賢が幕府の依頼により，日本海側の幕府領年貢を江戸に運搬するために東廻り海運ついで西廻り海運を整備。

2 商業の発達 ★★

①初期豪商…角倉了以・茶屋四郎次郎(京都)，末吉孫左衛門(摂津)，今井宗薫(堺)らは交通網が未発達な時期にリスクを冒して朱印船貿易や遠隔地交易で巨富を築いた。鎖国体制や交通網の整備によって17世紀後半には衰退。

②問屋を中心とした流通網の成立

農民が生産した米やその他の作物は年貢として納入されたもの(蔵物)，自由流通されたもの(納屋物)のいずれも三都や城下町の問屋商人が仕入れ，仲買，小売が販売した。また，都市間を結ぶ流通網の交流要地に在郷町が発達した。

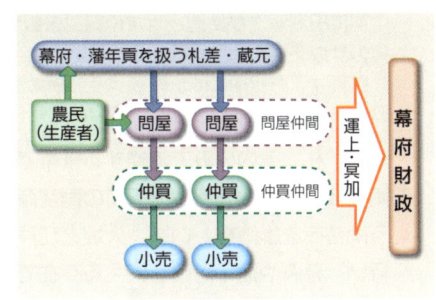

▲商品の流通のしくみ

問屋，仲買は仲間という同業者組合をつくって輸送協力や情報交換を行って，利益の確保と流通の円滑化をはかった。幕府は当初は営業独占をともなう仲間を認めなかったが，18世紀以後はその役割を認めて公認し，運上・冥加という営業税を取るようになった。公認された仲間に入る権利を株と呼び，株をもつ商人の仲間を株仲間と呼んだ。

③十組問屋と二十四組問屋…南海路経由で多くの商品が大坂から江戸へ送られた。海上輸送のリスク回避を目的に江戸の仕入れ問屋仲間が十組問屋を結成し，南海路輸送を管理運営，大坂ではこれに対応して商品を買受ける問屋仲間が二十四組問屋を形成した。

> **重要ファイル**
> - 街道整備は参勤交代や全国に散らばる直轄地支配に不可欠のものだった。
> - 宿駅は街道を有効に機能させる重要なしくみで，それを核に小都市が発達。
> - 東廻り海運と西廻り海運の開発によって全国流通網が確立した。
> - 仲間は単に営業独占だけではなく，流通の安全・円滑化に役立っていた。

53. 貨幣と金融および都市の発達

入試重要度 A

1 貨幣と金融 ★★

①貨幣の鋳造…徳川家康は全国的な貨幣制度の創設に取り組んだ。
- ●金　座　京都の後藤庄三郎を責任者に江戸と京都に置く。慶長金銀を鋳造。
- ●銀　座　初め伏見・駿府→後に京都・江戸に。丁銀や豆板銀を鋳造。
- ●銭　座　最初，江戸と近江坂本に置かれ，のち全国各所で寛永通宝を鋳造。

　金貨は小判・一分金など，定型で数えて使用する**計数貨幣**として鋳造され，銀貨は不定形で使用の際に重量をはかって使用する**秤量貨幣**として鋳造された。金貨は江戸経済圏(**金遣い**)で，銀貨は上方経済圏(**銀遣い**)で使用されていた。江戸中期に田沼意次が鋳造させた南鐐弐朱銀❶は計数貨幣として鋳造され，金貨と銀貨の計数交換の制度が行き渡っていった。
　銭貨は江戸初期には永楽銭(明銭)が大量に流通，寛永期に**寛永通宝**が大量に鋳造され**三貨体制**が確立した。銭貨は日常使用され全国で流通した。

- ●藩　札　藩内のみで流通する紙幣で17世紀後半以後各地で発行された。

②両替商…貨幣は三都や城下町の両替商によって流通した。三都間の両替を扱う両替商を**本両替**といい，大坂と江戸で公金の出納や為替などの金融業務を行い，幕府や藩の財政を支える存在であった。伊勢商人の三井高利は江戸で呉服屋とともに両替商を営み大成功した。

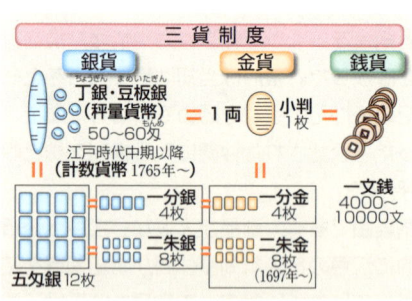

▲江戸時代の通貨

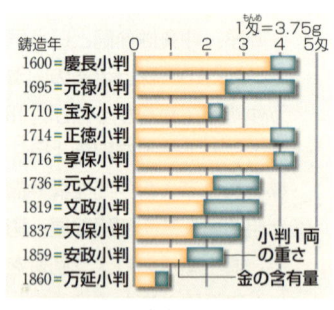

▲小判の金含有量の推移

鋳造年	
1600	慶長小判
1695	元禄小判
1710	宝永小判
1714	正徳小判
1716	享保小判
1736	元文小判
1819	文政小判
1837	天保小判
1859	安政小判
1860	万延小判

1匁=3.75g

重要ファイル
- 江戸は金遣い，上方は銀遣い。両替商は2つの経済圏を結んでいた。
- 江戸中期以後，計数銀貨が発行され統合が進んだ。
- 小判の金の含有量を落とす改鋳によって幕府はしばしば出目(差益)を得た。

❶南鐐弐朱銀　田沼意次が鋳造させた計数銀貨で，1枚が金2朱として通用。

2 三都の発達

① 京　都…朝廷の所在地
- 貴族文化の中心。
- 西陣織・京染・京焼などの洗練された高い技術。
- 大寺社の所在地。

> 京都所司代と京都町奉行所
> 文化の発信都市

▲蔵屋敷

② 大　坂…天下の台所
- 全国物産の集積地。
- 蔵元・掛屋によって蔵屋敷に集められた。物産（蔵物）❷が販売された。
- 蔵物以外の納屋物❸も大坂に集められ全国に売りさばかれた。

> 大坂城代と大坂町奉行所
> 流通経済の中心都市

③ 江　戸…将軍のお膝元
- 将軍直属の家来が多い。
- 大名家の江戸詰家臣も多い。
- 武家奉公人も多い。
- 多くの商人や職人，日用（日雇い）。

> 江戸城と大名屋敷
> 日本最大の消費都市

▲江戸の模式図（19世紀中頃）

重要ファイル
- 江戸，大坂，京都は総称して三都と呼ばれ，日本の政治，経済，文化の中心となった。
- 江戸は大消費地で江戸中期以後，江戸地回り経済圏が生まれる。

❷ 蔵物　年貢米や特産品。　　｜これらが一度大坂に集められ，蔵元・掛屋と呼ばれる商人
❸ 納屋物　各産地から送られる商品。｜により取引された。

第3章 近世

54. 寛永文化と元禄期の学問

入試重要度 B

① 寛永文化（1624～1643年ごろ）

戦乱の世が終わり、豪壮華麗の中にも落ち着いた趣のある文化が生まれた。

①建　築
- **日光東照宮**　権現造　家康を神とまつる霊廟建築。
- **桂離宮**　数寄屋造　八条宮智仁親王が造営。

▲桂離宮

②絵　画
- **狩野探幽**　狩野派『大徳寺方丈襖絵』。幕府御用絵師となる。
- **俵屋宗達**　京の町人絵師、『風神雷神図屛風』。のちの琳派に影響。

③工　芸
- **酒井田柿右衛門**　有田焼（磁器）「色絵花鳥文深鉢」赤絵の傑作。
- **本阿弥光悦**　「舟橋蒔絵硯箱」、蒔絵や書の作品を残す。

④宗教・学問
- **黄檗宗**　清から来日した隠元隆琦が開く。京都宇治万福寺。
- **朱子学**　京都相国寺の藤原惺窩は朱子学を学び、徳川家康の信頼を得る。その弟子林羅山が江戸へ出て幕政に参加し、御用学問となる。

② 儒学の発展 ★★

身分・礼節を重んずるところから天下泰平の秩序を生み出す学問として尊重。

①朱子学派…南宋の朱熹によって大成された。上下の身分秩序や礼節を強調。
- **林鳳岡（信篤）**　5代将軍綱吉に大学頭に任じられた。湯島聖堂内に学問所。
- **山崎闇斎**　土佐南学の系統をひく。垂加神道を説く。
- **木下順庵**　京学派。前田綱紀に仕え、弟子に新井白石や、室鳩巣がいる。

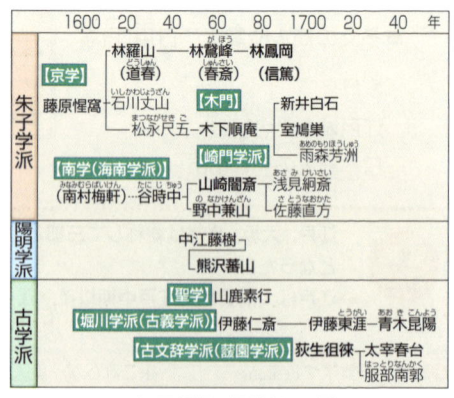

▲江戸前期の儒学者の系譜

		1600 20 40 60 80 1700 20 40 年
朱子学派	【京学】	林羅山（道春）ー林鵞峰（春斎）ー林鳳岡（信篤）
	藤原惺窩	石川丈山
		松永尺五ー木下順庵ー新井白石／室鳩巣
	【木門】	雨森芳洲
	【崎門学派】	山崎闇斎ー浅見絅斎／佐藤直方
	【南学（海南学派）】	(南村梅軒)…谷時中ー野中兼山
陽明学派		中江藤樹ー熊沢蕃山
古学派	【聖学】	山鹿素行
	【堀川学派（古義学派）】	伊藤仁斎ー伊藤東涯／青木昆陽
	【古文辞学派（蘐園学派）】	荻生徂徠ー太宰春台／服部南郭

124

②陽明学派…明の王陽明が形式に流れる朱子学を批判して創始。
- **中江藤樹** 近江高島で私塾,藤樹書院を開く。近江聖人と呼ばれた。
- **熊沢蕃山** 藤樹の門人で岡山藩に仕え,のちの藩校花畠教場を開く。

③古学派…孔子・孟子の古典に返り,独自の思想を打ち立てようとした。
- **山鹿素行** 朱子学を激しく批判,『聖教要録』を著す。
- **伊藤仁斎** 京都堀川に私塾古義堂を開く。古典を研究し,朱子学を批判。
- **荻生徂徠** 朱子学を批判し,古文辞学を提唱。柳沢吉保に登用される。武士土着論などを構想。享保の改革の顧問。私塾蘐園塾を開く。
- **太宰春台** 徂徠の弟子。経済学を研究し,経世論の発展に寄与した。

3 その他の学問 ★

体系的な朱子学の精神はその他の学問の発展にも大きな影響を与えた。

①歴史学…**新井白石** 『読史余論』 武家政治の推移を時代区分で論じる。白石には他に『折たく柴の記』❶『西洋紀聞』『古史通』『藩翰譜』など。

②自然科学
- **貝原益軒** 『大和本草』 本草学(=博物学)を大成。
- **宮崎安貞** 『農業全書』 本格的な農業技術書。
- **関孝和** 『発微算法』 本格的な数学研究書,和算を大成。
- **渋川春海(安井算哲)** 平安時代以来の暦を改訂『貞享暦』作製❷。この功績で幕府天文方に任じられた。

③国学の成立…『古事記』や『万葉集』などの古典を研究。
- **戸田茂睡** 形式に流れた和歌に俗語の使用を提唱。
- **契沖** 『万葉代匠記』を著して,茂睡の説を支持。
- **北村季吟** 『源氏物語湖月抄』『源氏物語』『枕草子』を研究。

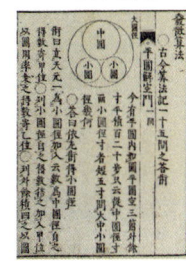

▲『農業全書』

> **重要ファイル**
> - 文治政治への転換により,儒教が幕府統治の理念となり,その担い手としての儒学者が多数活躍した。
> - 天下泰平の世となり,体系的な学問が成立するようになった。

▲『発微算法』

---

❶『折たく柴の記』 白石が隠退後に著した回顧録。荻原重秀の小判改鋳差益を500万両との見積りも記述。

❷暦は農作業になくてはならないものだったが,平安時代に唐の暦を導入して以来,朝廷は改訂の努力を怠っていた。その結果,誤差が蓄積して人々の社会生活にも支障がでていた。

55. 元禄文化

第3章 近世　入試重要度 A

1 元禄文化の特色（1688〜1703年ごろ）★★

　幕政が安定し経済が発達すると，日本独自の文化が成熟した。それは現世を「浮き世」ととらえ，肯定した**上方の町人を中心とした文化**。現実の自然や社会を合理的にとらえようとする儒学や自然科学の発達も促した。

2 庶民文学の隆盛 ★★

①**井原西鶴**…浮世草子作者で『**好色一代男**』（好色物），『**世間胸算用**』（町人物），『**武道伝来記**』（武家物）の3ジャンルを書き分けた。

②**松尾芭蕉**…俳諧❶を大成。わび・さびを重んじた**蕉風（正風）俳諧**を確立。『**奥の細道**』（紀行文）。

③**近松門左衛門**…人形浄瑠璃と歌舞伎の台本作者。『**曽根崎心中**』などの世話物（現代劇）や『**国性（姓）爺合戦**』などの時代物（時代劇）を著す。

▲『好色一代男』挿絵

④**人形浄瑠璃**…仕掛け豊富な人形を操って劇を上演。**竹本義太夫**らが人形の動きにつける語りは『**義太夫節**』として独立した。

⑤**歌舞伎**…江戸と上方に常設芝居小屋。**市川団十郎**（江戸・荒事：勇壮な演技），**坂田藤十郎**（上方・和事：恋愛劇），**芳沢あやめ**（女形）らの人気役者が生まれた。

> **近松門左衛門**
> 　浄瑠璃の竹本座の座付作者。生涯に100本近くの台本を書き，途中，歌舞伎にも台本を書いた。当時は『国性（姓）爺合戦』などの時代物が人気で，『曽根崎心中』などはあまり人気がなかった。しかし，複雑な人間関係のなかで描かれる義理人情の世界は明治になってから人気を得るようになった。

重要ファイル
- 江戸初期の文化の発信地は京都・大坂をふくむ豪商のいる上方で，担い手は町人である。
- 井原西鶴・松尾芭蕉・近松門左衛門は最重要。現代に通じる精神の担い手である。

❶俳諧が独立芸術として「俳句」となるのは明治時代以降のこと。

2 元禄美術 ★

①絵画
- **土佐光起** 土佐派を形成，朝廷の御用絵師，大和絵の世界に写生をもちこむ。
- **住吉如慶，具慶** 土佐派の門人，幕府の御用絵師として住吉派を形成。
- **尾形光琳** 俵屋宗達に私淑し，その画風を受けつぎ琳派をおこす。

▲尾形光琳『紅白梅図屏風』  　　▲住吉具慶『洛中洛外図巻』

②浮世絵の成立

浮世絵とは女性や役者を題材に描かれた都市風俗画。版画などで安価に印刷され，広く世間に普及した。このころの浮世絵は肉筆画と単色刷の版画に限られる。江戸後期になって錦絵という多色刷版画の技法が発明され，隆盛を極める。

- **菱川師宣** 『見返り美人図』（肉筆彩色画）

▲『見返り美人図』

③工芸
- **野々村仁清** 京焼❷の祖，色絵を完成させた。
- **尾形乾山** 京焼にすぐれた意匠の作品を残す。兄光琳は蒔絵も手がけ，弟の乾山もすぐれた蒔絵作家。
- **宮崎友禅** 友禅染❸を創始する。

▲色絵藤花文茶壺　野々村仁清作
▲鉄絵染付金彩絵替土器皿　尾形乾山作

重要ファイル
- 狩野派に続き，土佐派が朝廷の御用絵師に，住吉派が幕府の御用絵師となる。
- 浮世絵は生活風俗画を指す言葉で，江戸後期の錦絵は浮世絵の一種。
- 尾形光琳，乾山兄弟は京都でさまざまな芸術分野で活動した芸術家。

---

❷・❸京焼・友禅染などいずれも当時，京都が文化の発信地であったことがわかる。政治の中心が江戸に移っても文化の中心であり続けようとした。

56. 享保の改革

入試重要度 A

1 享保の改革 ★★

①徳川吉宗…御三家の紀伊藩主から8代将軍に就任。家康の政治を理想とした。

②政策

- ●人材登用　定高の制[1]によって能力本位の人材登用。
- ●大岡忠相　江戸の町奉行として都市政策を担当。
- ●田中丘隅　もとは東海道川崎宿の名主、『民間省要』を執筆。民政担当。
- ●荻生徂徠や室鳩巣らの儒学者を相談役として将軍親政。

▲徳川吉宗

- ●経済政策
    - ▶相対済し令　訴訟の大半をしめる金銭貸借の訴訟を幕府は扱わないと宣言。
    - ▶倹約令　財政の再建のために、江戸幕府や大名が公布した倹約を強制。
    - ▶上げ米　大名に1万石につき100石を上納→参勤交代の在府を半年に短縮。
    - ▶定免法の採用　収穫量に関係なく、過去3～10年の年貢高を基準に税率を一定にする法を広く取り入れた。
    - ▶新田開発　町人資本を活用して新田開発をすすめた。
    - ▶青木昆陽・野呂元丈を登用してオランダ語を学ばせ、実学を奨励。
    - ▶「漢訳洋書」の輸入を認め、甘藷や朝鮮人参の栽培を奨励。
- ●都市政策　町奉行大岡忠相による。
    - ▶町火消創設　町方には関わらずとして奉行所の関与はなかったが、1720年、奉行所の支配下に火消組織を創設。1万人超の大規模な組織だった。
    - ▶目安箱の設置　評定所前に置いて庶民の意見を聞く。小石川養生所創設のきっかけにもなった。
- ●その他
    - ▶公事方御定書の制定　客観的な裁判基準を制定。
    - ▶三卿　将軍後継者を増やすため次男と四男に田安、一橋家を創設させる。のち孫が清水家をおこす。

> **重要ファイル**
> ●享保の改革は年貢増徴をめざし、定免法の採用は効果を上げた。
> ●質流し(れ)禁令の失敗など、貨幣経済への対応に苦しんだ。

[1]定高の制　石高の低いものが役職に就くとき、役職就任の間だけ、役高の不足分を補う制度。

2 社会の変容 ★

①17世紀…農業生産性の向上→商品作物の普及と流通網の確立→**農村家内工業**の発達。
- 三都や城下町の商人が商品生産や流通を主導→富裕になり「**大名貸**」などに。
- 米は過剰生産され米価安→年貢米を換金して収入とする武士は困窮。

②18世紀…農村で**地主の成長**, 貧富の差の拡大。
- 農民を使役する**地主手作**→小作人を支配する地主へ→農村工業・商品流通・金融を支配する**豪農**へ→村役人・豪農と小百姓・小作人の対立(**村方騒動**)

③問屋商人の成長…伊勢・近江・京都出身で全国展開する大商人が出現。
- 問屋商人と豪農が結びつく→**問屋制家内工業**が農村で発展。

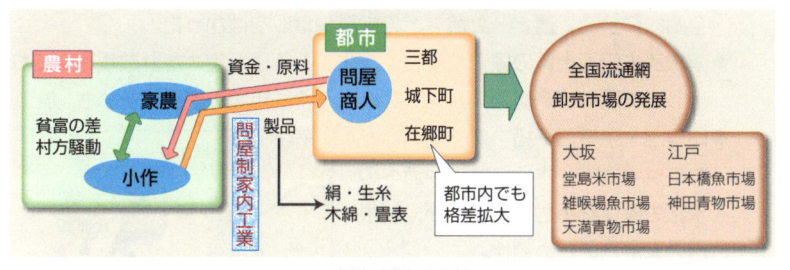

【図】
農村: 豪農 / 貧富の差・村方騒動 / 小作
資金・原料 → 都市: 問屋商人(三都, 城下町, 在郷町) → 製品 → 絹・生糸, 木綿・畳表
問屋制家内工業
都市内でも格差拡大
→ 全国流通網 卸売市場の発展
大坂: 堂島米市場, 雑喉場魚市場, 天満青物市場
江戸: 日本橋魚市場, 神田青物市場

▲卸売市場の発達

3 一揆と打ちこわし ★

①**百姓一揆の変遷**
- 17世紀初め　土豪を含めて中世的な一揆
- 17世紀後半　**代表越訴型一揆**(下総:佐倉惣五郎, 上野:磔茂左衛門)
- 17世紀末　**惣百姓一揆**　藩全域におよぶものは全藩一揆という(信濃松本藩:嘉助騒動, 陸奥磐城平藩:元文一揆)。

②**飢饉と打ちこわし**
- **享保の飢饉**(1732〜1733年)　江戸ではじめて**打ちこわし**がおこる。
- **天明の飢饉**(1782〜1787年)　冷害, 浅間山噴火などがあり, 東北を中心に全国的な騒動が広がる。
- 飢饉のときには米価が暴騰し, 米商人が民衆の怨嗟のまとになった。

> **重要ファイル**
> - 享保の改革は17世紀の商品経済の発達のなか米価安に苦しんだ結果であった。
> - 18世紀後半はますます貨幣経済が浸透し, 貨幣を握る問屋商人が全国経済の根幹を握るようになった。

57. 田沼時代と寛政の改革

第3章 近世 / 通史編

入試重要度 A

1 田沼時代（1767〜1786年）★★

①田沼意次…田沼家は，8代将軍徳川吉宗の将軍就任によって紀伊藩士から幕臣となった家柄で，意次は2代目。9代将軍家重，10代将軍家治の側用人として破竹の出世をとげ，ついに老中となった。

▲田沼意次

②政策
- **株仲間の公認** 都市だけではなく，在郷町や農村の商人・職人の株仲間を全国的に公認。運上・冥加などの営業税増収をはかった。
- **南鐐弐朱銀** 上質の銀で鋳造し，二朱金と等価と定めた計数銀貨。これによって東西の経済圏のスムーズな統合と全国市場の活発化をめざした。
- **印旛沼・手賀沼干拓** 新田開発とともに洪水対策，さらには江戸湾への水路の確保をめざしていたが，利根川の大洪水のため頓挫。
- **蝦夷地開発** 仙台藩工藤平助の著作『赤蝦夷風説考』に刺激を受け，幕府は最上徳内を蝦夷地に派遣して，ロシアとの交易の可能性をさぐらせた。
- **長崎貿易の転換** 金銀の輸出をやめ，銅や俵物の輸出に切り替えた。

▲印旛沼・手賀沼位置図

③田沼批判…異例の出世を重ねたため優秀な家臣を得る時間的余裕がなく，家臣の統制をはかれなかった。また，その権勢に近づこうとしたものも多く，逆に幕政を担ってきた多くの譜代大名からはねたみや不満を買うこともあった。これらのことから賄賂政治や，士風の退廃を招いたと批判された。

④失脚…天明の飢饉がはじまり，全国で一揆・打ちこわしが広がるなか，若年寄であった子の田沼意知が江戸城中で暗殺されて権勢は傾き，家治が死去すると老中を罷免された。

> **重要ファイル**
> - 株仲間については流通の円滑化に寄与していた。（→天保の改革と比較）
> - 田沼の政策…発達する商工業から幕府が直接収入を得る重商主義。

2 寛政の改革（1787〜1793年）★★

①松平定信…徳川吉宗の孫として田安家に生まれ、聡明をうたわれた。白河藩松平家に養子として入り、天明の飢饉のときには餓死者を出さなかったと讃えられた。11代将軍家斉の補佐役として老中に就任した。

②政　策
- ●農村復興　天明の飢饉からの復興をめざして公金の貸し付け、社倉・義倉をつくらせて米を備蓄させた（囲米）。
- ●都市政策　江戸に流入した百姓の帰村や帰農を奨励する旧里帰農令、および石川島に人足寄場を設置。職業訓練を行う。町人に町費節約を命じて節約分の7割の貯蓄を命じ、貧民救済にあてた（七分積金）。
- ●棄捐令　困窮する旗本・御家人救済のため札差に貸金を放棄させた。
- ●寛政異学の禁　湯島聖堂の学問所で朱子学以外の講義を禁じた。
- ●出版統制　林子平の『海国兵談』の出版禁止と処罰。さらに、風俗を乱すとして山東京伝の洒落本を出版した蔦屋重三郎は家財半減などの処分を受けた。

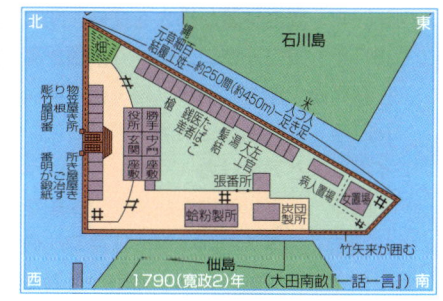

▲人足寄場

③尊号一件…光格天皇が、実父の閑院宮典仁親王への太上天皇の尊号宣下の同意を幕府に求めたが、定信がこれを断固拒否した事件。天皇を支持していた家斉とも対立した。これがきっかけで定信は老中を辞任した。

3 諸藩の改革

①名　君…熊本藩の細川重賢、米沢藩の上杉治憲（鷹山）、秋田藩の佐竹義和

②改革の特徴…藩主自らが改革の先頭に立ち、藩校設立による人材登用を行った。特産物奨励と藩による専売化で財政を再建した。

> **重要ファイル**
> - ●寛政の改革は農村復興が中心テーマで、囲米や公金貸し付けは重要。
> - ●石川島の人足寄場は都市流入民の職業訓練を行った。
> - ●湯島聖堂の学問所およびその教授に朱子学以外の研究を禁じたのが寛政異学の禁。7年後、学問所は林家の手をはなれ、幕府直轄となった。
> - ●諸藩の改革は藩が商業利益を追求する、田沼政治的な方法で行われた。

58. 列強の接近と大御所時代

第3章 近世　入試重要度 A

1 列強の接近 ★★

①ロシア

- 1792年　ラクスマン，大黒屋光太夫❶を伴い根室に来航する。
- 1798年　近藤重蔵・最上徳内が択捉島を探査する。
- 1799年　東蝦夷を幕府直轄地とする。
- 1804年　レザノフ，長崎に来航するも追い返される。
- 1807年　蝦夷地すべてを幕府直轄。松前奉行設置。
- 1808年　間宮林蔵が樺太を探検。間宮海峡を発見。
- 1811年　ゴローウニン事件で緊張が高まるが，高田屋嘉兵衛の働きで解決。幕末まで関係は好転した。
- 1821年　蝦夷地を松前藩に還付した。

▲高田屋嘉兵衛

②イギリスとアメリカ

- 1808年　イギリス軍艦がオランダ船を追って長崎乱入（フェートン号事件）❷。
- 1810年　会津・白河両藩に江戸湾防備を命じる。
  - ※イギリス船，アメリカ船が近海に多数出没し，薪水・食糧などを強要。
- 1825年　異国船打払令（無二念打払令）を出す。
- 1837年　アメリカ商船が砲撃されて追い返される（モリソン号事件）。
- 1838年　渡辺崋山『慎機論』，高野長英『戊戌夢物語』で幕府の政策を批判→幕府に処罰される（蛮社の獄）。

【背景】18世紀の後半から19世紀にかけてヨーロッパは産業革命やアメリカ独立革命，フランス革命，ナポレオン戦争という激動の時代。列強は近代化と海外進出に積極的になり，ロシアはシベリア開発と南下政策，イギリスはアジア進出，アメリカは北太平洋での捕鯨活動❸を活溌化させていた。

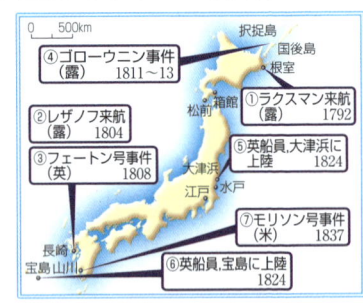

▲列強の接近関係図

- ④ゴローウニン事件（露）1811～13
- ②レザノフ来航（露）1804
- ③フェートン号事件（英）1808
- ①ラクスマン来航（露）1792
- ⑤英船員，大津浜に上陸 1824
- ⑦モリソン号事件（米）1837
- ⑥英船員，宝島に上陸 1824

❶大黒屋光太夫　伊勢の船頭で，1782年に漂流し，ロシアに保護されていた。桂川甫周は光太夫から見聞を聞き取り『北槎聞略』を著す。
❷当時オランダはイギリスの敵国であり，オランダ船を追って長崎に乱入した。
❸当時，鯨油は工業製品の原料として大きな需要があった。

2 文化・文政時代 ★

①**大御所政治**…11代将軍徳川家斉が将軍退任後も大御所として実権をにぎったことから，大御所政治と呼ばれた。

②**文化年間**…寛政の改革生き残りの老中が主導して質素・倹約の政治が続いた。

③**文政小判**…文政年間に入ると，品位の劣る貨幣を大量に流通させたことで幕府財政はうるおい，将軍や大奥の生活は華美になった→江戸を中心とした華やかな都市文化（化政文化）が栄えた。

▲徳川家斉

④**農村の貧窮化**…貨幣経済が浸透していた農村では貧富の差が拡大。
- ●財政対策　貨幣改鋳（金の含有量を低下させて枚数を増やす）→インフレに。
- ●治安対策　無宿人・博徒の増加→関東取締出役・寄場組合の設置。

※どちらも複雑に幕領・大名領・寺社領が入り組む関東で領主の違いをのりこえて治安取締まりを可能にする制度。

3 大塩の乱 ★

①**天保の飢饉**（1832〜1839年）…全国的な飢饉で幕領での大規模な一揆❹や都市での打ちこわしが頻発した。

②**大塩の乱**（1837年）…大塩平八郎（大坂町奉行所の与力を引退後，家塾洗心洞を開き陽明学を教授）が飢饉にも関わらず，江戸に米を廻送した町奉行所に対して，貧民救済を掲げて行った武装蜂起。
- ●幕府に対する元役人の反乱→全国に影響が広がる→**生田万の乱**（大塩門弟と称する）がおこる。

> **重要ファイル**
> - ○急速に近代化を進めたヨーロッパ諸国がアジアに関心を持ちはじめた。
> - ○ロシアと軍事緊張が一時高まり，蝦夷地を直轄化。
> - ○列強の接近に対し，幕府は鎖国をくずさず打ち払いを命じた。
> - ○大御所政治は貨幣改鋳政策でインフレ経済となり，貧富の差が拡大した。
> - ○19世紀になると天明・天保の飢饉が続き，社会不安が増大して治安が悪化し，関東取締出役や寄場組合が創設された。
> - ○大塩の乱は幕府権威の大幅な低下を招いた。

---

❹（甲斐）郡内騒動や（三河）加茂一揆は1万人をこえる参加者があった。

59. 天保の改革と雄藩

入試重要度 A

1 天保の改革（1841〜1843年）★★

①水野忠邦…11代将軍徳川家斉に登用され，晩年に筆頭老中に就任。家斉の死後，12代将軍徳川家慶のもとで天保の改革を行った。

②政　策
- 倹約令を徹底し，将軍家や大奥にも質素を求める。庶民にも強制し，当時の大流行であった歌舞伎に制約を加えたり，人情本作者為永春水を処罰。
- 人返しの法で，江戸に流入した貧民を強制帰郷→江戸周辺で治安悪化。
- 江戸の物価上昇の原因を十組問屋などの株仲間の独占に求め，株仲間の解散を命じる。原因は別にあり❶，失敗。
- 物価上昇で困窮した旗本・御家人を救済するため，棄捐令を出した。
- 三方領知替え（庄内藩・長岡藩・川越藩）を発令するも領民の反発で中止。
- 海防の強化，収入増をめざして江戸，大坂周辺の譜代・旗本領を代替地と引き替えに直轄化する上知令を発令するも反対にあって中止→忠邦失脚。

2 近代化する経済（19世紀）

①幕藩体制と農村…農業技術の発展，商品作物の生産，特産物の増加，農村工業の進展により，米による年貢収入を基盤とする幕府の支配体制は時代遅れとなった。

②農村の変化…二宮尊徳の報徳仕法（働き者が報われる）による農村立て直し→資本主義化への流れは加速する一方。

▲尾張一宮の綿織物工場

③経済構造の変化…問屋制家内工業から，工場を設け，分業による手工業生産が展開＝産業革命一歩手前のマニュファクチュア（工場制手工業）の成立。

④藩政改革…各藩では藩専売制や藩営工場を設立して資本主義化に対応。

> **重要ファイル**
> - 天保の改革は社会の変革についていけず，わずか2年で失敗。三方領知替え，上知令の実施不能によって，幕府の大名統制は事実上効かなくなった。
> - 経済の発展はマニュファクチュアを出現させ，産業革命前夜を迎えていた。

❶物価上昇は，産地から江戸までの間に商品転売が行われたことによる品不足が原因。株仲間は流通の円滑化に貢献していたので，逆に流通が混乱し，さらに品不足になった。

3 雄藩のおこりと幕府による近代化への試み ★

①西南諸藩の藩政改革…雄藩の成立。
- 薩摩(鹿児島)藩
  - ▶調所広郷の改革　都市商人からの500万両にもおよぶ借財を，250年無利子返済で棚上げ。黒砂糖の専売。琉球を通じた密貿易。
  - ▶島津斉彬の改革　反射炉(製鉄炉)やガラス工場など，近代的な藩営工場を建設。西郷隆盛などの人材を積極登用。
- 長州(萩)藩
  - ▶村田清風の改革　都市商人からの借財を整理。紙・蠟の専売強化。下関で大坂へ回る廻船の荷物(越荷)の委託販売を事業化，越荷方を設置。
- 佐賀(肥前)藩
  - ▶鍋島直正の改革　町人地主の小作地を藩に返させて直轄地とし，小作人に与える均田制の実施→本百姓体制の再建。
  有田焼の専売を強化。反射炉を設けた大砲製造所建設。
- 土佐藩　吉田東洋らの「おこぜ組」による改革。
- その他の藩
  - ▶水戸藩　藩主徳川斉昭は下級武士を登用して改革するも，保守派の巻き返しで中断。しかし，幕末情勢の緊迫でのちに異例の幕政参与。
  - ▶その他，宇和島藩の伊達宗城，福井藩の松平慶永などの藩主が改革派の下級藩士をつぎつぎと登用し，藩政改革を進める。

②幕末の幕府による近代化政策
- 伊豆代官江川太郎左衛門による伊豆韮山の反射炉建設。
- 横須賀に製鉄所を建設→明治維新後横須賀造船所となる。

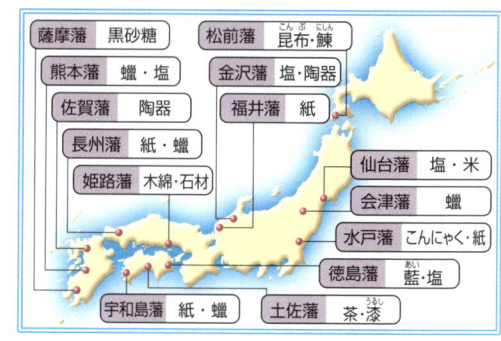

薩摩藩	黒砂糖
松前藩	昆布・鰊
熊本藩	蠟・塩
金沢藩	塩・陶器
佐賀藩	陶器
福井藩	紙
長州藩	紙・蠟
仙台藩	塩・米
姫路藩	木綿・石材
会津藩	蠟
水戸藩	こんにゃく・紙
徳島藩	藍・塩
宇和島藩	紙・蠟
土佐藩	茶・漆

▲藩専売制

> **重要ファイル**
> - 幕府改革失敗の一方，特に西南大藩の改革が成功し，幕末政治に大きく関与していく下地となった。
> - 藩政改革として特産物の生産や販売，商業経済への参入が積極的に行われた。

60. 新しい学問と思想

入試重要度 B

1 国学 ★
①荷田春満…国学研究の基礎を固めた。
②賀茂真淵…儒学の影響以前の日本古来の精神を考証し、『国意考』を著した。
③本居宣長…真淵に学び国学を大成。日本古来の精神「真心」に返ることを主張して『古事記伝』を著す。
④平田篤胤…儒学の排除と尊王を主張。幕末の尊王攘夷思想に影響。
　※4人は国学の四大人(しうし)とたたえられ、直接間接の子弟関係にある。
　※盲目の学者塙保己一が日本の古典を集成した『群書類従』を編纂。

2 洋学 ★★
①享保の改革まで
　●西川如見　長崎出身。『華夷通商考』(伝聞にもとづく世界地理書)
　●新井白石　『西洋紀聞』『采覧異言』密入国宣教師シドッチからの聞き書き。
　●野呂元丈と青木昆陽　8代将軍徳川吉宗よりオランダ語習得を命じられた。
②医学…『解体新書』1774年刊行。前野良沢、杉田玄白らがオランダ医学書『ターヘル=アナトミア』を訳したもの。
　●杉田玄白　『蘭学事始』で『解体新書』刊行のエピソードをつづる。
　●大槻玄沢　蘭学入門書『蘭学階梯』を著述。私塾芝蘭堂。
　●宇田川玄随　良沢、玄白と交流。『西説内科撰要』を著す。
　●稲村三伯　玄沢の弟子。蘭日対訳辞書『ハルマ和解』刊行。
　●平賀源内　玄白の友人。科学をもとにエレキテルを製作。

▲『解体新書』扉絵

③幕府役人たちの実用学問
　●高橋至時　幕府天文方。『寛政暦』作成。
　●高橋景保　「蛮書和解御用(洋書の翻訳局)」の設置。
　●伊能忠敬　幕命で『大日本沿海輿地全図』を製作。
　●志筑忠雄　元オランダ通詞。『暦象新書』 ニュートン物理学を紹介。
④鳴滝塾…オランダ商館ドイツ人医師シーボルトが長崎に開設。シーボルトが帰国の際に、高橋景保より譲られた持ち出し禁止の日本地図を持ち出そうとして処罰された。
⑤緒方洪庵…大坂に蘭学塾、適塾を開き人材を育てた。福沢諭吉も塾生。

3 儒学と教育 ★

①**昌平坂学問所**…湯島聖堂の学問所を朱子学を正学とする学問所とした。

②**藩学(藩校)**…寛政の改革以後，多くの藩で設立。国学や洋学も取り入れた。

幕 府	昌平坂学問所
藩	藩校
民 間	私塾
庶 民	寺子屋

③民間私塾
- **懐徳堂** 大坂の町人らが設立。朱子学・陽明学などを町人に授けた。**富永仲基**『出定後語』(仏教を追究)，**山片蟠桃**『夢の代』(無神論など)。

④地方私塾
- **咸宜園** 広瀬淡窓が豊後日田に設立した日本最大級の私塾。
- **松下村塾** 幕末に**吉田松陰**の叔父が萩に開く。多くの幕末の志士を輩出。

⑤庶民教育
- **寺子屋** 庶民の教育機関として民間で設立。読み・書き・そろばんを教授。
- **心 学** 京都の**石田梅岩**が創始。商人倫理を説く。**手島堵庵**，中沢道二らが弟子。

▲寺子屋のようす

4 経世思想 ★

①**安藤昌益** 『**自然真営道**』で万人直耕を主張。身分制社会を否定。

②**海保青陵**…『**稽古談**』で商業活動を全面肯定し，損得に生きる商人を賞賛。

③**本多利明**…『**西域物語**』『**経世秘策**』で西洋を賞賛し，交易で富国をはかる。

④**佐藤信淵**…『**経済要録**』で産業振興・貿易の展開などを主張。

5 尊王思想の成立 ★

①**水戸学**…『**大日本史**』の編纂から成立。江戸末期に徳川斉昭の側近，**藤田東湖**，会沢安ら学者が尊王攘夷論を主張し，幕末政局に大きな影響を与える。

②**宝暦事件**…1758年，**竹内式部**が京都で公家たちに尊王論を説く。追放。

③**明和事件**…1767年，**山県大弐**が江戸で幕政批判，尊王論を説く。刑死。

④寛政の改革のころから幕府自身も「大政委任論」をとり，朝廷の権威を認め，天皇の委任による幕政を主張するようになった。

> **重要ファイル**
> - 儒学や洋学のように日本古来の思想を学問として体系化したのが国学。
> - 西洋の学問のうち，長崎のオランダ商館を通じて入ったので「蘭学」。
> - 幕藩体制を立て直す経世思想や幕藩体制に対抗する尊王思想が広がる。

61. 江戸中・後期の文化

第3章 近世

入試重要度 A

1 江戸中・後期の文化

100万人都市江戸の繁栄を背景に，都市生活者を担い手とする町人文化が花開いた。交通網の発達，全国流通網の整備，寺社参詣の流行，出版・教育の普及などによって階級や中央・地方を横断した多種多様な文化が生まれた。文化・文政時代ごろに一つのピークがあるので化政文化とも呼ばれる。

2 文　　学 ★★

①木版印刷出版…蔦屋重三郎が山東京伝などの作家を売り出した。
- 黄表紙　絵入りの大衆小説。恋川春町『金々先生栄花夢』　｝寛政の改革を風
- 洒落本　遊郭での遊び方を指南。山東京伝『仕懸文庫』　｝刺したため処罰。
- 滑稽本　庶民の生活をおもしろおかしく描いた。
  式亭三馬『浮世床』，十返舎一九『東海道中膝栗毛』
- 合　巻　黄表紙をとじ合わせて長編としたもの。
  柳亭種彦『偐紫田舎源氏』（11代将軍徳川家斉を風刺）
- 人情本　男女の恋愛を扱った小説。
  為永春水『春色梅児誉美』　天保の改革で処罰。
- 読　本　文章主体の長編小説。歴史や伝説を素材にしたもの。
  上田秋成『雨月物語』，曲亭馬琴『南総里見八犬伝』『椿説弓張月』

②俳　諧…松尾芭蕉（江戸前期。江戸俳諧を大成）→与謝蕪村（江戸中期。京都で絵画的俳諧）→小林一茶（江戸後期。信濃で農民生活を表現）

③川柳・狂歌…俳諧や和歌の形式をもって風刺や為政者に対する皮肉をこめる。
- 柄井川柳❶ら『誹風柳多留』　一般募集の川柳を編纂したもの。
- 大田南畝（蜀山人），石川雅望（宿屋飯盛）らの狂歌作者

④演　劇…人形浄瑠璃の人気は18世紀前半まで。18世紀後半から歌舞伎が人気。
- 竹田出雲（二世）『仮名手本忠臣蔵』　赤穂事件を題材。のち歌舞伎にも。
- 鶴屋南北『東海道四谷怪談』　現代でもさまざまにリメイクされている。

▲『東海道中膝栗毛』

> **重要ファイル**
> - 江戸時代中・後期の文化は，100万都市に成長した江戸中心の文化。
> - 木版出版により，上層庶民だけでなく末端にいたるまで文芸が普及した。
> - 18世紀後半以後，人形浄瑠璃は廃れたが，歌舞伎の人気が高まった。

❶柄井川柳は選者としての活動がほとんどで，実作はほとんどない。

3 化政美術 ★

①浮世絵の全盛…特に錦絵と呼ばれる多色刷版画が発明され人気を得た。
- 鈴木春信(錦絵) 『弾琴美人画』
- 喜多川歌麿(美人画) 『ポッピンを吹く女』
- 東洲斎写楽(役者絵) 『市川鰕蔵』
- 葛飾北斎(風景画) 『富嶽三十六景』
- 歌川広重(風景画) 『東海道五十三次』

▲葛飾北斎『富嶽三十六景』

②その他の絵画
- 円山派と四条派　円山応挙『保津川図屏風』, 呉春『柳鷺群禽図屏風』
- 文人画の隆盛　知識人の余技
  ▶ 京都で活動した池大雅・与謝蕪村『十便十宜図』
  ▶ 豊後で活動した田能村竹田
  ▶ 江戸で活動した谷文晁とその弟子渡辺崋山

▲池大雅『十便十宜図』 　▲渡辺崋山『鷹見泉石像』

- 西洋画の復活　平賀源内・司馬江漢(銅版画を創始)・亜欧堂田善

4 生活文化

①都市文化…芝居小屋, 見世物小屋, 寄席が都市生活者の娯楽。
- 歌舞伎が最盛期。講談や落語が流行, 名人も生まれる。

②有力な寺社…寺社経営を目的とした縁日の開催・富突❷の興業・開帳❸など。

③庶　民…寺社参詣を名目❹にした観光目的の旅行がさかんになる。
- 寺社参詣❺(讃岐金比羅宮, 信濃善光寺など)
- 伊勢神宮への参詣→御陰参りとして100万人単位の旅行者が出る。
- 聖地や霊場巡礼が流行→西国三十三カ所, 四国八十八カ所など。

④日常の信仰行事の定着
- 盂蘭盆会, 節句, 彼岸会などの季節行事。
- 日待・月待, 庚申講など徹夜の集会行事→これらは現在も伝わる。

---

❷富突　富くじともいう。現代の宝くじと同様のもので寺社経営の財源となった。
❸開帳　普段は一般に公開されない秘仏などを公開すること。
❹観光目的では関所を通るのに必要な通行手形は発行されなかった。
❺御師と呼ばれる参詣案内人が, 伊勢参りの場合なら伊勢講と呼ばれるグループを全国各地に組織して参詣を促した。

チェックテスト

解 答

① 綱吉は_____で殺生を禁じ，文治政治を徹底した。 　生類憐みの令

② _____による，質のおとった慶長小判の改鋳ははく大な差益を生んだが，同時に大幅な物価上昇も生んだ。 　荻原重秀

③ 新井白石は長崎貿易で金銀流出防止の_____を制定した。 　海舶互市新例

④ 江戸時代は深耕用の_ⓐ_や脱穀用の千歯扱，選別用の_ⓑ_や千石簁などが農具として普及した。 　ⓐ備中鍬　ⓑ唐箕

⑤ 17世紀末に_____によって『農業全書』が著された。 　宮崎安貞

⑥ 出羽の_ⓐ_や阿波の_ⓑ_，紀伊のみかん，備後の藺草，薩摩の黒砂糖などの特産物が各地に生まれた。 　ⓐ紅花　ⓑ藍玉

⑦ 江戸初期の高級絹織物は，京都の_____が独占した。 　西陣

⑧ 上方と江戸を結ぶ街道は_____と東海道があった。 　中山道

⑨ 幕府の命を受け_____は東・西廻り海運を整備した。 　河村瑞賢

⑩ _ⓐ_・冥加とは，仲買による仲間を幕府が_ⓑ_として公認した結果，上納された税である。 　ⓐ運上　ⓑ株仲間

⑪ 南海路経由の流通の安全をはかるために江戸に_ⓐ_，大坂に_ⓑ_という問屋仲間の連合体がつくられた。 　ⓐ十組問屋　ⓑ二十四組問屋

⑫ 江戸は_____，上方は銀遣いと分立した。 　金遣い

⑬ 大坂は全国経済の中心地として「_____」と呼ばれた。 　天下の台所

⑭ 京都の_____は智仁親王により造営された数寄屋造の日本建築の代表である。 　桂離宮

⑮ 『風神雷神図屛風』の作者は町人絵師の_____である。 　俵屋宗達

⑯ _____は陽明学者で，近江聖人と呼ばれた。 　中江藤樹

⑰ _____は古文辞学を提唱し，5代将軍綱吉に追講した。 　荻生徂徠

⑱ 『奥の細道』を著した_____は俳諧を大成した。 　松尾芭蕉

⑲ _____は，人形浄瑠璃の『曽根崎心中』などを著した。 　近松門左衛門

⑳ ⑯に影響を受けた_____は琳派をおこし名作を残した。 　尾形光琳

㉑ 享保の改革では_____によって人材登用がはかられた。 　足高の制

㉒ 享保の改革では_____を採用し，年貢増徴をはかった。 　定免法

㉓ 享保の飢饉では，江戸ではじめて_____がおこった。 　打ちこわし

㉔ 田沼意次は_____に蝦夷地を探検させた。 　最上徳内

㉕ 田沼意次は，輸出物として銅や_____を奨励した。 　俵物

140

- ㉖ 寛政の改革では江戸への流入民対策として ⓐ を発し,同時に職業訓練施設として石川島に ⓑ を設置した。　ⓐ 旧里帰農令　ⓑ 人足寄場
- ㉗ 松平定信は___を発し,朱子学以外の講義を禁止した。　寛政異学の禁
- ㉘ ___は『海国兵談』発刊を理由に幕府に処罰された。　林子平
- ㉙ 1792年ロシア使節___が漂流民を連れ根室に来航した。　ラクスマン
- ㉚ 幕府は ⓐ に択捉島, ⓑ に樺太調査を命じた。　ⓐ 近藤重蔵　ⓑ 間宮林蔵
- ㉛ 1808年の ⓐ 事件を契機に,幕府は ⓑ を出した。　ⓐ フェートン号　ⓑ 異国船打払令
- ㉜ 天保の飢饉の際,___は幕府の処置を不満として蜂起した。　大塩平八郎
- ㉝ 水野忠邦が発令した___は,反対にあって中止された。　上知令
- ㉞ 本居宣長の著した『___』は国学の大きな成果である。　古事記伝
- ㉟ 前野良沢らの『___』発刊は蘭学隆盛のきっかけとなった。　解体新書
- ㊱ ___は緒方洪庵が大坂に開いた蘭学塾である。　適塾
- ㊲ ___は大阪町人が設立し,高水準の学問成果をあげた。　懐徳堂
- ㊳ 十返舎一九の『___』は滑稽本として庶民に好まれた。　東海道中膝栗毛
- ㊴ 曲亭馬琴の『___』は読本と呼ばれ,人気作品となった。　南総里見八犬伝
- ㊵ 鈴木春信が木版多色刷である___を創作した。　錦絵
- ㊶ ⓐ の役者絵『市川鰕蔵』, ⓑ の風景画『富嶽三十六景』, ⓒ の『東海道五十三次』は錦絵の傑作。　ⓐ 東洲斎写楽　ⓑ 葛飾北斎　ⓒ 歌川広重

Try 次の問いに答えなさい。　〔センター試験〕

- 江戸時代後期の治安悪化に関して述べた次のⅠ~Ⅲの文について,古いものから年代順に正しく配列したものを,下の①~⑥のうちから一つ選びなさい。
  - Ⅰ 幕府は,江戸の石川島に人足寄場を設け,無宿人を収容した。
  - Ⅱ 大坂町奉行所の元与力で,陽明学者の大塩平八郎が乱を起こした。
  - Ⅲ 幕府は,関東取締出役をもで,犯罪者の取締りにあたらせた。
  - ① Ⅰ-Ⅱ-Ⅲ　② Ⅰ-Ⅲ-Ⅱ　③ Ⅱ-Ⅰ-Ⅲ
  - ④ Ⅱ-Ⅲ-Ⅰ　⑤ Ⅲ-Ⅰ-Ⅱ　⑥ Ⅲ-Ⅱ-Ⅰ

解答　②

62. 開国とその影響

第4章 近代 / 入試重要度 A

1 列強の日本接近と黒船来航 ★★

列強の動向	幕府の対応
1840〜42 アヘン戦争 　42 南京条約…香港割譲	1842 天保の薪水給与令 　　　（異国船打払令の緩和）
1844 オランダ国王ウィレムⅡ世開国勧告	1845 勧告を拒絶
1846 アメリカ使節ビッドル，浦賀来航。通商を要求	1846 要求を拒絶
1853 アメリカ使節ペリー❶，浦賀来航。国書を渡し，開国を要求 　　　ロシア使節プチャーチン，長崎来航	1853 国書を受理するも，回答は翌年に延期
1854 アメリカ使節ペリー，浦賀再来航	1854 日米和親条約に調印 　　　日露和親条約（国境確定❷） 　　　イギリス・オランダとも条約調印 　　　〈鎖国の崩壊〉

> **日米和親条約（神奈川条約）の内容**（抜粋）
> ・永世不朽の和親。
> ・下田・箱館2港を開く。
> ・日本が外交上，一方的にアメリカに対して最も有利な取り扱いをする（片務的最恵国待遇）。

2 安政の改革 ★

①幕政の転換…老中首座阿部正弘は，黒船来航を朝廷に報告し，幕臣や諸大名にも意見を求めた。また外様の雄藩も含めた有能な人材を起用し，国防強化のため江戸湾に台場（砲台）を設けて，大船建造の禁を解くなどの幕政改革（**安政の改革**）が進められたが，阿部は1857年に急死した。

②幕府の諸施設…横須賀製鉄所の他，長崎に長崎製鉄所や勝海舟らが参加した海軍伝習所，江戸には洋学所（さらに蕃書調所と改称）や武術訓練の講武所，また伊豆の韮山には代官の江川英竜（坦庵）が反射炉を設けるなど，施設整備がはかられた。

---

❶ペリー　アメリカ東インド艦隊司令長官で，1852年に米東海岸を出発。大西洋・アフリカ・東南アジア経由で来航した。また当時の大統領は第13代のフィルモアであった。
❷千島の択捉島・得撫島の間を国境とし，樺太は両国人雑居の地とした。

3 安政の五カ国条約(安政の仮条約) ★★

①日米修好通商条約…初代米総領事ハリスが下田に着任,清でのアロー戦争を口実に幕府に通商条約を迫った。交渉を行う老中堀田正睦は,孝明天皇の勅許が得られなかった。井伊直弼が大老に就任,無勅許のまま条約調印し,オランダ・ロシア・イギリス・フランスともほぼ同様の条約を結んだ(安政の五カ国条約)。

> 日米修好通商条約の内容(抜粋)
> ・新たに神奈川・長崎・新潟・兵庫の開港と江戸・大坂の開市。
> ・通商は自由貿易とする。
> ・日本が輸入品に自由に関税をかける権利(関税自主権)を認めない。
> ・日本で犯罪をおかした米国人は領事がアメリカの法律で裁く(領事裁判権(治外法権))とする。

②不平等条約の弊害…領事裁判権(治外法権)は紛争の際に外国人に不当な利益を与え,また関税自主権の欠如は輸出入において,協定関税制により一方的に定められた。さらに,日本が第三国と新条約を結んだ際には,各国側で同様の利益が享受された。

③条約批准…1860年には条約の批准のため,外国奉行新見正興を全権とする使節が渡米した。なお,この時に勝海舟(義邦)を艦長とする咸臨丸が随行(福沢諭吉も通訳として乗船)し,自力で太平洋横断を成し遂げた。

④貿易の実態…横浜・長崎・箱館の3港で,1859年に自由貿易が開始された。取引の最多は横浜港で,貿易相手国の首位はイギリスであった。1866年までは輸出超過で,売込商が扱う輸出品は生糸・茶・蚕卵紙など,引取商が扱う輸入品は毛織物・綿織物・武器などであった。

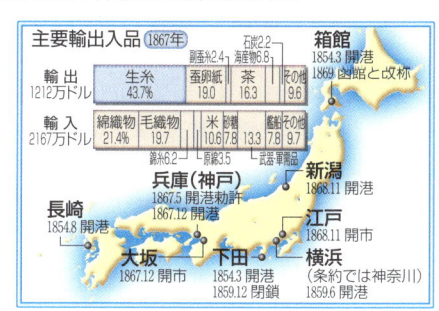

主要輸出入品 1867年
輸出 1212万ドル 生糸 43.7% 蚕卵紙 2.4 海産物 6.8 茶 16.3 石炭 2.2 その他 9.6
輸入 2167万ドル 綿織物 21.4% 毛織物 19.7 米 10.6 砂糖 7.8 鉄類 13.3 艦船 7.8 武器 9.7 その他
蚕糸 6.2 雑貨 3.5

箱館 1854.3 開港 1869 函館と改称
新潟 1868.11 開港
兵庫(神戸) 1867.5 開港勅計 1867.12 開港
長崎 1854.8 開港
江戸 1868.11 開市
大坂 1867.12 開市
下田 1854.3 開港 1859.12 閉鎖
横浜 (条約では神奈川) 1859.6 開港

▲主要輸出入品と貿易港

⑤金銀交換比の問題…金対銀は外国で1対15,日本で1対5と異なり,外国人は銀貨を持ち込んで両替したので,海外に金貨が10万両以上流出した。対応策として幕府は金の量・質ともに削減した万延小判を鋳造するが,物価は上昇し庶民生活を圧迫した。また幕府は1860年,五品江戸廻送令を出し,雑穀・水油・蠟・呉服・生糸は江戸の問屋を経て輸出するよう命じたが失敗した。

重要ファイル
- 泰平の眠りをさます上喜撰…黒船来航が鎖国の扉を開いた。
- 安政の五カ国条約は違勅調印ゆえ,安政の仮条約ともいう。
- 日露和親条約で,千島列島の択捉島以南を日本領と定めた。

63. 尊王攘夷運動の展開

入試重要度 A

1 尊王攘夷派と公武合体派 ★★

①**攘夷行動の激化**…1860年，ハリスの通訳だった蘭人ヒュースケンが殺害され，翌年にはイギリス仮公使館が水戸浪士らに焼打ちされる東禅寺事件，1862年には横浜郊外での**生麦事件**や高杉晋作らによる英公使館の焼打ちも起こった。

②**幕閣の分裂**…幕府内部では病弱な13代将軍徳川家定の後継問題が生じ，水戸藩主徳川斉昭の子の**一橋慶喜**をおす一橋派と，紀伊藩主の徳川慶福をおす南紀派の二派が対立した。後者の彦根藩主**井伊直弼**が1858年大老に就き，慶福を14代将軍とした（＝**徳川家茂**）。一橋派の非難に対し，**安政の大獄**で多数が処罰されたが，反動で1860年に**桜田門外の変**が起こり，井伊は水戸脱藩の志士らに襲われ殺害された。

人名（身分・地位）	処罰
青蓮院宮（皇族）	隠居・永蟄居
徳川斉昭（前水戸藩主）	国許永蟄居
一橋慶喜（一橋家当主）	隠居・慎
松平慶永（越前藩主）	隠居・慎
山内豊信（土佐藩主）	隠居・慎
橋本左内（越前藩士）	死罪
吉田松陰（長州藩士）	死罪
梅田雲浜（元小浜藩士）	獄死
頼三樹三郎（儒学者）	死罪

▲安政の大獄による処罰（おもな人物）

③**公武合体策(1)**…老中安藤信正は朝廷（公）と幕府（武）の協調をはかり，孝明天皇の妹和宮を将軍家茂の夫人に迎えたが，天皇を尊び外国を排斥する尊王攘夷論者が反発，1862年の坂下門外の変で老中は襲われて負傷し退任した。

④**公武合体策(2)**…幕府の動揺に対し1862年，薩摩藩主の父**島津久光**❶が上洛，勅使大原重徳を奉じて江戸に赴き**文久の改革**を行った。その結果，幕政に復帰した一橋慶喜を**将軍後見職**，越前藩主松平慶永を**政事総裁職**，また会津藩主松平容保を**京都守護職**（その指揮下に浪士の新選組を組織）に任ずる人事の刷新や，参勤交代の緩和（3年1勤へ）や洋式軍備の採用などが進められた。

2 尊攘運動 ★★

①**1863年5月10日の攘夷行動**…尊王攘夷を藩論とする長州藩は京都で主導権を得て朝廷を動かし，幕府に迫った。上洛した家茂は攘夷決行を諸藩に命じ，その日，下関海峡で**長州藩外国船砲撃事件**が起こった。そこで公武合体論の薩摩・会津両藩は朝廷内での実権を得て**八月十八日の政変**を起こし，長州藩の御所警備を解任，三条実美らの急進派公卿を都から追放（七卿落ち）した。

❶**島津久光** 京都では倒幕挙兵を企てた薩摩藩士を斬殺する寺田屋事件，江戸での改革後の帰途には，薩摩藩一行へ非礼があったとしてイギリス人を殺傷する生麦事件を起こした。

②尊攘派浪士の挙兵

1863年の政変前後，公卿中山忠光・土佐藩の吉村虎太郎による大和五条の天誅組の変，福岡藩の平野国臣による但馬の生野の変，水戸藩の藤田小四郎・武田耕雲斎らによる天狗党の乱が起こるが，いずれも壊滅した。

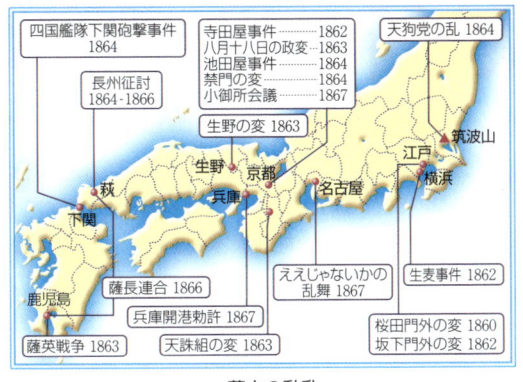

幕末の動乱地図：
- 四国艦隊下関砲撃事件 1864
- 長州征討 1864-1866
- 寺田屋事件 1862
- 八月十八日の政変 1863
- 池田屋事件 1864
- 禁門の変 1864
- 小御所会議 1867
- 天狗党の乱 1864
- 生野の変 1863
- ええじゃないかの乱舞 1867
- 生麦事件 1862
- 薩長連合 1866
- 兵庫開港勅許 1867
- 薩英戦争 1863
- 天誅組の変 1863
- 桜田門外の変 1860
- 坂下門外の変 1862

▲幕末の動乱

③**尊攘派の挫折**…1864年，京都で新選組の近藤勇らが集結していた尊攘派を襲撃する**池田屋事件**が起こった。そこで長州藩兵は上洛し，会津・桑名・薩摩の兵と交戦する**禁門（蛤御門）の変**を起こすが敗退した。さらに幕府は（第1次）**長州征討**を発令し，長州藩は朝敵とみなされて追撃・包囲され降伏した。

④**攘夷路線の転換**…1863年，生麦事件の報復として**薩英戦争**，また長州藩の攘夷決行の報復として翌1864年，英・仏・米・蘭の**四国艦隊下関砲撃事件**（下関戦争）が起こったが，薩・長ともに敗北を喫し，両藩は攘夷の不可能を悟った。列国艦隊はさらに1865年，兵庫沖に迫って条約の勅許を得させ，その翌年に兵庫開港延期の代償として**改税約書**を調印させた。そのため1866年以降，貿易は輸入超過となった。

3 幕末期の社会と民衆 ★

①**庶民の抵抗**…物価高や社会不安から，社会変革を求める**世直し一揆**や都市の打ちこわしが各地で頻発した。また1867年には江戸以西で，**御蔭参り**の変形ともみられる「**ええじゃないか**」の乱舞が発生した。

②**民衆宗教の発生**…備前で黒住教，大和で天理教，備中で金光教が開かれ，社会不安からの救済や権力の否定などを説き，教勢を拡大していった。のちにこれらは**教派神道**として公認された。

	年	開祖
黒住教	1814	黒住宗忠
天理教	1838	中山みき
金光教	1859	川手文治郎

▲民衆宗教の誕生

重要ファイル
- 幕府は，薩摩などの雄藩や越前・水戸の一橋派を安政の大獄で弾圧した。
- 尊王攘夷論の中心に長州藩が立ち，京都は尊攘派の拠点となった。
- 長州藩は，下関戦争の敗北と第1次長州征討が重なり降伏した。

64. 江戸幕府の滅亡と明治維新

入試重要度　A

1 江戸幕府最後の将軍 ★★

①**薩長の軍事同盟**…薩摩藩はイギリス公使(オールコックの後任公使はパークス)に接近，また長州藩では奇兵隊を組織した高杉晋作が倒幕派を形成していた。1866年，土佐の坂本龍馬と中岡慎太郎の仲介で薩長が密約，倒幕で提携した。前年に幕府が命じた第2次長州征討は，薩摩藩が薩長連合(薩長同盟)のため従わず，幕府側に不利な戦況の下，大坂城にいた第14代将軍徳川家茂が急死して停戦となり，幕府の権威が失墜した。

②**慶応の改革**…徳川慶喜が15代将軍となり，フランス公使ロッシュの援助で幕政改革に着手した。一方，薩長両藩は武力倒幕の準備を進めていた。朝廷では1866年末に孝明天皇が急逝した。公家の岩倉具視らの勢力が，薩長との連絡を図り，1867年10月14日薩長両藩主へ，討幕の密勅が下された。

③**幕府の政権返上**…土佐藩は，雄藩連合による公議政体論を志向していた。1867年，坂本龍馬がまとめた船中八策をうけ，後藤象二郎が具体化したものを前藩主の山内豊信が受け入れ，慶喜に建言した。10月14日，慶喜は二条城で大政奉還を上表し，朝廷は翌日これを受理した。そのため京都には薩長の兵が集結していたが，倒幕の派兵は中止となった。

④**朝廷のクーデタ**…1867年12月9日，王政復古の大号令を発し，諸事神武創業の始めに復すことや，摂関や幕府の廃絶，総裁(有栖川宮熾仁親王)・議定(大名や公卿)・参与(藩士や公卿)の三職の新設などを宣言した。また同夜，三職を集めた小御所会議で慶喜の内大臣職の辞退と領地を返納させる辞官納地が決定された。しかし，旧幕府側はこれに強く反発した。

2 旧幕府側の反抗 ★★

①**戊辰戦争の開始**…1868年1月，鳥羽・伏見の戦いが起こったが，幕府軍敗北の報を聞いた大坂城の慶喜は，海路江戸へ逃れた。そのため有栖川宮を東征大総督，西郷隆盛を参謀とする官軍が江戸へ向け出撃した。西郷と勝海舟が会見した結果，江戸城無血開城が決定し，徳川慶喜は水戸に幽居した。

②**偽官軍事件**…新政府の征討軍は薩長など諸藩の兵の他に，志士や庶民らによる草莽隊(草莽は「くさむら」の意)も組織された。なお相楽総三らが結成した赤報隊は年貢半減令を布告し，軍令に従わず，偽官軍として処刑された。

③**旧幕府軍の抵抗一掃**…旧幕臣の一部が彰義隊を組織し上野で抵抗したが，大

村益次郎らの官軍が粉砕した。東北諸藩は反政府の**奥羽越列藩同盟**を結成したが，会津戦争で官軍との激戦の末，白虎隊が自刃する中で会津城が落城し，同盟も瓦解した。上野戦争の敗残者は**榎本武揚**の指揮で蝦夷地に逃れ，箱館で官軍と**五稜郭の戦い**を起こしたが，1869年に降伏，一連の戦闘も終結した。

戊辰戦争 ▶

3 御一新（維新政府の発足）★

①**新政府の方針**…**戊辰戦争**の最中，御所では1868年3月，天皇親政や開国進取などを柱とする**五箇条の誓文**が，新政府の基本方針として示された。これは列侯会議の盟約として福井藩士**由利公正**❶の起草した原案（議事之体大意）が，土佐藩士福岡孝弟の修正案（会盟）を経たのち**木戸孝允**の加筆した最終案となったもので，天皇が諸侯を率いて神々に誓約する形式で発せられた。

②**民衆の心得**…新政府はあわせて民衆に対して**五榜の掲示**を出した。これらは5種の高札の形式で示された。第一札の儒教道徳や第三札のキリスト教禁止❷など，基本方針は旧幕府と変わらず継承された。

五箇条の誓文の要旨
①公議世論の尊重（「広ク会議ヲ興シ…」）／②殖産興業／③四民平等／④開国和親／⑤富国強兵

五榜の掲示の概要
①五倫の道を説く（儒教道徳）／②徒党，強訴・逃散の禁止／③切支丹邪宗門の禁止〈以上が定三札＝永世の定法〉／④万国公法に従う／⑤浮浪や本国脱走の禁止〈覚二札＝一時の掲示〉

重要ファイル
- 英公使パークスは薩長，仏公使ロッシュは幕府を支援した。
- 討幕の密勅と大政奉還の上表が，奇しくも同日に起こった。
- 小御所会議で慶喜の辞官納地が決定し，公議政体論は挫折した。

---

❶**由利公正** 財政担当参与となり，東征軍の費用を豪商から御用金として徴収。また太政官札と民部省札を新たに発行したが，いずれも不換紙幣のためインフレーションを招いた。
❷これにより新政府は1868年以降，浦上信徒弾圧事件で3000人超のキリシタンを摘発し，列国の抗議を受けた。1873年に撤回され，ようやくキリスト教は黙認扱いとなった。

チェックテスト

解答

① 清国は_____に敗北し，イギリスに香港を割譲した。 — アヘン戦争

② 1846年_____が浦賀へ来航し，日本に開国を求めた。 — ビッドル

③ アメリカ東インド艦隊司令長官のペリーが a に来航すると，老中首座の b は諸大名に意見を求めた。 — a 浦賀 b 阿部正弘

④ 1854年の日米和親条約で a の2港が開港され，また日本はアメリカへの片務的 b を約した。 — a 下田・箱館 b 最恵国待遇

⑤ 1853年にロシア使節 a が長崎に来航した。日露和親条約では国境が定められたが，樺太は b とされた。 — a プチャーチン b 両国人雑居の地

⑥ 安政の改革の一環で a 湾の台場に砲台が置かれ，また代官の b により伊豆の韮山に反射炉が築かれた。 — a 江戸 b 江川英龍

⑦ 1856年，初代アメリカ総領事の a が来日し，幕府に b による英仏の脅威を説き，通商条約を強く求めた。 — a ハリス b アロー戦争

⑧ 老中堀田正睦は，_____に通商条約の勅許を求めた。 — 孝明天皇

⑨ 1858年の日米 a 条約では，江戸・ b の開市が約された。 — a 修好通商 b 大坂

⑩ 貿易開始後，1859年の取引は a 港・イギリスが最多で，また欧米への輸出品の約80%は b であった。 — a 横浜 b 生糸

⑪ 江戸幕府は1860年，物価統制の名目で_____を出した。 — 五品江戸廻送令

⑫ 貿易で大量の金が海外流出し_____小判が作られた。 — 万延

⑬ 将軍継嗣問題は，井伊直弼ら幕閣の a がおす紀伊藩主の b に決まり，改名して14代将軍に就任した。 — a 南紀派 b 徳川慶福

⑭ 1858〜59年の安政の大獄により，越前藩士の a や松下村塾の主宰者である b らが死罪となった。 — a 橋本左内 b 吉田松陰

⑮ 桜田門外の変の後，老中 a による公武合体策が進められ， b が江戸へ下り将軍家茂のもとに嫁いだ。 — a 安藤信正 b 和宮

⑯ 薩摩藩主の父 a が勅使とともに江戸を訪れ，幕府は b の改革で軍制改革や参勤交代緩和などを行った。 — a 島津久光 b 文久

⑰ 1862年の幕政改革により，新たに一橋慶喜は将軍後見職，松平慶永は a ，松平容保は b に就任した。 — a 政事総裁職 b 京都守護職

⑱ 薩摩・会津藩の公武合体派は a の政変で，攘夷派の長州藩と急進派の公家 b らを京都から追放した。 — a 八月十八日 b 三条実美

- ⑲ 1863年，大和五条の代官所が襲撃される ⓐ が起こった。一方，ⓑ は但馬生野の代官所を襲撃した。
  - ⓐ 天誅組の変
  - ⓑ 平野国臣
- ⑳ 長州藩は，1864年の ⓐ を機に京都に攻め上ったが，ⓑ で撃退され，幕府はただちに長州征討を命じた。
  - ⓐ 池田屋事件
  - ⓑ 禁門(蛤御門)の変
- ㉑ 1862年，薩摩藩士が横浜近郊で攘夷行動の ⓐ を起こし，翌年その報復として鹿児島湾で ⓑ が起こった。
  - ⓐ 生麦事件
  - ⓑ 薩英戦争
- ㉒ 1864年，英・仏・米・蘭の連合艦隊により下関の砲台が占拠される_____(下関戦争)が起こった。
  - 四国艦隊下関砲撃事件
- ㉓ 1865年，列強の圧力で幕府は ⓐ 開港延期の代償として ⓑ を交わしたため，貿易の不平等を拡大させた。
  - ⓐ 兵庫港
  - ⓑ 改税約書
- ㉔ 幕末，中山みきが創唱した_____は教勢を拡大した。
  - 天理教
- ㉕ 1867年に東海地方などで_____の大衆乱舞が起こった。
  - ええじゃないか
- ㉖ 長州藩の正規兵以外の軍隊で編成される ⓐ を組織した ⓑ は，藩論の統一をはかった。
  - ⓐ 奇兵隊
  - ⓑ 高杉晋作
- ㉗ 前土佐藩主_____は徳川慶喜に政権の返上を建言した。
  - 山内豊信
- ㉘ 王政復古の大号令で総裁・ⓐ ・参与の三職を新設し，その夜の ⓑ の結果，徳川慶喜の辞官納地が決定した。
  - ⓐ 議定
  - ⓑ 小御所会議
- ㉙ 1868年，戊辰戦争は_____の戦いを発端に勃発した。
  - 鳥羽・伏見
- ㉚ 西郷隆盛と ⓐ の会談の結果，ⓑ が約されたが，旧幕府側は彰義隊が反抗し，上野で官軍と戦った。
  - ⓐ 勝海舟(勝義邦)
  - ⓑ 江戸(無血)開城
- ㉛ 東北諸藩は会津藩支援のため_____を結び結束した。
  - 奥羽越列藩同盟
- ㉜ 幕府海軍副総裁_____は箱館五稜郭で官軍と戦った。
  - 榎本武揚
- ㉝ 五箇条の誓文は最終的に_____が加筆・修正をした。
  - 木戸孝允
- ㉞ 新政府は，1868年に民衆に対する心得を ⓐ で掲げたが，その第三札には ⓑ の禁止が規定されていた。
  - ⓐ 五榜の掲示
  - ⓑ キリスト教

Try 次の問いに答えなさい。 〔センター試験〕

- 薩摩・長州を中心とする幕末における政治・外交・社会について述べた文として正しいものを，次の①〜④のうちから一つ選びなさい。
  ① 薩長同盟(連合)の成立に反発し，大規模な世直し一揆が起こった。
  ② フランス公使ロッシュは，薩長両藩を支持して軍事的援助を行った。
  ③ 坂本龍馬・中岡慎太郎らの仲介で，討幕の密勅が土佐藩に下された。
  ④ 第2次長州征討は，幕府軍が各地で敗れ，失敗に終わった。

解答 ④

65. 明治維新と中央集権体制

第4章 近代

入試重要度 A

1 中央集権体制確立への動き ★★

①政体書…1868年閏4月,「御誓文ノ条件」に則して公布。
- 起　草　福岡孝弟や副島種臣が起草。新政府の政治組織を具体化した。
- 中　央　太政官の下に立法機関の議政官❶などを設け,アメリカの制度を参考に三権分立制を採用❷,4年ごとの官吏公選制等も規定した。
- 地　方　府・藩・県の三治制とした。

②遷都と改元…1868年7月,江戸を東京と改め,明治天皇は,8月に即位の礼をあげた。9月に明治と改元,天皇一代に元号1つの一世一元の制とした。翌1869年に東京遷都した。

▲東京行幸

③版籍奉還…1869年,木戸孝允が大久保利通らと合意して,薩摩・長州・土佐・肥前の4藩主による版籍奉還の上表が出され,政府の奉還命令で各藩も倣った。
- 土地(版図)と人民(戸籍)を天皇に返還した。
- 旧藩主を知藩事(地方長官)に任じ,藩政は従来通り維持した。

④藩政の全廃へ…旧藩主は石高の10分の1を家禄として支給,藩財政と分離されたが軍事や徴税権も各藩に委ねられ,中央集権の実は乏しかった。また府藩県三治制の下,直轄府や県の年貢徴収を厳しくしたため農民一揆が発生,一方諸藩の財政難も深刻であった。そこで,混乱に備えるため薩摩・長州・土佐から御親兵1万人の軍事力を募った上で,廃藩置県を断行した。

⑤国内統一の完成…1871年,知藩事を集め,廃藩置県の詔を発した。
- 知藩事は罷免,東京移住を命じられ,中央から府知事・県令を派遣。
- 県治条例を定め,旧藩庁は県庁へ改組。
- 当初1使(開拓使)3府(東京・大阪・京都)302県が,11月に1使3府72県
  →1888年に1道3府43県へと整理された。県令は1886年,県知事となった。

❶議政官　議定・参与の上局と府藩県の貢士による下局(1868年に公議所へ)で構成。
❷政体書の官制では権力が太政官に集中していたため,名目に過ぎなかった。

2 官制（太政官制度）の変遷 ★

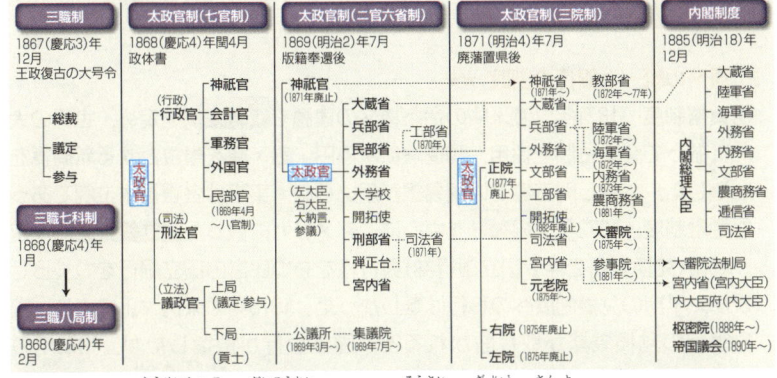

三職制
1867(慶応3)年12月
王政復古の大号令
- 総裁
- 議定
- 参与

三職七科制
1868(慶応4)年1月

三職八局制
1868(慶応4)年2月

太政官制（七官制）
1868(慶応4)年閏4月
政体書

太政官
- （行政）行政官 ─ 神祇官
  - 会計官
  - 軍務官
  - 外国官
  - 民部官（1869年4月～八官制）
- （司法）刑法官
- （立法）議政官 ─ 上局（議定・参与）
  - 下局（貢士）

太政官制（二官六省制）
1869(明治2)年7月
版籍奉還後

神祇官（1871年廃止）

太政官（左大臣、右大臣、大納言、参議）
- 大蔵省 ─ 工部省（1870年）
- 兵部省
- 民部省
- 外務省
- 大学校
- 開拓使
- 刑部省
- 弾正台
- 宮内省

公議所（1869年3月～）─ 集議院（1869年7月～）

太政官制（三院制）
1871(明治4)年7月
廃藩置県後

- 神祇省 ─ 教部省（1872年～77年）
- 大蔵省

太政官（1877年廃止）
- 正院 ─ 兵部省 ─ 陸軍省（1872年～）／海軍省（1872年～）
  - 外務省
  - 文部省
  - 工部省
  - 農商務省（1873年～）／農商務省（1881年～）
  - 開拓使
  - 司法省
  - 宮内省
- 左院
- 右院（1875年廃止）
- 大審院（1875年～）
- 元老院（1875年～）
- 参事院（1881年～）

内閣制度
1885(明治18)年12月

内閣総理大臣
- 大蔵省
- 陸軍省
- 海軍省
- 外務省
- 内務省
- 文部省
- 農商務省
- 通信省
- 司法省

- 大審院法制局
- 宮内省（宮内大臣）
- 内大臣府（内大臣）
- 枢密院（1888年～）
- 帝国議会（1890年～）

- 1867年の王政復古の大号令により、総裁・議定・参与の三職を設置。
- 1868年の政体書により、三権分立を取り入れた**太政官制**（七官制）とした。
- 1869年の版籍奉還後は二官（太政官と神祇官）六省制となった。
- 1871年の廃藩置県後は正院・左院・右院の**三院制**へ移行したが、実態は薩長出身者の参議[3]が政府の中枢を独占しており、**藩閥政府**を形成した。
- 1885年に太政官制を廃止し、内閣総理大臣と国務大臣からなる内閣制度が制定された。

3 神道と宗教行政 ★

①神道国教化政策…復古神道の影響の下、新政府は祭政一致を掲げた。
- **神仏分離令** 1868年、神仏習合を禁じた法令。そのため**廃仏毀釈**の風潮が全国に広がり、仏教界は大打撃を受けた。
- **大教宣布の詔** 1870年、神道国教化を表明した詔書。

②国家神道の形成…1871年、各地の神社を官幣社・国幣社の官社と府・県社などの諸社に列する新制の社格に再編し、翌年には別格官幣社も設けた（この制は1945年に廃止）。戊辰戦争以来の戦死者を祀る招魂社は、1879年に靖国神社と改称された。

重要ファイル
- 版＝領地、籍＝人民の奉還は、薩長土肥の4藩主が先行して提出。
- 廃藩置県に備え御親兵を置いたが、混乱は起こらなかった。
- 太政官制度や参議は、1885年の内閣制度採用で廃止となる。

---

[3]参議　1869年に設置され、1871年木戸・大久保の就任後、次第に権限を集中させていった。

66. 地租改正と殖産興業

入試重要度 A

1 貨幣の統一と銀行の創設 ★★

①**貨幣制度**…1871年，渡米中の伊藤博文の建議で**新貨条例**を定め，世界の大勢に做って金本位制を採用，10進法による円・銭・厘を単位とする新硬貨を鋳造した。ただし開港場では貿易銀が用いられ，実際は金銀複本位制であった。

②**金融制度**…1872年**渋沢栄一**を中心に，アメリカに做った**国立銀行条例**を定め，紙幣（兌換義務を伴う国立銀行券）発行権をもつ民営の国立銀行をつくらせたが，早期の兌換制度への移行は難しかった。1876年の条例改正により，国立銀行の兌換義務が取り除かれると，国立銀行が急増したが，1879年の第百五十三銀行で設立は打ち切られた。また，三井・岩崎（三菱）などの資本家が殖産興業政策と結びついて大きな利益をあげ，**政商**と呼ばれた。

2 地租改正の実施 ★★

①**封建的諸制度の廃止**…新政府は，旧幕府時代の株仲間・関所・助郷などの制度を廃止した。また1871年に田畑勝手作りを公認し，1872年には田畑永代売買の禁止令を解き，従来の年貢負担者に面積・地価を示した（壬申）**地券**を発行した。

②**土地と税制の改革**…1873年，政府の財源確保を目的とした全国一律の**地租改正条例**を発令した。また土地を測量し収穫高を調査した上で地価を定め，地券所有者を納税者とした。

	改正前	改正後
課税対象	収穫高	地価
税率	五公五民（幕領）	地租（地価の3％）
納税方法	物納・村単位	金納・個人
納税者	直接耕作者（本百姓）	地券所有者（地主）

③**地租改正の結果**
- 所有権が不明確な入会地の大半は，官有地に編入された。
- 政府は一定の税収を確保したが農民の負担は変わらず，各地で地租改正反対一揆（竹槍一揆[1]）が頻発した。
- 地主と小作の関係が温存され，寄生地主制が促進された。
- 地租は定額で小作料は米納のままなので，地主は米価上昇時に米を売却して利益を得ようとした。

---

[1] **竹槍一揆** 茨城県・三重県などで激しく，政府は1877年に地租を地価の2.5％へと引き下げ，「竹槍でドンと突出す二分五厘」と詠まれた。なお地租は，現在の固定資産税に相当する。

3 殖産興業 ★

①殖産興業政策の推進
- 1870年に**工部省**を設置し，最初の工業教育機関となる工部大学校[2]を開校。
- 1873年に設置された**内務省**[3]は，初代内務卿に大久保利通が就任し産業面も管掌した。1877年，東京の上野で第1回内国勧業博覧会が開催された。

②産業育成…政府は砲兵工廠や造船所を充実させ，佐渡金山・生野銀山や三池・高島の炭鉱，釜石鉄山（大島高任が開発）など旧幕府・藩所有の事業を引き継いだ。

▲官営工場と鉱山

幌内炭坑(石炭)1878
阿仁銅山 1874
札幌麦酒醸造所 1876
高島炭坑 1874
造幣局 1869
富岡製糸場 1872
院内銀山 1874
長崎造船所 1868
生野銀山 1868
大阪砲兵工廠 1879
佐渡金山 1869
釜石鉄山 1874
広島紡績所 1879
新町屑糸紡績所 1875
東京砲兵工廠 1879
千住製絨所 1876
深川セメント製造所 1874
石川島造船所 1868
兵庫造船所 1871
愛知紡績所 1881
品川硝子製造所 1876
横須賀造船所 1868
三池炭坑 1873
堺紡績所 1872
印刷局 1871
(数字は開業年)

また**官営模範工場**として，群馬県の**富岡製糸場**が1872年に操業され，フランス人技師のもとで工女の養成をはかった。

③通信・交通…電信はイギリスから導入され1869年に東京・横浜間で架設，飛脚にかわる官営の郵便制度が1871年**前島密**により創業，1877年には万国郵便連合条約に加盟した。**鉄道**は1872年イギリスの技術を導入し新橋・横浜間が開業した。一方，海運は，政府の保護を受けた**岩崎弥太郎**の**三菱会社**が発展した。

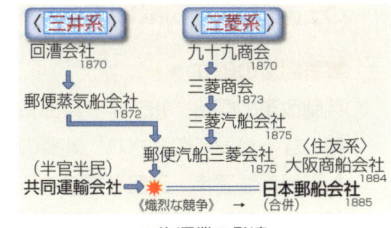

◀創業時の機関車の側面図

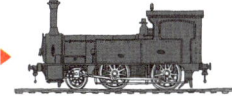

〈三井系〉
回漕会社 1870
↓
郵便蒸気船会社 1872
↓
(半官半民)
共同運輸会社

〈三菱系〉
九十九商会 1870
↓
三菱商会 1873
↓
三菱汽船会社 1875
↓
郵便汽船三菱会社 1875

〈住友系〉
大阪商船会社 1884

《熾烈な競争》 → 日本郵船会社 1885 (合併)

▲海運業の発達

重要ファイル
- 国立銀行はアメリカの制度に基づく私営の銀行。
- 地価の3％＝地租の負担は，農民には江戸時代と変わらなかった。
- 富岡製糸場は官営模範工場の一例，フランスの技術を導入。

---

❷**工部大学校** 前身は工学省の工学校。なお1876年には西洋美術移植のための工部美術学校も併設された。工部省が1885年廃止されて文部省へ移管し，東京大学工学部となった。

❸**内務省** 産業(1874年の三田育種場・駒場農学校など農業面も)，地方行政，警察(1874年東京に警視庁を設置)等広く，内政に大きな権力を行使(占領軍により1947年に廃止)。

67. 四民平等と文明開化

第4章 近代 / 通史編

入試重要度 A

1 四民平等 ★★

①士農工商の解体…1869年、旧藩主・公家を華族、旧幕臣・藩士を士族、農工商を平民(足軽は卒で、1872年に士族か平民へ編入)とした。平民は苗字を許され、移転や職業選択、華・士族との結婚が自由になった。

②近代的戸籍と賤民の撤廃
- 1871年に戸籍法が制定され、これに基づき、翌年に全国の統一的戸籍となる壬申戸籍が作成された。
- 1871年に、えた・非人の称を廃し平民と同じ扱いにする解放令が出されたが、実際には差別が続いた。

③家禄の全廃…1873年の散髪・脱刀令、さらに1876年の廃刀令で旧武士は苗字帯刀などの特権を失った。また経済面では、政府が1873年に秩禄❶奉還の法を出して希望者を募り、一時金を支給した。これで約3分の1は整理されたが効果は薄く、1876年の秩禄処分で家禄の数年分を金禄公債証書で支給し、全廃した。

④士族の処遇…政府は士族授産(屯田兵制度など)で救済をはかるが、公債が少額の士族の困窮や不慣れな商売の失敗(士族の商法)などで不平士族を生んだ。

5.69%	皇族………28人
	華族………2,829人
	士族……154万8,568人
	卒(下級武士)……34万3,881人
93.41%	平民……3,110万6,514人
0.90%	僧尼……21万6,995人
	旧神職……7万6,119人
	その他……5,738人
	総計…3,330万人

(『明治史要』)

▲人口構成(1873年)

2 軍事制度の確立 ★★

①兵制改革の開始…1869年、兵部省を設置し、長州出身の大村益次郎が兵部大輔となるが同年暗殺され、同郷の山県有朋が引き継いだ。1871年に集められた御親兵は翌年、天皇を警護する近衛兵となり、一方、国内の鎮台には藩兵が配備された。1872年、兵部省は陸軍省と海軍省に二分され、太政官から徴兵告諭が布告されるが、その文言への誤解もあり、血税一揆が起こった。

②国民皆兵の制度…1873年、徴兵令が発布され、満20歳以上の男

①身長5尺1寸(約154.5cm)未満の者 ②病弱で兵役に耐えられない者 ③官省府県に勤務している者 ④陸海軍の生徒 ⑤文部・工部・開拓その他の官立の学校で学ぶ者、外国留学者、医術、馬医術を学ぶ者 ⑥一家の主人(戸主) ⑦家の後継 ⑧独子独孫 ⑨病気などの父兄に代わり家を治める者 ⑩養家に住む養子 ⑪兵役についている兄弟のある者 ⑫代人料270円の納入者

▲徴兵免除の条件

---

❶秩禄　江戸時代の俸禄米に当たる家禄と維新の功労者に与えた賞典禄の2つの総称。新政府は家禄の支給を行っていたが、歳出の3割を占め、すでに国家財政を圧迫していた。

子を徴発，3年間の兵役を定めたが，これには免除規定があり，実際の対象者は農家の次男や三男となった。

③**軍制の改変と整備**…1878年，西南戦争の論功行賞や待遇改善を求めた近衛兵による竹橋事件を機に軍律強化を図り，1882年に**軍人勅諭**が示された。内乱鎮圧を目的とする鎮台は1888年に廃され，対外戦争を意識した師団へ改組。

3 文明開化 ★★

①**日常生活の洋風化**…大都市を中心に文明開化の風潮が広まった。
- 東京の銀座通りには煉瓦造の家屋やガス灯が立ち並び，人力車や乗合馬車，散切り頭に洋服の人々が往来した。
- 暦法を改め，**太陽暦**を採用(1872年12月3日を1873年1月1日に，1日24時間制へ)した。

	西暦	事象		西暦	事象
衣	1870	背広の着用はじまる	交通	1869	乗合馬車はじまる
	1870	靴の製造はじまる		1870	人力車の製造・営業開始
	1870	コウモリ傘の使用		1870	自転車の使用
	1871	散髪・脱刀令		1872	鉄道開通(新橋－横浜)
				1882	鉄道馬車の開業(新橋－日本橋)
食	1867	牛鍋店	通信	1869	電信のはじめ
	1871	西洋料理店		1870	電話のはじめ
	1872	ビール飲用流行			
	1873	巻きたばこ			
住	1871	西洋建築はじまる	その他	1872	ガス灯のはじめ
	1871	椅子・テーブルの使用流行		1872	太陽暦のはじめ
				1873	野球のはじめ
	1882	電灯のはじめ		1873	暑中休暇のはじめ
				1876	日曜休日制のはじめ
				1896	映画のはじめ

▲文明開化の世相

- 1873年，神武天皇即位日をあてた紀元節(2月11日)や明治天皇誕生日の天長節(11月3日)等の，国家による祝祭日も制定された。

②**啓蒙思想の普及**…欧米の自由主義・功利主義❷が普及。
- **福沢諭吉** 大ベストセラー『学問のすゝめ』や『西洋事情』『文明論之概略』等。
- **中村正直** 『西国立志編』(スマイルズ)・『自由之理』(ミル)を翻訳。
- **加藤弘之** 『真政大意』・『国体新論』で天賦人権論❸を紹介したが，後に『人権新説』で従前の見解を否認した。
- **中江兆民** 『民約訳解』でフランスのルソーの社会契約論の一部を漢訳し，「東洋のルソー」と呼ばれた。

③**啓蒙思想団体**…1873年に結成された**明六社**は，森有礼を社長に福沢諭吉・中村正直・西周・加藤弘之・津田真道・西村茂樹・神田孝平らが参加し，1874～75年に機関誌の『明六雑誌』が刊行された。

> **重要ファイル**
> - 旧武士は士族となるが，家禄支給や諸々の特権は失われた。
> - 長州出身の大村益次郎を継いで山県有朋が近代兵制を確立した。
> - 森有礼・中村正直・福沢諭吉・西周・加藤弘之らが明六社を結成。

---

❷**功利主義** 人間の幸福を人生や社会の最大目的とする，ミルやベンサムらの思想。
❸**天賦人権論** 人は生まれながらに，自由や平等を天から授かっているとする考え方。

第4章 近代

68. 初期の外交

入試重要度 A

1 岩倉遣外使節と征韓論争の発生 ★★

①**岩倉使節団**…1871年，右大臣岩倉具視を大使，最年少の津田梅子❶ら女性5人を含む留学生などを伴う使節団を派遣した。だが，条約改正交渉は最初の訪問国アメリカで失敗し，目的を文物や制度の視察に転じた。欧米諸国歴訪の結果，国力充実を図る**内治優先論**の重要性を痛感し，1873年に帰国した。

特命全権大使	右大臣	岩倉具視(公家)
副 使	参 議	木戸孝允(長州)
副 使	大蔵卿	大久保利通(薩摩)
副 使	工部大輔	伊藤博文(長州)
副 使	外務少輔	山口尚芳(肥前)
一等書記官	大蔵一等出仕	福地源一郎(幕臣)
大使随行	権少外史	久米邦武(肥前)
理事官	司法大輔	佐々木高行(土佐)
理事官	侍従長	東久世通禧(公家)
理事官	陸軍少将	山田顕義(長州)
会計兼務	戸籍頭	田中光顕(土佐)
会計兼務	文部大丞	田中不二麿(尾張)

▲岩倉使節団のおもな構成員

②**明治六年の政変**…1873年，留守政府❷の西郷隆盛らは**征韓論**を唱えたが，帰国した岩倉らの**内治優先派**が阻止。そこで征韓派参議らは一斉に下野した。

征韓派
- 朝鮮が開国を拒否した場合，武力で開国させるという強硬策
- **西郷隆盛**(薩摩)，板垣退助・後藤象二郎(土佐)，江藤新平・副島種臣(肥前)ら

VS 明治六年の政変で，征韓派参議は一斉下野。その後は，大久保利通が政府を支持。

内治派
- 内治の整備が優先と主張
- **岩倉具視**(公家)，**大久保利通**(薩摩)，**木戸孝允**(長州)，大隈重信(肥前)ら

〈( )内は出身。〉

③**朝鮮の開国**
- 征韓論の挫折による明治六年の政変で，朝鮮開国の試みは失敗した。
- 1875年に日本軍艦雲揚が朝鮮近海で挑発を行い，朝鮮側砲台と交戦する**江華島事件**が起こった。
- 政府は黒田清隆・井上馨を派遣し，1876年に朝鮮を開国させ，釜山(プサン)・仁川(インチョン)・元山(ウォンサン)港の開港や日本の領事裁判権を認めさせるなど，不平等条約である**日朝修好条規**❸を結ばせた。

---

❶**津田梅子** 帰国後，1900年に女子英学塾(津田塾大学)を設立し，女子教育に尽力した。
❷**留守政府** 太政大臣三条実美をはじめ西郷・板垣・大隈らは外遊中の政府首脳陣に代わり，徴兵令や学制等の一連の諸改革を進めた。征韓論は岩倉が勅許を用い中止させた。
❸**条規** 通商条約であるが，通商より修好を重んじるという東洋的名分論による表記。

2 近隣諸国との対外関係 ★★

①対清外交
- **日清修好条規** 1871年、新政府が最初に外国と対等に結んだ条約。
- **琉球漂流民殺害事件** 1871年、宮古島の船が台湾に漂着し、乗組員が現地人に殺害された。日本政府は清に抗議したが、清は台湾を「化外の民」(王化の及ばない住民)として責任を回避し、台湾出兵の原因となった。

②初の海外派兵
…西郷従道が独断で台湾出兵を行った。駐清イギリス公使ウェードの仲裁により、清が日本の出兵を正当行為と認め、賠償金を支払う旨の調停が成立した。

③国境の確定
- 樺太は開拓使が管理していたが資金難もあり、黒田清隆は樺太放棄案を建議した。1875年、駐露公使榎本武揚が**樺太・千島交換条約**を結び、樺太はロシア領、千島全島を日本領と定めた。
- 小笠原諸島の所属は、日本の領有宣言に英米からの異議がなく、1876年内務省、1880年より東京府の所管となった。

▲明治時代初期の日本の国境

3 琉球王国と明治新政府 ★★

①琉球との関係
- 琉球王国は1609年以降、幕府・島津氏と中国に両属していた。
- 明治維新後、新政府は1871年の廃藩置県で沖縄を一方的に鹿児島県に編入したが、翌年分離して外務省(1874年以降は内務省)所管の**琉球藩**とし、国王の尚泰を琉球藩王に任じて華族に列し、清国への朝貢を禁じた。

②沖縄県の設置
- 1879年、軍隊を送って占領、尚氏を東京に移住させ琉球藩を廃止し、沖縄県を設置する**琉球処分**を断行したが、清は承認しなかった。
- 沖縄では古い租税制などが残り、謝花昇は沖縄の自由民権運動を推進するが、地租改正・市町村制や衆議院議員選挙法の施行は本土よりも遅れた。

> **重要ファイル**
> - 西郷らは征韓論争で下野、木戸は台湾出兵に反対して下野。
> - 琉球漂流民殺害事件を背景に、西郷従道が台湾出兵を強行。
> - 1872年の琉球藩設置の後、1879年の琉球処分で沖縄県を設置。

69. 士族の反乱と自由民権運動

第4章 近代

入試重要度 A

1 新政府への反抗 ★★

①士族の反乱
- **佐賀の乱** 1874年，江藤新平らが蜂起。大久保利通自ら率いた政府軍が鎮圧。
- **敬神党(神風連)の乱** 1876年，廃刀令などに反対して敬神党が熊本鎮台を襲ったが，政府軍により鎮圧された。
- **秋月の乱** 1876年，福岡県の旧秋月藩士らが挙兵したが，政府軍に鎮圧された。
- **萩の乱** 1876年，下野した前参議前原一誠による蜂起。政府軍に鎮圧された。

▲士族反乱と西南戦争要図

②**最大規模の内乱**…1877年，明治六年の政変で下野した前参議西郷隆盛を中心に組織された私学校の生徒らが西南戦争を起こしたが，政府軍が半年後に鎮圧，西郷は自決し，士族の反乱は終息した。また，政変後の政府を主導してきた大久保も不平士族に襲われ，1878年に死亡した。この紀尾井坂の変で，維新の三傑❶の時代が終わった。

2 国会開設の要求 ★★

①**自由民権運動発展の契機**…1874年，征韓論で下野した前参議(板垣退助・後藤象二郎・江藤・副島種臣)らは日本初の政党・愛国公党を結成し，民撰議院設立の建白書を左院に提出した。政府の有司専制❷を批判したその全文は，英人ブラックが発行する新聞『日新真事誌』に掲載され，反響を呼んだ。

②民権運動の発展
- **政社の結成** 1874年板垣が高知で片岡健吉らと立志社を結成。翌1875年立志社を母体とし，大阪で政社❸の全国組織となる愛国社が結成された。
- **政府の動き** 1875年の大阪会議後，政府の姿勢を示した漸次立憲政体樹立の詔を出し，元老院と大審院，府知事・県令からなる地方官会議を設置し，出版条例を改正，讒謗律・新聞紙条例を制定して言論を取り締まった。

❶**維新の三傑** 西郷・大久保・木戸孝允の3名。木戸は政府に復帰した後1877年に病死した。
❷**有司専制** 藩閥官僚の独裁を表す。なお明六社の社員は建白を時期尚早と反対した。
❸**政社** 国民の政治参加を唱えた政治的結社。福島県の石陽社など各地に結成された。

③**地方三新法の制定**…府知事・県令を集めて1875年東京で開かれた地方官会議は、1880年まで3回続いた。1878年の第2回の会議が開かれた結果、各県不統一で煩雑な大区・小区❹制を改めて郡と町村を行政単位とする**郡区町村編制法**、地方の民会を規定し権限を明示する**府県会規則**、府県税の税種を明示する**地方税規則**が制定された（地方三新法）。

3 士族民権から豪農民権へ ★★

①**政府批判の展開**…西南戦争中、立志社社長の片岡健吉らは国会開設を求める**立志社建白**の上表を試みたが、政府は却下した。1878年、愛国社の再興大会が大阪で開かれ、翌年には植木枝盛の『民権自由論』等の啓蒙書が刊行された。1880年、大阪での愛国社再興大会で、国会期成同盟の結成が決議され、国会開設の請願書提出の動きが高まるが、政府は集会条例を定めて民権派の動きを弾圧した。

②**明治十四年の政変**…1881年、開拓使の廃止を前に長官黒田清隆は、同じ薩摩出身の政商五代友厚が経営する関西貿易社へ不当に安い価格で施設等を払い下げようとした。世論は、この**開拓使官有物払下げ事件**を攻撃した。政府は払い下げを中止し、民権派に同調した**大隈重信を罷免**した❺が、**国会開設の勅諭**を出し、明治23（1890）年に国会を開くことを確約した。これを**明治十四年の政変**という。

1881年1月　熱海会議（伊藤・大隈・井上ら参議）で国会開設を合意。政府、各参議に意見書提出を求める

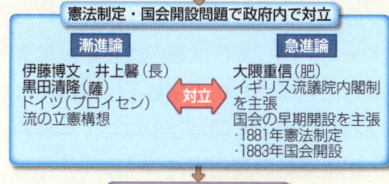

憲法制定・国会開設問題で政府内で対立

漸進論	急進論
伊藤博文・井上馨（長） 黒田清隆（薩） ドイツ（プロイセン） 流の立憲構想	大隈重信（肥） イギリス流議院内閣制を主張 国会の早期開設を主張 ・1881年憲法制定 ・1883年国会開設

対立

開拓使官有物払下げ事件

対立の激化
1881年8〜10月　北海道巡幸（参議大隈・黒田ら随行）

明治十四年の政変

10月11日　大隈を除く御前会議
①開拓使官有物払下げ中止
②参議大隈重信の罷免を決定→大隈、立憲改進党を結成（1882年）
③国会開設の勅諭（1890年国会開設）を出す

薩長藩閥政府の出現

▲明治十四年の政変から薩長藩閥政府への流れ

> **重要ファイル**
> - 西南戦争の結果、西郷軍が敗れ鎮台兵の実力が立証された。
> - 1875年に讒謗律・新聞紙条例、1880年には集会条例を公布。
> - 明治十四年の政変後、伊藤を中心にドイツ流の立憲国家へ。

❹**大区・小区**　1871年の廃藩置県後、戸籍の編成単位を区に設定、数町村をあわせた小区と数小区をあわせた大区を設けて官選の戸長・区長を置くが、画一的な制度だった。
❺1881年の政変の結果、政府の主導権を伊藤が握った。松方正義らと提携し、各省の長官を更迭して参議が卿を兼任する体制を築き、薩長藩閥政府が成立した。

第4章 近代

70. 松方財政と民権運動の変化

入試重要度 A

1 松方デフレ政策 ★★

①大隈財政と松方財政

- 大蔵卿大隈重信は、西南戦争の戦費調達で不換紙幣を増発してインフレを招いた。また歳入減に伴う財政難や正貨保有高の減少もあり、財政再建が急務となった。
- 大隈失脚後の大蔵卿松方正義は増税で歳入を増やし、同時に不換紙幣回収と正貨蓄積に努め、徹底した緊縮財政を進めた。

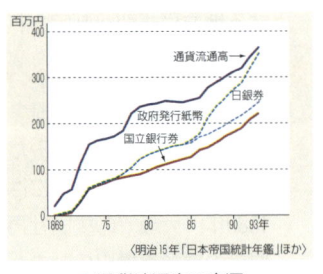

▲通貨流通高の変遷〈明治15年「日本帝国統計年鑑」ほか〉

②紙幣整理と官営事業払下げ
…1882年に中央銀行として日本銀行を設立、唯一の発券銀行となり、紙幣整理に伴って銀兌換券を発行、銀本位制を実施した。一方、国立銀行は条例改正で紙幣発行権のない普通銀行へ改組。また、1880年に公布された工場払下げ概則により、官営事業の民間への払い下げが行われたものの希望者が少なく、本格的には概則廃止後の1884年以降進展した。

2 民権運動の激化事件 ★★

①激化事件の発生(1)
…1882年、福島県令三島通庸の圧政に反対した県会議長河野広中や農民、自由党員ら数千人が検挙される福島事件、1883年の新潟の高田事件や翌年の群馬事件で自由党員らが処罰された。また、栃木県令三島の圧政に対する暗殺計画が失敗し、茨城県で一部が蜂起・鎮圧された加波山事件も発生した。

▲おもな激化事件と結社

- 加波山事件 1884.9
- 福島事件 1882.11
- 高田事件 1883.3
- 大阪事件 1885.11
- 群馬事件 1884.5
- 愛国社
- 愛国公党
- 立志社
- 静岡事件 1886.6
- 秩父事件 1884.10

②激化事件の発生(2)
…埼玉県の養蚕農家らが組織する借金党・困民党を母体に約1万人規模で決起した1884年の秩父事件は、軍隊により鎮圧。1885年には大阪事件❶が起き、翌年の静岡事件が最後の激化事件となった。

---

❶ **大阪事件** 大井憲太郎や景山英子らの旧自由党員が1884年の甲申事変をうけ、朝鮮の独立党政権支援と共に日本の民権運動再興を企てた(未遂)、国家主義的な性格の事件。

3 国会開設に向けた諸準備 ★★

①政党の結成
- **自由党** 総理<u>板垣退助</u>❷は，フランス流の急進的な自由主義。旧士族や地主が支持。
- **立憲改進党** <u>大隈重信</u>を党首に，実業家や知識層の支持を得た。
- **立憲帝政党** 福地源一郎を中心に結成。1年で解散。

政党名・結成年	中心人物	性格・主張	支持階層	機関紙
自由党 1881(明治14)	板垣退助 中島信行 後藤象二郎	フランス流で急進的な自由主義 一院制・主権在民・普通選挙	士族 豪農 自作農	『自由新聞』
立憲改進党 1882(明治15)	大隈重信 犬養　毅 尾崎行雄	イギリス流で漸進的な立憲主義 二院制・君民同治・制限選挙	実業家 知識層	『郵便報知新聞』
立憲帝政党 1882(明治15)	福地源一郎 丸山作楽	国粋主義で保守的な政党 二院政・主権在君・制限選挙	官　吏 神　官 僧　侶	『東京日日新聞』

▲政党の結成

②民間の憲法草案…1881年には，交詢社の「私擬憲法案」，立志社の「日本憲法見込案」，<u>植木枝盛</u>の起草による「東洋大日本国国憲按」，五日市憲法草案とも呼ばれる「日本帝国憲法」など，さまざまな私擬憲法が多数つくられた。

名称	起草者	おもな内容
私擬憲法案	交詢社 (矢野竜溪など)	立憲君主制・二院制・議院内閣制・制限選挙
日本帝国憲法 (五日市憲法草案)	千葉卓三郎など	君民同治・二院制・議院内閣制・三権分立・基本的人権の保障
東洋大日本国国憲按 (日本国憲案)	植木枝盛	主権在民・連邦制・一院制・抵抗権・革命権
日本憲法見込案	立志社	主権在民・一院制・基本的人権の保障

▲おもな私擬憲法

③政府の弾圧と懐柔…1884年，三井からの資金提供で板垣と後藤象二郎が洋行し自由党は解散，立憲改進党も三菱との癒着を批判された大隈が党を離れ，活動停止状態となった。民権運動はこうした政府の揺さぶりで一時衰退した。

④**大同団結運動**…国会の開設が近づくと，後藤や星亨は，「小異を捨てて大同を旨とすべ」しと諸党派の再結集を呼びかけ，民権運動が再燃した。特に1887年，条約改正案の内容に対する反政府運動を進め，「地租の軽減，言論・集会の自由，外交失策❸の挽回」を主張する<u>三大事件建白運動</u>を展開した。対する政府は<u>保安条例</u>を出し，民権家570余名を皇居3里外の地に追放，弾圧した。

> **重要ファイル**
> - 松方デフレの一環で軍需以外の官業が政商に払い下げられた。
> - 福島県令三島通庸は，加波山事件の時は栃木県令であった。
> - 貧農民権の中，1884年の秩父事件が最大の激化事件となる。

❷**板垣退助** 1882年に岐阜で暴漢に襲われ，「板垣死すとも…」の逸話が名声を高めた。
❸**外交失策** 井上馨外相の条約改正交渉案，外国人判事任用への批判はまず政府内部から出た。法律顧問官ボアソナードが問題視し，農商務大臣谷干城は抗議して辞任した。

71. 大日本帝国憲法

1 立憲制の整備 ★★

①立憲制の整備…1882年伊藤博文が渡欧し、ベルリン大学教授グナイストやウィーン大学教授シュタインらからドイツ流の憲法理論を学び、翌年帰国した。1884年諸制度や憲法の調査研究を行う制度取調局が置かれ、伊藤は長官となった。また華族令で維新の功臣を新たに華族に加え、将来の下院(衆議院)を牽制する上院(貴族院)の土台もつくられた。1885年には太政官制を廃して内閣制度が導入された。

②宮中と府中の区別
- 初代首相となった伊藤は宮内大臣も兼務、宮廷事務を総轄する宮内省は内閣の外に置かれた。
- 宮中には、御璽・国璽を保持し天皇の常侍輔弼の任にあたる内大臣(三条実美が就任)❶も置かれた。

③憲法の制定過程…憲法の起草は、1886年末より開始され、伊藤を中心にドイツ人顧問ロエスレルの助言を得て、井上毅・伊東巳代治・金子堅太郎らが作業を進めた。1888年には天皇の諮問機関として枢密院が設置され、伊藤が初代議長となって草案が審議された。そして、1889年2月11日に天皇の定める主権在君の欽定憲法として、大日本帝国憲法(明治憲法)が発布された。

▲第1次伊藤内閣(1885年)の閣僚

宮内大臣	外務省	井上 馨(長州)
	内務省	山県有朋(長州)
	司法省	山田顕義(長州)
	大蔵省	松方正義(薩摩)
総理大臣	陸軍省	大山 巌(薩摩)
伊藤博文	海軍省	西郷従道(薩摩)
(長州)	文部省	森 有礼(薩摩)
内大臣	農商務省	谷 干城(土佐)
	逓信省	榎本武揚(幕臣)

▲宮中と府中の区別

天皇 宮中 ⇔ 内閣 府中(行政府) 区別

〈目的〉
- 政治的責任が天皇に及ばないようにする
- 天皇やその側近などの政治的介入を防ぐ

2 憲法及び諸法典の編纂 ★★

①大日本帝国憲法…万世一系の天皇は神聖不可侵、国家元首で統治権を総攬。
- 天皇は陸海軍を統帥し、宣戦・講和や条約締結などの権限も含む広範な天皇大権を有した。議会閉会中に法律に代わり発令できる緊急勅令❷や、非常時に軍隊に大幅な権限を与える戒厳令の布告などもできた。

---

❶内大臣 政治には関与しなかったが、天皇の側近としてのちに発言力が大きくなった。
❷緊急勅令 憲法第8条の規定。1923年の関東大震災、1936年の二・二六事件の戒厳令で発動。

- 統帥権は内閣から独立し，軍令事項を扱う参謀本部（のち軍令部も）が憲法外機関[3]として天皇に直属・補佐した。

②六法の制定
- 法典の編纂は，政府顧問のボアソナードにより，まずフランス流の諸法が起草された。
- 1880年に刑法[4]及び治罪法（刑事訴訟法）が公布され，1890年には民事訴訟法も制定された。
- 1890年に公布されたボアソナードの民法は国情に適さずとして批判をうけ，施行が延期となる。民法典論争[5]が起こる。
- ロエスレルが起草した商法も当時の慣習にあわず，施行が延期される。
- 家父長制度に基づく明治民法は1896年，商法は1899年に施行された。

1880	刑法＊・治罪法
1889	大日本帝国憲法＊
〃	皇室典範
1890	民事訴訟法＊
〃	刑事訴訟法＊
1896	民法（1～3編）＊
1898	民法（4～5編）＊
1899	商法＊〈＊＝六法〉

▲法典の公布

3 大日本帝国憲法下の国民 ★

①憲法・皇室と民衆…起草作業は極秘に行われ，国民は内容を全く知らずに憲法発布を礼賛した。その皮肉な記述が，ドイツ人医師ベルツの日記にみられる。同時に，皇位継承・摂政や皇室経費等を定める皇室典範が出されたが，皇室に関する事項は「臣民の敢て干渉する所に非ざるなり」とされた。また皇室の経済安定化のため，株式や山林など莫大な皇室財産が設定された。

②臣民の権利・義務
- 憲法上臣民と呼ばれた国民には，納税と兵役の義務があり，また，法律の範囲内で信教や言論・出版・集会・結社等の自由が認められた。
- 1889年に公布された衆議院議員選挙法は，財産を基準とする制限選挙を採用し，選挙権は直接国税15円以上を納める満25歳以上（被選挙権は満30歳以上）の男子のみがもち，女子の参政権はなかった。

> **重要ファイル**
> - 井上毅・伊東巳代治・金子堅太郎が伊藤と共同で，極秘に憲法を起草。
> - 憲法，刑法，民法，刑事訴訟法，民事訴訟法，商法の六法制定。
> - ボアソナード民法は民法典論争で修正，「家」中心の民法へ。

---

[3] 憲法外機関　憲法にはないが内閣による政治責任を制約，国政などに影響を及ぼした。
[4] 刑法　既に1870年明・清律や幕府法令に拠る新律綱領，1873年に改定律例が出されていた。
[5] 民法典論争　東京帝大教授の穂積八束は1891年，「民法出デゝ忠孝亡ブ」と題する論文を発表して反対論を唱え，仏流市民法の近代性を擁護する帝大教授の梅謙次郎と対立した。

163

72. 初期議会

第4章 近代 / 通史編 / 入試重要度 A

1 明治の地方制度 ★

①**新市町村**…ドイツ人モッセの助言を得て，内相**山県有朋**を中心に改革が進められ，1888年に**市制・町村制**が公布された。新町村との合併・再編とともに，2万5千人以上の都市を市とし，内相が市長を任命した。

②**府県と郡**…1890年には**府県制・郡制**が公布されたが，その権限は内務省から派遣される府県知事や郡長の制約を受けた。府県会や郡会は市町村会と同様，制限選挙や間接選挙により，地方の地主や資産家中心の議会にすぎなかった。なお郡制は，1923年に廃止された。

2 衆議院議員選挙の実施と議会召集 ★★

①帝国議会

- **衆議院・貴族院**の二院制で，衆議院は予算の先議権を有したが，両院は対等とされ，議会は天皇の協賛機関として機能した。
- 民選の衆議院に対し，貴族院は皇族・華族の世襲・互選の議員や勅任議員・多額納税者などで構成された。

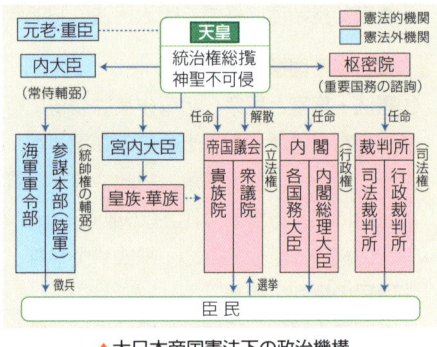

▲大日本帝国憲法下の政治機構

- 予算案が否決された場合，政府は前年度予算を執行できる規定もあった。

②政府と政党

- **超然主義** 黒田清隆首相は憲法発布直後の演説で，政府の施策は政党の意向に左右されないとする超然主義を表明した。
- 1890年，第1回衆議院議員総選挙が行われたが，制限選挙のため有権者は全人口の1.1%であった。なお，投票者も当選者も主に地主層であった。
- 定員300名に対し，旧民権派の立憲自由党と立憲改進党の**民党**が過半数を占め，政府支持派の吏党は中立を加えても過半数に及ばなかった。

3 初期議会(第六議会まで)の動向とその後 ★★

①**第一議会**…1890年に最初の議会が召集されたが，第1次山県内閣は超然主義の立場をとった。山県有朋は予算案の説明で，国境としての**主権線**と，朝鮮

を含む利益線を守るための軍事費増強を力説した。これに対し民党は、「政費節減・民力休養」を主張し対抗した。政府は、自由党土佐派を買収して切り崩し、予算を成立させた。これに憤激した中江兆民は議員を辞職した。

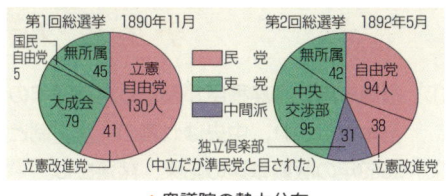

▲衆議院の勢力分布

② 第二議会
- 1891年、第1次松方正義内閣が成立し、民党と激しく対立した。
- 海軍大臣樺山資紀は、民党の軍事予算削減要求に対し、藩閥政府を擁護する蛮勇演説を行うが、結局議会は解散された。

③ 第三議会…1892年、第2回総選挙の際に内相品川弥二郎が大規模な選挙干渉を展開したが、民党に敗北した。議会で民党は選挙干渉に関する決議を提出、政府予算案も大幅に削減され、松方内閣は会議終了後に総辞職した。

④ 第四議会
- 第2次伊藤内閣が、有力藩閥政治家を揃える「元勲内閣」として成立した。
- 政府は海軍費拡張を議会に提出するが、民党と衝突した。
- 1893年、政府は和衷協同の詔書❶により予算案を成立させた。

⑤ 第五議会以降
- **第五議会** 政府に接近する自由党に対し、立憲改進党が国民協会などと対外硬派を結成、条約改正問題で政府を攻撃。その結果、議会は解散した。
- **第六議会** 第3回総選挙後、日清戦争前に挙国一致体制となり、政争を中止。
- **第七議会** 日清戦争開戦後、大本営のある広島で臨時召集された。

⑥ 政府と政党の接近…日清戦争後、第2次伊藤内閣は自由党と提携し、党首板垣退助を内相に入閣させた。一方、立憲改進党は1896年に国民協会を除く対外硬派を連合した進歩党を結成し対抗した。同年の第2次松方内閣は、進歩党と提携して党首大隈重信を外相に起用した(松隈内閣)。

重要ファイル
- 民権派野党の民党に対し、吏党は大成会などの政府支持派。
- 民党は多数勢力を維持、超然主義の立場をとる政府を攻撃。
- 議会で地租軽減や行政費節減を討議。のち外交問題で争った。

❶ 和衷協同の詔書　建艦詔書ともいう。天皇が皇室財産から毎年30万円を6年間軍艦建造費に支出し、文武官僚の俸給費も1割献納させる代わりに議会も政府に協力するよう求めたもの。

165

チェックテスト

解答

① 福岡孝弟・副島種臣が起草した1868年の ａ で官制の基本が示され，中央は七官の ｂ 制となった。
　ａ 政体書
　ｂ 太政官

② 1869年の版籍奉還の結果，諸藩主は ａ となったが，1871年に御親兵1万人を募って ｂ が断行された。
　ａ 知藩事
　ｂ 廃藩置県

③ 神仏分離令に伴い，全国に　　　の風潮が高揚した。
　廃仏毀釈

④ 　　　に伴う円銭厘の新硬貨が造幣局で鋳造された。
　新貨条例

⑤ 1872年，渋沢栄一の建議で　　　が出された。
　国立銀行条例

⑥ 1873年の地租改正条例で ａ に地券が発行され，また ｂ が地租とされて，金納に改められた。
　ａ 土地の所有者
　ｂ 地価の3％

⑦ 群馬県の　　　は士族の娘らを工女として育成した。
　富岡製糸場

⑧ 　　　は全国一律の料金制をとる郵便制度を始めた。
　前島密

⑨ 最初の官営鉄道は，1872年に　　　間で開業した。
　新橋・横浜

⑩ 土佐の　　　は海運業から三菱財閥の基礎を築いた。
　岩崎弥太郎

⑪ 1876年に金禄公債証書が発行され，　　　が断行された。
　秩禄処分

⑫ 政府は困窮する旧武士層に ａ で救済を施すが，慣れない商売に手を出す ｂ の結果，没落する者もいた。
　ａ 士族授産
　ｂ 士族の商法

⑬ 陸軍の編成上の単位である　　　は当初4カ所あった。
　鎮台

⑭ 1873年，徴兵告諭に基づき ａ が出された。 ｂ 270円を納める者は免除となった。
　ａ 徴兵令
　ｂ 代人料

⑮ 西周の起草により，1882年に　　　が出された。
　軍人勅諭

⑯ 1872年に暦法を改め， ａ を採用した。また，2月11日を ｂ とした。
　ａ 太陽暦
　ｂ 紀元節

⑰ 咸臨丸に乗船・渡米した　　　は『西洋事情』を著した。
　福沢諭吉

⑱ 　　　はミルの著作を訳述して『自由之理』を著した。
　中村正直

⑲ 森有礼が発議して啓蒙思想団体の　　　が結成された。
　明六社

⑳ 　　　はルソーの著作を漢訳して『民約訳解』を著した。
　中江兆民

㉑ 岩倉使節団の外遊中，西郷隆盛らは　　　を唱えた。
　征韓論

㉒ 1875年に起こった ａ の翌年に日朝修好条規が結ばれて，その結果 ｂ ・仁川・元山の3港が開かれた。
　ａ 江華島事件
　ｂ 釜山

㉓ 　　　により，千島列島全島は日本領となった。
　樺太・千島交換条約

㉔ 琉球国王　　　は琉球藩王として華族に列せられた。
　尚泰

- ㉕ 1876年の廃刀令を受けて熊本で[a]の乱が起こり、またこれに呼応して、福岡では[b]の乱が起こった。
  - a 敬神党（神風連）
  - b 秋月
- ㉖ 1877年、[a]の政変で下野した西郷隆盛が中心の[b]を政府軍が鎮圧した。
  - a 明治六年
  - b 西南戦争
- ㉗ 板垣退助ら8名は左院に[　]の建白書を提出した。
  - 民撰議院設立
- ㉘ 1875年の[a]の結果、漸次立憲政体樹立の詔が出され、立法機関の[b]や大審院、地方官会議が新設された。
  - a 大阪会議
  - b 元老院
- ㉙ 1878年の三新法のうち[　]で大区・小区制を改めた。
  - 郡区町村編制法
- ㉚ 1880年の愛国社再興大会をうけて[a]が結成されたが、政府は弾圧立法となる[b]を定めた。
  - a 国会期成同盟
  - b 集会条例
- ㉛ 明治十四年の政変で[a]が罷免され、開拓使の官有物払い下げも中止され、[b]の勅諭も出された。
  - a 大隈重信
  - b 国会開設
- ㉜ 松方デフレ政策の一環で1882年、[　]が設立された。
  - 日本銀行
- ㉝ 1882年の[　]で、県会議長の河野広中らが検挙された。
  - 福島事件
- ㉞ 1884年の[　]は、民権運動最大の激化事件となった。
  - 秩父事件
- ㉟ 私擬憲法の「東洋大日本国国憲按」は[　]が起草した。
  - 植木枝盛
- ㊱ 1887年の[　]で民権派は皇居外3里に追放された。
  - 保安条例
- ㊲ 1885年、太政官制度を廃止して[　]を導入した。
  - 内閣制度
- ㊳ 天皇の諮問機関として、1888年に[　]が設置された。
  - 枢密院
- ㊴ 1889年、天皇の意思で制定され、国民に与えられる[a]憲法として[b]憲法（明治憲法）が発布された。
  - a 欽定
  - b 大日本帝国
- ㊵ 第1次山県内閣は政党によらない[a]の立場をとり、山県有朋は第一議会で[b]と利益線の主張を述べた。
  - a 超然主義
  - b 主権線
- ㊶ 第二議会で海相[a]が蛮勇演説を行った後、解散・総選挙では内相品川弥二郎が大規模な[b]を行った。
  - a 樺山資紀
  - b 選挙干渉

Try 次の問いに答えなさい。〔センター試験・追試験〕

● 自由民権運動に関して述べた文として正しいものを、次の①～④のうちから一つ選びなさい。

① 全国各地の民権派の団体（政社）が集まって、立志社を結成した。
② 国会開設の方針が決まると、板垣退助は立憲改進党を結成した。
③ 旧自由党の大井憲太郎らが、清国への内政干渉を計画して検挙された。
④ 三大事件建白運動では、外交失策の挽回が要求の一つに掲げられた。

解答 ④

73. 条約改正

入試重要度 A

1 条約改正交渉の長い道のり ★★

①**寺島宗則の交渉**…岩倉使節団の交渉失敗後も、条約改正は政府にとって重要な課題であった。1876年、外務卿寺島宗則は関税自主権回復の交渉を行い、アメリカの同意を得たが、イギリス・ドイツなどの反対で無効となった。

②**井上馨の交渉**…外務卿井上馨は1882年、列国の代表を東京に集めて予備会議を開き、1886年に正式会議を開会。外国人の内地雑居を認める代わりに、外国人判事の任用を条件とする領事裁判権撤廃の改正案が了承された。また、イギリス人コンドルが設計した東京日比谷の鹿鳴館で舞踏会を開いた。

③井上案への批判
- 条約改正案の条件に、政府内部と民権派が反対。
- 欧化主義への国民の反感。
- ノルマントン号事件❶に対する批判。
  →結果、交渉は無期延期となり、井上外相は辞任。

④**大隈重信の交渉**…代わって、大隈重信外相が1888年から国別に交渉を始め、改正条約を米・独・露と約すが、外国人判事を大審院に限り任用するとの内容がロンドン・タイムスに報じられ、政府内外で反対論が沸騰した。1889年10月、大隈は玄洋社の一青年に爆弾を投げられて負傷し、黒田清隆内閣も総辞職、交渉は中止された。

▲ノルマントン号事件の風刺画

2 条約改正の達成 ★★

①**青木周蔵の交渉**
- **イギリス** シベリア鉄道の建設により極東進出をはかるロシアを警戒し、日本に対し好意的態度を示す。
- **大津事件❷** 青木周蔵外相が交渉中、訪日中のロシア皇太子が警備の巡査

---

❶**ノルマントン号事件** イギリスの貨物船が1886年に紀伊半島沖で難破、邦人乗客25人全員が救助されず水死したが、船長のドレイクらが領事裁判で無罪となり、条約改正の世論が高まった。

❷**大津事件** ロシア皇太子への傷害に対し、政府は津田を大逆罪で死刑にするよう圧力をかけたが、大審院長児島惟謙は法に基づき判決を無期徒刑とし、司法権の独立を守った。

津田三蔵に襲われて負傷した。青木は責任を取り，辞任した。
②改正の達成…第2次伊藤内閣の外相陸奥宗光❸は，1894年に領事裁判権の撤廃と対等の最恵国待遇，税権の一部回復を定める日英通商航海条約を調印，次いで他の諸国とも改正条約を調印した。さらに1911年，第2次桂内閣の外相小村寿太郎のときに関税自主権が回復し，条約改正問題は解消された。

3 欧化主義への反動—思想界の動き ★

①**国民国家の基盤**…自由民権運動の下，個人の権利伸張や生活向上を国家発展の基礎とする民権論の一方，独立国家として他国と対等な関係を保ち国力を充実させる国権論の動きもみられた。1880年代後半の条約改正の交渉過程で政府が極端な欧化主義をとると，日本の民族文化の再認識をすべきとの声が高まった。

②**ナショナリズムの形成**
- **徳富蘇峰** 平民的欧化主義（平民主義）を唱え，1887年に民友社を設立し，雑誌『国民之友』を創刊した。日清戦争後は対外膨張論に転じ，『国民新聞』で国家主義を唱えた。
- **三宅雪嶺** 国粋保存主義（国粋主義）を唱え，杉浦重剛や志賀重昂らと1888年に政教社を設立し，雑誌『日本人』（のちに『日本及日本人』）を創刊した。
- **陸羯南** 欧化政策に反対して官を辞し，1889年に新聞『日本』を創刊し，国民主義を唱えた。
- **高山樗牛** 博文館の雑誌『太陽』で近代哲学と日本の伝統を折衷した日本主義を唱えた。

新聞名	創刊年	雑誌名	創刊年
『東京日日新聞』	1872	『明六雑誌』	1874
『郵便報知新聞』	1872	『女学雑誌』	1885
『朝野新聞』	1874	『国民之友』	1887
『読売新聞』	1874	『日本人』	1888
『朝日新聞』	1879	『文学界』	1893
『自由新聞』	1882	『太陽』	1895
『時事新報』	1882	『少年世界』	1895
『大阪毎日新聞』	1888	『ホトトギス』	1897
『日本』	1889	『労働世界』	1897
『万朝報』	1892	『中央公論』	1899
『平民新聞』	1903	『明星』	1900

▲おもな新聞・雑誌の創刊

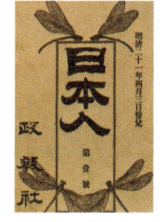

▲『日本人』　▲『太陽』

> **重要ファイル**
> - 外国人判事任用の井上案を，大隈は大審院に限るとし政府内外から非難。
> - 青木外相の時の大津事件で，児島惟謙が司法権独立を守った。
> - 治外法権撤廃は日清開戦直前，関税自主権の回復は1911年。

❸陸奥宗光　和歌山出身。回顧録の『蹇蹇録』には，改正交渉への感慨が記されている。

第4章 近代

74. 日清戦争

入試重要度 A

1 日朝修好条規以後の朝鮮情勢 ★★

①壬午軍乱…朝鮮国内では近代化を進める閔妃らの開化派が台頭したが、1882年に国王高宗の父大院君支持層の保守派が漢城で決起し、呼応した民衆が日本公使館を包囲する壬午軍乱が起こった。これは清の出兵で鎮圧、日本間で済物浦条約が結ばれたが、以後閔妃一派は日本政府と離反、清に依存し始めた。

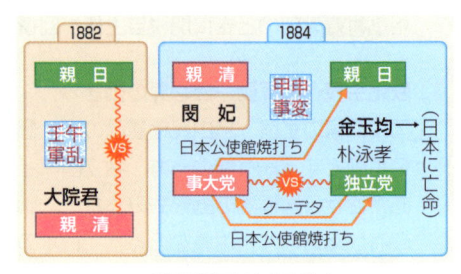

▲朝鮮半島をめぐる動き

②甲申事変…朝鮮の改革勢力＝独立党は、1884年の清仏戦争での清の敗北を機に、日本公使館の援助の下、甲申事変を起こした。金玉均・朴泳孝らによるこのクーデタは、清軍の支援で失敗した。日清関係の打開のため清に伊藤博文を派遣、李鴻章との間で天津条約を結んだ。日清両国は朝鮮から撤兵、今後出兵の際にはあらかじめ相互通知することを約し、衝突は一応回避された。

③世論の硬化
- 朝鮮では親清策をとる事大党が主導権を握り、1889年に防穀令を出した。
- 清国政府は軍事力を誇示し、日本国内では排外主義的な世論が高揚した。
- 1885年、福沢諭吉は『時事新報』に「脱亜論」を発表した。

2 日清戦争の勃発と講和 ★★

①日清開戦…1894年、朝鮮で東学❶の信徒を中心に東学の乱(甲午農民戦争)が起こった。日清両国軍によって収束したが、両国の対立が深まり軍事衝突に至った。

②戦況
- 日本海軍は豊島沖で清軍を奇襲、陸軍は成歓を占領し、宣戦布告を行う。
- その後も日本軍が圧倒、日本勝利で終結。

▲日清戦争

❶東学　崔済愚が創始。キリスト教(西学)に対抗する民族宗教。幹部の全琫準が反乱を指導した。

③**日清講和条約**…1895年，日本全権は伊藤博文・陸奥宗光，清は李鴻章との間で**下関条約**を結び，(1)朝鮮の独立・自主を確認，(2)遼東半島と台湾・澎湖諸島の割譲，(3)賠償金２億両❷の支払い，(4)沙市・重慶・蘇州・杭州の開港・開市，等を約した。一方ロシアは独・仏と遼東半島の清への返還を求め（**三国干渉**），日本はこれに応じたが，臥薪嘗胆を合言葉にロシアへの敵愾心を強めた。

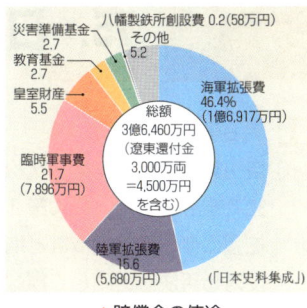

▲賠償金の使途
- 海軍拡張費 46.4%（1億6,917万円）
- 臨時軍事費 21.7（7,896万円）
- 陸軍拡張費 15.6（5,680万円）
- 皇室財産 5.5
- 教育基金 2.7
- 災害準備基金 2.7
- 八幡製鉄所創設費 0.2(58万円)
- その他 5.2
- 総額 3億6,460万円（遼東還付金3,000万両=4,500万円を含む）
（「日本史料集成」）

④戦後経営
- 賠償金は，8割以上を軍事費に使用し，1897年の貨幣法で金本位制を導入した。
- 1895年に**台湾**を領有し，台湾総督府（初代総督は樺山資紀）を台北に設置した。

3 列強による中国分割の進行 ★★

ドイツは山東半島の膠州湾，ロシアは遼東半島の旅順・大連，イギリスは九龍半島・威海衛，フランスは広州湾をそれぞれ租借し，鉄道建設などを進めていった。日本は台湾対岸の福建省の他国への不割譲を認めさせた。アメリカはこれまで欧州諸国の問題には不介入とするモンロー主義の外交方針をとってきたが，1899年に国務長官ジョン＝ヘイは中国の**門戸開放・機会均等・領土保全**を提唱する「**門戸開放宣言**」を列国に通告した。

▲列強の中国分割
勢力範囲：日本／ロシア／ドイツ／イギリス／フランス

重要ファイル
- 親日的路線の閔妃一派は，壬午軍乱の後に親清派へ転じた。
- 壬午軍乱・甲申事変を通じ，朝鮮での日本勢力は後退した。
- 防穀令問題や甲午農民戦争が発生し，日清戦争の引き金となった。
- 膠州湾は独，威海衛は英，広州湾は仏が租借し，中国分割が進んだ。

❷２億両　邦貨で，3.1億円に当たる。なお，遼東半島の返還などでさらに3000万両以上を得た。

75. 日清戦争後の内外情勢

第4章 近代 / 通史編

入試重要度 A

1 明治後半期の政局 ★★

①**自由党と進歩党**…第2次松隈(松方正義・大隈重信)内閣は1898年、党との対立で総辞職した。続く第3次伊藤博文内閣は政党との提携に失敗、また軍備拡張に伴う地租増徴など増税案を議会に提出した。進歩党と自由党はこれに反対し否決、合同して憲政党を結成した。

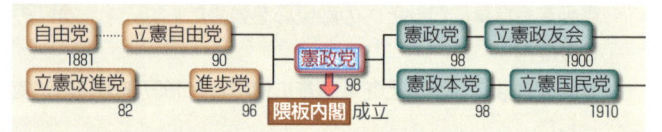

政党の系譜 ▶

```
自由党 ─── 立憲自由党 ─┐                ┌─ 憲政党 ─── 立憲政友会
1881          90       ├─ 憲政党 ─┤    98         1900
立憲改進党 ── 進歩党 ───┘    ↓ 98    └─ 憲政本党 ── 立憲国民党
     82        96      隈板内閣成立         98           1910
```

②**隈板内閣の成立**…第3次伊藤内閣に代わって首相兼外相に大隈、内相に板垣退助、軍部大臣を除く全閣僚を憲政党員で占める初の政党内閣となる、第1次大隈内閣(隈板内閣)が成立した。しかし内部対立が激しく、共和演説事件❶で辞任した文相尾崎行雄の後任をめぐり、憲政党と憲政本党に分裂し、わずか4カ月で内閣は退陣した。

③**第2次山県内閣**…1898年山県有朋が組閣、憲政党と提携するが、地租増徴を認めるなど超然主義的。
- 1899年、政党の勢力拡大を防ぐため文官任用令を改正。文官分限令と文官懲戒令を制定。
- 1900年、陸・海軍大臣を現役の大将・中将に限定する軍部大臣現役武官制を制定。政治活動や労働運動の規制を強化するため、治安警察法❷を公布。

④**伊藤・山県の後継**…憲政党は解党後、伊藤と1900年に立憲政友会を結成❸。第4次伊藤内閣は貴族院の反対で翌年退陣(以後は元老として影響)、桂太郎と西園寺公望が交互に組閣する「桂園時代」となった。

氏 名	出身	在任期間
伊藤博文	長州	1889〜1909
黒田清隆	薩摩	1889〜1900
山県有朋	長州	1891〜1922
松方正義	薩摩	1898〜1924
井上 馨	長州	1904〜1915
西郷従道	薩摩	? 〜1902
桂 太郎	長州	1911〜1913
大山 巌	薩摩	1912〜1916
西園寺公望	公家	1912〜1940

▲歴代の元老

---

❶**共和演説事件** 旧進歩党系の尾崎が、「日本に仮に共和政治が行われるとすれば、三井・三菱は大統領の候補となろう」と述べ、旧自由党系や藩閥勢から不敬と攻撃された。

❷**治安警察法** 従来の弾圧法令を集大成、第五条は女性の政談集会参加の禁止を規定。

❸落胆した幸徳秋水は『万朝報』に、憲政党が藩閥と妥協したことを批判した論説「自由党を祭る文」を掲載した。

2 清朝の崩壊と中華民国の成立 ★★

①義和団事件…清では，義和団が「扶清滅洋」を唱えて蜂起，1900年に北京の列国公使館を包囲した(義和団事件)。同調した清朝政府も列国に宣戦布告し，北清事変となる。列国は英・米・露・仏・伊・墺・独・日８カ国で鎮圧し，翌年北京議定書を結び，巨額の賠償金や列国軍隊の北京駐留を承認させた。

②辛亥革命…孫文は三民主義を唱え中国同盟会❹を指導したが，1911年の武昌蜂起に始まる革命で，翌年宣統帝が退位，清朝が倒れた。孫文を臨時大総統とする中華民国が誕生するが，清朝討伐に功績のあった北洋軍閥の袁世凱の求めで1913年その地位を譲ると，革命勢力が弾圧され孫文は日本に亡命した。袁は大総統となるが1916年に急死。しかしその後も各地の軍閥が割拠し，政治的混乱が続いた。

1905	孫文，東京で中国同盟会結成
1911	武昌蜂起(革命の始まり)
1912	中華民国成立(孫文，臨時大総統に)
	宣統帝溥儀退位(清朝滅亡)
	孫文，国民党結成
1913	袁世凱，大総統に就任　(解散)
1915	袁世凱，帝政宣言(翌年死去)

▲青天白日旗(中国国民党の旗)　　▲辛亥革命の動き

3 極東へのロシアの積極策 ★

①ロシアの朝鮮進出
- 親日派の大院君は三国干渉後，親露派の閔妃一派に倒された。
- 1895年，日本公使三浦梧楼は守備隊などを王宮に乱入させ，閔妃殺害事件を起こした。国王高宗はロシア大使館に逃れ，親露政権が樹立された。
- 1897年，朝鮮は国号を大韓帝国(韓国)と改めた。

②極東進出の本格化…北清事変で日本の軍事力が評価されたが，一方で大軍を送ったロシアはその後も駐兵を続け，満州❺を占領した。さらに1902年のシベリア鉄道開通により，南下政策は積極性を増した。

> **重要ファイル**
> - 日本最初の政党内閣となる隈板内閣だが，短命に終わった。
> - 超然主義的な第２次山県内閣の基本は政党勢力拡大の抑制。
> - 義和団事件を清政府が支援(北清事変)，８カ国連合軍で鎮圧。

❹中国同盟会　広東省の出身で海外留学していた孫文が，1905年に東京で結成。のちに中国国民党となる。孫文が唱えた三民主義は，「民族・民権・民生主義」の３項をいう。
❺満州　遼寧・吉林・黒竜江の東三省をいう。のちの中国国民政府はここを東北と称した。

76. 日露戦争

入試重要度 A

1 日露間の緊張と政府方針 ★★

①**対露政策の対立**…政府内では当時，伊藤博文・井上馨・尾崎行雄らが，満韓交換論を基礎にした親露的な**日露協商論**を唱えていた。しかし，結果的に外交交渉は同意に至らなかった。一方，山県有朋・桂太郎・小村寿太郎・加藤高明らは，親英的立場からロシアを牽制する日英同盟論を唱えていた。

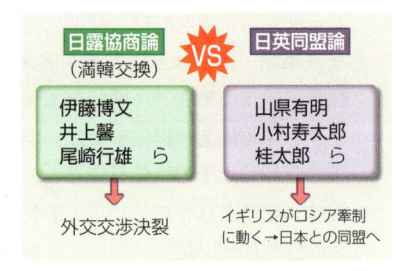

日露協商論 (満韓交換) VS **日英同盟論**

伊藤博文
井上馨
尾崎行雄 ら
→ 外交交渉決裂

山県有朋
小村寿太郎
桂太郎 ら
→ イギリスがロシア牽制に動く→日本との同盟へ

▲政府内の対立

②**日英同盟**…シベリア鉄道の開通など，ロシアの南下政策に対抗するため，1902年日英同盟協約（第1次**日英同盟**）が結ばれた。
- 日英相互が清に有する権益及び，日本が韓国に有する特殊権益を確認。
- 両国の一方が他国と開戦した場合，厳正中立を守る。
- 開戦国の敵対国に第三国が参加した場合，開戦国との共同戦闘にあたる。

③**日英同盟の推移**…第1次日英同盟はロシアへの警戒，及び日露対戦の準備に有利となった。その後，1905年の第2次日英同盟では，範囲がインドにまで拡大され，1911年の第3次日英同盟では同盟対象からアメリカを除外，対ドイツ警戒を主眼としたが，1921年の**四カ国条約**で廃棄が決定した。

2 国内世論の高まりと開戦 ★★

①**主戦論**…世論は次第に開戦論へ傾いた。
- 戸水寛人ら七博士は内閣に意見書を出し，近衛篤麿らは対露同志会を結成。
- 新聞『万朝報』が主戦論に転じると，キリスト教徒の**内村鑑三**❶や社会主義者の**幸徳秋水**❷・堺利彦らの記者が退社した。

②**非戦（反戦）論**…一部の国民からは，戦争に反対する主張が展開された。
- キリスト教人道主義の立場から内村が反戦論を唱え，社会主義の立場で平民社を結成した幸徳や堺らは平民新聞を刊行し，非戦論の記事を書いた。

---
❶**内村鑑三** 札幌農学校卒業後に受洗。万朝報は1892年黒岩涙香が創刊した日刊新聞。
❷**幸徳秋水** 高知出身で中江兆民に師事。平民社は1903年に組織されるが2年後に解散。

- 与謝野晶子は雑誌『明星』に「君死にたまふこと勿れ」で知られる反戦詩を発表した。
- 大塚楠緒子は雑誌『太陽』に「お百度詣で」の詩を発表。文学で女性が反戦を訴えた。

日露開戦論(主戦) VS 非戦論(反戦)
① キリスト教人道主義者
② 社会主義者(平民社)
③ 女性〜文学

与謝野晶子の長詩を掲載した「明星」(1904年)▶
(原題は「旅順口の包囲軍の中にある弟を歎きて」)

③ **大規模な戦争**…戦費の総額は約17億円にも達し，うち約7億を英米の外国債に依存した。兵力・損害など全てが日清戦争時とは桁違いの規模となった。

④ **激戦の経過**…1904年2月に陸軍は仁川へ上陸，海軍は旅順のロシア艦隊を奇襲した後，宣戦布告が行われた。旅順では苦戦し，翌年ようやく陥落した。さらに，奉天会戦では多数の死者を出した。一方，海軍は日本海海戦でロシアのバルチック艦隊を迎撃し，圧倒的勝利をあげた。

▲日露戦争

3 日露講和条約の締結 ★★

① **講和条約の締結**…戦死者は8万人超にも達し，日本の国力は消耗した。一方ロシアでも1905年の血の日曜日事件など，国内の抵抗で支障をきたしていた。米大統領**セオドア=ローズヴェルト**の勧告をうけ停戦，アメリカで講和会議が開かれ，**小村寿太郎**と**ウィッテ**の両全権の間で**ポーツマス条約**を調印した。

② 条約の内容
- 日本の韓国における指導・監督権を承認。
- 旅順・大連の租借と，長春以南の鉄道や付属の利権の日本への割譲。
- 北緯50度以南の樺太の割譲。
- 沿海州とカムチャッカ沿岸の漁業権承認，などを約した。

しかし，賠償金要求放棄の決定に国民は憤激，調印日の国民大会に集まった民衆が暴徒化。この**日比谷焼打ち事件**の波及で，桂内閣は翌年総辞職した。

> **重要ファイル**
> - 政府内で，満韓交換の日露協商論と日英同盟論が対立した。
> - 日露非戦論者には社会主義者・キリスト教徒や女性文学者などがいた。
> - 日露戦争の主戦場は中国東北部，旅順や奉天で激戦となった。

77. 日露戦争後の内外情勢

入試重要度 A

1 韓国併合への経緯 ★★

①日露戦時の日韓
- 1904年, **日韓議定書**で韓国での日本軍の行動の自由を承認させ, 続いて第1次日韓協約で日本政府推薦の財政・外交顧問を韓国政府に置くとした。
- 1905年, 日米での**桂・タフト協定**, ポーツマス条約や改定日英同盟で韓国での日本の優越権の保障を確認し, 第2次日韓協約を結んで韓国の外交権を接収❶, **統監府**を置き初代統監には伊藤博文が就任した。

▲伊藤博文の鵺亀

②統監政治の拡大…1907年の第2回万国平和会議❷に, 韓国は皇帝の密使を送って提訴を求めたが失敗。この**ハーグ密使事件**を機に高宗を退位させ, 第3次日韓協約を結んで内政権を統監の指揮監督下におき, 軍隊を解散させた。

③韓国の支配権掌握
- **義兵運動** 軍隊解散命令に反発して武装闘争が生じたが, 日本軍が鎮圧。
- **伊藤博文暗殺事件** 1909年, 前統監の伊藤博文がハルビン駅頭で民族運動家安重根に暗殺された。
- **韓国併合** 1910年の韓国併合条約で日本領とした。京城❸には**朝鮮総督府**が置かれ, 初代総督には**寺内正毅**陸相が就任した。

④併合後の植民地支配…総督府による**土地調査事業**が1918年まで行われ, 所有権の不明確な多くの土地が国有地として接収され, 国策会社の**東洋拓殖会社**など日本人資本へ払い下げられた。

2 満州経営と日米関係 ★★

①遼東半島南部の租借地…旅順・大連を含む地を**関東州**と呼び, 1906年旅順に軍事・行政機関となる**関東都督府**が設置された。また半官半民の**南満州鉄道株式会社(満鉄)**を大連に設立し, 旧東清鉄道や沿線の鉱工業などを管理した。

---

❶保護国にするという意味で, この第2次日韓協約は乙巳保護条約とも呼ぶ。
❷万国平和会議 ニコライ2世が提唱, オランダのハーグでの1899年に次いで2回開催。
❸京城 併合を機に漢城(今のソウル)は京城, 韓国は朝鮮と改称され, 憲兵や警察による武断政治が続いた。なおこの頃, 日本国内での批判的な世論はほとんどなかった。

②**日米関係の悪化**…1905年，アメリカの鉄道王による長春・大連間の路線買収で共同経営を企図したハリマン計画や，1909年，国務長官ノックスによる満鉄中立化提案は挫折，門戸開放宣言に反した日本の権益独占への非難から日米関係は悪化した。黄色人種が台頭して白人に危害をなすという黄禍論の波紋もあり，1906年にサンフランシスコで日本人学童が排斥される等，日本人移民排斥問題❹も生じた。

図中：
- 露：承認　第1~4次日露協約(1907,10,12,16)
- 英：承認　第2次日英同盟(1905)
- 南満州権益独占化
- (1905)桂・タフト協定
- 米：門戸開放 満鉄中立化提唱
- 日本：対立　南満州鉄道株式会社の設立(1906)，旅順に関東都督府を設置(1906)　→関東庁　→関東軍(1919)
- 清：満州侵略
- 韓：植民地化

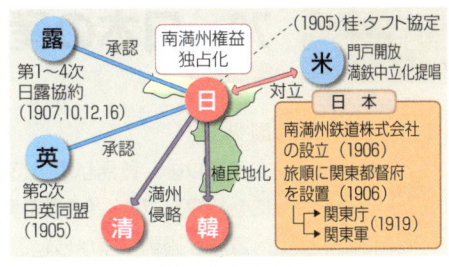

▲日米関係の悪化

3 **満州経営と日露関係** ★

①**日露両国の接近**…日本の韓国併合に伴う協調やロシアの独・伊への対抗策，また両国の満州での権益保護の面から日露関係は接近した。アメリカの満州進出への警戒とロシアの欧州政略から，1907年に第1次**日露協約**が結ばれ，東アジアの現状維持を約した。

②**日露協約の推移**…全て秘密協定であった。
- **第2次協約**(1910年)　アメリカの満鉄中立化案を阻むため，満州の現状維持と鉄道権益確保の協力を約した。
- **第3次協約**(1912年)　辛亥革命に伴い，満州及び内蒙古における両国の勢力圏を相互に確認した。
- **第4次協約**(1916年)　日露同盟ともいう軍事同盟。ロシア革命で破棄。

③**日露戦争によるその後の日本への影響**
- 日本の国際的地位の向上。これに伴い1911年に関税自主権確立を達成。
- 日本は欧米帝国主義国家の一員に。朝鮮・中国への進出本格化。
- 日露関係は好転(南下政策が後退)。一方，英米とは利害が対立。
- 日本の戦後経営…軍備拡張，重工業化推進＝第2次産業革命へ。

> **重要ファイル**
> - 第2次日韓協約で外交権，第3次日韓協約で内政権を接収。
> - 1905年(韓国)統監府，1910年の併合で朝鮮総督府を設置。
> - 朝鮮の国策会社の東洋拓殖，関東州は南満州鉄道株式会社。

❹**日本人移民排斥問題**　1907年には日米紳士協約を交わし，日本も移民の自粛に努めたが鎮静化しなかった。結局1924年に排日移民法が成立し，日本人移民の入国は禁止となった。

78. 日本の産業革命

入試重要度 A

1 産業界の発展 ★

①**企業勃興**…松方デフレ後，貿易が輸出超過に転じて産業界は活気づき，鉄道や紡績を中心に会社設立ブーム（**企業勃興**）となり，産業革命が始まった。

- **1890年恐慌** 急激な過剰生産から起こった日本最初の恐慌。
- **特殊銀行**[1] 貿易金融を扱う**横浜正金銀行**や日本勧業銀行，日本興業銀行，台湾銀行などが設立された。
- **商社** 三井物産会社などが活躍した。

> - 横浜正金銀行…外国貿易金融を扱う。外債募集も行った（1879年国立銀行条例に基づき設立。1887年に特殊銀行へ）
> - 日本勧業銀行…（1897年）農工業むけの長期資金供給を行う
> - 日本興業銀行…（1902年）工業への長期資金供給と外貨導入
> - 農工銀行…農業金融のため各府県に設立。大地主を擁護
> - 台湾銀行／朝鮮銀行…植民地経営を推進する中央銀行
>
> ▲特殊銀行の例

②**貿易の整備拡充**…1896年，政府は**造船奨励法**と**航海奨励法**を公布し，大型船舶の建造・海運業の振興を図った。1887年，官営長崎造船所は三菱に払い下げられた。日本郵船会社は1893年にボンベイ航路，1896年に欧米航路などの遠洋航路を開設したが，前者の主目的はインド綿花の輸入であった。このため1900年には，輸入増に伴う資本主義恐慌が発生した。

2 日清戦争前後の軽工業の成長 ★★

①**綿糸紡績業**…綿織物業は一時衰えたが，従来の手紡による手織機に**飛び杼**[2]を取り入れて改良，生産を回復させた。1876年に**臥雲辰致**が水力で動かす**ガラ紡**を考案し，広まった。

②**紡績業の躍進**…1883年，**大阪紡績会社**が操業し，1890年には綿糸生産量が輸入量を上回り，紡績業が産業革命の中心となった。また**豊田佐吉**は初の国産力織機を発明し，石油で動かす安価な機械も普及した。

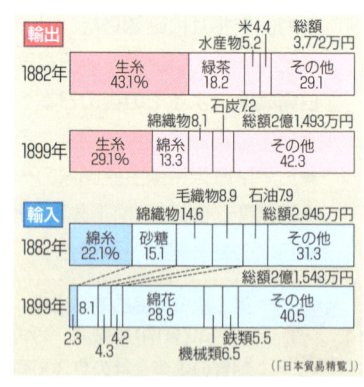

輸出

年	生糸	緑茶	水産物	米	その他	総額
1882	43.1%	18.2	5.2	4.4	29.1	3,772万円

年	生糸	綿糸	綿織物	石炭	その他	総額
1899	29.1%	13.3	8.1	7.2	42.3	2億1,493万円

輸入

年	綿糸	砂糖	綿織物	毛織物	石油	その他	総額
1882	22.1%	15.1	14.6	8.9	7.9	31.3	2,945万円

年	綿糸	綿花	機械類	鉄類	他	その他	総額
1899	8.1	28.9	6.5	5.5	4.3/4.2/2.3	40.5	2億1,543万円

（「日本貿易精覧」）

▲貿易品目の割合の変化

---

[1] **特殊銀行** 特定の政策目的のため特別法で設立，政府の監督下で特権を有した銀行。
[2] **飛び杼** 緯糸を通す杼を紐で左右に動かす。イギリスのジョン＝ケイの発明で1873年に導入。

③製糸業の進展…幕末以来の輸出品の中心。
- 座繰[3]製糸　手動による製糸装置で、養蚕業とともに家内工業として普及。
- 器械製糸[4]　動力を使った製糸装置。富岡製糸場など官営工場で導入されて急速に発展した。甲信地方などの中小工場で普及し、生産が増大した。1909年には生糸の輸出規模は清を抜き、世界最大となった。

④鉄道業…華族の金禄公債を資金に1881年設立された日本鉄道会社の成功など、民営鉄道ブームが起こり、1889年には官営の東海道線が全通するが、総延長では民営が官営を上まわっていた。しかし軍事・経済的な面から、1906年に鉄道国有法が公布され、主要幹線の民鉄17社を買収して国有とした。

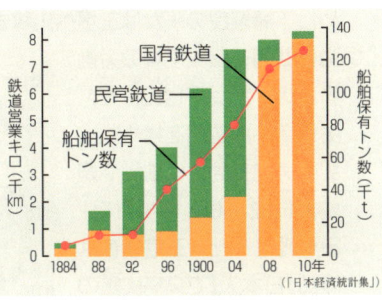

▲鉄道と海運の発達

3 日露戦争前後の重工業の形成 ★★

①金属・機械工業
- 金属工業　日清戦争の賠償金を投じた官営八幡製鉄所が、1901年に操業した。鉄鉱石は中国の大冶から輸入、石炭は筑豊(のち撫順)炭田を用い、1906年には大拡張が行われた。一方1907年、室蘭に設立された日本製鋼所は、最大の民間兵器製鋼会社となった。
- 機械工業　東京の池貝鉄工所がアメリカ式旋盤の製作に成功し先駆をなした。また造船も、世界的な水準に達した。

②財閥の形成…1909年の三井合名会社の設立を手始めに、持株会社を頂点とするコンツェルン(企業連携)の形態を整え、三井・三菱・住友・安田の四大財閥は多角的経営を展開した。また古河市兵衛や浅野総一郎・川崎正蔵などの中小財閥もおこった。

> **重要ファイル**
> - 1890年に綿糸の生産高＞輸入高、1897年に輸出高＞輸入高に。
> - 1894年に器械製糸＞座繰、1909年に生糸輸出が世界最大に。
> - 1890年に最初の恐慌、1900年には資本主義恐慌が発生した。
> - 官営八幡製鉄所は大冶の鉄鉱石、筑豊や撫順の石炭を利用。

[3]座繰　ハンドルと巻取り軸の間に歯車を用い、手引きに代わって糸巻き速度を高めた。
[4]器械製糸　糸枠を動力で回転させる。なお、動力は人力→水力→蒸気力→電力と発展した。

第4章 近代

79. 産業革命の影響と社会運動

入試重要度 A

1 明治期の農村と農民 ★

①**農業**…寄生地主制がより進み，農業は米作主体の零細経営であった。そのため，下層農民の子女は工場へ出稼ぎして家計を助けた。

②**労働問題**…繊維工場の労働者は大半が女性（**女工**）で，労働条件は過酷を極めた。男子労働者は主に鉱山や運輸業に従事し，飯場❶に住み管理された。三宅雪嶺は雑誌『日本人』で高島炭鉱の劣悪な労働状態を報告し，横山源之助の『日本之下層社会』や農商務省の『職工事情』などにも記されている。

工場労働者数の推移

	紡績	製糸	織物	繊維産業	その他	化学	官営	機械・器具	飲食物	その他
1886年 7万4,956人	4.0%	35.7	7.2	46.9%		17.7	15.7	3.9	1.0	14.8
1900年 38万7,796人	16.2%	30.6	12.7	61.1	1.6	7.7	9.1	6.6	9.3	6.2
1909年 80万9,480人	12.7%	22.8	15.7	54.6	3.4	6.8	8.1	8.1	14.5	7.9

※工場は10人以上使用のもの。（「日本産業革命の研究」）

2 労働問題・公害問題の発生 ★★

①労働運動と組織

● **労働運動** 1886年に甲府の雨宮製糸で日本初の女工ストライキが発生し，1894年には大阪の天満紡績でもストライキが起こった。

● **労働組織** 渡米して労働運動を研究した**高野房太郎**は，帰国後に職工義友会を組織し，片山潜らと共に労働組合期成会に改組。『労働世界』を発刊し，

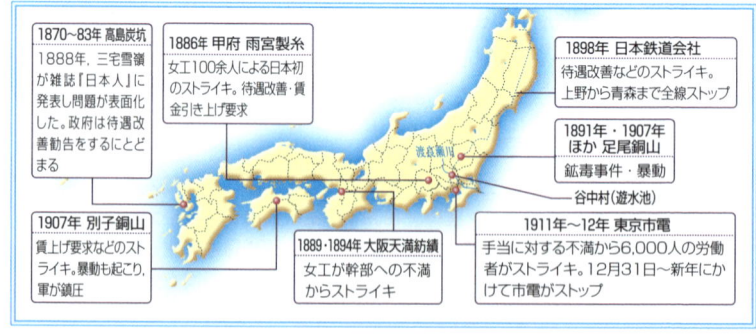

1870〜83年 高島炭坑
1888年，三宅雪嶺が雑誌『日本人』に発表し問題が表面化した。政府は待遇改善勧告をするにとどまる

1886年 甲府 雨宮製糸
女工100余人による日本初のストライキ。待遇改善・賃金引き上げ要求

1898年 日本鉄道会社
待遇改善などのストライキ。上野から青森まで全線ストップ

1891年・1907年 ほか 足尾銅山
鉱毒事件・暴動
渡良瀬川
谷中村（遊水池）

1907年 別子銅山
賃上げ要求などのストライキ。暴動も起こり，軍が鎮圧

1889・1894年 大阪天満紡績
女工が幹部への不満からストライキ

1911年〜12年 東京市電
手当に対する不満から6,000人の労働者がストライキ。12月31日〜新年にかけて市電がストップ

▲おもな社会・労働問題

❶飯場　九州では納屋，北海道ではタコ部屋・監獄部屋。労働者を拘禁状態で使役した。

鉄工組合や日本鉄道矯正会などの組合を組織，労働運動を指導した。

②**最初の公害問題**…栃木県の足尾銅山の鉱毒が渡良瀬川に流れ，魚の死滅や田畑の荒廃が発生した（足尾銅山鉱毒事件）。被害農民は操業停止の請願運動を行い，代議士の田中正造が運動を先導した。1901年に田中は**天皇への直訴**に及んだ。1907年に土地収用法が発せられ，遊水池設置と谷中村の廃村で決着した。

▲田中正造

③**初の労働者保護立法**…1911年に工場法が公布され，12歳未満の就労や女子・年少者の深夜業禁止，12時間労働制などを定めた。しかし15人未満の零細工場には適用されないなど不徹底な内容であった。また資本家の反対で制定が遅れ，施行も1916年まで延期された。なお細井和喜蔵は1925年，紡績女工の惨状を『女工哀史』にまとめた。

3 明治期の社会主義運動の展開 ★★

①社会主義の動き
- **社会主義研究会** 1898年に安部磯雄・片山潜・幸徳秋水らで結成。
- **社会主義協会** 1900年に社会主義研究会を改称。
- 社会民主党 1901年に安部・片山・幸徳・河上清・西川光二郎・木下尚江の6名で結成された日本初の社会主義政党。しかし，2日後に解散を命じられた。

②**合法的社会主義政党**…日露開戦論の高揚で，『万朝報』を退社した幸徳・堺利彦らは1903年平民社（『平民新聞』発刊）を結成したが，再三弾圧を受けた。1906年，堺・片山らが結成した日本社会党に対し，第1次西園寺公望内閣は寛容な態度を示すが，党内で片山らの議会政策派と幸徳らの直接行動派が対立し，後者が優位を占めると，翌年に結社禁止となった。

③**社会主義運動への弾圧**…第2次桂太郎内閣の1910年，天皇の暗殺計画容疑で26名が逮捕・起訴されて翌年全員が有罪，幸徳秋水や管野スガら12名が死刑となった。その多くは暗殺計画に直接関与していなかった。この大逆事件以降，社会主義は何もできない「冬の時代」を迎えた。なお同年，警視庁内に思想警察の特別高等課（特高，内務省直轄で1945年に解体）がおかれた。

> **重要ファイル**
> - 横山源之助『日本之下層社会』，細井和喜蔵『女工哀史』。
> - 初の社会主義政党は社会民主党，合法的政党は日本社会党。
> - 幸徳秋水らが大逆罪で処刑され，社会主義「冬の時代」へ。

第4章 近代

80. 近代文化の発達 ①

入試重要度 B

1 宗教・教育の動向 ★★

①宗教界
- **教派神道** 全13派の神道を政府が公認。庶民の間で広まった。
- **仏教** 廃仏毀釈で打撃を受けたが、島地黙雷らの努力で復興をみた。
- **キリスト教** 札幌農学校のクラークや熊本洋学校のジェーンズらの影響で内村鑑三・海老名弾正・新渡戸稲造らが信徒となり、西洋近代思想の啓蒙にも寄与した。また、人道主義の面から福祉活動や廃娼運動を展開した。

②**国民皆学**…1879年、学制❶を廃しアメリカ流の教育令❷を公布したが、翌年全面改訂され(改正教育令)、学校の管理・統制を強化した。

③**国家主義的教育**…1886年、文部大臣森有礼は学校令❸を公布し、帝国大学を頂点とする教育機関の整備、小学校4年間の義務教育制、「忠君愛国」を説く修身などの教科を重視した。その理念は1890年の教育勅語で徹底された。また教科書は1903年に国定制(国定教科書)となった。1907年、義務教育は6年に延長され、その頃の小学校就学率は95%に達した。

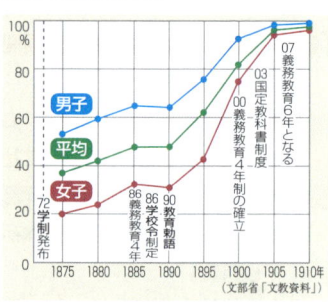

▲小学校児童の就学率の向上

④高等教育機関と私学
- **官立** 東京帝国大学以外にも京都・東北など9つの帝国大学が創設された。政府に雇われた外国人教師も各分野で指導し、多くの実績を残した。
- **私立** 福沢諭吉の慶応義塾、新島襄の同志社大学、大隈重信の東京専門学校(のちに早稲田大学)などが設立された。

創立年	学校名
1868	蘭学塾(1858年開設)を慶応義塾と改称(→慶応義塾大学)
1875	同志社英学校(→同志社大学)
1877	学習院(→学習院大学)
1881	明治法律学校(→明治大学)
1882	東京専門学校(→早稲田大学)
1886	明治学院(→明治学院大学)
〃	関西法律学校(→関西大学)
1889	日本法律学校(→日本大学)
1900	女子英学塾(→津田塾大学)
〃	京都法政学校(→立命館大学)

▲明治時代のおもな私学

❶**学制** フランスを模範としたが、学校建設費を住民負担とする点などから学制反対一揆が発生。
❷**教育令** アメリカの教育方針を参考に最低16カ月の義務教育などを規定。
❸**学校令** 小学校令(尋常・高等小学校)、中学校令・帝国大学令・師範学校令の総称。

2 学問の発達 ★★

① **人文科学**…日本の歴史や文学などに西洋の研究法が導入され，経済学者の田口卯吉は『日本開化小史』で文明史論を示した。東京帝大の史料編纂掛では『大日本史料』・『大日本古文書』等の編纂が進められた。

② **学問や教育の諸問題**
- **内村鑑三不敬事件** 1891年，キリスト教徒の内村鑑三は教育勅語への拝礼を拒み，第一高等中学校の職を追われた。
- **久米事件** 帝大教授の久米邦武は，論文「神道は祭天の古俗」を神道家や国学者から非難され，1892年，職を追われた。

③ **自然科学**…物理学では長岡半太郎が原子模型の理論を発表，木村栄は地球の緯度の変化のZ項を発見した。大森房吉は地震学，牧野富太郎は植物学を究めた。医学では北里柴三郎がペスト菌，志賀潔が赤痢菌を発見し，薬学では高峰譲吉がアドレナリン抽出やタカジアスターゼの創製，鈴木梅太郎がオリザニン(ビタミンB_1)の抽出，秦佐八郎がサルバルサンの創製に成功した。

分野	人物	事項
医学	北里柴三郎	破傷風血清療法，ペスト菌発見。伝染病研究所創設。
	志賀潔	赤痢菌の発見。
薬学	高峰譲吉	アドレナリン抽出 タカジアスターゼ創製
	秦佐八郎	サルバルサン創製
	鈴木梅太郎	オリザニン(ビタミンB_1)抽出
地震学	大森房吉	大森式地震計の開発
天文学	木村栄	緯度変化のZ項の発見
物理学	長岡半太郎	原子構造の研究
	田中館愛橘	地磁気の測定
植物学	牧野富太郎	植物の分類法

▲自然科学者の業績

3 ジャーナリズムの発達 ★

① **新聞・雑誌**…1862年，洋書調所が翻訳したバタビヤ新聞が新聞の最初となる。また，長崎通詞の本木昌造が鉛製活字の量産に成功し，1870年これを用いた『横浜毎日新聞』が初の日刊紙となった。総合雑誌『太陽』などが明治後期創刊。

② **新聞の種類**
- **大新聞** 1880年代の自由民権運動期に政治評論を報じた。自由党系は党機関紙の『自由新聞』など，立憲改進党系は『郵便報知新聞』や『朝野新聞』，立憲帝政党系は『東京日日新聞』があり，政治思想の国民への浸透に寄与した。
- **小新聞** 江戸時代の瓦版の伝統を引き継ぎ，娯楽・文芸が中心の大衆紙のこと。『読売新聞』『朝日新聞』などが創刊された。

> **重要ファイル**
> - 政府の神道国教化策は失敗，学校で国家主義的教育を推進。
> - 1872年の学制，1879年の教育令(1880年改正)，1886年の学校令へ。
> - 学制で反対一揆も起きるが，明治末の就学率はほぼ100%へ。

81. 近代文化の発達 ②

1 明治の文学 ★

①**近代文学の成立**…文明開化期に仮名垣魯文は『安愚楽鍋』を著し、勧善懲悪主義の戯作文学も復活した。自由民権運動の下では矢野竜溪『経国美談』、東海散士『佳人之奇遇』、末広鉄腸『雪中梅』など民権家による政治小説が人気を博した。これらに対し**坪内逍遙**は、1885年の『**小説神髄**』で**写実主義**を唱え、また**二葉亭四迷**の『**浮雲**』が**言文一致体**で書かれ、これを結実させた。

②紅露文学
- **尾崎紅葉** 硯友社を結成し、雑誌『我楽多文庫』を発刊。尾崎は『金色夜叉』、山田美妙は『夏木立』で写実主義を掲げ、文芸小説の大衆化を進めた。
- **幸田露伴** 『五重塔』など、東洋的観念による「理想主義」的作風を示した。

③**ロマン主義**…日清戦争前後、北村透谷らの雑誌『文学界』を中心に人間の感情面を重んじる**ロマン主義**文学が盛んになった。小説では『たけくらべ』の**樋口一葉**や**森鷗外**らが秀作を残し、詩歌でも『若菜集』を編んだ**島崎藤村**の新体詩や、**与謝野晶子**らの明星派の情熱的な短歌が現われた。

④**俳句の革新**…**正岡子規**は伝統的な俳句の革新運動を掲げ『病牀六尺』を編んだ。俳句雑誌『ホトトギス』の刊行に協力し、門下の高浜虚子らに引き継がれた。また門下の伊藤左千夫や長塚節らにより1908年、短歌雑誌『アララギ』が創刊された。

⑤**自然主義**…ロマン主義の一方、社会的な題材も扱われた。日露戦争前後には、**国木田独歩**・**田山花袋**・**島崎藤村**・徳田秋声らの**自然主義**が文壇の主流となった。詩人石川啄木も社会主義的な生活詩を詠いあげ、**夏目漱石**の作品群は知識人の内面を捉え、多くの読者を得た。

戯作文学・政治小説	戯作文学…仮名垣魯文『安愚楽鍋』 政治小説…矢野竜溪『経国美談』 東海散士『佳人之奇遇』 末広鉄腸『雪中梅』
写実主義	**坪内逍遙『小説神髄』** **二葉亭四迷『浮雲』『あひびき』** 幸田露伴『五重塔』（理想主義） 尾崎紅葉『金色夜叉』 山田美妙『夏木立』
ロマン主義	森鷗外『舞姫』 **樋口一葉『たけくらべ』** 島崎藤村『若菜集』 泉鏡花『高野聖』 徳冨蘆花『不如帰』 北村透谷、雑誌『文学界』 与謝野晶子『みだれ髪』
自然主義	国木田独歩『武蔵野』 **島崎藤村『破戒』** 田山花袋『蒲団』 徳田秋声『黴』 石川啄木『一握の砂』

▲近代の文学

2 明治期の芸術

①明治期の歌舞伎…劇場・興業の刷新，女形の廃止や活歴[1]など伝統を見直す歌舞伎改良運動が起こった。名優も現れ，九代目市川団十郎，五代目尾上菊五郎，初代市川左団次が明治歌舞伎の黄金期(「団菊左時代」)を築いた。

②近代劇…オッペケペー節の川上音二郎らが興した壮士芝居は**新派劇**となり発展した。一方，島村抱月・坪内逍遙の文芸協会や小山内薫らの自由劇場などの結成があり，歌舞伎や新派劇に対する**新劇**と呼ばれ，西洋の翻訳近代劇が上演された。

③音　楽…軍楽隊により西洋音楽が導入され，伊沢修二らにより小学校に唱歌が採用された。また**東京音楽学校**が設立され，滝廉太郎らの作曲家が現れた。

3 明治期の美術 ★

①日本画…工部省の工部美術学校は1883年閉鎖され，1887年の東京美術学校は西洋美術を除いて開校された。フェノロサ・岡倉天心らの影響下，狩野芳崖・橋本雅邦らにより再興・革新された。1898年，岡倉を中心に日本美術院が結成された。

②西洋画
- **明治美術会**　1889年，浅井忠らが結成した日本初の西洋美術団体。脂派と称された。
- **黒田清輝**　フランスで学び，帰国後1896年に白馬会を結成，外光派と称された。

③官設の展覧会…1907年，洋画・日本画・彫刻の三部門で第1回**文部省美術展覧会**(文展)を開催，洋画は和田三造の「南風」が最高賞を受賞した。

④彫刻・建築
- **彫　刻**　高村光雲の木彫と荻原守衛らの彫塑が発達。
- **建　築**　明治末には辰野金吾・片山東熊らによる洋風建築が造られた。

絵画	日本画	狩野芳崖『悲母観音』 橋本雅邦『竜虎図』 横山大観『無我』 下村観山『大原御幸』 菱田春草『落葉』
	西洋画	高橋由一『鮭』 浅井　忠『収穫』 黒田清輝『読書』 和田英作『渡頭の夕暮』 青木　繁『海の幸』 藤島武二『蝶』 和田三造『南風』
彫刻		高村光雲『老猿』 新海竹太郎『ゆあみ』 荻原守衛『女』
建築		辰野金吾『日本銀行本店』 片山東熊『旧赤坂離宮』

▲おもな美術・建築作品

> **重要ファイル**
> - 島崎藤村の詩は新体詩。小説はロマン主義から自然主義へ。
> - 歌舞伎と壮士芝居から発展した新劇に対する新派劇も興る。
> - 脂派の明治美術会，外光派の白馬会が明治期の洋画の団体。

---

[1] 活歴　従来の卑俗・荒唐無稽な作風を改め史実を重んじる新様式。仮名垣魯文が「活きた歴史」と評したことによる。逍遙は西洋劇の手法で新史劇『桐一葉』を創作した。

チェックテスト

解 答

① 1886年，紀伊半島沖で起こった a により， b の撤廃を求めて条約改正の声が高まった。
   - a ノルマントン号事件
   - b 領事裁判権(治外法権)

② 外相大隈重信の外交交渉は a の社員による大隈暗殺未遂で挫折し，続いて青木周蔵も b で辞任した。
   - a 玄洋社
   - b 大津事件

③ 外相陸奥宗光の1894年に____条約が結ばれた。
   - 日英通商航海

④ 三宅雪嶺らは a を設立して国粋保存主義を唱え，また b は民友社を設立して平民的欧化主義を唱えた。
   - a 政教社
   - b 徳富蘇峰

⑤ 陸羯南は新聞『____』を発行して，国民主義を唱えた。
   - 日本

⑥ 開化路線をとる朝鮮国王の外戚閔氏と対立する a の支持派が，1882年に漢城で決起する b を起こした。
   - a 大院君
   - b 壬午軍乱

⑦ 金玉均らが1884年に起こした____は失敗した。
   - 甲申事変

⑧ 1894年に朝鮮で起こった a (東学の乱)で，日清両国は⑦後に結んだ b の規定に従って派兵した。
   - a 甲午農民戦争
   - b 天津条約

⑨ a により b と澎湖諸島が日本に割譲され，初代 b 総督の樺山資紀は島内の抵抗運動を武力で抑えた。
   - a 下関条約
   - b 台湾

⑩ 1895年，露・独・仏による a の圧力をうけ， b を清国に返還した日本では，ロシアへの敵意が増した。
   - a 三国干渉
   - b 遼東半島

⑪ 1898年に自由党・進歩党が合同して____が誕生した。
   - 憲政党

⑫ ____は，尾崎行雄の共和演説事件後に総辞職した。
   - 隈板内閣

⑬ 1900年 a が発足し，伊藤博文が初代総裁になった際， b は『万朝報』に「自由党を祭る文」を掲載した。
   - a 立憲政友会
   - b 幸徳秋水

⑭ ____が「扶清滅洋」を唱え列国公使館を襲撃した。
   - 義和団

⑮ a は日露戦争の際に「君死にたまふこと勿れ」で知られる反戦詩を雑誌『 b 』に発表した。
   - a 与謝野晶子
   - b 明星

⑯ 1905年，第2次 a により，漢城に b を置くことを承認させた。
   - a 日韓協約
   - b 統監府

⑰ 1879年に設立され，外国貿易金融を目的とした____はのちに特殊銀行となった。
   - 横浜正金銀行

⑱ 1883年，蒸気力大規模紡績工場の____が操業した。
   - 大阪紡績会社

⑲ a が1906年に公布され，上野・青森間を結ぶ1881年設立の b など私鉄17社は買収された。
   - a 鉄道国有法
   - b 日本鉄道会社

- ⑳ 北九州に設立された◻︎が，1901年に操業開始した。　八幡製鉄所
- ㉑ 東京の◻︎ⓐは，アメリカ式旋盤の製作に成功した。　池貝鉄工所
- ㉒ ◻︎ⓐはアメリカから帰国後，労働運動の先駆者となって1897年に職工義友会，次いで◻︎ⓑ会を結成した。　ⓐ高野房太郎　ⓑ労働組合期成
- ㉓ 農商務省が1903年に『◻︎ⓐ』で労働実態を報告し，1911年には初の労働者保護法の◻︎ⓑが制定された。　ⓐ職工事情　ⓑ工場法
- ㉔ 1901年，6名が初の社会主義政党の◻︎に参加した。　社会民主党
- ㉕ 1886年の◻︎で国家主義的な教育が打ち出された。　学校令
- ㉖ 大隈重信は，早稲田大学の前身の◻︎を設立した。　東京専門学校
- ㉗ ◻︎は教育勅語の拝礼を拒む不敬事件をおこした。　内村鑑三
- ㉘ ◻︎は破傷風菌を発見し伝染病研究所を設立した。　北里柴三郎
- ㉙ 初の日刊新聞の◻︎は，本木昌造の活字を用いた。　横浜毎日新聞
- ㉚ 戯作者◻︎は開化の世相を『安愚楽鍋』に著した。　仮名垣魯文
- ㉛ 矢野竜溪(文雄)は，政治小説『◻︎』を著した。　経国美談
- ㉜ ◻︎ⓐは『小説神髄』で写実主義を唱え，二葉亭四迷は『浮雲』で話し言葉に近い口語の◻︎ⓑを試みた。　ⓐ坪内逍遙　ⓑ言文一致体
- ㉝ 北村透谷らは◻︎主義の文学誌『文学界』を創刊した。　ロマン
- ㉞ 小山内薫らは◻︎団体の自由劇場を結成した。　新劇
- ㉟ フェノロサと◻︎は，東京美術学校を設立した。　岡倉天心
- ㊱ 浅井忠らは◻︎ⓐを結成し，フランスで西洋画を学んだ◻︎ⓑは，帰国して白馬会を創立した。　ⓐ明治美術会　ⓑ黒田清輝
- ㊲ ロダンに感化された◻︎の「女」は遺作となった。　荻原守衛
- ㊳ 鹿鳴館やニコライ堂を設計したコンドルの弟子に，現在の迎賓館である旧赤坂離宮を設計した◻︎がいる。　片山東熊

Try 次の問いに答えなさい。 〔センター試験・追試験〕

○ 元老となった人物について述べた文として誤っているものを，次の①〜④のうちから一つ選びなさい。

① 伊藤博文は，維新の元勲を中心に閣僚を選んで第2次内閣を組織した。
② 黒田清隆は，国会開設を前に超然主義の立場を表明した。
③ 山県有朋は，大村益次郎の構想を引き継いで近代的な軍隊を整えた。
④ 西園寺公望は，政党員の官僚への登用を禁じるため文官任用令を改めた。

解答 ④

82. 第一次護憲運動と大正政変

入試重要度 A

1 桂園時代と明治の終焉 ★★

①**桂園時代の始まり**…財源窮乏の中で政治運営した第1次桂太郎内閣(1901～1905年)の次に，地方での支持を得た立憲政友会総裁の**西園寺公望**が第1次内閣を組織した。以後，約10年にわたって桂と西園寺が交互に内閣を担ったため，この時期を**桂園時代**という。

②**第1次西園寺内閣**…1906年に**南満州鉄道株式会社**(満鉄)設立や**鉄道国有化**を行ったが，社会主義に寛容な面を藩閥勢力に非難され，また，翌年には恐慌にも陥り，1908年に桂が再び内閣を組織した。

③**第2次桂内閣**…個人主義や浪費的風潮を是正し，節約と勤勉を説く**戊申詔書**が1908年発布され，これを指導理念とする地方改良運動が翌年から内務省を中心に進められた。それに伴い，新町村を母体に若者組に代わる青年会の育成，**在郷軍人会❶**の再編も図られた。

④**陸軍のストライキ**…1910年には**韓国併合**や**大逆事件**があり，その翌年は**工場法**が制定(施行は延期)された。同年，立憲政友会の反発で第2次西園寺内閣に代わったが，この内閣の財政緊縮策に，辛亥革命の影響もあって増師問題❷で陸軍が不満を示した。朝鮮駐屯の2個師団増設要求が閣議で拒否されると，陸相**上原勇作**が帷幄上奏権❸を用いて単独で辞職し，陸軍は後任の陸相を出さず，内閣は総辞職に追い込まれた。

第1次桂内閣	第1次西園寺内閣	第2次桂内閣	第2次西園寺内閣	第3次桂内閣
●日英同盟(1902) ●日露戦争(1904) ●ポーツマス条約(1905) ●日比谷焼き打ち事件(1905)	●統監府設置(1906) ●鉄道国有法(1906) ●南満州鉄道株式会社設立(1906)	●戊申詔書(1908) ●地方改良運動(1909) ●大逆事件(1910) ●韓国併合(1910) ●工場法(1911)	●大正に改元(1912) ●2個師団増設要求(1912)	

❶**在郷軍人会** 兵役を終えた予備役・後備役の軍人団体。各町村に存在していたが，1910年の帝国在郷軍人会の設立に伴ってその分会となり，国民の国防意識推進に努めた。

❷陸軍17個師団から25個師団への増設がすでに1907年，山県有朋ら軍部の帝国国防方針で示されていた。また海軍も，戦艦・巡洋艦各8隻常備の八・八艦隊を主張した。

❸**帷幄上奏権** 軍令事項について内閣を経ず，天皇に直接進言できる権限。

2 大正時代の幕開けと政局 ★★

①**第一次護憲運動**…大正天皇の侍従長と内大臣を兼ねる桂が1912年末、三たび首相に復帰し、「宮中と府中の別」を乱すものと非難された。詔勅で政敵を抑えようとする桂に立憲政友会の**尾崎行雄**や立憲国民党(1910年結成)の**犬養毅**らや民衆が、「**閥族打破・憲政擁護**」を掲げる倒閣運動(第一次護憲運動)を全国で展開した。

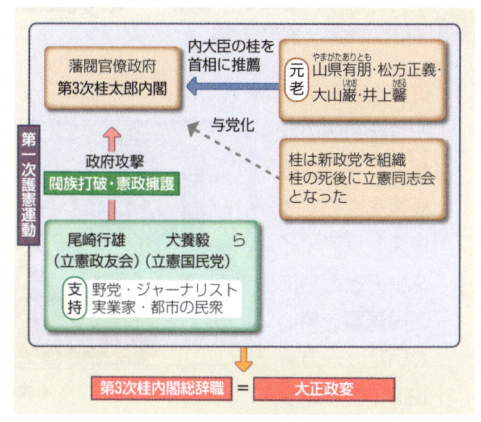

```
藩閥官僚政府          内大臣の桂を
第3次桂太郎内閣 ←── 首相に推薦    元老 山県有朋・松方正義・
                                    大山巌・井上馨
     ↑        ←── 与党化
  第 政府攻撃                    桂は新党を組織
  一 閥族打破・憲政擁護            桂の死後に立憲同志会
  次                              となった
  護 尾崎行雄    犬養毅 ら
  憲 (立憲政友会)(立憲国民党)
  運
  動 支持 野党・ジャーナリスト
        実業家・都市の民衆

  第3次桂内閣総辞職 ＝ 大正政変
```
▲第一次護憲運動

②**大正政変**…桂は新党結成で打開しようとしたが、国会を囲む数万の国民のデモや議会での弾劾を受け、第3次桂内閣は53日で総辞職した。これを**大正政変**という。なお、新党には立憲国民党の一部の離党者が加わり、退陣した桂の死後、立憲同志会❹となった。

③**第1次山本内閣**…1913年、元海相の**山本権兵衛**が内閣を組織し、立憲政友会を与党に行政整理を進めた。また、**軍部大臣現役武官制**を改正するなどしたが、翌年、**ジーメンス事件**の発覚で総辞職した。

- **軍部大臣現役武官制改正** 陸海軍大臣への任用を予備・後備役まで拡大。
- **文官任用令改正** 政党員にも高級官僚への任用を可能にした。
- **ジーメンス事件** 軍需品購入などに伴う海軍高官とドイツのジーメンス会社の贈収賄事件。
- **ヴィッカース事件** 軍需品購入などに伴う海軍高官とイギリスのヴィッカース会社の贈収賄事件。

④**大隈の再登板**…後継首相に苦慮した元老は、民衆や言論界に人気の高い**大隈重信**を推薦し、1914年に立憲同志会の後援で第2次大隈内閣が成立した。

> **重要ファイル**
> - 桂太郎は歴代首相で在任最長だが、第3次内閣は53日で退陣した。
> - 山本内閣はジーメンス事件で退陣した。

---
❹**立憲同志会** 総裁は加藤高明。1916年、前与党各派が合同して、憲政会となった。

83. 第一次世界大戦と日本

入試重要度 A

1 第一次世界大戦 ★

①**20世紀初頭の欧州**…ドイツは積極策を進めてオーストリア・イタリアとともに三国同盟を築いていた。一方、1907年、イギリス・フランス・ロシアの間で三国協商が締結され、三国同盟と対立した。

▲大戦前の国際関係

②**大戦の勃発**…「ヨーロッパの火薬庫」と称されたバルカン半島で、1914年6月、オーストリア皇太子夫妻がセルビア人青年に暗殺された(**サライェヴォ事件**)。これを機に両国間の戦争が勃発し、第一次世界大戦が始まった。

2 大戦時の日本の対応 ★★

①**日本の中国進出**…1914年8月、第2次**大隈重信**内閣は**加藤高明**外相の主導で日英同盟を口実としてドイツに宣戦布告した。日本は、中国でのドイツの根拠地青島と山東省と赤道以北のドイツ領南洋諸島の一部を占領した。

②**二十一カ条の要求**…1915年、大隈内閣は**袁世凱**政府に対して、二十一カ条の要求を行い、最後通牒を発して要求の大部分を承認させた。
- **内　容** 山東省のドイツ権益継承、旅順・大連や南満州鉄道などの租借期限99年間延長、漢冶萍公司の日中合弁承認など。
- 中国では要求を受け入れた5月9日を国恥記念日とし、民衆は強く反発。

③**大陸の権益擁護策**…大隈内閣の1916年には第4次日露協約で、極東での両国の特殊権益を相互に再確認した。次の**寺内正毅**内閣では、袁世凱死後に国務総理となった軍閥の**段祺瑞**のもとへ**西原亀三**❶を派遣し、日本の権益確保を意図した巨額の経済借款を与えた(西原借款)。

④**日米の利害調整**…寺内内閣は、日本の中国進出を警戒するアメリカと交渉し、1917年に特派大使石井菊次郎とアメリカの国務長官ランシングの間で石井・

---

❶**西原亀三**　特派大使として中国に送られた寺内首相の秘書。借款の大半が回収不能となり失敗。

ランシング協定が交わされ、中国に関する日本の特殊権益と中国の領土保全・門戸開放・機会均等が確認された。

> **重要ファイル**
> - 第一次世界大戦で、日本は山東半島などドイツ権益を攻撃。
> - 寺内正毅の私設特使の西原亀三が段祺瑞に対して借款供与。

3 大戦景気 ★

①**大戦景気**…日本は第一次世界大戦中、交戦国からの軍需品需要や欧州諸国のアジア市場からの後退で好況を迎え、債務国から債権国へ転じた。貿易は大幅な輸出超過となり、生糸はアメリカ、綿布は中国へ輸出された。1914年、猪苗代・東京間の長距離送電に成功し、動力は電力が蒸気力を上回った。

②**重工業の発展**…農業国から工業国へ転じた。造船・海運業は世界第3位の海運国となり船成金が現れた。化学工業はドイツからの輸入が途絶えて成長した。鉄鋼業では、八幡製鉄所が拡張され、満鉄は鞍山製鉄所を設立した。

4 シベリア出兵と米騒動 ★★

①**社会主義革命の実現**…1917年、ロシアでは労働者や兵士の革命(**ロシア革命❷**)が起こり、世界初の社会主義国家のソヴィエト政権が生まれた。

②**シベリア干渉戦争**…革命の拡大を恐れた連合国は、内戦下のロシアに干渉戦争を行い、日本にも共同出兵を促した。寺内内閣はチェコスロヴァキア軍救援を名目とするアメリカの提案を受け、1918年、シベリア出兵を決定した。大戦終了後、列国は干渉戦争から撤兵したが、日本のみ1922年(樺太は1925年)まで駐兵を続けたため、内外からの非難を浴びた。

- **尼港事件** 1920年、シベリアの黒竜江河口のニコライエフスク(尼港)を占領していた日本軍や居留民が、抗日パルチザンに包囲され、虐殺された事件。

③**米騒動**…1918年のシベリア出兵を見込んだ米の投機的買占めで**米価が急騰**した。富山県の漁民の主婦らによる**女房一揆**をきっかけとして、米屋や富商などが襲撃される**米騒動**が全国に拡大し、約70万人が参加した。政府は軍隊を動員して鎮圧を図ったが、寺内内閣は責任をとって総辞職した。

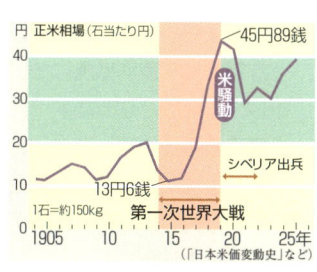

▲米価の急騰

❷**ロシア革命** 三月革命でロマノフ王朝が滅び、十一月革命で臨時政府が倒されてプロレタリア(労働者)独裁を樹立した。1922年にソヴィエト社会主義共和国連邦へ発展した。

84. 大戦後の国際秩序の形成と日本

入試重要度 A

1 第一次世界大戦後の国際秩序 ★

①**講和会議**…1918年，ドイツでは革命により帝政が崩壊し，同年11月，ドイツ共和国は連合国に降伏，休戦が成立した。1919年，**パリ講和会議**が開かれ，日本も**西園寺公望**・**牧野伸顕**らを全権に，五大連合国(アメリカ・イギリス・日本・フランス・イタリア)の一員として参加した。

②**ヴェルサイユ条約**…講和会議で**ヴェルサイユ条約**が調印された。この条約に基づくヨーロッパの新国際秩序を**ヴェルサイユ体制**という。
- **内容** ドイツに対し，巨額の賠償金(総額1320億金マルク)や軍備制限，全植民地の喪失・本国領の一部割譲など。

③**国際連盟**…講和会議では，アメリカ大統領**ウィルソン**の提唱により，世界平和の維持機関の設立を決め，1920年に**国際連盟**が設立された。
- 本部はスイスのジュネーヴ。
- 日本はイギリス・フランス・イタリアとともに常任理事国に。
- アメリカは上院の反対で参加できず。ドイツ・ソ連も不参加。

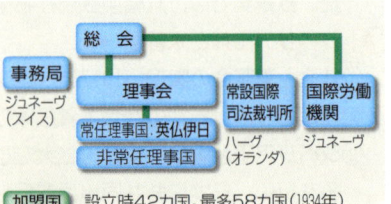

```
                    総 会
                      │
  事務局 ── 理事会 ── 常設国際 ── 国際労働
 ジュネーヴ    │      司法裁判所    機関
 (スイス)  常任理事国:英仏伊日   ハーグ    ジュネーヴ
          非常任理事国        (オランダ)
```

加盟国	設立時42カ国。最多58カ国(1934年)
表決	全会一致制
制裁	経済封鎖のみ

▲国際連盟のしくみ

2 アジアの民族運動 ★

①**講和会議と日本**…日本はヴェルサイユ条約によって，**山東省の旧ドイツ権益の継承**を認められ，**赤道以北の旧ドイツ領南洋諸島の委任統治権**を得た。一方で，人種差別撤廃について新提案を行ったが，アメリカ・イギリスが反対し，不採択となった。

②**講和会議と中国**…連合国の一員である中国は，二十一カ条の要求の撤回や旧ドイツ権益の返還を会議で拒否された。1919年5月4日，これに抗議する学生や市民らの反帝・反日デモの**五・四運動**が発生し，ヴェルサイユ条約の調印を拒否した。

③**朝鮮の独立運動**…朝鮮では独立要求が学生などを中心に高まり，1919年3月1日に京城(ソウル)のパゴダ(タプッコル)公園で独立宣言書が読みあげられ，独立万歳を叫ぶ**三・一独立運動**が全土に広がった。朝鮮総督府は軍隊を動員

して弾圧したが，原敬内閣は国際世論に配慮して官制を改正し，朝鮮・台湾での文官総督を認め，朝鮮での憲兵政治を廃止するなどの「**文化政治**[1]」を行った。

3 ワシントン体制 ★★

①**ワシントン会議**…1921年，米大統領**ハーディング**の提唱で**ワシントン会議**が開かれた。その狙いは列強の建艦競争の停止，財政軽減や東アジアでの日本の膨張抑制にあった。日本は海相**加藤友三郎**・駐米大使**幣原喜重郎**・貴族院議長徳川家達らを全権として派遣した。この会議に基づく東アジア・太平洋地域の新国際秩序を，**ワシントン体制**という。

②**諸条約の調印**…ワシントン会議で，**四カ国条約・九カ国条約・ワシントン海軍軍縮条約**が日本に関係する条約として結ばれた。

条約名	参加国	日本全権	条約の内容と関連事項
四カ国条約 (1921年)	英・米・日・仏	加藤友三郎 幣原喜重郎 徳川家達	・太平洋の現状維持に関する条約 ・これにより**日英同盟破棄**(1923年)
九カ国条約 (1922年)	英・米・日・仏・伊・ベルギー・ポルトガル・蘭・中		・中国問題に関する条約 ・中国の主権尊重，門戸開放，機会均等などを規定 ・**石井・ランシング協定破棄**(1923年)
ワシントン 海軍軍縮条約 (1922年)	英・米・日・仏・伊		・主力艦保有量の制限(英：米：日：仏：伊＝5：5：3：1.67：1.67) ・今後10年間は主力艦の建造禁止

▲ワシントン会議で結ばれた条約

③**軍縮の影響**…協調外交下の海軍軍縮で，日本も老朽艦の廃艦や戦艦建造の中止が実現した。陸軍でも加藤友三郎内閣の陸相山梨半造の山梨軍縮に続き，加藤高明内閣のもとでの陸相宇垣一成の宇垣軍縮が行われた[2]。この結果4個師団を廃止する代わりに戦車，航空機など軍装備の近代化が図られた。また，軍縮で生じた余剰将校は学校に配属され，軍事教練が開始された。

> **重要ファイル**
> ・ウィルソン大統領の提唱した国際連盟にアメリカは不参加。
> ・日本は1919年に得た山東省の旧ドイツ権益を，1922年に返還。
> ・ワシントン海軍軍縮条約で，日本の主力艦の保有量は対米英6割に。

---

[1] 文化政治　第3代朝鮮総督の斎藤実は，1920年から産米増殖計画など経済策も進めた。
[2] 軍縮の結果，1921年に歳出の半分近くを占めていた軍事費は，1926年に3割を切るまでに減少した。

85. 政党政治の展開

入試重要度 A

1 積極政策から非政党内閣の時代へ ★★

① **平民宰相**…米騒動による国民の政治参加拡大をうけ、元老❶も立憲政友会総裁の**原敬**を推薦し、1918年に陸海相と外相内田康哉以外の閣僚を立憲政友会の党員で占める**日本初の本格的な政党内閣**が成立した。原は平民籍の衆議院議員だったので「平民宰相」と呼ばれ、民衆から歓迎された。

② **原内閣**…産業や教育の奨励などの積極政策を行った。だが、普通選挙拒否や**森戸事件**（森戸辰男への弾圧）、立憲政友会党員に関する汚職の発生などで民衆の支持を失い、1921年、原は東京駅で一青年に刺殺された。

- **四大綱領** 交通機関の整備・産業貿易の振興・教育の奨励・国防の充実。
- **選挙法改正** 1919年、選挙権の納税資格を**直接国税3円**以上に引き下げ、小選挙区制を導入。一方で普通選挙の要求には「時期尚早」として反対。
- **教 育** 大学令の公布や高等学校令の改正による高等教育の拡充。
- **外交・国防** 三・一独立運動弾圧、関東庁への改組、ヴェルサイユ条約調印、国際連盟加盟、八・八艦隊予算化、シベリア出兵の継続など。
- **思想弾圧** 森戸辰男の論文「クロポトキンの社会思想の研究」を弾圧。

③ **非政党内閣の時代**…原の後、総裁と首相は**高橋是清**が継いだが、内紛で短命内閣となり、海軍大将**加藤友三郎**が組閣した。陸海軍軍縮やシベリア撤兵を手がけた加藤は在任中の1923年病死。次いで**山本権兵衛**が首相に復帰したが、第2次山本内閣成立は関東大震災直後で、年末には摂政の裕仁親王（のちの昭和天皇）が難波大助に襲撃される**虎の門事件**が起こり、総辞職した。

④ **関東大震災**…1923年9月1日、関東地方を襲った大地震(M7.9)で、死者10万人以上を出し、山本内閣は緊急勅令で戒厳令を布告した。
- 震災後の混乱で流言が広がり、多数の朝鮮人のほか、中国人や労働組合の幹部らが軍隊・警察や自警団によって虐殺された。

▲関東大震災

---

❶**元老** 首相経験者など（歴代9名）が就任した政界最長老の称。

- 亀戸事件　社会主義者川合義虎らが亀戸警察署内で殺された事件。
- 甘粕事件　無政府主義者大杉栄と伊藤野枝を憲兵甘粕正彦が殺害した事件。

2 第二次護憲運動の展開 ★★

①**特権内閣の復活**…元老は，政党と距離をおく人選で枢密院議長の**清浦奎吾**を首相に推薦した。貴族院中心の超然内閣に対し，**憲政会**・**立憲政友会**・**革新倶楽部**の3党は，貴族院改革・普選断行・行財政整理を掲げ，第二次護憲運動を展開した。清浦は立憲政友会から分離した**政友本党**の支持をとりつけ，議会を解散したが，総選挙の結果，護憲三派が圧勝した。

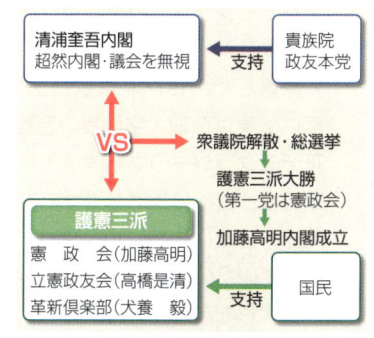

```
清浦奎吾内閣          貴族院
超然内閣・議会を無視  ←支持─ 政友本党
      ↕VS
      ↓
             衆議院解散・総選挙
             ↓
             護憲三派大勝
             （第一党は憲政会）
             ↓
             加藤高明内閣成立
護憲三派                    ↑支持
憲政会（加藤高明）          国民
立憲政友会（高橋是清）
革新倶楽部（犬養 毅）
```
▲第二次護憲運動

②**護憲三派内閣**…清浦内閣は総辞職し，1924年6月，第一党の**憲政会**総裁の**加藤高明**が3党の連立内閣を組織した。
- **外　交**　外相**幣原喜重郎**の協調外交を軸に，1925年に**日ソ基本条約**を締結。
- **普通選挙法**　1925年制定。財産・所得上の制限を撤廃し，**満25歳以上の男性**すべてに選挙権を与えた。有権者はそれまでの4倍に増えた。
- **治安維持法**　1925年制定。国体の変革や私有財産制の否認をめざす結社を禁ずる法律。当初の目的は共産主義思想の広がりや，普通選挙実現による労働者の影響力増大への対処にあったが，のちに社会運動の弾圧に適用。

3 「憲政の常道」の慣行 ★★

①**大正から昭和へ**…1925年，立憲政友会が革新倶楽部を吸収し，護憲三派の提携が崩れた。よって憲政会が単独与党の第2次加藤内閣となったが，翌年加藤が病死し，内相**若槻礼次郎**が首相を継いだ。同年末には大正天皇が没して摂政の裕仁親王が即位し，昭和と改元された。

②**二大政党の構築**…1927年，第1次若槻内閣が退陣すると，立憲政友会総裁の**田中義一**内閣に代わった。憲政会は政友本党と合同し，**立憲民政党**を結成した。第1次加藤〜犬養毅内閣までは，立憲政友会と憲政会（のち立憲民政党）の二大政党の党首が交代で組閣する「**憲政の常道**」が8年間続いた。

> **重要ファイル**
> - 護憲三派の加藤内閣は普選導入の一方，治安維持法を制定。
> - 憲政会（立憲民政党）と立憲政友会による，「憲政の常道」の慣行が続いた。

86. 社会運動の進展

入試重要度 A

1 大正デモクラシーの風潮とジャーナリズム ★★

①デモクラシー思想…大正初めには民衆運動が高揚し、日本の政治思想に大きく影響した。1912年,東京帝国大学教授の美濃部達吉は天皇機関説❶を,1916年には東京帝国大学教授の吉野作造が民本主義❷を提唱した。この2つは大正デモクラシーの中心理論をなした。1918年,吉野は福田徳三らと黎明会をつくり,吉野の指導を受けた学生たちは東大新人会などの団体を結成した。

②雑誌の普及…『中央公論』や山本実彦の『改造』など総合雑誌が著しく発展した。石橋湛山らの経済誌『東洋経済新報』が植民地放棄論を載せ,小日本主義を唱えて異彩を放った。『我等』を創刊した長谷川如是閑や大山郁夫らも民主主義的な論陣を張った。

2 社会革新の風潮 ★★

①労働運動…労働者人口の増加で権利意識が高まり,労働争議も急増した。1912年,鈴木文治らにより友愛会が結成された。友愛会は1919年に大日本労働総同盟友愛会と改称し,1921年には日本労働総同盟となった。

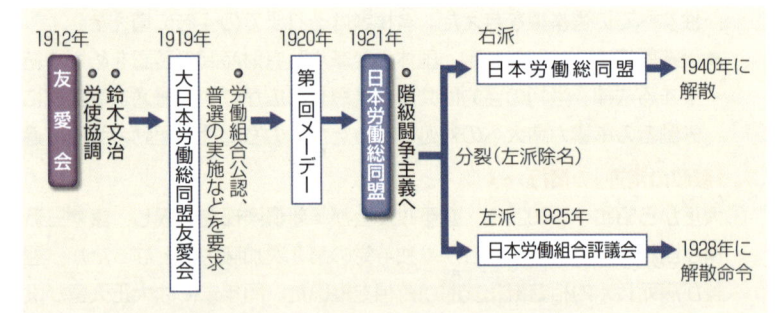

```
1912年           1919年            1920年    1921年
┌──┐ 鈴木文治  ┌────────┐ 労働組合公認、  ┌────┐ ┌──────┐ 階級闘争主義へ   ┌──────────┐
│友 │ 労使協調 │大日本労働  │ 普選の実施     │第一│ │日本労 │              →│日本労働総同盟│ →1940年に解散
│愛 │────→  │総同盟友愛会│ などを要求    →│回メ│→│働総同 │                └──────────┘
│会 │          │            │                │ーデ│ │盟    │  分裂(左派除名)
└──┘          └────────┘                 │ー  │ │      │              
                                              └────┘ └──────┘              左派  1925年
                                                                            →┌──────────────┐
                                                                             │日本労働組合評議会│ →1928年に解散命令
                                                                             └──────────────┘
```

②社会主義運動…大逆事件以来の「冬の時代」を経て,社会主義者が活発に活動するようになった。1920年には日本社会主義同盟が結成された。ロシア革命以後は共産主義の影響が浸透し,1922年には堺利彦や山川均らにより,日本共産党がコミンテルンの支部として非合法に組織された。

---

❶天皇機関説 美濃部の学説は『憲法講話』『憲法撮要』などで著述された国家法人説にたつ理論。なお,大正初期,天皇主権説を唱える上杉慎吉らとの天皇機関説論争がみられた。
❷民本主義 『中央公論』の論文「憲政の本義を説いて其有終の美を済すの途を論ず」で説いた。

③**国家主義の新潮流**…辛亥革命に参加した**北一輝**は中国での著作を『**日本改造法案大綱**』と改題して1923年に刊行。国家社会主義的な国家改造の理念が右翼や青年将校に影響を与えた。**大川周明**は1919年北と**猶存社**を結成した。

④**女性解放運動**…明治末の1911年，**平塚らいてう(明)**らの**青鞜社**は文学雑誌『青鞜』を刊行した。1920年，平塚と**奥むめお**・**市川房枝**らは**新婦人協会**を結成し，女性の権利向上を求めた。1922年には**治安警察法第5条の一部改正**を実現させ，1924年には**婦人参政権獲得期成同盟会**へ改組された。一方，**山川菊栄**や**伊藤野枝**らは1921年，女性社会主義団体の**赤瀾会**を結成したが，同年末に解散。

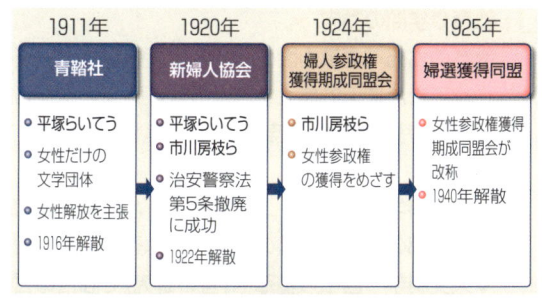

1911年	1920年	1924年	1925年
青鞜社	新婦人協会	婦人参政権獲得期成同盟会	婦選獲得同盟
●平塚らいてう ●女性だけの文学団体 ●女性解放を主張 ●1916年解散	●平塚らいてう ●市川房枝ら ●治安警察法第5条撤廃に成功 ●1922年解散	●市川房枝ら ●女性参政権の獲得をめざす	●女性参政権獲得期成同盟会が改称 ●1940年解散

⑤**農民運動と部落解放**…農村では，小作料の減免を求める小作争議が相次ぎ，1922年に**杉山元治郎**・**賀川豊彦**らは**日本農民組合**を結成した。また，**西光万吉**や**阪本清一郎**らは被差別部落民への社会的差別や貧困の解消をめざし，1922年秋には**全国水平社**の結成大会が京都で開かれた。

> **重要ファイル**
> ● 大正デモクラシーを支える理念は，民本主義と天皇機関説。
> ● 日本共産党，日本農民組合，全国水平社は，1922年に結成。

3 男子普通選挙の実施と弾圧の強化 ★

①**無産政党の結成**…1925年の普通選挙法成立で，労働組合や農民組合は議会を通しての変革をめざす。同年結成の農民労働党は即日禁止，1926年に左派を除いた合法的な無産政党の**労働農民党**が組織された。しかし党内で内紛が生じ，労農党と右派の社会民衆党，中間派の日本労農党の3党に分裂した。

②**社会運動の弾圧**…**田中義一**内閣の1928年に実施された第1回普通選挙では労働農民党，社会民衆党などの無産政党から8名の当選者を出した。そのため，政府は共産主義思想への取り締まりを強めた。

● **三・一五事件** 総選挙後の3月15日の政府による共産党員の大検挙。
● **治安維持法改正** 緊急勅令で治安維持法を改正，最高刑を死刑とする。
● **特別高等警察(特高)** 思想犯を取り締まる。1928年に全国各府県に設置。
● **四・一六事件** 1929年4月16日の共産党への弾圧事件。

第4章 近代
87. 市民文化
入試重要度 B

1 教育や学問の動向 ★

①教育の拡充…原敬内閣の1918年,高等学校令改正や大学令公布で専門学校とされてきた慶応義塾大学などの公・私立大学が正式な大学となった。これに伴い高等教育機関が充実し,進学率も向上した。

②学問
- 自然科学　1917年,理化学研究所が設立。野口英世の黄熱病の研究,本多光太郎のKS磁石鋼の発明,八木秀次の超短波用アンテナの製作など。
- 人文科学　西田幾多郎は『善の研究』で独自の哲学体系を構築。柳田国男は民俗学を確立し,津田左右吉は日本古代史の科学的研究を行った。
- 経済学　河上肇が『貧乏物語』を著し,のちにマルクス主義経済学に傾倒。

> **重要ファイル**
> ● 河上肇は経済学,西田幾多郎は哲学,柳田国男は民俗学者。

2 文学や芸術の動向 ★

①文学
- 白樺派　1910年,有島武郎・志賀直哉・武者小路実篤らが雑誌『白樺』を創刊。人道主義の立場で,ロダンの彫刻などを紹介。
- 耽美派　官能美に満ちた永井荷風や谷崎潤一郎らの作風。
- 新思潮派　芥川龍之介や菊池寛らが理知的な作品で現実をとらえた。
- プロレタリア文学　1921年の『種蒔く人』創刊に始まり,『文芸戦線』では葉山嘉樹,『戦旗』では小林多喜二,徳永直らが活躍。
- 新感覚派　感覚的表現を重んじる。横光利一や川端康成が活躍。
- 大衆小説　中里介山や大佛次郎・吉川英治が新聞・雑誌に連載。

白樺派	武者小路実篤	『その妹』,『友情』,『人間万歳』
	志賀　直哉	『和解』,『暗夜行路』
	有島　武郎	『カインの末裔』,『或る女』
耽美派	永井　荷風	『腕くらべ』
	谷崎　潤一郎	『刺青』,『痴人の愛』
新思潮派	芥川　龍之介	『羅生門』,『鼻』,『河童』
	菊池　寛	『父帰る』,『恩讐の彼方に』
プロレタリア文学	葉山　嘉樹	『海に生くる人々』
	徳永　直	『太陽のない街』
	小林　多喜二	『蟹工船』
新感覚派	川端　康成	『伊豆の踊子』,『雪国』
	横光　利一	『日輪』
大衆小説	中里　介山	『大菩薩峠』
	大佛　次郎	『鞍馬天狗』,『赤穂浪士』
	吉川　英治	『宮本武蔵』

▲おもな作家と文学作品

- 詩　歌　高村光太郎や萩原朔太郎・室生犀星らが近代詩を確立した。和歌ではアララギ派に斎藤茂吉・島木赤彦らが出た。
- 児童文学　1918年，鈴木三重吉が児童文芸雑誌『赤い鳥』を創刊。

②日本画…岡倉天心の死後，1914年に日本美術院が再興され，重鎮の横山大観（『生々流転』）や下村観山，安田靫彦らが院展で活躍した。

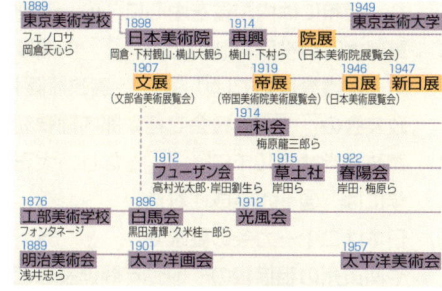

1889				1949	
東京美術学校	1898		1914		東京芸術大学
フェノロサ	日本美術院		再興	院展	
岡倉天心ら	岡倉・下村観山・横山大観ら		横山・下村ら	（日本美術院展覧会）	
	1907		1919	1946	1947
	文展		帝展	日展	新日展
	（文部省美術展覧会）		（帝国美術院美術展覧会）	（日本美術展覧会）	
		1914			
		二科会			
		梅原龍三郎ら			
	1912		1915	1922	
	フューザン会		草土社	春陽会	
	高村光太郎・岸田劉生ら		岸田ら	岸田・梅原ら	
1876		1896			
工部美術学校	白馬会		光風会		
フォンタネージ	黒田清輝・久米桂一郎ら				
1889	1901			1957	
明治美術会	太平洋画会			太平洋美術会	
浅井忠ら					

▲近代の絵画界

③洋　画…後期印象派の影響を受けたフューザン会が結成され，文展❶に対抗して創立された二科会や春陽会で安井曽太郎（『金蓉』）や梅原龍三郎（『紫禁城』），岸田劉生（『麗子像』）らが活躍した。

④音　楽…洋楽の普及が著しく，山田耕筰は日本初の交響楽団を指揮した。声楽家の三浦環はオペラ『蝶々夫人』を演じ，国際的な名声を得た。

⑤演　劇…1913年に島村抱月・松井須磨子が結成した芸術座が新劇の発展に貢献。1924年，小山内薫・土方与志らによってつくられた築地小劇場は大きな反響を呼んだ。また，沢田正二郎は1917年，大衆劇の新国劇をおこした。

3 都市化と大衆文化

①都市生活…個人の住宅も和洋折衷の文化住宅が建てられ，洋食を楽しむ都市的な生活が始まり，市街地を走る電車や地下鉄，乗合自動車（バス）が新たな交通機関となった。都市を中心に俸給生活者（サラリーマン）が増え，女性の社会進出も進み，電話交換手やバスガールなどの職業婦人が出現した。

②購買層の増加…大衆化の中で発行部数が急速に拡大し，大正末に『大阪朝日新聞』や『東京日日新聞』は100万部を越えた。『サンデー毎日』『週刊朝日』などの週刊誌，1925年創刊の『キング』などの大衆雑誌も生まれた。文学全集などを1冊1円の低価格で売る円本や，岩波文庫などの文庫本も登場した。

③娯　楽…無声映画の活動写真は大正期の大衆娯楽となり，日活・松竹などの映画会社が制作を行い，1931年から有声映画のトーキーも登場した。明治期に普及した蓄音機により，大正半ば以降レコードが売れ，流行歌が広まった。1925年にはラジオ放送が始まり，翌年に日本放送協会（NHK）が設立された。

❶文　展　文部省の主催。1919年に帝国美術院展覧会（帝展）に継承され，戦後，日展となった。

チェックテスト

解答

① 日露戦争後の国家基盤強化のため1908年に　ａ　が出され，翌年には内務省を中心に　ｂ　運動が展開された。
ａ 戊申詔書
ｂ 地方改良

② 軍部大臣現役武官制のため　　　内閣は1912年に倒れた。
西園寺公望

③ 第一次護憲運動では「　ａ　・憲政擁護」が叫ばれ，立憲政友会の　ｂ　は議会で桂太郎内閣弾劾の演説を行った。
ａ 閥族打破
ｂ 尾崎行雄

④ 憲政本党は1910年に　ａ　となり，大正政変を経て1913年には　ｂ　が結成された。
ａ 立憲国民党
ｂ 立憲同志会

⑤ 日本は二十一カ条の要求で，　ａ　省ドイツ権益の継承や関東州の租借権の　ｂ　年間延長などを求めた。
ａ 山東
ｂ 99

⑥ 寺内正毅内閣はアメリカと石井・　ａ　協定を結び，また中国の　ｂ　政権に対して巨額の西原借款を行った。
ａ ランシング
ｂ 段祺瑞

⑦ 1914年以降ヨーロッパが主戦場と化すと，　ａ　に沸く日本は，輸出超過で債務が払拭され　ｂ　国となった。
ａ 大戦景気
ｂ 債権

⑧ 第一次世界大戦中，化学工業は　ａ　からの輸入が途絶し，軽工業はアジア市場での　ｂ　の輸出が急増した。
ａ ドイツ
ｂ 綿織物

⑨ 大戦中の好況は資本家を潤し，　　　を生み出した。
成金(船成金)

⑩ ロシア革命への干渉として　ａ　が行われる中，1920年には極東で日本人が大虐殺される　ｂ　が発生した。
ａ シベリア出兵
ｂ 尼港事件

⑪ 　　　県の女房一揆を機に，米騒動が全国に拡大した。
富山

⑫ 1919年，講和会議が開かれて　ａ　条約が調印され，赤道以北の旧ドイツ領南洋諸島は日本の　ｂ　となった。
ａ ヴェルサイユ
ｂ 委任統治領

⑬ 1921年，大統領　ａ　の呼びかけでワシントン会議が開かれ，日本からは海相　ｂ　らが全権として出席した。
ａ ハーディング
ｂ 加藤友三郎

⑭ 1921年，太平洋の現状維持などを定める　ａ　が調印され，またこれに伴って　ｂ　の廃棄が決定された。
ａ 四カ国条約
ｂ 日英同盟

⑮ 1922年に　ａ　の五大国の間で結ばれたワシントン海軍軍縮条約では，　ｂ　の保有量の制限が規定された。
ａ 英米日仏伊
ｂ 主力艦

⑯ 加藤高明内閣の陸相　ａ　によって行われた1925年の陸軍軍縮の結果，余剰将校による　ｂ　が開始された。
ａ 宇垣一成
ｂ 軍事教練

⑰ 原敬内閣は高等教育の充実のため　　　を公布した。
大学令

⑱ 第2次山本権兵衛内閣は1923年9月の　ａ　直後に発足
ａ 関東大震災

	したが，12月の ⓑ の責任をとって総辞職した。	ⓑ虎の門事件
⑲	無政府主義者の大杉栄は，□□□で憲兵大尉に殺された。	甘粕事件
⑳	第二次護憲運動で，貴族院を母体とする ⓐ 内閣に代わり，護憲三派から ⓑ 総裁の加藤高明が組閣した。	ⓐ清浦(奎吾) ⓑ憲政会
㉑	1925年に□□□が結ばれ，ソ連との国交が回復した。	日ソ基本条約
㉒	東大教授吉野作造が指導した学生が□□□を結成した。	東大新人会
㉓	1921年，大日本労働総同盟友愛会は□□□と改称した。	日本労働総同盟
㉔	1920年に設立された ⓐ は，青鞜社の女性解放運動を継承し， ⓑ 第5条の撤廃運動などを展開した。	ⓐ新婦人協会 ⓑ治安警察法
㉕	1922年結成の□□□は戦後，部落解放同盟となった。	全国水平社
㉖	1925年，初の□□□の農民労働党は結社禁止となった。	無産政党
㉗	田中義一内閣の1928年， ⓐ で共産党員らが一斉検挙され，同年最高刑を死刑とする ⓑ の改正が行われた。	ⓐ三・一五事件 ⓑ治安維持法
㉘	□□□のKS磁石鋼発明は日本独自の業績となった。	本多光太郎
㉙	武者小路実篤らの□□□派が大正文学の主流となった。	白樺
㉚	□□□の『蟹工船』はプロレタリア文学の名作である。	小林多喜二
㉛	□□□の大作『大菩薩峠』は『都新聞』に連載された。	中里介山
㉜	日本美術院を再興した□□□は『生々流転』を描いた。	横山大観
㉝	1913年，島村抱月・□□□は芸術座を結成した。	松井須磨子
㉞	小山内薫と ⓐ は，「演劇の実験場」としてヨーロッパ型の ⓑ を建設し，新劇運動の拠点を築いた。	ⓐ土方与志 ⓑ築地小劇場
㉟	大正〜昭和初期には和洋折衷の□□□が建てられた。	文化住宅
㊱	『キング』などの ⓐ や，週刊誌など，さまざまな雑誌が読まれた。また，1冊1円で売られる ⓑ が登場した。	ⓐ大衆雑誌 ⓑ円本
㊲	1925年から□□□放送が開始された。	ラジオ

Try 次の問いに答えなさい。 〔センター試験〕

● 1920年前後の社会運動や民族運動に関する記述として適切なものを，次の①〜④のうちから一つ選びなさい。

① 市川房枝が青鞜社を組織し，女性の解放などを求めた。
② 鈴木文治らにより，初の全国的農民組織として友愛会が結成された。
③ 堺利彦らにより，日本共産党が非合法に結成された。
④ 朝鮮では民族独立運動がさかんとなり，五・四運動が起こった。

解答 ③

88. 協調外交と強硬外交

入試重要度 B

1 幣原協調外交 ★

①**協調外交**…ワシントン体制を容認した高橋是清内閣の方針は，以後も継承された。加藤高明内閣が成立すると，**幣原喜重郎**外相のもと，イギリス・アメリカとの協調を基本方針とする**協調外交**を展開し(**幣原外交**)，中国の軍閥抗争への不干渉を掲げた。ただし，中国では民族主義が高まり，1925年の五・三〇事件[1]では反帝国主義運動が拡大した。

②**中国の国民革命**…孫文が1919年に結成した中国国民党は，1924年，それまで対立していた中国共産党(1921年結成)と提携し，**第1次国共合作**を成立させた[2]。翌年，孫文が病死し，あとを継いだ**蔣介石**は北方の軍閥打倒と全中国統一に向け，1926年に国民革命軍を率いて各地を制圧する**北伐**を開始した。翌年，南京に反共の**国民政府**をつくり，さらに北伐を進めた。

2 田中(対中強硬)外交 ★★

①**田中内閣の外交**…若槻礼次郎内閣に代わって首相と外相を兼ねた立憲政友会の**田中義一**は，欧米に対し国際協調の立場をとった。1927年に参加した補助艦の保有制限をめぐる**ジュネーヴ軍縮会議**は，アメリカ・イギリスの見解が分かれ決裂した。1928年にパリで調印した**不戦条約**[3]は，紛争解決手段としての戦争の放棄を「其ノ各自ノ人民ノ名[4]ニ於テ」宣言した。

②**山東出兵**…田中内閣は対中積極外交を行い，1927年には東京で**東方会議**を開き，満州は中国にあらずとして，強硬に満蒙権益を擁護する対支政策綱領を決定した。また，北伐阻止のため，日本人居留民の保護を名目に同年から3次におよぶ**山東出兵**を行った。1928年の第2次山東出兵の際に**済南事件**が起こり，日本軍は北伐軍と衝突した。

③**張作霖爆殺事件**…北伐軍は日本軍の阻止を迂回して北上し，日本の支持する満州軍閥の張作霖軍を破った。そこで関東軍の一部には，張作霖を排除して

---

[1] **五・三〇事件** 上海の在華紡のストに伴う反日・反英デモが全土に拡大した事件。
[2] 蔣介石は1927年に上海に入ると，列強の協力を得るべく共産党弾圧のクーデタ(四・一二事件)を行った。国共合作の決裂後に北伐を再開し，国共内戦となった。
[3] **不戦条約** 15カ国が調印。ケロッグ・ブリアン条約ともいう。日本全権は内田康哉。ただし違反国への制裁条項がなく，実態は加盟国に平和的空気を漂わせただけに留まった。
[4] 第一条のこの表記に枢密院が異議を唱え，野党立憲民政党なども同調・批判した。

満州を直接支配する策が浮上してきた。1928年，関東軍の河本大作大佐らは独断で，敗走し帰還中の張作霖を奉天郊外で列車ごと爆破し，殺害した。

④国民革命の達成…政府は張作霖爆殺事件を満州某重大事件と称したため，新聞や野党の立憲民政党は真相究明を迫った。軍部や閣僚の反対で責任者の処分をあいまいにした田中は天皇に叱責され，1929年に内閣は総辞職した。また，関東軍の思惑とは逆に，張作霖のあとを継いだ子の張学良は北京を占領した国民政府に合流し，全満州に国民党の青天白日旗を掲げ（易幟），忠誠を誓い，国民政府による中国統一はほぼ完成した。

▲北伐と山東出兵

> **重要ファイル**
> - 孫文の死後，蔣介石率いる国民革命軍が北伐を実施。
> - 関東軍による張作霖爆殺事件は満州某重大事件と称して隠蔽された。

3 幣原外交の復活と挫折 ★★

①幣原外交の復活…立憲民政党の浜口雄幸内閣は，再び幣原を外相に起用した。1930年，中国の関税自主権を認める日中関税協定を結んで関係改善を図った。また，同年のロンドン海軍軍縮会議に参加した。

- ●ロンドン海軍軍縮会議　主席全権は若槻礼次郎，全権は海相財部彪。主力艦建造禁止の5年延長や，アメリカ・イギリス・日本との間で，巡洋艦・駆逐艦などの補助艦の保有量を10：10：7（大型巡洋艦は6割）とするロンドン海軍軍縮条約を締結。

②統帥権干犯問題…大型巡洋艦の対米7割を主張する海軍軍令部の反対を押し切って調印されたロンドン海軍軍縮条約に対し，海軍の一部や国家主義者は軍令部の同意を得ずに政府が兵力量を決定したのは，天皇の統帥権を干犯していると攻撃した。政府は枢密院の同意を得て条約を批准したが，1930年秋，浜口首相は東京駅で右翼青年に狙撃され，翌年，退陣後に死亡した。

第4章 近代
89. 慢性的な恐慌の時代

入試重要度 A

1 戦後恐慌以降の恐慌 ★★

①**戦後恐慌と震災恐慌**…第一次世界大戦後のヨーロッパ復興に伴い，日本は1919年から輸入超過に転じた。翌年には綿糸・生糸相場は半値以下に暴落し，生産過剰から企業の倒産が続出（**戦後恐慌**）。さらに1923年の関東大震災で大打撃を受け，多くの銀行は手持ちの手形の決済ができなくなった（**震災恐慌**）。日本銀行の特別融資も実施されたが，**震災手形**❶の処理は進まなかった。

②**金融恐慌**…1927年，議会で震災手形処理の二法案の審議中，**東京渡辺銀行**の経営状態に関する**片岡直温**蔵相の失言から**取付け騒ぎ**が起こり，各地の銀行が休業に追い込まれた（**金融恐慌**）。若槻礼次郎内閣は，経営破綻した貿易商社の**鈴木商店**❷に巨額の貸し付けを行っていた**台湾銀行**を救済しようとしたが，この緊急勅令案を枢密院によって否決❸されたため，総辞職した。

③**モラトリアム（支払猶予令）の発令**…若槻内閣の後に成立した立憲政友会の**田中義一**内閣（蔵相**高橋是清**）は3週間のモラトリアムを発し，日本銀行から巨額の救済融資を行った結果，全国的に広がった混乱は鎮静化した。

④**財閥の支配**…多くの中小銀行は淘汰され，銀行法で合併が促された。預金は**三井・三菱・住友・安田・第一**の五大銀行に集中し，金融独占を確立。主要産業でも企業の集中が行われ，**財閥**の独占資本による産業支配が進んだ。

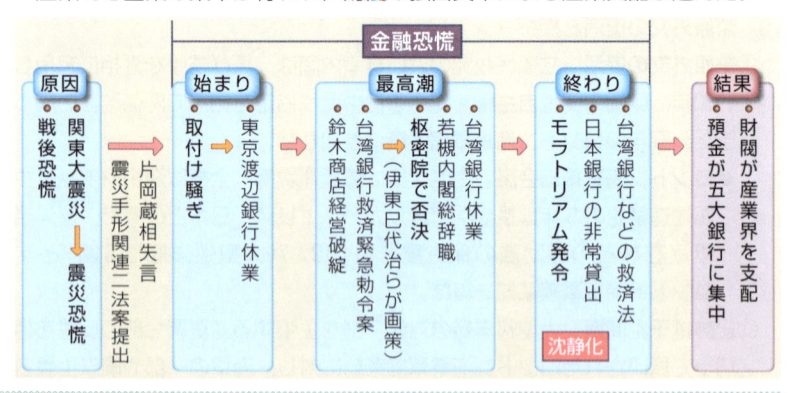

金融恐慌

原因	始まり	最高潮	終わり	結果
戦後恐慌 関東大震災 ↓ 震災恐慌 片岡蔵相失言 震災手形関連二法案提出	取付け騒ぎ 東京渡辺銀行休業	鈴木商店経営破綻 台湾銀行救済緊急勅令案 枢密院で否決（伊東巳代治らが画策） 若槻内閣総辞職 台湾銀行休業	モラトリアム発令 日本銀行の非常貸出 台湾銀行などの救済法 沈静化	財閥が産業界を支配 預金が五大銀行に集中

❶**震災手形** 決済不能となり，震災手形割引損失補償令の適用を受けた手形。
❷**鈴木商店** 大戦中に台湾銀行の融資の支えで世界的な商社となり，三井・三菱にせまっていた。
❸この背景には，幣原喜重郎外相の協調外交に対する枢密院（伊東巳代治ら）の不満があった。

2 金解禁とデフレ政策 ★★

①**金輸出解禁（金解禁）への期待**…財界は，インフレを是正し，為替相場を安定させて貿易の拡大を図るために，第一次世界大戦後に金本位制へ復帰した欧米にならい，**金輸出解禁**（金兌換＝金本位制復帰）を望んだ。

国名	禁止	解禁	再禁止
日本	1917.9	1930.1	1931.12
アメリカ	1917.9	1919.7	1933.4
ドイツ	1915.11	1924.10	1931.7
イギリス	1919.4	1925.4	1931.9
フランス	1915.7	1928.6	1936.9

▲金輸出解禁と再禁止

②**井上財政**…1929年に成立した浜口雄幸内閣は井上準之助を蔵相に起用し，日本経済の立て直しを図った。
- **緊縮財政**　物価の引き下げを目的とする。
- **産業合理化**　国際競争力強化が目的。1931年，政府は**重要産業統制法**を制定し，基幹産業におけるカルテル結成を容認した（統制経済の始まり）。
- **金輸出解禁**　1930年，旧平価による金輸出解禁を断行❹。

③**昭和恐慌**…1929年10月にウォール街（ニューヨーク）で始まった株価暴落が**世界恐慌**に発展。日本経済は金解禁による不況と重なり，物価の暴落，企業の倒産，失業者の増大などがおこり，深刻な恐慌となった。

背景
- 戦後恐慌・金融恐慌
- 為替相場の下落　●国際競争力不足
- 高物価による輸入超過

対策
- （浜口内閣・蔵相井上準之助）
- 旧平価での**金輸出解禁**（1930年）
  → 為替相場の安定と貿易の拡大を図る
- 緊縮財政 → 物価の引き下げを図る
- 産業合理化 → 国際競争力強化を図る

← 世界恐慌（1929年）

結果
昭和恐慌
- 正貨の大量流出　●企業倒産・大量の失業者
- 農産物価格暴落（**農業恐慌**）

全輸出再禁止（犬養毅内閣・蔵相高橋是清〈1931年〉）

④**農業恐慌**…1930年の豊作で下落した米価は昭和恐慌発生で一層暴落した。アメリカへの生糸輸出も激減し，繭価も大暴落した。翌年には，東北地方を中心に大凶作となり，欠食児童や娘の身売りが続出し，労働争議や小作争議が激化した。

> **重要ファイル**
> - 未曾有の世界恐慌の影響を受け，国内では昭和恐慌に陥った。
> - 世界恐慌の折に金解禁を行ったため，日本経済は二重に打撃を受けた。

---
❹新平価（当時の実勢，100円＝46.5ドル前後）の円安相場に対し，実際は旧平価（＝貨幣法の当時の100円＝49.85ドル）で解禁したため，実質的には円の切上げとなった。

第4章 近代

90. 満州事変

入試重要度 A

1 満州事変 ★★

①「満蒙の危機」…張学良の国民政府合流を機に，中国では列強からの権益回収をめざす国権回復運動が起こった。日本では「満蒙（満州・東部内蒙古）の危機」が叫ばれ，権益の確保に危機感を抱いた関東軍は参謀の石原莞爾を中心に，満州を中国から分離させ，日本の影響下に置こうと計画した。

②柳条湖事件…1931年9月18日，関東軍は奉天郊外の柳条湖で南満州鉄道の線路を爆破し（柳条湖事件），これを中国軍の謀略として軍事行動を開始し，満州事変が勃発した。立憲民政党の第2次若槻礼次郎内閣は不拡大方針を表明したが，関東軍はこれを無視し戦線を拡大。若槻内閣は総辞職し，立憲政友会の犬養毅が組閣した。

③上海での衝突…日本は，満州占領の事実を世界の注目からそらすため，1932年には新たに上海でも日中両軍が衝突する第1次上海事変を起こした。

④停戦協定…1933年，日本軍は熱河省・河北省に侵攻して占領した。同年，国民政府と塘沽停戦協定を結び，満州事変は一応終息した。

2 政界・財閥要人へのテロ ★★

①政党・財閥への不満…恐慌の慢性化や農村の疲弊，金輸出解禁時に三井などがドルを買い，金輸出再禁止後に円を買って巨利を得たことなどに対して，財閥や財閥とつながる政党への不信感が高まった。

②国家改造運動…軍部や右翼は，「昭和維新」を合言葉に現状打破・国家改造を叫んだ。この動きは満州事変を機に活発化し，重臣・財閥・政党の打倒，軍中心の強力な政権樹立や大陸への積極策などで政策の大転換を図ろうとした。1931年，陸軍将校の秘密結社桜会[1]が三月事件・十月事件と2度のクーデタ

未遂事件を起こした。1932年には前蔵相の**井上準之助**や三井合名会社理事長の**団琢磨**が暗殺された**血盟団**[2]**事件**が起こった。

③**政党政治の終焉**…満州国建国を渋る犬養首相は1932年5月15日，官邸で海軍青年将校の一団に射殺された（**五・一五事件**）。これで政党内閣は戦後まで断絶した。事件後，元老西園寺公望は海軍の長老**斎藤実**を後継首相に推薦し，軍部・政党・官僚をそろえ摩擦を避ける**挙国一致内閣**が成立した。

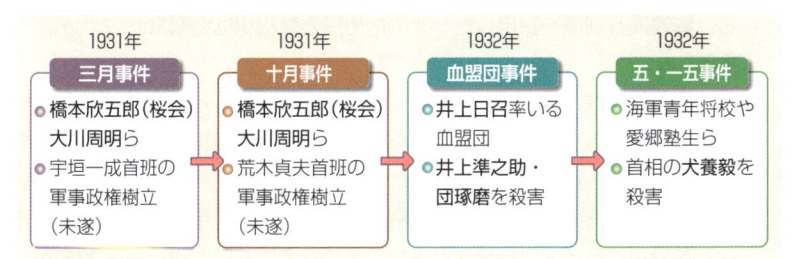

1931年	1931年	1932年	1932年
三月事件	**十月事件**	**血盟団事件**	**五・一五事件**
●橋本欣五郎(桜会)大川周明ら ●宇垣一成首班の軍事政権樹立（未遂）	●橋本欣五郎(桜会)大川周明ら ●荒木貞夫首班の軍事政権樹立（未遂）	●井上日召率いる血盟団 ●井上準之助・団琢磨を殺害	●海軍青年将校や愛郷塾生ら ●首相の犬養毅を殺害

3 満州国の建国と日本の孤立 ★★

①満州国の建国
- 1932年には関東軍が満州の主要地域を占領。
- 関東軍は，清朝の最後の皇帝**溥儀**を**執政**とし，五族協和を謳う**満州国**建国を宣言。
- 中国国民政府は日本の侵略を非難して国際連盟へ提訴し，国際連盟理事会はイギリスの**リットン**を団長とする調査団を現地に派遣。

②**満州国の承認**…1932年9月，斎藤内閣は**日満議定書**を調印し，満州国を承認した。1934年には日本は溥儀を皇帝とし，満州国を**帝政**に移行させた。
- **日満議定書** 満州での日本の権益を確認。日本軍駐屯を規定。

③**国際社会の批判**…1933年，国際連盟はリットン報告書に基づき，日本の満州国承認の撤回と日本軍の満鉄付属地への撤兵を求める勧告案を採択した。**松岡洋右**ら日本全権団は，その場から退場し，日本は**国際連盟からの脱退**を正式に通告した（1935年発効）。また，1936年にはロンドン海軍軍縮条約とワシントン海軍軍縮条約が失効し，日本は国際的に孤立した。

> **重要ファイル**
> ● 五・一五事件で政党政治の終焉へ。斎藤実は挙国一致内閣を成立。
> ● 満州国は溥儀を担いで執政として建国，のちに帝政へ移行した。

---
❶ 桜会　橋本欣五郎中佐を中心に1930年結成。陸軍中堅将校による最初の軍部ファシズム団体。
❷ 血盟団　日蓮宗僧侶の井上日召が結成した右翼団体。一人一殺主義を唱えた。

第4章 近代

91. 恐慌からの脱出

入試重要度 A

1 高橋財政(犬養・斎藤・岡田内閣)と世界経済 ★★

①**金輸出の再禁止**…1931年末に成立した犬養毅内閣の**高橋是清**蔵相は**金輸出再禁止**を決定し,さらに円の金兌換を停止した。こうして日本は金本位制を脱し,**管理通貨制度**を採用した。そのため円為替相場は金解禁時の半分以下に下落した。

- **管理通貨制度** 通貨量を中央銀行が管理する制度。対外為替も資金投資防止法や外国為替管理法などで管理された。なお,前後して欧米諸国も金本位制を離れ,この制度に移行した。

②**積極財政**…緊縮財政を一転させ,積極財政を実施し,軍事費や農業匡救予算などを増額するインフレ策をとった。その資金は,日本銀行が赤字国債の発行を引き受けて賄われた。

③**低為替政策と貿易の促進**…円の為替相場を低い水準で安定させ(**低為替政策**),輸出に有利な条件を整えた。産業合理化の効果もあり,輸出は急増した。特に綿織物の輸出が拡大し,イギリスを抜き世界第1位となった。イギリスなどは,賃金コスト引き下げによる海外市場での安売りを**ソーシャル=ダンピング**と非難し,関税引き上げなどで対抗した。

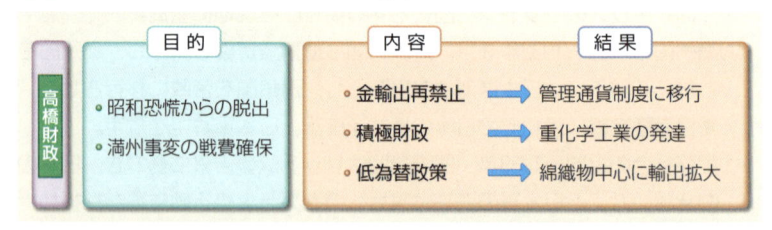

高橋財政	目的	内容	結果
	・昭和恐慌からの脱出 ・満州事変の戦費確保	・金輸出再禁止 → 管理通貨制度に移行 ・積極財政 → 重化学工業の発達 ・低為替政策 → 綿織物中心に輸出拡大	

④**各国の世界恐慌打開策**…1933年,アメリカ大統領フランクリン=ローズヴェルトは,**ニューディール政策**(積極財政による景気刺激策)を進めた。イギリス・フランスは,本国と植民地との排他的な**ブロック経済圏**による保護貿易策をとった。こうした「持てる国」の一方,「持たざる国」のドイツ・イタリアでは一党独裁の全体主義体制(**ファシズムやナチズム体制**)が確立された。

> **重要ファイル** ●金輸出解禁の翌年に金輸出再禁止を行い,管理通貨制度を採用。

2 工業の進展と農村救済 ★

① **恐慌からの脱出**…輸出の躍進や,積極財政による軍需インフレを軸にした国内需要拡大により景気は回復し,日本経済は1933年ごろ他国に先んじて恐慌以前の水準に戻った。金属・機械・化学工業の総生産額は繊維を上まわり,1938年には全工業生産額の6割を占め,工場数・職工数も顕著に増加した。

② **重化学工業の発展**…鉄鋼業では1934年,八幡製鉄所を民営に移管し大合同が行われ,日本製鉄会社が誕生した。自動車や化学工業では,日産・日窒などの新興財閥が台頭し,軍と結びついて大陸へも進出した。また,三井・三菱などの既成財閥も重化学工業部門を強化した。一方,重化学工業の発展に伴い,石油・屑鉄などの輸入が増加し,アメリカへの依存度を高めた。

- **新興財閥** 鮎川義介の日産コンツェルンは満州に進出した。野口遵の日窒コンツェルンは,朝鮮の水力発電・化学工業を推進した。森矗昶の森コンツェルンはアルミ精錬に成功し,昭和電工会社を設立した。中野友礼の日曹コンツェルン,大河内正敏の理研コンツェルンもあった。

新興財閥名	創始者	持株会社	設立年		傘下企業
日産コンツェルン	鮎川義介	日本産業	1929年		日産自動車など77社
日窒コンツェルン	野口遵	日本窒素肥料	1908年設立	日本窒素肥料	日窒鉱業など26社
森コンツェルン	森矗昶	森興業	1922年	森興業設立	昭和電工など28社
日曹コンツェルン	中野友礼	日本曹達	1920年	日本曹達設立	日曹人絹パルプなど42社
理研コンツェルン	大河内正敏	理化学興業	1917年設立	理化学研究所	理研電線など63社

③ **農村救済**…農業恐慌からの農村の復興は遅れ,全国的に農村救済請願運動が展開された。政府は**時局匡救事業**や**農山漁村経済更生運動**を行った。

- **時局匡救事業** 1932年度から実施。公共事業を積極的に行い,農民に現金収入を与えた。(1934年に廃止。)
- **農山漁村経済更生運動** 1932年から推進。自力更生を基本とし,産業組合への全戸加入等を促して農民を結束させた。
- 満州への農業移民も奨励された❶。

> **重要ファイル**
> ● 満州事変後,日本は他国に先んじて恐慌を脱し経済を回復。
> ● 既成財閥に対し日産・日窒・森・日曹など新興財閥が台頭。

❶満蒙開拓団が結成された。また,農家の次・三男らを満蒙開拓青少年義勇軍として入植させた。

92. 軍部の台頭

入試重要度 A

1 軍部独裁体制の形成 ★★

①**軍部の増長**…政党勢力は五・一五事件後衰え，陸軍などの発言力が増した。1934年に陸軍省が発行した「国防の本義と其強化の提唱」(陸軍省パンフレット)は国防の絶対性を唱え，軍の政治介入と指摘された。

②**陸軍内部の対立**…政治的発言力を増す陸軍では統制派と皇道派が対立した。

皇道派
- 荒木貞夫・真崎甚三郎ら
- 青年将校中心
- 国家改造・天皇親政をめざす

統制派
- 永田鉄山・東条英機ら
- 中堅幕僚中心
- 革新官僚と提携
- 総力戦体制をめざす

VS

相沢事件
皇道派の相沢三郎中佐が，統制派の永田鉄山軍務局長を殺害

→ 二・二六事件へ

③**二・二六事件**…1936年2月26日，右翼の理論家北一輝の思想的影響を受けていた皇道派の青年将校らが約1,400名の兵士を率いて首相官邸・警視庁などを襲撃し，国政の中枢部を4日間にわたって占拠した(**二・二六事件**)。
- 斎藤実内大臣・高橋是清蔵相・渡辺錠太郎教育総監らを殺害。鈴木貫太郎侍従長は重傷。岡田啓介首相は難を逃れた。
- 東京には戒厳令が公布された。天皇は厳罰を指示し，反乱軍として鎮圧。
- 皇道派は壊滅し，統制派が主導権を得た陸軍は政治的発言力を強めた。

> **重要ファイル**
> - 二・二六事件後，陸軍統制派が主導し，影響力を強めた。

2 軍部主導の内閣 ★

①**広田弘毅内閣**…二・二六事件後，軍部は前外相の広田弘毅の組閣に干渉した。広田内閣は軍部の要求を受け入れ，軍備拡張計画(大軍拡❶。蔵相は馬場鍈一)を進め，「広義国防国家」を目標に掲げた。
- **軍部大臣現役武官制**の復活　軍部の同意なしでは内閣を維持できない。
- **「国策の基準」**　陸軍の北進論(対ソ戦)と海軍の南進論(南方資源の獲得)と

---

❶大軍拡　陸軍は師団を大増設し，海軍は戦艦大和・武蔵を含む大建艦計画を進めた。

を折衷・併記した。

②林銑十郎内閣…1937年，広田内閣が政党と軍部双方からの批判で総辞職した後，陸軍穏健派の宇垣一成が首相に推挙された。だが，陸軍の反対で陸相を任命できず辞退し，陸軍大将林銑十郎が組閣した。林内閣は蔵相に結城豊太郎を起用し，軍財抱合❷を唱えたが，政党の支持を得られず短命に終わった。

3 転向と思想弾圧 ★

①転　向…満州事変を機に国家主義が高揚し，社会主義運動に対する国家の弾圧はさらに強まった。そのため社会主義者・共産主義者の間で，その思想を放棄する転向が相次いだ。

- 1932年，赤松克麿らが社会民衆党を脱退し，日本国家社会党をつくり国家社会主義に転じた。（無産政党はその後，1937年には活動を停止。）
- 1933年，佐野学・鍋山貞親ら日本共産党幹部が獄中から転向を声明し，その後，転向者が続出した。

②学問の弾圧…思想弾圧は社会主義・共産主義だけではなく，自由主義的な学問の分野にまで及び，思想統制が強化されていった。

事件	年代	氏名	肩書・専攻など	非難・弾圧の概要
滝川事件	1933年	滝川幸辰	京都帝大教授 刑法学	著書『刑法読本』が自由主義的学説と批判され，文相鳩山一郎の圧力で休職処分
天皇機関説問題	1935年	美濃部達吉	東京帝大教授 憲法学	天皇機関説が反国体的と批判され著書『憲法撮要』などの発禁。岡田啓介内閣は国体明徴声明を出し，天皇機関説を否認
矢内原事件	1937年	矢内原忠雄	東京帝大教授 植民地政策	政府の大陸政策を批判。論説「国家の理想」が反戦的だと批判され辞職
第1次人民戦線事件	1937年	加藤勘十 山川均 鈴木茂三郎	衆議院議員 社会主義者 日本無産党書記長	反ファシズム人民戦線を企図したとして，加藤らを検挙
河合栄治郎の弾圧	1938年	河合栄治郎	東京帝大教授 経済学	『ファシズム批判』『時局と自由主義』など発禁され，休職処分
第2次人民戦線事件	1938年	大内兵衛 有沢広巳 美濃部亮吉	東京帝大教授 労農派 東京帝大助教授 経済学 美濃部達吉の長男	労農派の経済学者らが，治安維持法違反で検挙
津田左右吉の弾圧	1940年	津田左右吉	早大教授 歴史学	古代史の科学的解明が天皇の権威を冒すとして『神代史の研究』など発禁

❷軍財抱合　軍部と財界の協力体制。統制派は大軍拡の推進には重要産業の育成が必要と考えた。

93. 日中戦争

入試重要度 A

1 全体主義による独裁体制の動き ★

①**ファシズム**…ドイツでは1933年に**ヒトラー**の**ナチス**❶が政権を握り，ヴェルサイユ体制打破を叫び独裁化し，国際連盟を脱退して再武装に転じた。イタリアでも**ムッソリーニ**が1922年に政権を握り，ファシスト党を率いて一党独裁体制を築き，1936年にはエチオピアを武力制圧した。

②**ソ連の計画経済と反共**…社会主義国のソ連は世界恐慌の影響を受けず，**スターリン**のもとで1928年から**第1次五カ年計画**を行って国力を増強し，1934年には国際連盟に加盟した。1936年，広田弘毅内閣は共産主義勢力に対抗するため日独防共協定を結んだ。翌年，イタリアも加わり日独伊三国防共協定となり，反ソの結束で枢軸❷を形成した。

ソ連
- 第1次5カ年計画（1928〜32年）による重工業化・農業集団化 社会主義国として国力の充実
- アメリカのソ連承認（1933年）
- 国際連盟加入（1934年）

VS

日本・ドイツ・イタリア
- 1936年 ベルリン=ローマ枢軸形成
- 1936年 日独防共協定調印
 （広田弘毅内閣）
- 1937年 日独伊三国防共協定成立
 日独防共協定にイタリア参加
 （第1次近衛文麿内閣）
 東京=ベルリン=ローマ枢軸の形成

▲日独伊三国防共協定

> **重要ファイル** ●日・独・伊の三国は防共協定で結束して，枢軸陣営を形成。

2 中国情勢 ★

①**華北分離工作**…日本の軍部は，豊富な資源を確保するため，国民政府から華北五省❸を切り離して勢力下に置く計画（**華北分離工作**）を進めていた。関東軍は1935年，河北省北部に**冀東地区防共自治政府**を樹立した。これに対し，中国では抗日救国運動が高まった。

②**西安事件**…1936年末，**張学良**は中国共産党討伐を命じられたが，督励に訪れた**蔣介石**を西安郊外で監禁し，内戦の停止を要求した（西安事件）。共産党は周恩来を送って調停を図り，蔣は釈放され，国共内戦は停止された。

---

❶**ナチス** 国家社会主義ドイツ労働者党の略称。ヒトラーは1921年に党首，1934年に総統。
❷**枢軸** 米英に対抗する中軸の意味。1936年の独伊の協定に始まるファシズム諸国家。
❸**華北五省** 河北・チャハル・山東・山西・綏遠の5省。1935年に梅津・何応欽協定で河北省，土肥原・秦徳純協定でチャハル省からの国民政府機関の撤退を約した。

3 日中戦争 ★★

①**第1次近衛文麿内閣**…1937年6月,華族出身で国民の人気が高い貴族院議長近衛文麿が,軍部・元老・政党などの期待を集め,内閣を組織した。

②**日中戦争の勃発**…第1次近衛内閣成立直後の1937年7月7日,北京郊外の盧溝橋付近で日中国両軍の衝突事件が発生した(盧溝橋事件)。当初,近衛内閣は不拡大方針をとっていたが,軍部の圧力に屈して華北へ大軍を派兵し,日中の全面戦争に発展した[4]。

③戦線の拡大
- 8月,**第2次上海事変**が起こり,戦闘は上海にも拡大。
- 9月,国民党と共産党が**第2次国共合作**を結び,**抗日民族統一戦線**を結成。
- 日本は大軍を送って上海,年末には首都南京を占領した。
- 国民政府は首都を南京から漢口,さらに重慶へと移し,抗戦を続けた。

④近衛声明
- **第1次近衛声明** 1938年1月,「爾後(=以後)国民政府を対手とせず」と声明し,和平工作[5]を断ち切り,交渉の途を自ら閉ざした。
- **第2次近衛声明** 1938年11月,戦争目的を日・満・華3国の連帯による「**東亜新秩序**」建設にあるとした。
- **第3次近衛声明** 1938年12月,「善隣友好・共同防共・経済提携」の近衛三原則を示した。

⑤**南京国民政府の成立**…近衛声明を受け,日本は国民政府幹部の汪兆銘(精衛)を重慶から脱出させ,1940年,親日の新国民政府を南京で樹立させた。しかしこの政権は日本の傀儡にすぎず,戦争を終結させることはできなかった。

▲日中戦争

---

[4] 宣戦布告のないまま,政府は初め北支事変,のちに華中への全面戦争に拡大して支那事変と改称。戦後は日華事変とも呼んだが,今日では日中戦争と称している。

[5] 1937年の外務省主導の船津工作や,外相広田弘毅が駐華ドイツ大使トラウトマンを介した和平工作は,南京の陥落により日本が態度を硬化させたため,失敗した。

94. 戦時統制経済と戦時下の社会・文化

入試重要度 B

1 戦時統制経済 ★

①**総力戦体制の構築**…第1次近衛文麿内閣は1937年から国民精神総動員運動を開始し、「挙国一致・尽忠報国・堅忍持久」を唱え戦時体制への協力を促した。

②**政府の経済統制**…1937年に臨時資金調整法や輸出入品等臨時措置法、1938年には電力国家管理法が公布されるなど、経済統制が強化された。

- **臨時資金調整法** 軍需産業へ資金を優先的に配分する法律。
- **輸出入品等臨時措置法** 物品を指定して輸出入の制限・禁止を命じた法律。
- **電力国家管理法** 民間の電力会社を1つの国策会社に統合する法律。

③**国家総動員法**…1937年、内閣直属の企画院❶が設立され、1938年には企画院の立案により国家総動員法が制定された。その後、これに基づく勅令として、1939年に賃金統制令や国民徴用令、価格等統制令などが公布された。

- **国家総動員法** 政府が議会の審議を経ずに、物資や労働力を統制運用することを可能にした法律。
  - ▶**賃金統制令** 初任給を業種別に公定。
  - ▶**国民徴用令** 一般国民の軍需産業など重要産業への動員を規定。
  - ▶**価格等統制令** 物価の据え置きを命令し、公定価格制を導入。

④**国民の生活**…国民は、「ぜいたくは敵だ」などのかけ声のもと、消費の抑制と貯蓄を強いられた。1940年には七・七禁令で贅沢品の製造・販売が禁止され、同年、砂糖・マッチが切符制となり、1941年には米が配給制となった。農村では、1939年に米穀配給統制法❷が公布され、1940年から政府が米を強制的に買い上げる供出制が実施された。1942年には食糧管理法が制定された。

第1次近衛内閣				平沼騏一郎内閣			阿部信行内閣		米内光政内閣		第2次近衛内閣	
1937.9	37.10	38.4		39.3	39.4	39.7	39.10	39.12	40.6	40.7	40.10	41.4
臨時資金調整法	輸出入品等臨時措置法	企画院設置	国家総動員法 電力国家管理法	賃金統制令	米穀配給統制法	国民徴用令	価格等統制令	小作料統制令	砂糖・マッチ切符制	七・七禁令	米の供出制	米穀配給通帳制

❶**企画院** 統制経済の中心機関。財界の反発も強く、1943年に新設された軍需省に吸収された。
❷**米穀配給統制法** 米の集荷機構を一元化し、政府の統制下に置いた。

⑤**産業報国運動**…総力戦の遂行のため,1938年に産業報国連盟が結成された。その結果,企業単位で**産業報国会**が組織され,労使が一体となった戦争協力が推進された。産業報国連盟は1940年に**大日本産業報国会**となり,全ての労働組合が解散させられた。

> **重要ファイル**
> - 第1次近衛内閣は総力戦遂行の国民精神総動員運動を展開した。
> - 国家総動員法に基づき国民徴用令や価格等統制令などが発令された。
> - 1940年の大日本産業報国会結成で全労働組合が解散となった。

2 戦時下の社会・文化

①**大衆文化**…昭和初期の社会不安は,刹那・退廃的なエロ・グロ・ナンセンスの風潮を生み出した。経済不況と不安を映した古賀政男の歌謡曲などが流行した。大衆演劇として榎本健一らの軽演劇や宝塚少女歌劇が人気を集めた。

②**文　学**…島崎藤村の『夜明け前』や谷崎潤一郎の『細雪』などの成熟した作品が書かれた。また,戦争文学や転向文学が書かれた。

- **戦争文学**　**火野葦平**の『麦と兵隊』などの戦争文学が流行した。ただし,石川達三の『生きてゐる兵隊』は発禁となった。
- **転向文学**　思想弾圧の結果,マルクス主義は1930年代に衰え,プロレタリア文学は解体し,転向文学が登場した。
  - ▶村山知義『白夜』,中野重治『村の家』,島木健作『生活の探究』など。
- **文芸評論**　亀井勝一郎・保田与重郎らが雑誌『**日本浪曼派**』を刊行し,日本の伝統文化・思想への回帰を説いた。

▲『麦と兵隊』の表紙

③**国威発揚の動き**…1937年,文部省は国民思想教化のために『**国体の本義**』を学校や官庁に配布した。1939年より毎月1日は戦意高揚の興亜奉公日となり,1940年秋には皇居前で神武天皇即位の皇紀二千六百年記念式典が盛大に行われた。1941年には文部省から『臣民の道』が配布され,また,小学校はナチスの学校制度に倣って**国民学校**と改組された。

④**戦争への協力**…戦争の激化に伴い,芸術家も動員された。1942年には**日本文学報国会・大日本言論報国会**(ともに会長は**徳富蘇峰**)が設立され,戦争遂行に協力した。

95. 第二次世界大戦と日本

入試重要度 B

1 第二次世界大戦 ★★

①**日独同盟の模索**…ドイツは第1次近衛文麿内閣に対し，対ソ連および対英仏の軍事同盟の締結を提案したが，近衛内閣は未決着のまま，日中戦争の見通しも得られず1939年1月に総辞職し，枢密院議長の平沼騏一郎が組閣した。

②**欧州情勢の急変**…平沼内閣でも同盟締結は停滞。1939年8月，突如ドイツとソ連が独ソ不可侵条約を結び，平沼内閣は激変に対応できず「欧州の天地は複雑怪奇」の語を残して総辞職し，陸軍大将の阿部信行内閣に代わった。

③**北進策の挫折**…日本陸軍は，1938年にソ満朝国境地帯でソ連軍と衝突(張鼓峰事件)し，1939年には満蒙国境線でソ連・モンゴル連合軍と戦って大損害を受けた(ノモンハン事件)。いずれも日本の大敗で停戦したため，対ソ戦争は容易でないとの認識が強まった。

④**第二次世界大戦の勃発**

1939年9月，ドイツのポーランド侵攻を受け，イギリス・フランスがドイツに宣戦布告し，第二次世界大戦が始まった。阿部・米内内閣はヨーロッパの戦争に不介入の方針をとり続けた。

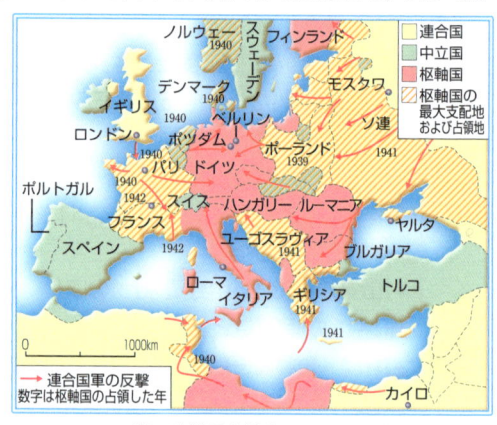

▲第二次世界大戦中のヨーロッパ

2 新体制と三国同盟 ★★

①**南進策の台頭**…アメリカは日本の中国侵略に抗議して1939年7月，**日米通商航海条約の廃棄**を通告した。1940年の失効後，軍需物資の入手は困難を極めた。一方，同年，ドイツがオランダ・フランスなどを降伏させると，ドイツと同盟して対米英戦も覚悟のうえで南方進出し，植民地に「大東亜共栄圏」を築いて石油・ゴムなどの資源を求めようとする声が陸軍を中心に高まった。

- ●「**大東亜共栄圏**」 アジア侵略政策を正当化するためのスローガン。アジアを欧米の侵略から解放し，新秩序を建設することを国策とした。

②**新体制運動**…1940年，近衛は枢密院議長を退くと，戦争への総力結集に向け，ドイツ・イタリアのファシズム勢力に倣った強固な一国一党をめざす<u>新体制運動</u>を主導した。軍部は米内内閣を退陣させ，第2次近衛内閣が成立した。

③**南進策と三国同盟**…近衛は南進策を示し，仏印❶や蘭印を押さえて，**援蔣ルート**の遮断と資源の獲得を画策した。1940年9月，日本軍を**北部仏印**に進駐させるとともに，<u>日独伊三国同盟</u>を結んだ。アメリカはこれに反発し，ガソリンや屑鉄の対日輸出禁止などの制裁を発動した。

- **日独伊三国同盟** 日本とドイツ・イタリアがそれぞれ東アジアとヨーロッパで「新秩序建設」を指導することを認め合い，同盟国中の1国が第三国（アメリカを想定）から攻撃された場合は相互に援助することを決めた。

④**大政翼賛会**…1940年7月に社会大衆党や立憲政友会，8月には立憲民政党が解散して**新体制運動**に加わり，10月，<u>大政翼賛会</u>が結成された。

- 政府の決定を伝達する**上意下達**機関。
- 首相を総裁とし，支部長を道府県知事，また，部落会・町内会・**隣組**を下部組織とした。
  - ▶**隣組** 5〜10戸ほどを単位とし，隣保班とも呼ばれる。定期的に常会を開き，政府方針を回覧板で伝えた。配給や防火訓練なども任務。
- 大日本産業報国会・大日本婦人会・大日本翼賛壮年団・大日本青少年団など諸団体も，のちにこの傘下に入った。

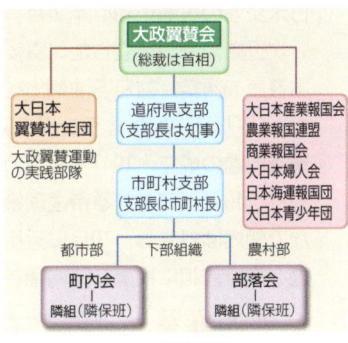

```
                    ┌─大政翼賛会─┐
                    │（総裁は首相）│
                    └──────┘
         ┌───────────┼──────────┐
    大日本         道府県支部        大日本産業報国会
    翼賛壮年団      （支部長は知事）    農業報国連盟
                      │              商業報国会
    大政翼賛運動       │              大日本婦人会
    の実践部隊         │              日本海運報国団
                      │              大日本青少年団
                  市町村支部
                 （支部長は市町村長）
                      │
              ┌───┴───┐
           都市部   下部組織   農村部
              │              │
           町内会           部落会
          └隣組（隣保班）    └隣組（隣保班）
```
▲大政翼賛会

⑤**植民地統治下での政策**…朝鮮や台湾では，現地の人々を日本人として戦争に協力させるため，「**皇民化**」政策が行われた。

- <u>創氏改名</u> 1940年より朝鮮式の姓名を日本式の姓名に改めさせた。

> **重要ファイル**
> - 近衛文麿は自ら新体制運動を主導し，内閣を再び組織した。
> - 大政翼賛会は官製の上意下達機関となった。

---

❶**仏印** ベトナム・カンボジアなどのフランス領インドシナ。蘭印はオランダ領東インドネシア。
参考 **斎藤隆夫** 立憲民政党の代議士。1936年の二・二六事件後の議会で軍部を批判する粛軍演説を行った。また，1940年には日中戦長期化と軍部を批判する反軍演説を議会で行い，議員を除名された。なお，立憲政友会の浜田国松も，1937年に軍部批判の「腹切り問答」を行った。

96. 太平洋戦争

入試重要度 B

1 日米開戦前の動向 ★

①**日米交渉の開始**…第2次近衛文麿内閣は，1941年**ハル**国務長官と**野村吉三郎**駐米大使との交渉を始めたが，双方の溝は深かった。一方，南進のために北方での安全を確保する目的で，**日ソ中立条約**(有効期間5年)を結んだ。

②**独ソ戦**…1941年6月にドイツがソ連に奇襲して**独ソ戦**が始まると，翌月，天皇が臨席する御前会議で，南北併進を決定。陸軍は**関東軍特種演習(関特演)**の名目で約70万人の兵力を満州に集めた(8月，南進策が決まり中止)。

③**日米交渉の再開**…1941年7月，対米強硬姿勢をとる**松岡洋右**外相を外し，第3次近衛内閣が成立した。直後に**南部仏印進駐**を行うと，アメリカは在米日本資産を凍結，対日石油輸出を禁止。軍部は，日本の南進を阻止するアメリカ・イギリス・中国・オランダの経済封鎖(**ＡＢＣＤ包囲陣**)の脅威を強調した。

④**東条内閣の成立**…1941年9月の御前会議では開戦も視野に入れ，日米交渉のめどを10月上旬とする**帝国国策遂行要領**を決めた。交渉の妥結か，打ち切りかで閣内は対立し，10月に近衛内閣は総辞職した。木戸幸一内大臣は**東条英機**を後継首相に推薦し，内閣を組織した東条は陸・内相も兼任した。

2 太平洋戦争 ★

①**太平洋戦争**…東条内閣は日米交渉を続けたが，11月末の**ハル=ノート**❶提示は対日最後通告に等しく，御前会議は開戦を決断。1941年12月8日，陸軍が英領マレー半島に上陸，海軍はハワイの**真珠湾**を奇襲してアメリカ・イギリスに宣戦布告し**太平洋戦争**が始まった。政府は1937年以降の戦争を「**大東亜戦争**」と呼んだ。

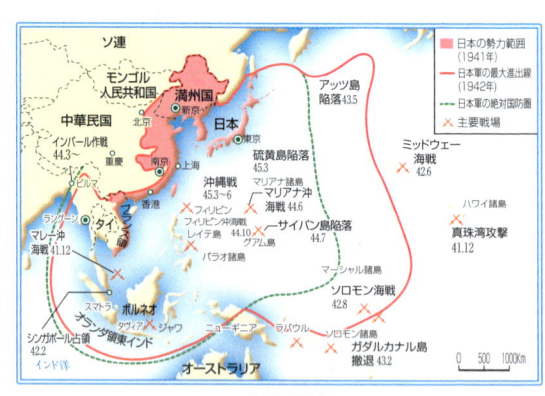

▲太平洋戦争

---

❶ハル=ノート 日本に，満州国・汪兆銘政権の否認，日独伊三国同盟の廃棄などを要求。

②戦局の展開…1942年6月の<u>ミッドウェー海戦</u>で大敗し，以後アメリカの反撃が本格化した。1943年には**大東亜会議**が東京で開かれ，満州国・汪兆銘政権・タイなどの代表が参加し，「大東亜共栄圏」の結束を示した。1944年7月，**サイパン島**が陥落すると東条内閣は倒れ，陸軍大将の**小磯国昭**が組閣した。

③戦争と国民生活…文科系大学生の**学徒出陣**が開始され，中学生以上の生徒は<u>勤労動員</u>に，**女子挺身隊**に編制した女性も軍需工場などへ配属された。1944年からは国民学校生の<u>集団疎開</u>（学童疎開）も行われた。

④米軍の爆撃…1944年末以降サイパン島の基地からB29爆撃機の本土空襲が続き，1945年3月10日の**東京大空襲**では一夜で約10万人が焼死した。

⑤**沖縄戦**…1944年10月，米軍はレイテ島に上陸し，1945年3月には硫黄島を占領。4月には沖縄本島に上陸し，島民の集団自決などの犠牲を伴う激戦❷の末に占領した。小磯内閣は退陣し，侍従長の<u>鈴木貫太郎</u>が内閣を組織した。

3 敗　　戦 ★

①連合国の動向…欧州戦線でも1943年に連合国が反攻に転じ，9月にイタリア，1945年5月にドイツが無条件降伏した。連合国は戦後処理などについて，カイロやヤルタで会談を行い，1945年7月に<u>ポツダム宣言</u>を発表した。

▶連合国軍の会談

カイロ会談 (1943.11, エジプト)	ヤルタ会談 (1945.2, ソ連)	ポツダム会談 (1945.7, ドイツ)
・ローズヴェルト，チャーチル，蔣介石 ・対日戦争の方針 ・朝鮮の独立	・ローズヴェルト，チャーチル，スターリン ・対ドイツ戦争の処理 ・ソ連の対日参戦を密約	・トルーマン，チャーチル（のちアトリー），スターリン ・日本に無条件降伏を勧告 ・米英中でポツダム宣言発表

②**敗　戦**…鈴木内閣がポツダム宣言の「黙殺」を表明すると，アメリカは8月6日広島，9日長崎に<u>原子爆弾</u>を投下した。8日にはソ連が日ソ中立条約を破棄して対日宣戦を布告し，満州・南樺太・千島に侵入した。この結果，14日，昭和天皇の聖断で**ポツダム宣言受諾**を決めた。15日正午，ラジオによる天皇の玉音放送で戦争終結が全国民に発表され，鈴木内閣は総辞職した❸。

> **重要ファイル**
> ● 1942年のミッドウェー海戦で大敗し，以後の戦況は反転した。
> ● 広島と長崎の原爆投下の合間，ソ連が日本に宣戦布告した。

❷戦闘に巻き込まれ，少年の鉄血勤皇隊や少女のひめゆり隊などの犠牲が生まれた。
❸東久邇宮稔彦が組閣し，皇族内閣が発足した。9月2日，東京湾のアメリカ戦艦ミズーリ号上で外相重光葵・参謀総長梅津美治郎らが降伏文書に調印した。

チェックテスト

		解答
①	外相□□□は協調外交を行い，国際協調路線をとった。	幣原喜重郎
②	田中義一内閣は1928年の ⓐ 調印など欧米に協調的だが，3回の ⓑ など中国には強硬外交を展開した。	ⓐ不戦条約 ⓑ山東出兵
③	1928年の張作霖爆殺事件は当時，□□□事件と称された。	満州某重大
④	1930年に補助艦の保有量制限を話し合う ⓐ 軍縮会議が開かれ，これに ⓑ が主席全権となり参加した。	ⓐロンドン海軍 ⓑ若槻礼次郎
⑤	軍縮条約で補助艦の保有量が対米英7割に達せず，ⓐ 問題が生じ，首相の ⓑ は東京駅で狙撃された。	ⓐ統帥権干犯 ⓑ浜口雄幸
⑥	蔵相 ⓐ が東京渡辺銀行の破綻という事実誤認の発言をしたために ⓑ が起こり，金融恐慌に陥った。	ⓐ片岡直温 ⓑ取付け騒ぎ
⑦	第1次若槻礼次郎内閣は ⓐ の倒産で負債を抱えた台湾銀行の救済策を ⓑ に否決され，総辞職した。	ⓐ鈴木商店 ⓑ枢密院
⑧	蔵相□□□は，3週間の支払猶予令で金融恐慌を鎮めた。	高橋是清
⑨	蔵相□□□は財政緊縮を行い，金輸出解禁を行った。	井上準之助
⑩	浜口雄幸内閣は1931年の ⓐ 法でカルテル結成による産業合理化を図るが，ⓑ 恐慌は鎮静化しなかった。	ⓐ重要産業統制 ⓑ昭和
⑪	ⓐ 事件をきっかけに満州事変が起こり，不拡大方針をとる第2次 ⓑ 内閣は総辞職した。	ⓐ柳条湖 ⓑ若槻礼次郎
⑫	秘密結社□□□が，三月事件・十月事件を起こした。	桜会
⑬	井上準之助と団琢磨は1932年□□□の団員に殺された。	血盟団
⑭	清朝最後の皇帝である ⓐ は，関東軍の主導による1932年の満州国成立を受けて ⓑ となった。	ⓐ溥儀 ⓑ執政
⑮	満州国承認を渋る ⓐ 首相は1932年の五・一五事件で殺害され，翌年の ⓑ の調印で満州国が承認された。	ⓐ犬養毅 ⓑ日満議定書
⑯	日本が ⓐ 脱退を通告した1933年，中国の国民政府との間に ⓑ が結ばれて，満州事変は一応終結した。	ⓐ国際連盟 ⓑ塘沽停戦協定
⑰	満州事変以降，軍需工業を中心に鮎川義介の ⓐ コンツェルンや理研コンツェルンなどの ⓑ が台頭した。	ⓐ日産 ⓑ新興財閥
⑱	1934年の製鉄大合同で半官半民の□□□が発足した。	日本製鉄会社
⑲	農業恐慌から脱するため，政府による農村への ⓐ 事業や農民の自力更生を図る ⓑ 更生運動が行われた。	ⓐ時局匡救 ⓑ農山漁村経済

☐⑳	陸軍 ⓐ 派青年将校らによる二・二六事件で，内大臣 ⓑ ・蔵相高橋是清・教育総監渡辺錠太郎が死亡した。	ⓐ皇道 ⓑ斎藤実
☐㉑	『日本改造法案大綱』を著した＿＿＿は死刑となった。	北一輝
☐㉒	二・二六事件後の ⓐ 内閣のときに大軍備拡張予算が組まれ，次の ⓑ 内閣では軍財抱合がはかられた。	ⓐ広田弘毅 ⓑ林銑十郎
☐㉓	岡田啓介内閣は＿＿＿を出して天皇機関説を否定した。	国体明徴声明
☐㉔	1933年，文相鳩山一郎が ⓐ の『刑法読本』を非難し，1938年，ⓑ の『ファシズム批判』が発禁となった。	ⓐ滝川幸辰 ⓑ河合栄治郎
☐㉕	北京郊外での ⓐ を機に勃発した日中戦争は，さらに ⓑ 事変以後の戦線拡大で南京の占領へと展開した。	ⓐ盧溝橋事件 ⓑ第2次上海
☐㉖	近衛文麿首相は，「国民政府を ⓐ 」とし，さらに戦争の目的が ⓑ 建設にあるとの声明を1938年に出した。	ⓐ対手とせず ⓑ東亜新秩序
☐㉗	1940年に＿＿＿首班の新国民政府が南京で成立した。	汪兆銘（精衛）
☐㉘	1938年の＿＿＿制定後，国民徴用令などが定められた。	国家総動員法
☐㉙	第1次近衛内閣の1938年＿＿＿がソ満国境で起こった。	張鼓峰事件
☐㉚	1940年，近衛は枢密院議長を退いて ⓐ 運動を始め，その推進の指導的組織として ⓑ が発足した。	ⓐ新体制 ⓑ大政翼賛会
☐㉛	第2次近衛内閣の1940年に日独伊三国同盟が結ばれ，ⓐ の遮断と南方進出を目的に ⓑ 進駐が行われた。	ⓐ援蔣ルート ⓑ北部仏印
☐㉜	太平洋戦争は，日本海軍が ⓐ を奇襲して始まったが，1942年の ⓑ 海戦の敗北以降，戦況が悪化した。	ⓐ真珠湾 ⓑミッドウェー
☐㉝	小学校は1941年に ⓐ となった。1944年後半以降は米軍の本土爆撃激化に伴い，子どもの ⓑ が始まった。	ⓐ国民学校 ⓑ集団疎開（学童疎開）
☐㉞	2つの原爆投下の合間にソ連が ⓐ を無視して対日宣戦を布告，太平洋戦争は日本の ⓑ 降伏で終わった。	ⓐ日ソ中立条約 ⓑ無条件

Try 次の問いに答えなさい。 〔センター試験〕

● 1930年代後半から1940年代にかけての都市生活に対する統制に関する記述として不適切なものを，次から一つ選びなさい。
① 隣組は町内会のもとに置かれ，政治に住民を動員する末端組織となった。
② 砂糖・マッチなどの生活必需品に対して切符制が導入された。
③ 政府は重要産業の資金や資源を集中させるために，戒厳令を施行した。
④ 「ぜいたくは敵だ」などのスローガンのもと，節約や貯蓄が奨励された。

解答 ③

第5章 現代

97. 占領と民主化政策

入試重要度 A

1 連合国軍の占領 ★★

①**占領機構**…ポツダム宣言の受諾後，日本には，**マッカーサー元帥**を最高司令官とする**連合国軍最高司令官総司令部（GHQ）**が設置された。占領における日本への命令系統は，最高決定機関としてワシントンに設置された**極東委員会**からの指令をアメリカ経由でGHQが伝達し，その指令をGHQの諮問機関として東京に設置された**対日理事会**にはかりながら，日本政府に指令や勧告を出すというものであった。

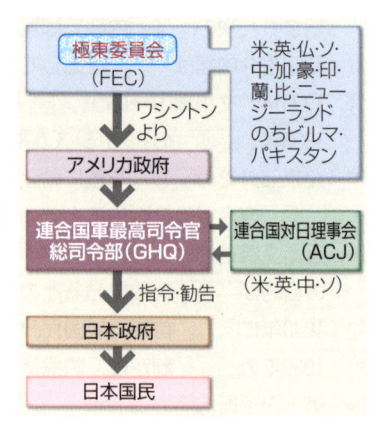

▲占領機構

②**占領方式**…占領方式は2つあり，ドイツのように連合国軍による直接統治方式に対し，日本の場合は，日本政府がGHQの指令・勧告により政策を実施する**間接統治**方式であった。ただし，**沖縄**・**奄美**・**小笠原諸島**は米軍が直接軍政をしいた。

③**占領政策の基本方針**…日本の**民主化**と**非軍事化**が基本方針とされた。
- ●**神道指令** 国家と神道の分離がはかられた。
- ●**人間宣言** 1946年1月，昭和天皇が自らの神格性を否定した。
- ●**公職追放** 戦争犯罪人や軍人など，戦前の有力者が公職から追放された。

④**極東国際軍事裁判**…GHQは，軍部や政府の戦争指導者を逮捕して，1946年「平和と人道に対する罪」に問われた28名の**A級戦犯**[❶]容疑者だけを対象とした**極東国際軍事裁判（東京裁判）**を開廷した。その結果，東条英機や広田弘毅ら7名が絞首刑となったが，天皇はGHQの意向により裁かれなかった。

> **重要ファイル**
> - ●日本の占領政策の最高決定機関は，極東委員会だった。
> - ●連合国軍による日本の占領方式は，間接統治であった。
> - ●極東国際軍事裁判の対象者は，A級戦犯容疑者だけであった。

[❶]**戦犯** 戦争犯罪人。「平和と人道に対する罪」を問われたのがA級戦犯，通常の戦争犯罪の責任を問われたのがB・C級戦犯である。

2 五大改革指令 ★

1945年10月,マッカーサーは幣原喜重郎首相に五大改革を指示した。

①婦人の解放…1945年,衆議院議員選挙法が改正されて婦人参政権が認められ,満20歳以上の男女に選挙権が与えられた。

②労働組合の結成…労働者の権利を保護するために,**労働三法**が制定された。
- ●労働組合法　1945年制定。労働者の**団結権・団体交渉権・争議権**を保障。
- ●労働関係調整法　1946年制定。争議の調整に斡旋・調停・仲裁などを規定。
- ●労働基準法　1947年制定。1日8時間労働など労働条件の最低基準を規定。

③教育の民主化…戦前の軍国主義教育からの大転換のために「修身」・「日本歴史(国史)」・「地理」の授業が停止となった。そして,民主主義的教育のために,1947年,教育基本法❷・学校教育法(六・三・三・四制)が制定された。また,都道府県・市町村ごとに,公選による教育委員会が設置された。

④圧政的諸制度の撤廃…戦前にあった治安警察法・治安維持法・特高警察などの法律や制度を廃止した。また,共産党員など政治犯の釈放を実施した。

⑤経済の民主化…軍国主義の原因となった経済のしくみや制度を一掃した。
- ●財閥解体　1945年11月,GHQは三井・三菱・住友・安田など15財閥の資産の凍結・解体を命令。執行機関は**持株会社整理委員会**。
  - ▶独占禁止法　1947年制定。独占的企業結合を禁止。
  - ▶過度経済力集中排除法　1947年制定。巨大独占企業の分割。
- ●農地改革　**第一次農地改革**では,不在地主の農地所有は認めなかったが,在村地主の小作地を5町歩としたために不徹底だった。自作農創設特別措置法に基づき実施された**第二次農地改革**では,在村地主の小作地を1町歩(北海道は4町歩)とし,それを超える分を国が買い上げ,小作人に安く売り渡すことで多くの自作農が創出され,寄生地主制は解体された。

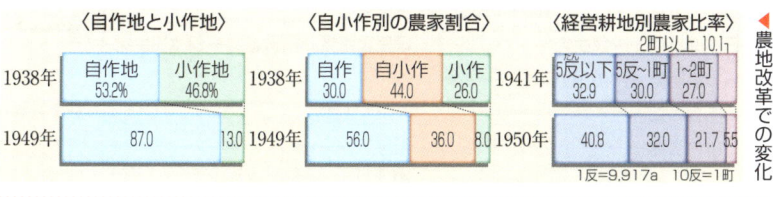

〈自作地と小作地〉

1938年	自作地 53.2%	小作地 46.8%
1949年	87.0	13.0

〈自小作別の農家割合〉

	自作	自小作	小作
1938年	30.0	44.0	26.0
1949年	56.0	36.0	8.0

〈経営耕地別農家比率〉

	5反以下	5反~1町	1~2町	2町以上
1941年	32.9	30.0	27.0	10.1
1950年	40.8	32.0	21.7	5.5

1反=9.917a　10反=1町

農地改革での変化

> **重要ファイル**
> - ●団結権・団体交渉権・争議権の保障は,労働組合法で定められた。
> - ●在村地主の小作地が1町歩となり,寄生地主制は解体された。

❷**教育基本法**　教育の機会均等や男女共学,義務教育9年制などを規定。

98. 日本国憲法

第5章 現代
入試重要度 B

1 日本国憲法 ★

①**新憲法制定過程**…新憲法は，GHQ草案をもとに帝国議会で修正可決されて，1946年11月3日に公布され，1947年5月3日に施行された。
- **内　容**　主権在民・平和主義・基本的人権の尊重が三大原則。国会は「国権の最高機関」とされ，天皇は国や国民統合の象徴となった(**象徴天皇制**)。

②新憲法にともなう法律・制度の改革
- **民法改正**　1947年。戸主制度の廃止，男女同権・夫婦平等の家族制度。
- **刑法改正**　1947年。大逆罪・不敬罪・姦通罪の廃止。
- **地方行政**　1947年に**地方自治法**成立。自治体首長は住民による**公選**に。
- **警察制度**　1947年に警察法公布。国家地方警察とともに自治体警察が創設。

2 政党政治の復活 ★

①**第1次吉田茂内閣**…1946年4月**新選挙法**の下で戦後初の**総選挙**が実施され，**39**名の女性議員が誕生した。第一党は日本自由党，第二党は日本進歩党という結果となり幣原喜重郎内閣は総辞職をした。しかし，日本自由党は過半数に届かず，総裁鳩山一郎も公職追放となり，日本進歩党との連立内閣により第1次吉田茂内閣が発足した。

②**片山哲内閣**…1947年4月の総選挙では，第一党の日本社会党と民主党・国民協同党の3党連立内閣による**社会党委員長**である**片山哲**内閣が発足した。

③**芦田均内閣**…片山内閣総辞職後，3党連立内閣の民主党総裁の芦田均内閣が発足したが，復興金融金庫からの融資をめぐる汚職の昭和電工事件で総辞職。

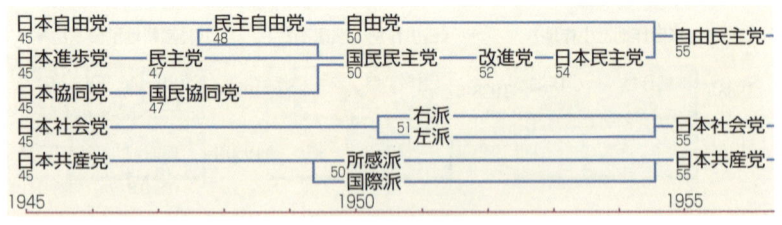

▲戦後の日本の政党

> **重要ファイル**
> - 戦後初の総選挙では，39名の女性議員が誕生した。
> - 芦田内閣は，昭和電工事件で失脚した。

3 戦後の経済混乱 ★

①**生活の混乱**…太平洋戦争の空襲により、国民の生活は甚大な被害を受けた。鉱工業の生産額は戦前に比べて大きく低下し、**復員**や**引揚げ**で人口は急増した。また、残留孤児や残留婦人問題も抱えることとなった。

②**食料不足**…戦後の国民の生活は食糧不足となり、米の配給がサツマイモやトウモロコシなどの代用食に変更されるなど影響は広がった。また、農村への買出しや公定価格を無視した**闇市**などの光景も目立った。さらに、1946年5月に皇居前広場で食糧メーデーが行われた。

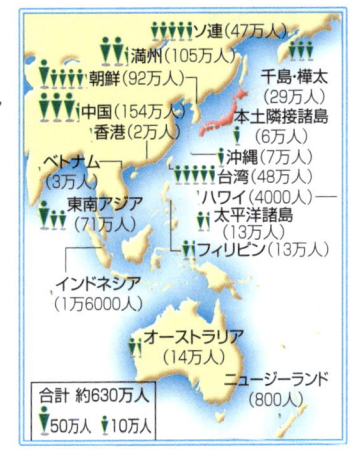

▲海外からの引揚げ者

③**日本経済の復興策**…物資不足や通貨の増発に伴って発生した激しいインフレーションの収束をはかるために、さまざまな施策が講じられた。

- **アメリカの援助** ガリオア資金❶・エロア資金❷などによる多額の資金援助を受ける。
- **金融緊急措置令** 1946年に幣原内閣が発令。預金の封鎖と新円の発行で貨幣流通量の減少をはかったが、インフレを抑制できなかった。
- **傾斜生産方式** 1947年、資材と資金を石炭・鉄鋼生産に集中させた。**復興金融金庫**を設立して、基幹産業への資金供給を開始した。だが、政府資金を大量に投入することとなり、かえってインフレを悪化させた。

④**労働争議の高まり**…国民生活は食糧難からの不満の高まりを受けて、1947年、**二・一ゼネスト**❸が計画されたが、GHQの命令で中止となった。一方で、**全日本産業別労働組合会議**(産別会議)と**日本労働組合総同盟**(総同盟)が結成され、労働運動は活発化した。

> **重要ファイル**
> - 金融緊急措置令は、インフレ対策の政策であった。
> - GHQは、二・一ゼネストを中止させた。

❶ガリオア資金　占領地行政救済資金。食糧・医薬品など生活必需物資を供給。
❷エロア資金　占領地域経済復興援助資金。主に工業原材料輸入資金を貸与。
❸二・一ゼネスト　1947年2月1日に計画された公務員中心の大規模なストライキ。

第5章 現代

99. 冷戦の始まりと日本の独立

入試重要度 A

1 冷戦体制の構築と国際情勢

①**国際連合**…1945年6月，**国際連合憲章**が採択され，同年10月，連合国51か国が参加して**国際連合**が発足した。アメリカ・イギリス・フランス・ソ連・中国は**安全保障理事会**の常任理事国となり，**拒否権**が与えられた。

②**東西陣営成立**…トルーマン大統領はソ連に対して**トルーマン=ドクトリン**❶をとり，**マーシャル=プラン**にもとづき西欧諸国の経済援助を実施した。さらに，アメリカと西欧諸国は**北大西洋条約機構（NATO）**を結成した。一方，ソ連は東欧諸国と**ワルシャワ条約機構**を結成した。これにより，アメリカを中心とする西側陣営（資本主義）とソ連を中心とする東側陣営（社会主義）が形成され，**冷戦**の対立を生んだ。

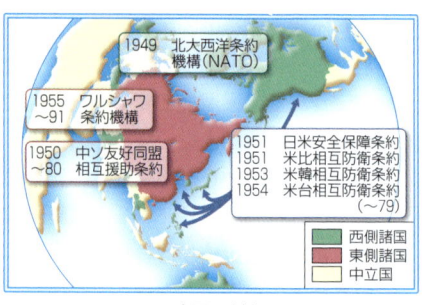

- 1949 北大西洋条約機構（NATO）
- 1955～91 ワルシャワ条約機構
- 1950～80 中ソ友好同盟相互援助条約
- 1951 日米安全保障条約
- 1951 米比相互防衛条約
- 1953 米韓相互防衛条約
- 1954 米台相互防衛条約（～79）

西側諸国／東側諸国／中立国

▲東西の対立

③**東アジアの国際情勢**…中国は，**1949年**，共産党による**中華人民共和国**が成立し，敗れた国民党は**台湾**に逃れた。朝鮮半島では，1948年，**朝鮮民主主義人民共和国（北朝鮮）**と**大韓民国（韓国）**が建国され，南北分断状態が固定化した。

2 戦後経済の確立 ★

①経済の自立
- **経済安定九原則** 予算の均衡，徴税の強化，賃金の安定など。
- **ドッジ=ライン** 銀行家ドッジが指示した超均衡予算の編成，1ドル=360円の単一為替レート設定などの施策。
- **シャウプ勧告** 財政学者シャウプによる**直接税（所得税）**中心の税制改革。

②**労働者運動の制限**…GHQ指示の政令201号で国家公務員法が改正され，公務員は争議権を失った。ドッジ=ラインによる不況下で，国家公務員や各企業の人員整理も断行された。労働争議が激化したが，国鉄をめぐる怪事件（**下山事件・三鷹事件・松川事件**）で，労働組合員が疑われ，労働運動は大打撃を受けた。

---

❶トルーマン=ドクトリン ソ連「封じ込め」政策。

3 朝鮮戦争下の日本 ★

①**朝鮮戦争**…1950年，北朝鮮が北緯38度線をこえて韓国に侵攻し，**朝鮮戦争**が始まった。国連安全保障理事会は，ソ連欠席のなかでアメリカ中心の国連軍を編成して逆に北朝鮮を中国の国境近くにまで追い詰めた。これに対して，中国人民義勇軍が北朝鮮側に参戦し，1953年板門店で休戦協定が調印された。

②**警察予備隊**…朝鮮戦争に突入すると，GHQの指令で**警察予備隊**が新設された。この出来事より前には，GHQによる**レッドパージ**❷ が行われた。また，GHQのあと押しを受けて，**日本労働組合総評議会**（総評）が結成された。

③**特需景気**…アメリカ軍は日本で軍事物資の調達や兵器の修理を行ったため，大量の**特需**がおこり，経済は立ち直り，鉱工業生産は戦前の水準を回復した。

4 日本の独立 ★★

①**サンフランシスコ平和条約**…1951年，第3次吉田茂内閣は，単独講和と全面講和❸に日本国内の世論が二分化するなかで**単独講和**を選び，48か国と**サンフランシスコ平和条約**を結んだ❹。翌年，日本は主権を回復した。

- **内　容**　日本の主権承認。朝鮮の独立承認。台湾・南樺太・千島列島放棄。**南西諸島・小笠原諸島**はアメリカ施政権下に。

②**日米安全保障条約**…サンフランシスコ平和条約と同じ日に調印。

- **内　容**　アメリカ軍の**日本駐留**。内乱への出動。アメリカ軍の日本防衛の義務なし。有効期限なし。

③**日米行政協定**…1952年に締結された日米安全保障条約の細目を規定した協定。

- **内　容**　日本が駐留軍に基地を無償提供し，駐留費用を分担することを決定。

▲サンフランシスコ平和条約での日本領土

> **重要ファイル**
> ○ 朝鮮戦争が始まり，警察予備隊が新設された。
> ○ サンフランシスコ平和条約は単独講和で調印された。

❷レッドパージ　政府機関や重要産業部門から共産主義者を追放したこと。
❸単独講和はソ連などを除く西側陣営との講和，全面講和はソ連・中国を含む全交戦国との講和。
❹ソ連・ポーランド・チェコスロバキアは調印拒否。インド・ビルマ（ミャンマー）・ユーゴスラビアは講和会議に不参加。中華人民共和国・中華民国は講和会議に招かれず。

第5章 現代

100. 55年体制の成立

入試重要度 A

1 デタント(緊張緩和)

①**雪どけ**…ソ連はスターリン死後、フルシチョフが東西平和共存路線を打ち出し、アメリカのアイゼンハワー大統領との首脳会談、核軍縮交渉へと続いた。

②**多極化**…ヨーロッパは1967年、ヨーロッパ共同体(EC)を組織して、経済の自立を目指した。西ドイツや日本は驚異的な経済成長をとげた。一方、中ソ対立も表面化して世界は米・ソの二極化から多極化へと向かった。

③**アジア情勢**…1955年、第三勢力による**アジア=アフリカ会議**(バンドン会議)が開催され、ベトナムでは、アメリカが軍事介入した**ベトナム戦争**が始まった。

2 独立回復後の「逆コース」★

①「**逆コース**」…戦後の日本の民主化・非軍事化に逆行する復古的な動き。

- **自衛隊** 警察予備隊は、1952年に**保安隊**に改組された。1954年にMSA協定(日米相互防衛援助協定など4協定の総称)が締結され、自衛力の増強が義務づけられた。同年、**防衛庁**が新設され、**自衛隊**が発足した。

- **破壊活動防止法** 1952年、「血のメーデー事件❶」を契機に**破壊活動防止法**❷を成立させ、**公安調査庁**を設置。

- **警察制度** 1954年に**新警察法**で自治体警察・国家地方警察が廃止、警察庁を頂点とする中央集権制度が成立。

- **教育** 1954年、「教育二法」で教職員の政治活動を抑制。1956年、新教育委員会法で、公選制だった教育委員を自治体首長による**任命制**に。

②**社会運動**…革新勢力は「逆コース」に対して激しい反対運動を行った。

- **アメリカ軍基地反対闘争** **内灘**(石川県)・**砂川**(東京都)など。
- **原水爆禁止運動** **第五福竜丸事件**→第1回原水爆禁止世界大会開催(広島)。

```
警察予備隊(1950年)
 ・定員7万5000人
   ↓
保安庁・保安隊(1952年)
 ・定員11万人
   ↓
池田・ロバートソン会議(1953年)
 ・池田勇人と米国務次官補ロバートソン
 ・日本の防衛力強化で一致
   ↓
MSA協定(1954年)
 ・日本の防衛力強化を義務
   ↓
防衛庁・自衛隊(1954年)
 ・陸・海・空の3自衛隊
 ・定員(新規)約16万人
```

❶**血のメーデー事件** 皇居前広場事件。独立後初のメーデーでデモ隊と警官隊が衝突。
❷**破壊活動防止法** 暴力主義的破壊活動の規制を目指す法律。

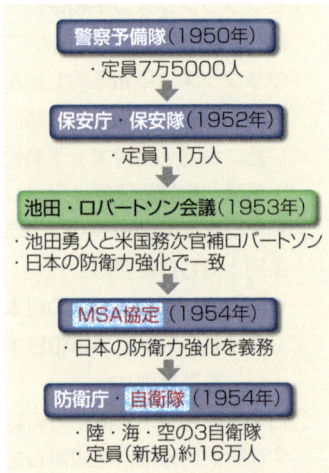

3 55年体制と国連加盟 ★★

①**保守合同**…1955年，社会党が左右両派の統一を実現させたことを受けて，保守陣営は日本民主党と自由党が**保守合同**して**自由民主党**(自民党)を結成した。自民党の初代総裁に選出されたのは**鳩山一郎**だった。これ以後，約40年間続いた，自民党と社会党を軸とした日本の政治体制を**55年体制**という。

②**国連加盟**…**1956年**，鳩山一郎内閣が**日ソ共同宣言**に調印したことを受けて，同年に日本の**国連加盟**が実現した。

4 新安保条約と安保闘争 ★

①**日米相互協力及び安全保障条約**(**新安保条約**)…鳩山一郎内閣のあとの**石橋湛山**内閣は短命で終わり，**岸信介**内閣のもとで，**1960年**に**新安保条約**が調印された。衆議院で条約批准の採決が強行され，参議院の議決を経ないままに自然成立した。岸内閣は，条約発効後に総辞職した。

● **内　容**　アメリカの日本防衛義務の明文化，**事前協議制**，条約期限10年。

②**安保闘争**…革新勢力は，**安保改定阻止国民会議**を組織し，学生，一般の市民までも巻き込んで連日国会を取り囲み，反対運動を行った(**60年安保闘争**)。

5 自民党政権の安定政治 ★★

①**池田勇人内閣**…1960年，岸信介内閣のあとの**池田勇人**内閣は，「**寛容と忍耐**」をとなえて，「**所得倍増**」をスローガンに経済政策を展開した。1962年には，「政経分離」の方針のもと，国交のない中華人民共和国と準政府間貿易(**LT貿易**)の覚書を交わした。

②**佐藤栄作内閣**…1964年成立。1965年に**日韓基本条約**を結び，韓国と国交を樹立。「(核兵器を)もたず，つくらず，もち込ませず」の**非核三原則**を掲げた。1968年に**小笠原諸島返還**を実現し，1971年には**沖縄返還協定**を結び，翌年，沖縄は日本に復帰した。

▲沖縄のアメリカ軍専用基地

重要ファイル
- 警察予備隊は，保安隊を経て自衛隊となった。
- 鳩山内閣の業績は，日ソ共同宣言に調印し国連加盟を実現。
- 池田内閣は，「寛容と忍耐」をとなえ「所得倍増」の政策を実施。
- 佐藤内閣の業績は，日韓基本条約と沖縄返還協定。

101. 高度経済成長

入試重要度 A

1 年率二ケタの経済成長 ★★

①**大型景気の到来**…1955～57年に**神武景気**と呼ばれる好景気が到来し、経済企画庁は1956年度の『経済白書』で「もはや戦後ではない」と記した。1955～73年の年平均経済成長率は10％を超え、1968年には資本主義国で世界第2位の国民総生産(GNP)を記録した。

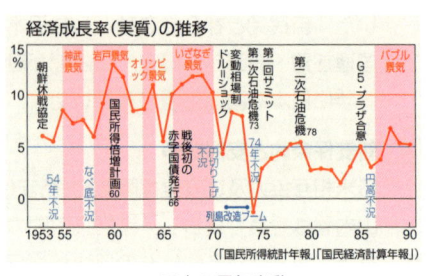

▲日本の景気変動

②**高度経済成長**…高度経済成長の1955～1973年の間に、**神武景気・岩戸景気・オリンピック景気・いざなぎ景気**という4回の大型景気をむかえた。

- **設備投資・技術革新** 大企業による積極的な設備投資と、欧米の先端技術の導入による技術革新が高度経済成長を支えた。
- **日本的経営** 終身雇用・年功賃金・労資協調などの確立。
- **産業構造の高度化** 第一次産業の比率が低下し、第二次・第三次産業の比重が高まった。工業生産額も重化学工業が主力となった。
- **エネルギー革命** 石炭から石油へのエネルギーの転換。石炭産業は衰退。
  ▶**三井三池炭鉱争議** 三井鉱山三池炭鉱での人員整理に反対する大争議。
- **農 業** 1961年、**農業基本法**を公布。農薬・化学肥料の普及や機械化によって農家所得が増加。

③**貿易・資本の自由化**…1960年代後半以降に大幅な貿易黒字が続いた。
- 輸出の中心は鉄鋼・船舶・自動車。自動車産業は対米輸出を開始。
- 1963年にはGATT(関税及び貿易に関する一般協定)11条国[1]に移行。1964年にはIMF(国際通貨基金)8条国[2]に移行とOECD(経済協力開発機構)加盟により為替と資本の自由化を実施した。

> **重要ファイル**
> - 日本が資本主義国でGNP世界第2位を記録したのは1968年。
> - 1964年にはIMF8条国となり、OECDに加盟した。

[1] GATT11条国 国際収支を理由として輸入制限をすることができない国。
[2] IMF8条国 国際収支を理由として対外支払い制限を行うことができない国。

2 国民生活の向上 ★

①**太平洋ベルト地帯**…太平洋側において製鉄所や石油化学コンビナートなどが建設されて，関東地方から九州地方北部まで，帯のように工業地帯・地域が連なった太平洋ベルト地帯が形成され，産業と人口の集中をもたらした。

②**大量消費社会**…国民生活も経済成長とともに変化がみられた。1950年代中頃から「**三種の神器**」，1960年代後半から「**新三種の神器(3C)**」と呼ばれる電化製品や耐久消費財が各家庭に普及して国民生活が豊かになりはじめ，**大量消費社会**が到来した。

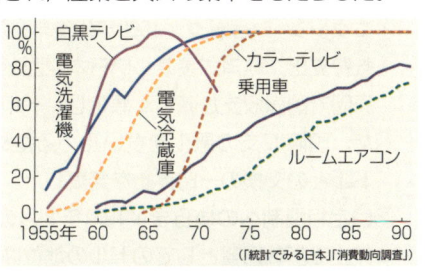

▲耐久消費財の普及率

- 「三種の神器」　白黒テレビ・電気洗濯機・電気冷蔵庫
- 「新三種の神器(3C)」　カー(自動車)・カラーテレビ・クーラー

3 経済成長の弊害 ★

①**過疎化**…重化学工業の発展で労働力が農村から都市へと移動し，農村の過疎化がおこった。農業人口が減少し，兼業農家が増え専業農家が激減し，「**三ちゃん農業**」❸という言葉が生まれた。一方で，大都市では人口の過密化が進展し，交通渋滞や騒音などの問題や土地価格の上昇などをもたらした。

②**公害問題**…経済成長優先のために対策が遅れた**公害**が社会問題となり，1967年に**公害対策基本法**❹が制定され，1971年には**環境庁**❺が発足した。また，**四大公害訴訟**はいずれも被害者側の勝訴という結果となった。

- 四大公害病　**新潟水俣病**(新潟県阿賀野川流域)・**四日市ぜんそく**(三重県四日市市)・**イタイイタイ病**(富山県神通川流域)・**水俣病**(熊本県水俣市)

③**革新自治体**…日本社会党や日本共産党が過密や公害など高度経済成長の弊害に不満をもつ人々の支持を得て，各地では革新自治体が誕生した。1967年には，東京都知事に両党が推薦する**美濃部亮吉**が当選した。

> **重要ファイル**
> - 太平洋側に重化学のコンビナートが建設された。
> - 1960年代後半は3C(カー・カラーテレビ・クーラー)が普及した。

---

❸「三ちゃん農業」　じいちゃん・ばあちゃん・かあちゃんによる農業。
❹公害対策基本法　企業・国・地方公共団体の責務を明記。1993年，環境基本法へ。
❺環境庁　2001年，中央省庁改編によって環境省となった。

第5章 現代

102. 経済大国への道

入試重要度 B

1 1970年代の国際経済問題 ★

①**ニクソン=ショック**…1960年代後半、アメリカは、ベトナム戦争での膨大な戦費支出、経済成長著しい日本や西ドイツのアメリカへの輸出の急増などが原因で国際収支が著しく悪化し、ドルの海外流出が続いて金準備高も減少した。国際収支の悪化を食い止めるために、1971年にニクソン大統領は**金とドル**との交換の一時停止を発表した。

②**固定相場制へのゆらぎ**…1971年8月のニクソン=ショック後、金・ドル交換停止で基軸通貨としてのドルの地位はゆらいだ。同年12月、ワシントンで10カ国蔵相会議が開催され、円は1ドル=360円から**308円**に切り上げられた(**スミソニアン協定**)。だが、新国際経済体制への不安は解消されず、その後もドルの下落は続き、1973年には日本や西欧諸国は**変動相場制**に移行した。

③**第1次石油危機**…1973年、**第4次中東戦争**を背景に、アラブ石油輸出国機構(OAPEC)は原油輸出を制限し、価格を引き上げ、原油価格は4倍になった。原油は、戦後のエネルギー政策の中心的な存在であったため、アラブ諸国のこれまでの安定供給からの転換により、**第1次石油危機**が発生した。当時、原油の輸入を中東地域に依存していた日本経済は大きな影響を受けた。

④**サミット**…1973年の第1次石油危機をきっかけとして世界経済は減速した。このような事態に対処するために、1975年に米・日・独・英・仏・伊の6カ国の首脳により**先進国首脳会議**(**サミット**)がフランスのランブイエで開催された。以後、年に1回、世界の経済問題を中心に対応を協議している。

> **重要ファイル**
> ● 1971年、ニクソン大統領は金・ドル交換停止を発表した。
> ● 1975年、先進国首脳会議(サミット)が初めて開催された。

2 高度経済成長から安定成長へ ★★

①**田中角栄内閣**
  ● **日中共同声明** 1972年に発表し、**日中国交正常化**を実現させた。
    ▶**内容** 日中間における戦争状態の終結。中華人民共和国を中国における唯一の合法的政府と確認。覇権条項。

日中共同声明

日中両国は、一衣帯水の間にある隣国であり、長い伝統的友好の歴史を有する。両国国民は、両国間にこれまで存在していた不正常な状態に終止符を打つことを切望している。戦争状態の終結と日中国交の正常化という両国国民の願望の実現は、両国関係の歴史に新たな一頁を開くことになろう。

- 「日本列島改造論」 公共投資を中心とする経済成長政策→土地投機によって，地価の暴騰を招いた。
- 第1次石油危機 原油価格の高騰→狂乱物価，スタグフレーションの発生→1974年には戦後初のマイナス成長に(高度経済成長の終わり)。

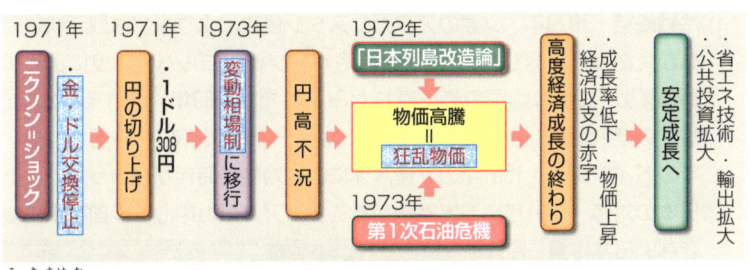

```
1971年      1971年    1973年           1972年
ニクソン=ショック              変動相場制      「日本列島改造論」    高度経済成長の終わり    ・省エネ技術
・金・ドル交換停止   ・円の切り上げ     に移行         物価高騰              成長率低下           ・公共投資拡大      安定成長へ
            ・1ドル308円           円高不況       ＝                    経済収支の赤字        ・輸出拡大
                                                  狂乱物価              物価上昇
                                     1973年
                                     第1次石油危機
```

② 三木武夫内閣…1976年，田中元首相がロッキード事件❶で逮捕された。
③ 福田赳夫内閣…1978年，日中平和友好条約を締結した。
④ 大平正芳内閣…1979年，元号法公布。イラン革命に伴う第2次石油危機。
⑤ 鈴木善幸内閣…1981年，第2次臨時行政調査会を発足。
⑥ 中曽根康弘内閣…「戦後政治の総決算」を掲げ，行財政改革に取り組んだ。
- 電電公社(現NTT)・専売公社(現JT)・国鉄(現JR)の三公社民営化。
- 1987年，防衛費の対GNP比1％枠を突破。

⑦ 竹下登内閣…1989年，消費税(3％)の導入。リクルート事件で退陣。

3 経済大国に対する外国の圧力 ★

① 経済大国…日本は経済大国となり，貿易黒字も大幅に拡大して，欧米諸国とのあいだに貿易摩擦が生じた。1985年，5カ国蔵相・中央銀行総裁会議(G5)のプラザ合意❷で円高になるが日米貿易摩擦は解消しなかった。アメリカは1980年代，日本に自動車などの輸出自主規制や農産物の輸入自由化を迫ったり，日米構造協議を開催したりした。そして，日本は1991年に牛肉・オレンジの輸入自由化，1993年に米市場の部分開放を決定した。

② バブル経済…1980年代後半から円高不況下の超低金利による内需主導政策により地価・株価が暴騰し，のちに「バブル経済」と呼ばれる景気をむかえた。

> **重要ファイル**
> - 田中内閣は，1972年に訪中し日中共同声明を発表した。
> - 中曽根内閣は，三公社の民営化を断行した。

---

❶ ロッキード事件 アメリカのロッキード社からの航空機輸入をめぐる汚職事件。
❷ プラザ合意 ドル高の是正と，為替市場への国際的協調介入などで合意。

第5章 現代

103. 現代の政治・経済

入試重要度 B

1 冷戦後の世界

①**冷戦終結**…1979年,ソ連のアフガニスタン侵攻により米ソは「新冷戦」時代をむかえたが,アメリカの「双子の赤字」[1]とソ連のゴルバチョフによる**ペレストロイカ**[2]により両国の歩み寄りがみられた。1989年,東欧革命から「ベルリンの壁」崩壊に至る経緯から米ソによる「**冷戦の終結**」が確認された。1990年のドイツ統一,1991年のソ連解体により冷戦の時代が終わった。

②**日本の対応**…1991年に**湾岸戦争**がおこり,アメリカ中心の多国籍軍に参加できない日本は資金援助を行ったが批判された。これを契機に1992年,**PKO協力法**を成立させ,自衛隊をカンボジアへ派遣した。

地図中の表記:
北アイルランド紛争 ~1998 / 旧ユーゴスラヴィア紛争 クロアティア内戦1991~95 ボスニアヘルツェゴヴィナ内戦1992~95 コソヴォ紛争1998~ / ケベック問題 / 同時多発テロ 2001 / メキシコ先住民問題 / ペルー・エクアドル国境紛争 1995~98 / クルド人問題 / グルジア紛争 1991~ / チェチェン紛争 1994~ / バスク民族運動 / 南スーダン独立紛争 2011 / コンゴ民主共和国内戦 1998~ / ルワンダ内戦 1990~94 / 米英アフガニスタン攻撃 2001 / アフガニスタン内戦 ~2001 / 新疆独立運動 / チベット問題 / カシミール紛争 / 東ティモール内戦 1999~2002 / イラク戦争 2003 / 湾岸戦争 1991 / ソマリア内戦 1991~ / パレスチナ問題

▲冷戦期以降の紛争

2 55年体制の終結 ★

①**自民党政権の推移**…1989年,自民党の竹下登内閣の総辞職後,**宇野宗佑**内閣・海部俊樹内閣を経て,宮沢喜一内閣のもとで**佐川急便事件**,ゼネコン汚職事件が表面化し,政官財の癒着に国民の政治不信が高まり,1993年7月の衆議院議員総選挙で,自民党は過半数割れで敗北した。

②**非自民連立内閣**…1993年,自民党長期政権に代わり,**日本新党**の**細川護熙**を首相とする非自民8党派の連立内閣が誕生して,55年体制は崩壊した。1994年,細川内閣は衆議院に**小選挙区比例代表並立制**を導入する政治改革関連4法を成立させた。同年発足した**羽田孜**内閣は短命で終わり,社会党の**村山富市**を首相とする自民党・社会党・新党さきがけの連立政権が誕生した。

> **重要ファイル**
> ● 1992年,PKO協力法で自衛隊はカンボジアへ派遣された。
> ● 1993年,細川内閣誕生で55年体制は崩壊した。

---

[1]「双子の赤字」 財政赤字と貿易赤字。
[2] ペレストロイカ ソ連の国内体制の立て直し。

3 失われた10年の日本経済

①**バブル崩壊**…1991年,1980年代後半からの**バブル経済**は後退に向かった。株価・地価は暴落,値上がりを期待して購入された株式・土地は**不良債権**となり金融機関の経営が悪化して実体経済までに波及した**複合不況**となった。

②**金融不況**…バブル崩壊に対しての政府と日本銀行による景気対策は効果が上がらず,1995年に住宅金融専門会社,1997年に北海道拓殖銀行と山一証券,1998年に日本債券信用銀行と日本長期信用銀行が破綻した。1997年,実質経済成長率は1974年以来のマイナス成長となった。

4 政治の混迷と日本社会の諸課題

①**20世紀から21世紀へ**…村山内閣後,連立政権を引き継いだのは自民党の**橋本龍太郎**内閣で,行財政改革を推進し,1997年には**消費税5%**を導入した。続く**小渕恵三**内閣は1999年に**新ガイドライン関連法**や**国旗・国歌法**を成立させた。**森喜朗**内閣を経て,2001～2006年の**小泉純一郎**内閣は大胆な民営化と規制改革による**構造改革**を進めたが,一方で格差問題も引き起こした。

- ●**小泉純一郎内閣**
  - ▶**構造改革**　「聖域なき構造改革」を掲げ,**郵政**・道路公団の民営化を推進。
  - ▶**テロ対策特別措置法**　2001年,米同時多発テロを受けて制定。インド洋に自衛隊を派遣。
  - ▶**日朝平壌宣言**　2002年調印。北朝鮮政府は日本人拉致を認めた。
  - ▶**イラク復興支援特別措置法**　2003年,イラク戦争後の復興支援を目的に制定。翌年,自衛隊をイラクの「非戦闘地域」に派遣。

②**政治の混迷**…小泉内閣後,内閣は**安倍晋三**内閣・**福田康夫**内閣・**麻生太郎**内閣と次々に交代した。2009年衆議院議員選挙では民主党が圧勝して民主党政権となり**鳩山由紀夫**内閣が誕生したが,民主党政権は安定せず混迷し,首相は**菅直人**,**野田佳彦**と交代した。2012年の衆議院議員選挙の結果,自民党が政権の座に返り咲き,第2次**安倍晋三**内閣が発足した。

③**日本社会の諸課題**…日本は1995年の**阪神・淡路大震災**や地下鉄サリン事件,1997年に採択された京都議定書による地球温暖化対策,2011年3月11日の**東日本大震災**をきっかけとする原子力発電への不安などの諸問題に直面した。また,少子・高齢社会により人口減少社会に入った。

> **重要ファイル**
> - 2009年,民主党政権で鳩山内閣が誕生した。
> - 2011年,東日本大震災以降,原子力発電への見直しが始まった。

104. 戦後～現代の文化

入試重要度 C

1 占領下の文化

①**研究の隆盛**…占領改革によって，思想や言論に対する統制から解放され，出版では雑誌が次々に創刊され，学問の研究では新しい分野が開かれた。
- **出　版**　『世界』(岩波書店)，『展望』(筑摩書房)，『思想の科学』などが創刊され，『中央公論』，『改造』などが復刊された。
- **考古学**　登呂遺跡(1947年)・岩宿遺跡(1949年)の発掘など。
- **社会科学**
  - ▶政治学　丸山真男「超国家主義の論理と心理」，日本ファシズムの研究。
  - ▶経済史学　大塚久雄『近代資本主義の系譜』
  - ▶法社会学　川島武宜『日本社会の家族的構成』
- **自然科学**　理論物理学者の湯川秀樹が1949年に日本人ではじめてノーベル賞(物理学賞)を受賞。同年，学界の代表機関である日本学術会議が設立された。

日本人ノーベル賞受賞者

年	受賞者	年	受賞者	年	受賞者
1949	湯川秀樹(物)	2000	白川英樹(化)	2010	根岸英一(化)
1965	朝永振一郎(物)	2001	野依良治(化)	2010	鈴木章(化)
1968	川端康成(文)	2002	小柴昌俊(物)	2012	山中伸弥(生)
1973	江崎玲於奈(物)	2002	田中耕一(化)		
1974	佐藤栄作(平)	2008	南部陽一郎(物)	物：物理学	
1981	福井謙一(化)	2008	小林誠(物)	文：文学	
1987	利根川進(生)	2008	益川敏英(物)	平：平和	
1994	大江健三郎(文)	2008	下村脩(化)	生：生理学・医学	
				化：化学	

②**文化財保護**
- **文化財保護法**　1950年制定。1949年の法隆寺金堂壁画の焼損が契機となる。
- **文化庁**　1968年，文部省文化局と外局の文化財保護委員会を統合して創設。

③**戦後の文学**…戦後の言論・表現の自由により，まず，既成のモラルへの反逆や戦後社会への風刺などを主張する太宰治『斜陽』や坂口安吾『白痴』に代表される新戯作派が登場した。また，戦後派と呼ばれた『俘虜記』の大岡昇平や『真空地帯』の野間宏なども人気を得た。さらに，第三の新人と呼ばれたなかでは『沈黙』の遠藤周作，その後には『点と線』の松本清張・『飼育』の大江健三郎・『太陽の季節』の石原慎太郎らが活躍した。

④大衆文化
- 音　楽　並木路子『リンゴの唄』や，美空ひばりの歌謡曲が流行。
- 映　画　溝口健二『西鶴一代女』，黒澤明『羅生門』
- メディア　1951年に民間のラジオ放送も開始され，1953年には日本放送協会（NHK）のテレビ放送も始まった。

> **重要ファイル**
> - 日本人のノーベル賞受賞第1号は，物理学者湯川秀樹である。
> - 文化財保護のために，文化財保護法が制定された。
> - 1951年，民間のラジオ放送が開始された。

2 現代の文化

①国民生活の変化…高度経済成長期に，個人所得が増大し，都市化が進展したことで国民の生活様式は様変わりした。都市部への人口流入，核家族の増加などによりコンクリート造の集合住宅群が増え，ニュータウンがつくられた。

②交通網整備…1964年に東海道新幹線が開通し，1965年に名神高速道路，1969年には東名高速道路などが建設された。

③国家プロジェクト…1955年に原子力基本法が制定され，1960年代半ば以降，原子力発電所の建設が推進された。1964年に東京オリンピック，1970年に日本万国博覧会が開催されて，日本の戦後の発展を世界に示す結果となった。また，1972年に札幌で，1998年に長野で冬季オリンピックが開かれ，2002年にはサッカーワールドカップが日本と韓国で共同開催された。

▲東海道新幹線開通

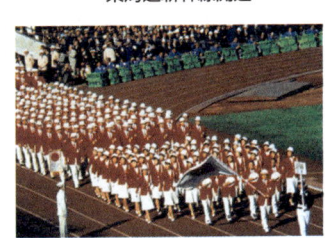

▲東京オリンピック

④平成の文化…2000年シドニーオリンピックの高橋尚子の金メダルや，なでしこジャパン（サッカー女子日本代表）・女子レスリングの吉田沙保里の国民栄誉賞受賞など，女性の活躍が目立つ。また，携帯電話やインターネットの普及により情報化が進展する一方，個人情報に関する問題も深刻化している。

> **重要ファイル**
> - 1953年にはテレビ放送が始まった。
> - 1964年の東海道新幹線と1965年の名神高速道路の開通。
> - 1960年代から原子力発電が推進された。

チェックテスト

解答

① 日本の占領政策において，ワシントンに設置された最高決定機関は，____である。 — 極東委員会

② 連合国軍による日本の占領政策は，____方式である。 — 間接統治

③ 極東国際軍事裁判の対象者は，____だけである。 — A級戦犯

④ 戦後の教育民主化改革のひとつとして，____の授業が停止された。 — 修身・日本歴史（国史）・地理

⑤ 第二次農地改革では，在村地主の小作地は1町歩となり，____制は解体された。 — 寄生地主

⑥ 戦後初の総選挙において，____名の女性議員が誕生した。 — 39

⑦ 芦田内閣は，____事件で失脚した。 — 昭和電工

⑧ 1946年，インフレ対策に____が発令された。 — 金融緊急措置令

⑨ 傾斜生産方式の資金供給のため____が設立された。 — 復興金融金庫

⑩ 公務員の大規模ストライキである____ゼネストはGHQの命令により中止となった。 — 二・一

⑪ 1949年に発表された____では，超均衡予算，1ドル＝360円の単一為替レートの設定などが示された。 — ドッジ＝ライン

⑫ 財政学者____は，直接税中心の税制改革を勧告した。 — シャウプ

⑬ 朝鮮戦争において，北から中国____軍が侵攻した。 — 人民義勇

⑭ 1950年，朝鮮戦争が始まり，____が新設された。 — 警察予備隊

⑮ 1951年，サンフランシスコ平和条約では____講和で調印され，日本の主権は翌年回復した。 — 単独

⑯ 1952年，日本の主権が回復されたが____諸島・南西諸島はアメリカの軍政下におかれた。 — 小笠原

⑰ 保守合同による自民党初代総裁に____が選出された。 — 鳩山一郎

⑱ 1956年，鳩山内閣は____宣言を経て，日本の国連加盟を果たした。 — 日ソ共同

⑲ 1960年，池田内閣は「____」の経済政策を展開した。 — 所得倍増

⑳ 1965年，佐藤内閣は____条約を結んだ。 — 日韓基本

㉑ 1971年，佐藤内閣により____が結ばれた。 — 沖縄返還協定

㉒ ____年，日本はIMF8条国となり，OECDに加盟した。 — 1964

☐㉓	1967年，東京都に革新系の◯◯都知事が誕生した。	美濃部亮吉
☐㉔	公害悪化を受けて，1967年に◯◯法が公布された。	公害対策基本
☐㉕	◯◯年，日本は資本主義国でGNP世界第2位となった。	1968
☐㉖	1960年代，各家庭に◯◯といわれる白黒テレビ・電気洗濯機・電気冷蔵庫が普及した。	三種の神器
☐㉗	◯◯年，フランスでサミットが初めて開催された。	1975
☐㉘	1972年，田中内閣は◯◯を発表して，日中国交正常化を実現させた。	日中共同声明
☐㉙	田中元首相は，◯◯事件で逮捕された。	ロッキード
☐㉚	1978年，福田内閣は◯◯条約を締結した。	日中平和友好
☐㉛	1985年，貿易摩擦解消のためにG5において◯◯がなされ円高になった。	プラザ合意
☐㉜	中曽根内閣は，◯◯民営化を実現させた。	三公社
☐㉝	1992年，◯◯法の成立で自衛隊が海外へ派遣された。	PKO協力
☐㉞	1993年，宮沢内閣不信任案可決後の解散総選挙において◯◯内閣が誕生して，55年体制は崩壊した。	細川(護熙)
☐㉟	2009年，民主党政権による◯◯内閣が誕生した。	鳩山(由起夫)
☐㊱	日本人のノーベル賞受賞第1号は，物理学者◯◯である。	湯川秀樹
☐㊲	1950年，文化財保護のために，◯◯法が制定された。	文化財保護
☐㊳	1953年，◯◯放送が始まった。	テレビ
☐㊴	◯◯年，東京オリンピックが開催された。	1964
☐㊵	1970年，大阪で◯◯会が開催された。	日本万国博覧

Try 次の問いに答えなさい。 〔センター試験〕

● 55年体制下の政治について述べた文として誤っているものを，次の①〜④のうちから一つ選びなさい。

① 日米安全保障条約の改定を目指した政権に対して，安保闘争が高揚した。
② サンフランシスコ平和条約の批准を目指して，日本社会党が再統一された。
③ 1960年代には，民主社会党や公明党が結成され，野党の多党化が進んだ。
④ 1970年代半ばには，衆議院での与野党の勢力が伯仲した。

解答 ②

日中関係史

入試重要度 A

前1c頃	倭には百あまりの小国が存在(『漢書』地理志)
57	倭の奴国が後漢に朝貢(『後漢書』東夷伝)
239	邪馬台国の卑弥呼が魏に朝貢(『魏志』倭人伝)
478	倭王武が宋に遣使・上表(『宋書』倭国伝)
607	聖徳太子が小野妹子を遣隋使として送る(『隋書』倭国伝)
630	最初の遣唐使として犬上御田鍬を派遣
754	鑑真が律宗を伝える
894	菅原道真の提言で遣唐使の廃止
1019	刀伊の入寇
1180	平清盛が大輪田泊を修築して日宋貿易を奨励
1274	文永の役
1281	弘安の役
1325	鎌倉幕府が建長寺船を元に派遣
1342	足利尊氏が天竜寺船を元に派遣
1401	足利義満が僧侶祖阿と肥富を明に派遣
1404	明との勘合貿易開始
1411	足利義持が勘合貿易中断
1432	足利義教が勘合貿易再開
1523	寧波の乱
1547	最後の勘合船

1 『漢書』地理志(左)と『後漢書』東夷伝(右)

夫れ楽浪海中に倭人有り、分れて百余国と為る。歳時を以て来り献見すと云ふ。(原漢文)

建武中元二年、倭の奴国、貢を奉じて朝賀す。使人自ら大夫と称す。倭国の極南界なり。光武、賜ふに印綬を以てす。安帝の永初元年(一〇七年)、倭の国王帥升等、生口百六十人を献じ、請見を願ふ。桓霊の間、倭国大いに乱れ、更相攻伐し暦年主なし。(原漢文)

2 『魏志』倭人伝

倭人は帯方の東南大海の中に在り、山島に依りて国邑を為す。旧百余国、漢の時朝見する者あり。今使訳通ずる所三十国。……住まること七、八十年。倭国乱れ、相攻伐して年を歴たり。乃ち共に一女子を立てて王と為す。名を卑弥呼と曰ふ。鬼道を事とし、能く衆を惑はす。年已に長大なるも、夫婿無し。男弟有り、佐けて国を治む。……景初二年六月、倭の女王、大夫難升米等を遣し郡に詣り、天子に詣りて朝献せんことを求む。……その年十二月、詔書して倭の女王に報じて曰く、……今汝を以て親魏倭王と為し、金印紫綬を仮し、装封して帯方の太守に付し仮授せしむ。……卑弥呼以て死す。大いに冢を作る。径百余歩、徇葬する者奴婢百余人。

❶後漢末に楽浪の南半を割いて設けた郡。
❷朝貢し謁見。
❸使節。
❹呪術。
❺夫。
❻三年(二三九年)の誤り。
❼墳丘。
❽徇葬。
❾殉死。

❶印は、「漢委奴国王」の金印といわれている。綬は印に通し身につけるためのひも。
❷一〇七年。
❸生きていた人、奴隷であろうという。
❹後漢の桓帝・霊帝の頃(一四七〜一八九年)。

3 勘合貿易

▲勘合 ▲勘合船

240

1551	大内氏滅亡で日明貿易断絶
1592	文禄の役
1597	慶長の役
1871	日清修好条規
1874	台湾出兵
1885	天津条約
1894	甲午農民戦争の事後処理めぐり日清戦争
1895	下関条約
1915	二十一カ条の要求
1917	石井・ランシング協定
1919	五・四運動
1922	九カ国条約
1923	石井・ランシング協定廃棄
1927	山東出兵
1928	張作霖爆殺事件(満州某重大事件)
1931	柳条湖事件→満州事変
1932	満州国建国
1933	国際連盟がリットン調査団報告により日本の撤兵勧告
1934	満州国で帝政実施(皇帝溥儀)
1936	西安事件
1937	盧溝橋事件→日中戦争
1938	近衛声明
1949	共産党による中華人民共和国成立→台湾には国民政府による中華民国
1952	台湾と日華平和条約
1962	LT貿易
1972	日中共同声明により台湾との国交断絶
1978	日中平和友好条約

4 下関条約

日清戦争の講和条約。日本全権伊藤博文・陸奥宗光と清国全権李鴻章が下関で会談。

5 満州事変

柳条湖での南満州鉄道爆破を機に、関東軍が東三省(奉天・吉林・黒竜江)を占領。1932年には満州国を建国した。

6 日中戦争

1937年7月7日の盧溝橋事件に端を発した日中間の戦争。近衛内閣は戦線を拡大し、同年12月には国民政府の首都南京を占領。

2 日朝関係史

入試重要度 B

前108	漢の武帝が楽浪など4郡設置
391	倭が高句麗と戦い敗北(好太王碑の碑文)
538	百済の聖明王が欽明天皇の時に仏像・経論を伝える
562	加耶(加羅)滅亡
660	唐と新羅の連合軍により百済滅亡
663	白村江の戦いで日本,唐と新羅の連合軍に敗北
676	新羅が半島統一
936	高麗が半島統一
1274	文永の役
1281	弘安の役
1392	李成桂が朝鮮を建国
14C末頃	朝鮮の倭寇の取締り要求に足利義満が応じ国交回復
1419	応永の外寇
1443	嘉吉条約
1510	三浦の乱
1592	文禄の役
1597	慶長の役
1607	朝鮮通信使が初来日
1609	対馬藩宗氏と己酉約条を結ぶ。釜山に倭館が設置され宗氏は外交上特別な地位を得る
1873	征韓論敗北
1875	江華島事件
1876	日朝修好条規

1 朝鮮半島情勢

高句麗の圧迫で百済や新羅が南方の加耶に進出し,その諸国を支配下におさめたため,加耶と結びつきのあったヤマト政権の朝鮮半島での勢力は後退した。

2 朝鮮侵略

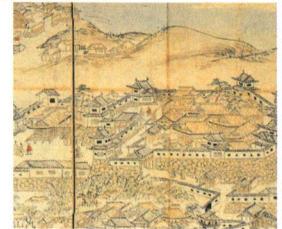

▲名護屋城
朝鮮侵略の基地となった。

▲李舜臣(イ スンシン)
亀甲船を考案。

3 朝鮮通信使

対馬の宗氏の仲立ちによる国交回復後,慶賀の使節として将軍の代がわりごとに来日した。

1882	壬午軍乱
1884	甲申事変
1885	天津条約
1889	防穀令
1894	甲午農民戦争（東学の乱）
1895	下関条約
1904	日韓議定書・第1次日韓協約
1905	第2次日韓協約
1906	漢城に統監府設置。初代統監に伊藤博文が就任
1907	ハーグ密使事件により第3次日韓協約
1909	伊藤博文暗殺
1910	韓国併合条約を締結し，韓国を植民地化 朝鮮総督府設置（初代総督寺内正毅）
1919	三・一独立運動
1923	関東大震災→朝鮮人殺害事件
1939	国民徴用令
1940	創氏改名
1948	朝鮮が南北に分裂
1950	朝鮮戦争→特需景気
1953	板門店で休戦協定
1965	日韓基本条約
1973	金大中拉致事件
1988	ソウルオリンピック
1993	細川護煕首相が過去の植民地支配を謝罪
1998	北朝鮮テポドン三陸沖着弾
2002	日韓共催サッカーワールドカップ 日朝平壌宣言→拉致被害者帰国
2003	第1回六力国協議開催
2006	北朝鮮核実験の実施を発表

4 朝鮮総督府庁舎

韓国併合後，1926年に建てられた朝鮮支配の中枢。1995年に解体された。

5 三・一独立運動

1919年3月1日，京城（ソウル）のパゴダ公園で「独立宣言」が発表され，人々は「独立万歳」を叫んだ。この動きは全国に広まったが鎮圧された。

6 特需景気

朝鮮戦争による大量の軍需物質の受注で，不況に苦しんでいた日本経済は好況に転じた。

3 日米関係史

入試重要度 A

1837	モリソン号事件
1846	米使節ビッドルが浦賀に来航
1853	米使節ペリーが浦賀に来航
1854	日米和親条約
1858	日米修好通商条約
1860	遣米使節新見正興が条約批准に出発(咸臨丸同行)
1863	下関外国船砲撃事件
1871	岩倉具視らによる欧米視察
1878	寺島宗則の条約改正交渉
1905	桂・タフト協定
1911	小村寿太郎が日米通商航海条約改正達成(関税自主権の回復)
1917	石井・ランシング協定
1921	ワシントン会議－四カ国条約
1922	ワシントン海軍軍縮条約 九カ国条約
1930	ロンドン海軍軍縮条約
1941	日米交渉(駐米大使野村吉三郎と米国務長官ハル)開始もハル=ノート提示で決裂 真珠湾攻撃→太平洋戦争
1942	ミッドウェー海戦
1943	ガダルカナル島撤退
1944	サイパン島陥落
1945	沖縄戦→広島・長崎に原子爆弾→ポツダム宣言受諾→GHQの間接統治

1 ペリーの来航

2 軍縮条約

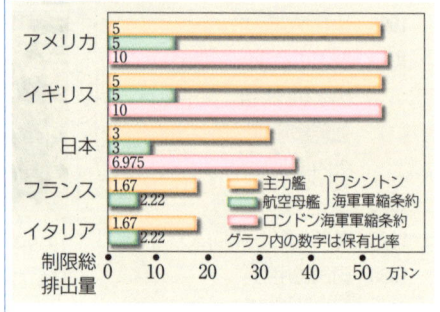

保有比率:
- アメリカ: 5 / 5 / 10
- イギリス: 5 / 5 / 10
- 日本: 3 / 3 / 6.975
- フランス: 1.67 / 2.22
- イタリア: 1.67 / 2.22

(主力艦・航空母艦：ワシントン海軍軍縮条約／ロンドン海軍軍縮条約)
グラフ内の数字は保有比率
制限総排出量 万トン

ワシントン軍縮条約では主力艦の保有比率が定められたが、補助艦の建艦競争が生じたため、ロンドン海軍軍縮条約では補助艦の保有比率も定められた。

3 太平洋戦争

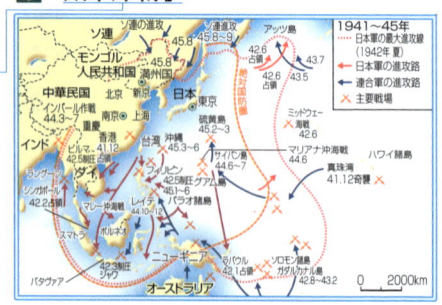

1941〜45年
日本軍の最大進攻路(1942年夏)
日本軍の進攻路
連合軍の進攻路
主要戦場

1951	サンフランシスコ平和条約 / 日米安全保障条約(安保条約)
1952	日米行政協定
1953	池田・ロバートソン会談
1954	MSA協定
1956	砂川事件
1960	日米相互協力及び安全保障条約(新安保条約)
1968	小笠原諸島返還
1969	日米共同声明
1971	沖縄返還協定調印 / ニクソン=ショック
1972	沖縄返還
1973	変動相場制導入
1975	先進国首脳会議(サミット)開始(米・日・英・伊・仏・独)
1981	対米乗用車輸出自主規制
1986	日米半導体協定
1988	スーパー301条
1989	日米構造協議
1991	牛肉・オレンジ輸入完全自由化
1993	日米包括経済協議・米市場部分開放
1995	米兵が小学生に暴行(沖縄)
1996	日米安全保障共同宣言 / 普天間基地全面返還合意
1997	日米新ガイドラインの合意
1999	日米新ガイドライン関連法成立
2001	米国同時多発テロ→テロ対策特別措置法
2003	イラク戦争→イラク復興支援特別措置法
2006	在日米軍再編のロードマップ発表

4 サンフランシスコ平和条約と日本の領土

条約により日本は，朝鮮・台湾・南樺太千島列島などを放棄した。南西諸島・小笠原諸島はアメリカの施政権下におかれた。

5 アメリカ軍の日本駐留

日米安保条約・日米行政協定により，日本はアメリカ軍の駐留や軍事基地の使用を承認した。

6 貿易摩擦

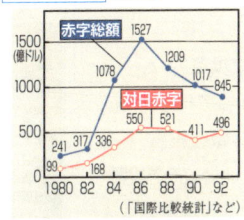

▲アメリカの貿易赤字

1980年代以降，日本の貿易黒字が増加する一方で，アメリカは「双子の赤字」(財政・貿易赤字)に苦しみ貿易摩擦が発生した。

4 北海道・日露関係史

入試重要度 B

1457	コシャマインの戦い
1599	蠣崎氏が松前氏と改姓
1604	松前氏が家康から蝦夷との交易権を認められ藩を形成
1669	シャクシャインの戦い
1778	ロシア船が厚岸に来航
1786	最上徳内が蝦夷地・千島探検
1792	ラクスマンが根室に来航
1804	レザノフが長崎に来航
1807	幕府が松前藩と蝦夷地を直轄地とし松前奉行設置
1808	間宮林蔵が樺太探検
1811	ゴローウニン事件
1813	ゴローウニンと高田屋嘉兵衛との人質交換
1853	プチャーチンが長崎来航
1854	日露和親条約
1858	安政の五カ国条約
1861	対馬占拠事件
1868	五稜郭の戦い（箱館戦争）
1869	蝦夷地を北海道と改称し開拓使設置
1871	開拓使本庁を移転（東京→札幌）
1874	屯田兵制度
1875	樺太・千島交換条約
1882	開拓使を廃して函館・札幌・根室の3県を設置
1886	3県を廃して北海道庁を設置
1891	大津事件

1 北方探検

最上徳内 ——（1786年）
最上徳内・近藤重蔵 ——（1798～99年）
近藤重蔵 ——（1807年）
間宮林蔵 ——（1808年）
——（1808～09年）

幕府は間宮林蔵らに千島・樺太などの探検を命じた。この探検で、間宮林蔵は大陸と樺太の間に海峡を確認し、樺太が島であることを明らかにした。

2 列強国の来航

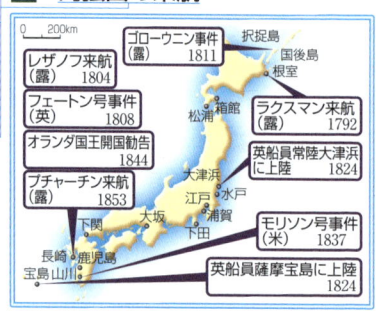

- ゴローウニン事件（露）1811
- レザノフ来航（露）1804
- フェートン号事件（英）1808
- オランダ国王開国勧告 1844
- プチャーチン来航（露）1853
- ラクスマン来航（露）1792
- 英船員常陸大津浜に上陸 1824
- モリソン号事件（米）1837
- 英船員薩摩宝島に上陸 1824

3 明治初期の日本の領土の画定

樺太・千島交換条約を結び、樺太をロシア領、ウルップ島以北の千島列島を日本領とした。

1895	三国干渉
1899	北海道旧土人保護法
1904	日露戦争
1905	ポーツマス条約
1907	第1次日露協約
1910	第2次日露協約
1912	第3次日露協約
1916	第4次日露協約
1917	ロシア革命
1918	シベリア出兵
1920	尼港事件
1922	シベリア撤退
1925	日ソ基本条約
1938	張鼓峰事件
1939	ノモンハン事件
1941	日ソ中立条約
1945	ヤルタ会談(ソ連の対日参戦秘密協定)
1956	日ソ共同宣言
1972	札幌冬季五輪
1980	日本,モスクワ五輪不参加
1988	青函トンネル開通
1991	ゴルバチョフ大統領が訪日
1993	東京宣言に署名(細川護熙首相とエリツィン大統領)
1997	アイヌ文化振興法 クラスノヤルスク合意
1998	川奈合意(橋本龍太郎首相とエリツィン大統領)
2001	イルクーツク声明(森喜朗首相とプーチン大統領)
2003	日露行動計画採択(小泉純一郎首相とプーチン大統領)
2008	北海道洞爺湖サミット

4 日露戦争

東郷平八郎が指揮した日本海海戦で,日本はロシアのバルチック艦隊を全滅させた。

5 ポーツマス条約

日露戦争の講和条約。アメリカ大統領セオドア=ローズヴェルトの仲介で日本全権小村寿太郎とロシア全権ウィッテがポーツマスで会談。

6 日ソ共同宣言

▲共同宣言に署名する日ソ両首相

5 沖縄史

入試重要度 B

1429	中山王尚巴志が琉球を統一し琉球王国を建国
1609	島津家久が尚寧王を捕え琉球征服→薩摩藩の属国化
1853	ペリーが琉球王国の那覇に寄港
1871	琉球漁民(漂流民)殺害事件
1872	琉球藩設置
1874	台湾出兵(征台の役)
1879	琉球藩廃止→沖縄県設置
1880	先島分島案
1890	府県制・郡制実施
1899	謝花昇が沖縄倶楽部結成
1912	選挙法改正により沖縄で衆議院議員選挙実施
1945	沖縄戦により全島が米軍占領下へ
1951	サンフランシスコ平和条約 日米安全保障条約により米軍駐留の継続
1952	日米行政協定 琉球政府の設置
1953	奄美諸島が日本復帰
1960	日米相互協力及び安全保障条約 沖縄県祖国復帰協議会結成
1965	佐藤栄作首相が沖縄訪問
1968	初の琉球政府主席公選で屋良朝苗当選

1 沖縄戦

日本軍約10万人はほぼ全滅。民間人約10万人も戦いに巻き込まれて死亡した。

2 サンフランシスコ平和条約

吉田茂首相が平和条約に調印し、日本は主権を回復したが沖縄・小笠原・奄美は、依然としてアメリカの施政権下のもとで統治された。

3 佐藤栄作首相の沖縄訪問

(沖縄県公文書館)

戦後初めて、首相が沖縄の地を踏む。佐藤首相は「沖縄が祖国に復帰しない限り、日本の戦後は終わらない」と述べた。

1969	日米首脳会議(佐藤首相・ニクソン大統領)で「核抜き」の沖縄返還合意
1971	沖縄返還協定調印
1972	**沖縄の日本復帰** 沖縄開発庁設置
1973	沖縄特別国体(若夏国体)開催
1975	沖縄国際海洋博開催
1995	米軍兵士による少女暴行事件→沖縄県民総決起大会
1995	大田昌秀知事が米軍基地強制使用手続きの代理署名拒否
1996	日米政府による**普天間**基地全面返還合意 沖縄県で**米軍基地縮小・日米地位協定見直しを問う**住民投票
1997	駐留軍用地特別措置法
2000	**九州・沖縄サミット**
2001	中央省庁再編により沖縄開発庁が**内閣府**に統合され、沖縄振興局が設置
2004	米軍ヘリ墜落事件 漢級原子力潜水艦領海侵犯事件
2006	在日米軍再編のロードマップの発表－米軍普天間飛行場を名護市辺野古沖へ移設
2009	民主党政権による普天間基地移設問題
2010	鳩山由紀夫内閣が普天間基地県外移設断念 尖閣諸島中国漁船衝突事件
2012	尖閣諸島国有化

4 日本復帰直後の沖縄の米軍基地

沖縄の米軍基地は日本復帰直後も15％程度しか減少していない。現在、日本の米軍基地の約75％は沖縄にあり、沖縄本島の約20％を米軍基地が占めている。

5 普天間基地移設問題

◀普天間基地(沖縄県宜野湾市)

1995年の米軍兵の少女暴行事件を機に、基地問題の本格的な対話が始まり、1996年には普天間基地の全面返還が合意された。2010年鳩山内閣は普天間基地の県外移転交渉に失敗、菅直人内閣は名護市辺野古移転でアメリカと合意した。

6 九州・沖縄サミット

沖縄県名護市の「万国津梁館」でG8による首脳会合が行われた。

6 軍事史

入試重要度 B

- ★律令官制…兵部省
- ★鎌倉幕府の機構…侍所
- ★建武政府の職制…武者所
- ★室町幕府の機構…侍所
- ★江戸幕府の職制…旗本・御家人と諸大名の軍役
- 1869 明治中央官制…兵部省
- 1871 薩摩・長州・土佐藩からの御親兵。四鎮台
- 1872 兵部省→陸・海軍省に分離。御親兵→近衛兵へ移行。徴兵告諭布告
- 1873 六鎮台に増設。徴兵令…20歳以上の男子、国民皆兵
- 1878 陸軍参謀本部設置
- 1882 軍人勅諭発布
- 1885 明治・内閣制度…陸・海軍省を踏襲
- 1888 鎮台を廃止して師団を設置。近衛兵を近衛師団と改称
- 1893 海軍軍令部設置
- 1900 軍部大臣現役武官制
- 1907 帝国国防方針策定(陸軍…25個師団,海軍…八・八艦隊計画)
- 1912 2個師団増設問題
- 1913 軍部大臣現役武官制改正
- 1915 2個師団増設実現
- 1922 ワシントン海軍軍縮条約
- 1925 4個師団削減

1 兵部省から陸・海軍省へ

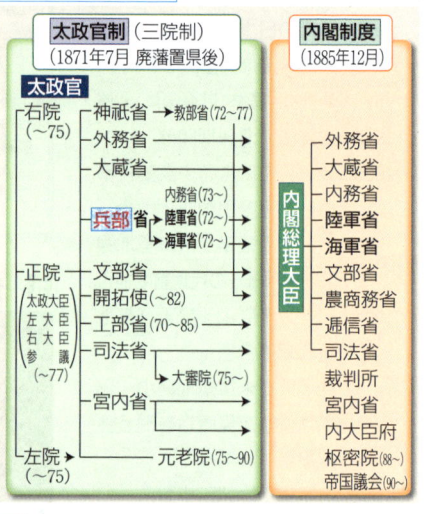

太政官制（三院制）
（1871年7月 廃藩置県後）

太政官
- 右院（〜75）
  - 神祇省 → 教部省(72〜77)
  - 外務省 →
  - 大蔵省 →
    - 内務省(73〜) →
  - 兵部省 → 陸軍省(72〜) →
    - 海軍省(72〜) →
- 正院（太政大臣・左大臣・右大臣・参議）（〜77）
  - 文部省 →
  - 開拓使(〜82)
  - 工部省(70〜85)
  - 司法省 →
    - 大審院(75〜)
  - 宮内省 →
- 左院（〜75）
  - 元老院(75〜90)

内閣制度
（1885年12月）

内閣総理大臣
- 外務省
- 大蔵省
- 内務省
- 陸軍省
- 海軍省
- 文部省
- 農商務省
- 逓信省
- 司法省
- 裁判所
- 宮内省
- 内大臣府
- 枢密院(88〜)
- 帝国議会(90〜)

2 徴兵令

▲徴兵免役条項の解説小冊子

▲徴兵検査

3 軍人勅諭

- 一 軍人ハ忠節ヲ尽スヲ本分トスヘシ。……
- 一 軍人ハ礼儀ヲ正クスヘシ。……
- 一 軍人ハ武勇ヲ尚フヘシ。……
- 一 軍人ハ信義ヲ重ンスヘシ。……
- 一 軍人ハ質素ヲ旨トスヘシ。……

1927	ジュネーヴ会議
1930	ロンドン海軍軍縮条約調印
1936	軍部大臣現役武官制復活。帝国国防方針の改定
1950	**警察予備隊**
1951	日米安全保障条約
1952	警察予備隊→保安隊に移行
1953	池田・ロバートソン会談
1954	MSA協定。防衛二法で防衛庁・自衛隊発足
1957	国防会議「国防の基本方針」
1960	日米新安全保障条約調印
1967	武器輸出三原則
1971	非核三原則の採択
1976	**防衛費のGNP１％枠**の設定
1978	日米ガイドライン
1983	中曽根首相の発言「日本列島は不沈空母」
1986	「国防会議」→「安全保障会議」
1987	防衛費のGNP１％枠突破
1991	自衛隊掃海艇…ペルシア湾
1992	PKO協力法
1996	日米安保共同宣言
1997	日米新ガイドライン
1999	新ガイドライン関連法
2001	テロ対策特別措置法・改正PKO法
2003	**有事関連三法**・イラク人道復興支援特別措置法
2004	**有事関連七法**
2007	防衛庁→**防衛省**へ移行
2008	新テロ対策特別措置法
2009	海賊対処法

4 警察予備隊

朝鮮戦争が始まった直後に，マッカッサーの要請で設置された。

5 日本の防衛費の推移

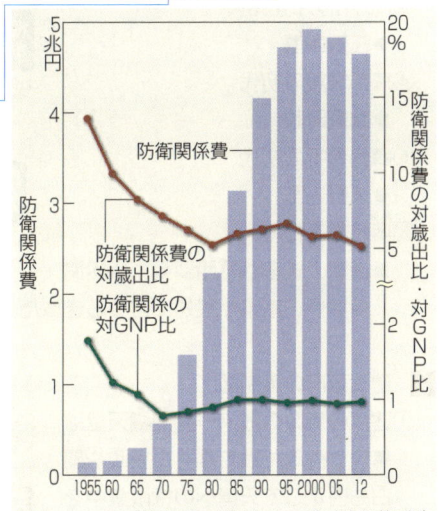

（数字でみる「日本の100年」改訂第6版）

6 おもな国の国防費

国名	国防支出総額（億ドル）	対GDP比（%）
アメリカ	6,457	4.1
中国	1,024	1.2
イギリス	641	2.6
ロシア	599	3.1
日本	594	1.0
フランス	481	1.9
ドイツ	404	1.2

（2012年）　（2013/14年版「世界国勢図会」）

テーマ史編

7 職制史
入試重要度 B

1 鎌倉幕府の職制図

① 侍所の初代別当
- **和田義盛**

② 公文所(政所)の初代別当
- **大江広元**

③ 問注所の初代執事
- **三善康信**

④ 京都守護の初代
- **北条時政**

⑤ 鎮西奉行の初代
- **天野遠影**

⑥ 奥州総奉行
- 御家人統率は葛西清重,訴訟関係は伊沢家景が最初にとりしきった。

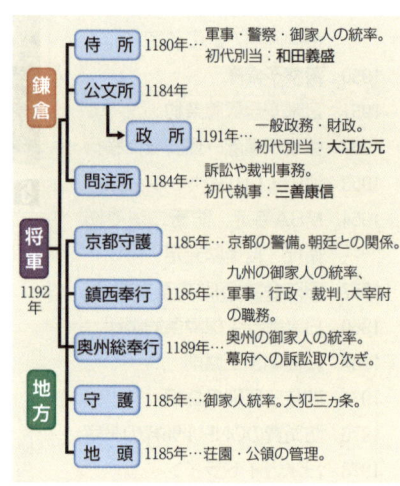

```
          ┌ 侍 所 1180年… 軍事・警察・御家人の統率。
          │              初代別当:和田義盛
     鎌倉 ┤ 公文所 1184年
          │   ↓  政 所 1191年… 一般政務・財政。
          │              初代別当:大江広元
          └ 問注所 1184年… 訴訟や裁判事務。
                        初代執事:三善康信
     将軍 ┌ 京都守護 1185年… 京都の警備。朝廷との関係。
     1192年│                九州の御家人の統率,
          │ 鎮西奉行 1185年… 軍事・行政・裁判,大宰府
          │                の職務。
          └ 奥州総奉行 1189年… 奥州の御家人の統率,
                            幕府への訴訟取り次ぎ。
     地方 ┌ 守 護 1185年… 御家人統率。大犯三ヵ条。
          └ 地 頭 1185年… 荘園・公領の管理。
```

2 建武政府の職制図

① 建武の新政の政策…**後醍醐**天皇は,幕府や院政だけでなく,摂政や関白も否定して**天皇への権限集中を目ざした**。しかし,諸国には国司・守護が併置されたり,旧幕府系の武士が重用されたりする現実があった。

② 武士の不満…建武の新政は,それまで根づいていた武士の社会の慣習が軽んじられたため,武士は不満をもった。

③ 建武の新政の崩壊…1335年に**中先代の乱**を平定するために,**足利尊氏**は関東に行き,天皇に反旗を翻すと,新政は崩壊に向かった。

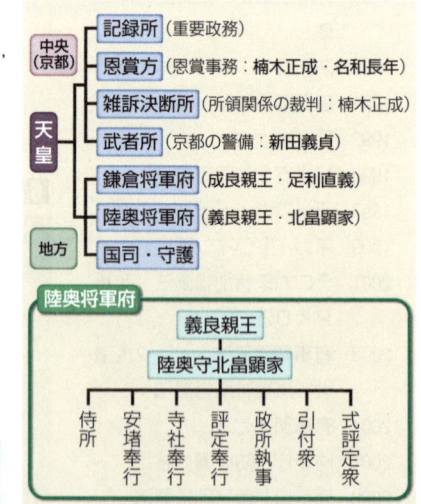

```
中央  ┌ 記録所 (重要政務)
(京都)│ 恩賞方 (恩賞事務:楠木正成・名和長年)
天皇 ┤ 雑訴決断所 (所領関係の裁判:楠木正成)
     │ 武者所 (京都の警備:新田義貞)
     │ 鎌倉将軍府 (成良親王・足利直義)
     └ 陸奥将軍府 (義良親王・北畠顕家)
地方   国司・守護
```

```
陸奥将軍府
     義良親王
   陸奥守北畠顕家
┌──┬──┬──┬──┬──┬──┐
侍  安  寺  評  政  引  式
所  堵  社  定  所  付  評
    奉  奉  奉  執  衆  定
    行  行  行  事      衆
```

3 室町幕府の職制図

- 管領には，足利氏一門の細川・斯波・畠山の3氏（三管領）が交代で任命。侍所の長官（所司）も，赤松・一色・山名・京極の4氏（四職）から任命されるのが慣例。
- 三管領や四職に任命される有力な守護は，重要な政務を行い，幕府の政治を動かした。それ以外の守護は，領国を守護代に治めさせ，自身は在京していた。
- 室町幕府には，鎌倉府・九州探題・奥州探題・羽州探題といった地方機関があり，特に鎌倉府は権限が大きかった。

```
          ┌ 三管領 ─ 評定衆 ── 引付（所領の訴訟を審理）
          │ 細川・
     中央 │ 斯波・  ┌ 政所〔執事〕（将軍家の家政・財政／京都の行政権）
          │ 畠山氏  │
          └ 管領 ──┤ 四職 赤松・京極・山名・一色
                    │
                    └ 侍所〔所司〕（京都の警備・刑事裁判／山城国守護職兼務）

     将軍 ─ 奉公衆（将軍直属兵力／御料所管理）

          ┌ 守護 ─ 地頭
          │ 九州探題（九州の統制）
     地方 │ 奥州探題（奥羽の軍事・民政）
          │ 羽州探題（奥州探題から分離／出羽国の軍事・民政）
          │                                    ┌ 評定衆
          └ 鎌倉府〔鎌倉公方〕─ 関東管領 ──┤ 政所
                                                │ 侍所
                                                └ 問注所
```

4 江戸幕府の職制図

- 3代将軍徳川家光の頃までに整備された。
- 初めは年寄と呼ばれて幕府の中枢に位置していた老中が，政務の統括にあたった。
- 大老は，臨時職であり，将軍の代がわりなど，重要事項の決定のみ合議に加わった。
- 寺社奉行・町奉行・勘定奉行は三奉行と呼ばれた。
- 地方組織では，京都所司代が重要である。

```
     ┌ 大老
     │       ┌ 側衆
     │       │ 高家
     │       │ 大番頭 ── 大番組頭
     │       │ 大目付
     │       │ 町奉行（江戸）
     │       │ 勘定奉行 ┬ 郡代（美濃・飛騨など）
     │       │          ├ 代官
     │ 老中 ─┤ 勘定吟味役─ 勘定組頭
     │       │          └ 金・銀・銭座
     │       │ 関東郡代（1733年まで勘定奉行支配）
     │       │ 作事奉行・普請奉行など
     │       │ 道中奉行（大目付・勘定奉行兼務）
     │       └ 宗門改（大目付・作事奉行兼務）
 将軍┤
     │       ┌ 城代（駿府・二条＝1699年，定番に代わる）
     │       │ 町奉行（京都・大坂・駿府）
     │ 側用人 ┤ 奉行（伏見・長崎・奈良・山田・日光・堺
     │       │        下田・浦賀・新潟・佐渡・箱館）
     │       └ 甲府勤番支配　　（遠国奉行）
     │
     │       ┌ 書院番頭 ── 書院番組頭
     │ 若年寄 ┤ 小姓組番頭 ── 小姓組組頭など
     │       └ 目付
     │
     ├ 奏者番
     ├ 寺社奉行
     ├ 京都所司代
     └ 大坂城代
```

3代将軍家光は，幕府制度の整備のほか，参勤交代の制度化や鎖国の完成に力を注いだ。

◀徳川家光

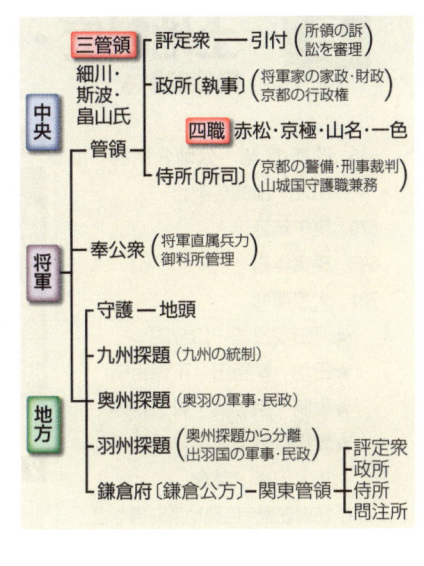

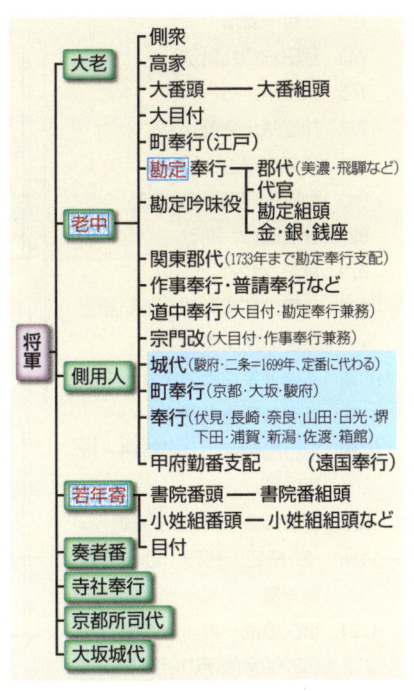

8 土地制度・税制史

入試重要度 A

646	改新の詔＝公地公民制…田荘・部曲を廃止
670	庚午年籍
690	庚寅年籍
701	大宝律令
	★班田収授法…口分田
	★田地…輸租田・不輸租田
	★税制…租・調・庸・雑徭
	★課役以外の負担…兵役・仕丁・出挙・義倉
8～9C	初期荘園＝自墾地系荘園など
722	百万町歩の開墾計画
723	三世一身法
743	墾田永年私財法
765	加墾禁止令
772	加墾禁止令廃止
801	12年(一紀)1班
9C	勅旨田(各地)の増加
823	公営田(大宰府)
879	官田(畿内)
902	延喜の荘園整理令…記録上最後の班田実施
11C頃	寄進地系荘園の成立
1069	延久の荘園整理令
11C頃	知行国制度…八条院領・長講堂領
12C	関東御領・関東知行国
1185	源頼朝, 荘園・公領に地頭設置
1221	承久の乱→幕府は上皇方から3000余箇所の所領を没収

1 律令制下の農民の負担

物納税	租	稲(収穫の約3%)
	調	地方の特産物(絹・麻の布, 魚・貝・海藻)
	庸	麻の布など 本来は都で10日間の労役(歳役)
労働税	雑徭	国司のもとで年間60日以内の労働
	兵役	諸国の軍団で兵士として訓練
	衛士	1年間都の警備
	防人	3年間北九州の警備

2 寄進地系荘園と公領(国衙領)

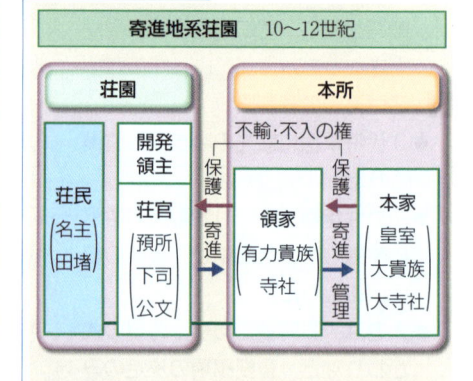

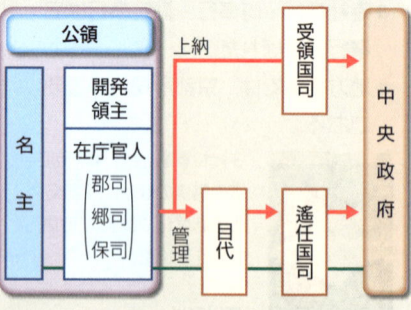

寄進地系荘園　10～12世紀

荘園
- 荘民(名主・田堵)
- 開発領主／荘官(預所・下司・公文)

不輸・不入の権／保護

領家(有力貴族・寺社) ←寄進

本所

本家(皇室・大貴族・大寺社) ←寄進／管理

公領(国衙領)

公領
- 名主
- 開発領主／在庁官人(郡司・郷司・保司)

上納 → 受領国司 → 中央政府

管理 → 目代 ← 遙任国司 → 中央政府

1223	新補率法
13C	地頭請・下地中分が行われる
1297	永仁の徳政令
1352	半済令
14C	守護請がさかんに行われる
15C	室町幕府財政基盤…御料所・段銭・棟別銭・酒屋役・土倉役・関銭・津料・抽分銭
16C	戦国大名による関所の撤廃
1582	太閤検地
17C	江戸幕府財政基盤…幕領・旗本領
1643	田畑永代売買の禁止令
1673	分地制限令
17C	農民負担…本途物成・小物成・高掛物・国役・伝馬役
1722	上げ米の制。新田開発の奨励
1872	田畑永代売買の禁止令を解除
1873	地租改正条例…地価の3％
1877	地租2.5％に引き下げ
1887	所得税新設
1898	地租3.3％
1917	所得税の収入が地租を抜く
1924	小作調停法
1938	農地調整法
1945	第一次農地改革
1946	第二次農地改革
1949	シャウプ勧告
1961	農業基本法
1987	売上税導入失敗
1989	消費税3％
1997	消費税5％

3 地租改正

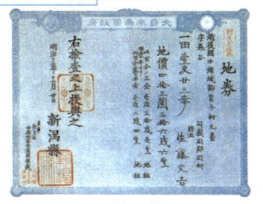

▲地券

	改正前		改正後
課税基準	収穫高	→	地価
納税方法	物納	→	金納
税率	収穫高に対する割合	→	地価の3％（定額比）
納入者	耕作者（本百姓）	→	土地所有者（地主・自作農）

▲改正前後の変化

4 農地改革

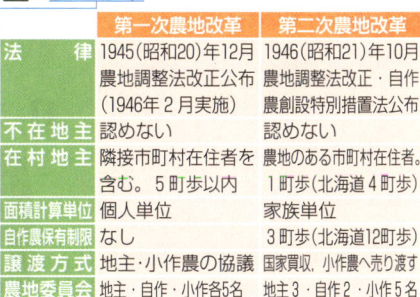

	第一次農地改革	第二次農地改革
法律	1945(昭和20)年12月 農地調整法改正公布（1946年2月実施）	1946(昭和21)年10月 農地調整法改正・自作農創設特別措置法公布
不在地主	認めない	認めない
在村地主	隣接市町村在住者を含む。5町歩以内	農地のある市町村在住者。1町歩（北海道4町歩）
面積計算単位	個人単位	家族単位
自作農保有制限	なし	3町歩（北海道12町歩）
譲渡方式	地主・小作農の協議	国家買収、小作農へ売り渡す
農地委員会	地主・自作・小作各5名	地主3・自作2・小作5名
小作料	金納（物納も認める）	金納（収穫価格の25％以内）
	×↓	×↓
結果	地主制を温存するものとGHQが非難。実行不可能に終わる	自作農を創設、地主制崩壊。だが、山林は解放されないまま1950年に終了

▲二次にわたる農地改革とその結果

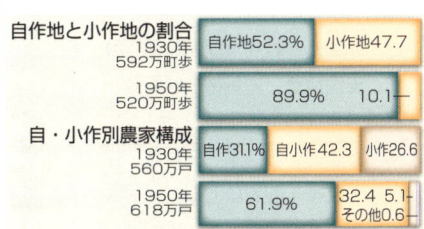

自作地と小作地の割合
1930年 592万町歩: 自作地52.3％ / 小作地47.7
1950年 520万町歩: 89.9％ / 10.1

自・小作別農家構成
1930年 560万戸: 自作31.1％ / 自小作42.3 / 小作26.6
1950年 618万戸: 61.9％ / 32.4 / 5.1 / その他0.6

▲農地改革による地主制解体

9 貨幣・金融史

入試重要度 B

年代	事項
7C	富本銭
708	和同開珎
711	蓄銭叙位令
958	乾元大宝（最後の本朝十二銭）
13C	鎌倉時代…宋銭輸入

★金融業者…借上・頼母子

★為替…割符という為替手形で決済

14C 室町時代…明銭輸入

★明銭…洪武通宝・永楽通宝・宣徳通宝

★撰銭…撰銭令

★金融業者…土倉・酒屋

1588 天正大判

17C 江戸時代

★金貨…大判・小判。慶長小判→元禄小判→正徳小判

★銀貨…秤量貨幣・南鐐二朱銀（1772年）

★銭貨…寛永通宝（1636年）

★交換比率…金1両＝銀50匁＝銭4貫（1609年）→金1両＝銀60匁＝銭4貫（1700年）

→三貨制度

★藩札…越前藩が初（1661年）

★両替商…本両替・銭両替・大坂の十人両替

★豪商…鴻池家・三井家・住友家・淀屋辰五郎・紀伊国屋文左衛門

1 富本銭（左）と和同開珎（右）

2 借 上

3 江戸時代の貨幣

▲慶長丁銀　▲慶長小判　▲寛永通宝　▲藩札

小判の重量

鋳造年		金の含有量
1600	慶長小判	86.8%
1695	元禄小判	57.4%
1710	宝永小判	84.3%
1714	正徳小判	84.3%
1716	享保小判	86.8%
1736	元文小判	65.7%
1819	文政小判	56.4%
1837	天保小判	56.8%
1859	安政小判	56.8%
1860	万延小判	56.7%

1匁＝約3.8g

▲金銀成分の比較

★幕末…金銀比価問題
- 日本　金1：銀5
- 海外　金1：銀15
→金貨海外流出→万延小判

1868　太政官札
1869　民部省札
1871　新貨条例…貨幣制度の統一，金本位制の確立，円・銭・厘の十進法
1872　国立銀行条例
1873　第一国立銀行
1879　国立銀行が153行に至る
1880年代　松方財政
1882　日本銀行設立
1885　銀兌換銀行券…銀本位制
1897　貨幣法…金0.75g＝1円
→金本位制
1917　金輸出禁止
1927　金融恐慌…田中義一内閣がモラトリアム（支払猶予令）実施
1930　井上準之助による金解禁
1931　高橋是清による金輸出再禁止
1942　日本銀行法制定
1944　ブレトン＝ウッズ会議
1946　金融緊急措置令
1949　ドッジ＝ライン
1971　ドル＝ショック，スミソニアン協定
1973　変動為替相場制
1976　キングストン合意
1985　プラザ合意
1987　ルーヴル合意

4 貨幣制度

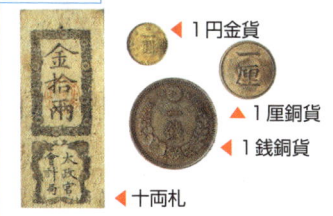

◀1円金貨
▲1厘銅貨
◀1銭銅貨
◀十両札

5 第一国立銀行

6 各国の金解禁

国名	金輸出禁止	解禁	再禁止
日本	1917.9	1930.1	1931.12
イギリス	1919.4	1925.4	1931.9
アメリカ	1917.9	1919.7	1933.4
ドイツ	1915.11	1924.10	1931.7
フランス	1915.7	1928.6	1936.9
イタリア	1914.8	1927.12	1934.5

（「近現代日本経済史要覧」）

7 戦後の通貨発行高と物価指数

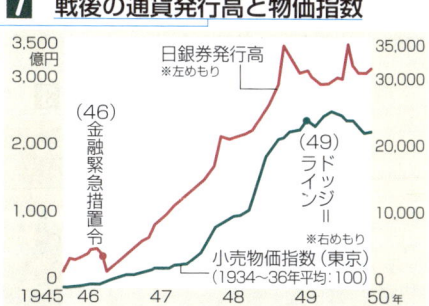

10 農業史

入試重要度 B

弥生	★水稲耕作…ジャポニカ種 ★湿田利用→灌漑による乾田 ★籾を直播→田植え ★石包丁で穂首刈り→鉄鎌で根刈 ★木臼・竪杵による脱穀、**高床倉庫**による貯蔵、稲作は木製農具（木鋤・木鍬・田下駄・田舟・大足）
古墳	★農耕儀礼…祈年の祭・**新嘗**の祭
奈良	★班田収授法…**6**歳以上の男女に口分田 ★農民の抵抗…偽籍・浮浪や逃亡・私度僧
平安	★田堵…大規模経営の大名田堵→**開発領主** ★農民階層…名主・作人・下人や所従
鎌倉	★二毛作の開始…畿内・瀬戸内海沿岸で二毛作（米の裏作で麦を栽培） ★農具・肥料…牛馬耕・刈敷・草木灰
室町	★二毛作の普及…畿内では米・麦・そばの**三毛作** ★品種改良…早稲・中稲・晩稲、**大唐米** ★肥料・農具・刈敷・草木灰・下肥、竜骨車 ★商品作物…桑・苧・楮・漆・藍・茶

1 弥生時代の農耕具

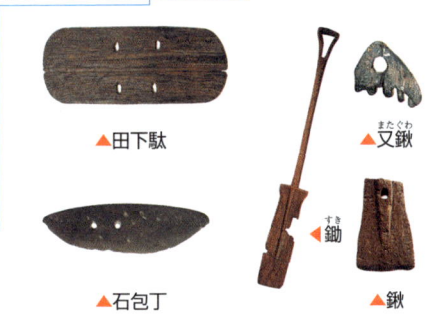

▲田下駄　▲又鍬　◀鋤　▲石包丁　▲鍬

2 農民階層

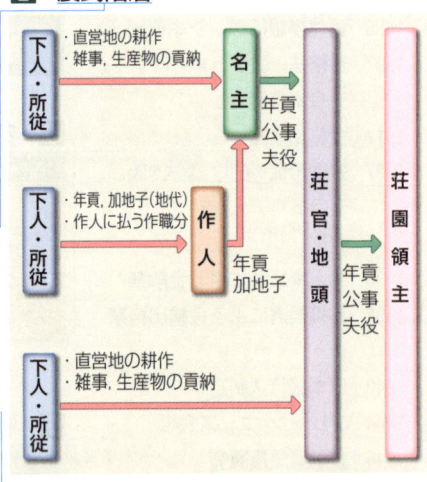

- 下人・所従 → 名主：直営地の耕作／雑事、生産物の貢納
- 名主 → 荘官・地頭（年貢・公事・夫役）
- 下人・所従 → 作人：年貢、加地子（地代）／作人に払う作職分
- 作人 → 荘官・地頭（年貢・加地子）
- 下人・所従 → 荘官・地頭：直営地の耕作／雑事、生産物の貢納
- 荘官・地頭 → 荘園領主（年貢・公事・夫役）

3 牛耕

安土桃山	★**太閤検地**…石高制（天正の石直し），一地一作人の原則，耕作者を検地帳に登録
江戸	★**農村組織**…村方三役（名主・組頭・百姓代），五人組，結
	★**新田開発**（代官見立新田・村請新田・町人請負新田）
	★**農具改良**…備中鍬・千歯扱・唐箕・千石簁・踏車
	★**金肥**…干鰯・油粕・〆粕
	★**商品作物栽培**…四木（桑・漆・楮・茶），三草（麻・藍・紅花），木綿，藺草
	★**農書**…『農業全書』（宮崎安貞），『広益国産考』（大蔵永常）
1871	田畑勝手作り許可
1872	田畑永代売買解禁
1873	地租改正条例
1918	米騒動
1924	小作調停法
1930〜31	農業恐慌
1938	農地調整法
1939	米穀配給統制法・小作料統制令
1940	政府による米の強制的買い上げ（米穀管理規則）
1945	第一次農地改革
1946	食糧メーデー。第二次農地改革
1947	農業協同組合法
1961	農業基本法
1991	牛肉・オレンジ輸入自由化
1993	米市場部分開放

4 検地帳（左）と検地のようす（右）

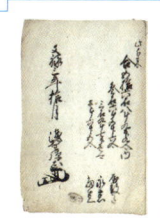

5 農具改良

備中鍬 　千歯扱 　千石簁
唐箕 　からさお 　踏車 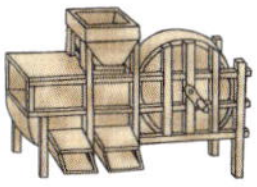

6 米騒動

7 農業恐慌による農産物価格の下落

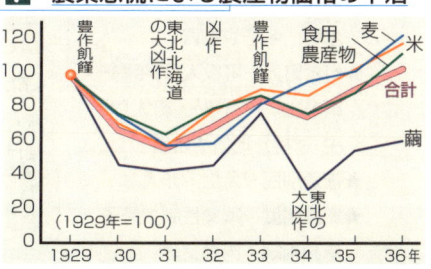

(1929年=100)

テーマ史編 11 身分制度・家族制度・女性史

入試重要度 C

古代　律令制下の身分制度

- ★天皇…皇親（天皇の親族）
- ★良民…上級官人（貴族）・下級官人・公民
- ★品部（しなべ）・雑戸（ざっこ・ぞうしきにん）（雑色人）
- ★賤民（せんみん）（五色の賤）…官有－陵戸（こ）・官戸（かんこ）・公奴婢（くぬひ）、私有－家人（けにん）・私奴婢（し）
- ★家族制度…妻問婚（つまどいこん）・婿入婚（むこいりこん）・嫁入婚（よめいりこん）

中世　武士団構造と被差別民

- ★武士団の構造…棟梁（とうりょう）・惣領・家子（いえのこ）・郎党（ろうとう）・下人（げにん）や所従（しょじゅう）
- ★被差別民…非人（ひにん）・河原者（かわらもの）
- ★家族制度…惣領制→嫡子単独相続

近世　★士農工商

- 士（武士）…将軍・大名（親藩（しんぱん）・譜代（ふだい）・外様（とざま））・旗本・御家人
- 農（百姓）…農業・林業・漁業
- 工（職人）…多様な手工業
- 商（家持町人）…商業・金融など
- ★村と百姓…村方三役（名主（なぬし）・組頭（くみがしら）・百姓代（ひゃくしょうだい））、本百姓（ほんびゃくしょう）、水呑（みずのみ）、名子（なご）や被官（ひかん）
- ★町と町人…町役人（町年寄（ちょうどしより）・町名主（ちょうなぬし）・月行事（がちぎょうじ））、町人（地主・家持）、地借（じがり）や店借（たながり）
- ★被差別民…えた・非人
- ★家族制度…家父長制（かふちょうせい）・長子単独相続・男尊女卑

1 律令制下の身分制度

		皇　族	
良民	官人	上級	五位以上（貴族）
		下級	六位以下
	公民		一般農民。戸籍・計帳に登録され、口分田班給。租・調・庸などを負担
	雑色人		品部・雑戸（官庁に所属する手工業者）
賤民（五色の賤）	（官　有）		（私　有）	
	陵　戸	陵墓の衛守	家　人	貴族・有力者の隷属民。口分田は良民の3分の1
	官　戸	官司で雑役に従事		
	公奴婢	官有奴隷。売買の対象	私奴婢	私有奴隷。売買の対象

2 江戸時代末の身分別人口構成

武士 約7　町人 約5　えた・非人・公家・神官・僧侶など 約3

総人口 約3,200万人　百姓 約85％

※人口は、江戸時代中期から大きな変化がなかったと考えられている。
（関山直太郎「近世日本の人口構造」）

3 百姓・町人の統制

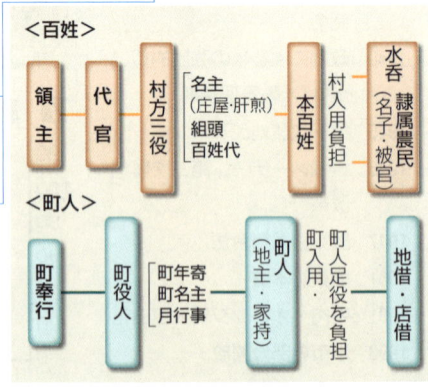

＜百姓＞

領主 － 代官 － 村方三役 ┌名主（庄屋・肝煎）│組頭│百姓代┘ － 本百姓 － 村入用負担 － 水呑（名子・被官）隷属農民

＜町人＞

町奉行 － 町役人 ┌町年寄│町名主│月行事┘ － 町人（地主・家持） － 町入用・町人足役を負担 － 地借・店借

近代　★四民平等
- 華族…公卿・大名
- 士族…旧幕臣・諸藩士
- 平民…農工商の庶民

1871　解放令
1874　官立女子師範学校
1885　大阪事件(女性民権家の景山〈福田〉英子)
1886　甲府雨宮製糸工場の女工スト
1886　キリスト教婦人矯風会
1889　民法典論争
1896〜98修正民法
1899　高等女学校令
1900　津田梅子，女子英学塾設立
1901　日本女子大学校
1911　青鞜社
1920　新婦人協会
1921　赤瀾会
1923　甘粕事件
1924　婦人参政権獲得期成同盟会
　　　(翌年婦選獲得同盟と改称)
1925　普通選挙法
1942　大日本婦人会
1945　新選挙法－初の女性参政権
1946　衆議院議員選挙－39名の女性代議士誕生
1947　民法大改正
1979　女子差別撤廃条約採択
1985　男女雇用機会均等法
1989　参議院議員選挙で社会党躍進
1997　男女雇用機会均等法改正
1999　男女共同参画社会基本法
2006　男女雇用機会均等法改正

4 民法典論争

▲ボアソナード

ボアソナード起草の民法が公布されたが，自由主義的な内容に，穂積八束は「民法出デゝ忠孝亡ブ」と批判，激しい議論となった。結果，施行は延期され，ドイツ民法を参考にした新民法が公布・施行された。

5 青鞜社の結成

> 元始、女性は実に太陽であった。真正の人であった。今、女性は月である。他に依って生き、他の光によって輝く、病人のやうな蒼白い顔の月である。……私共は隠されて仕舞った我が太陽を今や取戻さねばならぬ。

6 新婦人協会の結成

7 女性が投票するようす

新選挙法で，満20歳以上の男女に選挙権が与えられた。

12 宗教史

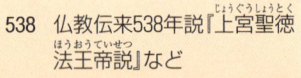

入試重要度 B

538	仏教伝来538年説『上宮聖徳法王帝説』など
552	仏教伝来552年説『日本書紀』
594	仏教興隆の詔
604	憲法十七条…仏・法・僧の崇敬
607	法隆寺建立
6〜7C	氏寺の建立…飛鳥寺・広隆寺
8C	国家仏教の進展…護国三部経（金光明〈最勝王〉経・仁王経・法華経）
741	国分寺建立の詔
743	大仏造立の詔
	★南都六宗…三論宗・成実宗・法相宗・倶舎宗・華厳宗・律宗
	★七大寺…西大寺・東大寺・興福寺・元興寺・薬師寺・大安寺・法隆寺
752	盧舎那仏開眼供養
753	鑑真来日
805	最澄が帰国し天台宗を開く…延暦寺
806	空海が帰国し真言宗を開く…金剛峰寺
9C	本地垂迹説
10C	空也…市聖と呼ばれ、六波羅蜜寺を建立
	源信…恵心僧都と呼ばれ、『往生要集』を著す

1 法隆寺釈迦三尊像（左）と広隆寺半跏思惟像（右）

2 大仏造立の詔（左）と盧舎那仏（右）

> 菩薩の大願を発して盧舎那仏の金銅像一軀を造り奉る。……夫れ天下の富を有つ者は朕なり。天下の勢を有つ者も朕なり。此の富勢を以てこの尊像を造る。事や成り易き、心や至り難き。……

3 比叡山延暦寺（左）と高野山金剛峰寺（右）

4 空也

空也が念仏を唱えると、南無阿弥陀仏の音声が小仏に姿を変えたということを表現している、六波羅蜜寺の空也上人像。

1052	末法思想による末法の世に突入→翌年, 平等院鳳凰堂が落成
1175	法然が浄土宗を開く
1191	栄西が帰国し臨済宗を広める
1224	親鸞が浄土真宗を開く
1227	道元が帰国し曹洞宗を開く
1253	日蓮が日蓮宗を開く
1274	一遍が時宗を開く
13C	度会家行が伊勢神道を創始…反本地垂迹説
15~16C	吉田兼俱が唯一神道を大成
1536	天文法華の乱
1549	ザビエルの鹿児島上陸
1571	信長の比叡山延暦寺焼き打ち
1580	信長, 顕如と和解(石山戦争)
1582	天正遣欧使節
1587	バテレン追放令
1596	26聖人殉教
1612	天領に禁教令
1640	宗門改役設置
1665	諸宗寺院法度
19C	教派神道(天理教・金光教・黒住教)
1868	神仏分離令により廃仏毀釈
1870	大教宣布の詔
1873	明治政府によるキリスト教公認
1891	内村鑑三不敬事件
1946	天皇の人間宣言。日本国憲法公布(信教の自由)
1951	宗教法人法

5 平等院鳳凰堂(左)と鳳凰堂阿弥陀如来像(右)

6 ザビエルとキリシタンの増加

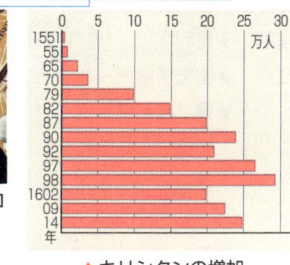

▲フランシスコ=ザビエル

▲キリシタンの増加

7 バテレン追放令

一 日本ハ神国たる処、きりしたん国より邪法を授け候儀、太以て然るべからず候事。
一 其国郡の者を近付け門徒になし、神社仏閣を打破るの由、前代未聞に候。……
一 伴天連、其知恵の法を以て、心ざし次第に檀那を持ち候と思召され候へハ、上の如く日域の仏法を相破る事曲事に候条、伴天連の儀、日本の地ニハおかせられ間敷候間、今日より廿日の間ニ用意仕り帰国すべく候。……

8 「26聖人殉教」碑文(長崎市)

サン=フェリペ号事件後、秀吉はキリスト教宣教師ら26名を逮捕し、長崎で処刑した。

13 教育・学問史

入試重要度 B

奈良 ★中央…大学，地方…国学
平安 ★大学別曹…弘文院・勧学院・学館院・奨学院
　　 ★綜芸種智院
鎌倉 ★金沢文庫
室町 ★足利学校・『庭訓往来』
江戸 ★聖堂学問所→昌平坂学問所
　　 ★藩校…養賢堂・明徳館・興譲館・日新館・弘道館・致道館・明倫館・時習館・造士館
　　 ★私塾…蘐園塾・芝蘭堂・藤樹書院・古義堂・懐徳堂・適塾(適々斎塾)・花畠教場・松下村塾・鳴滝塾・咸宜園
　　 ★郷学…閑谷学校
　　 ★寺子屋

1871 文部省設置
1872 学制公布(教科書は自由発行・採択)
1877 東京大学
1879 教育令
1880 改正教育令
1881 教科書開申(届出)採択。中学校教則大綱
1885 内閣制度(森有礼が初代文部大臣)
1886 学校令。検定教科書制度
1890 小学校令改正。教育勅語
1898 尾崎行雄文相の共和演説事件
1903 小学校で国定教科書制度

1 足利学校

2 江戸時代の学者

元禄期	朱子学	林羅山，林鵞峰，林信篤，木下順庵，新井白石，室鳩巣，山崎闇斎
	陽明学	中江藤樹，熊沢蕃山
	古学	山鹿素行，伊藤仁斎，荻生徂徠，太宰春台
	諸学問	徳川光圀(歴史)，貝原益軒(本草)，吉田光由・関孝和(和算)，渋川春海(暦)，契沖・北村季吟(国文)
宝暦・天明・化政期	洋学	青木昆陽，前野良沢，杉田玄白，大槻玄沢，宇田川玄随，稲村三伯，平賀源内
	国学	戸田茂睡，荷田春満，賀茂真淵，本居宣長，塙保己一，平田篤胤
	その他	伊能忠敬，志筑忠雄，緒方洪庵，佐久間象山

3 義務教育制度の移りかわり

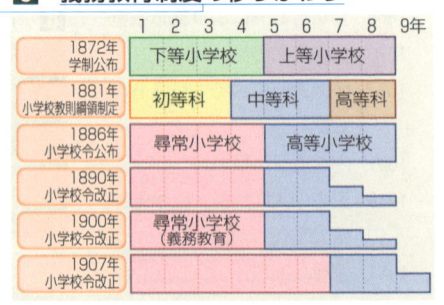

	1 2 3 4 5 6 7 8 9年
1872年 学制公布	下等小学校 / 上等小学校
1881年 小学校教則綱領制定	初等科 / 中等科 / 高等科
1886年 小学校令公布	尋常小学校 / 高等小学校
1890年 小学校令改正	
1900年 小学校令改正	尋常小学校(義務教育)
1907年 小学校令改正	

1918	大学令。高等学校令改正
1923	盲学校及聾唖学校令
19C末〜20C初	自由教育運動
1937	教育審議会設置
1941	国民学校令
1943	中等学校令・高等学校令改正…修業期間短縮　学徒出陣
1944	学童疎開促進要綱
1945	「新日本建設ノ教育方針」　GHQによる教育改革指令
1946	第1次アメリカ教育使節団　教育刷新委員会
1947	学校教育法・教育基本法
1948	教育委員会法…公選制の教育委員会
1949	教育公務員特例法・教育職員免許法，教育刷新審議会
1950	第2次アメリカ教育使節団　文部省による国旗掲揚と君が代斉唱通達
1952	中央教育審議会
1954	教育二法
1956	教育委員会法改正…任命制へ
1957	教育課程審議会答申
1958	文部省「小・中学校『道徳』の実施要項」を通達
1961	全国学力テスト
1979	共通一次試験実施
1984	臨時教育審議会
1990	センター試験大学入試実施
2006	改正教育基本法
2010	公立高校など授業料無償化

4 学徒出陣

5 学童疎開

子どもたちは寺などで集団生活を送った。

6 青空教室(左)と墨塗り教科書(右)

空襲により校舎が焼けたため，青空のもとで授業を行っている。

軍国主義的な表現を墨で塗りつぶした。

7 教育の自由化(GHQ五大改革指令の一つ)

より自由なる教育を行ふ為の諸学校の開設──国民が事実に基く知識によりその将来の進歩を形作り、政府が国民の主人たるよりは寧ろ公僕たるが如き制度を理解することに依り利益を受くる為なり。

索引

あ行

相対済し令 128
青木昆陽 128, 136
赤松満祐 84
秋月の乱 158
芥川龍之介 198
悪党 67
明智光秀 96
上げ米 128
足尾銅山鉱毒事件 181
足利成氏 85
足利高(尊)氏 76, 77
足利政知 85
足利持氏 84
足利義教 84
足利義政 84, 88
足利義満 79, 80, 87
芦田均 224
飛鳥浄御原令 27
飛鳥寺 22, 24
飛鳥文化 24
安達泰盛 69
阿部正弘 142
新井白石 117, 125, 136
安政の五カ国条約 143
安政の大獄 144
安藤昌益 137
安保闘争 229
井伊直弼 143, 144
池田勇人 229
異国船打払令 132, 142
石井・ランシング協定 190, 191, 193
石川啄木 184
石田三成 99, 101, 104
石橋湛山 196, 229
出雲阿国 103
板垣退助 161, 165, 172

市川房枝 197
一条兼良 88
一向一揆 85, 89, 96
一世一元の制 150
一遍 70, 73
伊藤仁斎 125
伊藤博文 165, 171, 176
糸割符制度 110
稲荷山古墳 16
犬養毅 189, 206, 207, 208
井上馨 156, 168
井上準之助 205, 207
伊能忠敬 136
井原西鶴 126
今川義元 96
磐井の乱 17
岩倉具視 146
岩宿遺跡 6, 236
院政 51, 54, 55
ヴァリニャーニ 95, 103
植木枝盛 159, 161
上杉憲実 84, 89
歌川広重 139
内村鑑三 174, 182, 183
厩戸王 23, 24, 26
運慶 72
栄西 70
永仁の徳政令 67, 69
永楽通宝 83
榎本武揚 147, 157
絵巻物 58, 73
蝦夷 33, 40
恵美押勝 35
撰銭 83, 97
延喜の荘園整理令 45, 48
延喜・天暦の治 45
延久の荘園整理令 48, 54
円本 199
延暦寺 42, 55
応永の外寇 81
王政復古の大号令 146

応仁の乱 84
大王 16
大久保利通 150, 153
大隈重信 159, 161, 165, 168, 189, 190
大阪事件 160
大坂の役 104
大阪紡績会社 178
大塩の乱 133
大津事件 168
大村純忠 95, 100
大輪田泊 57
岡倉天心 25, 185
岡田啓介 210, 211
緒方洪庵 136
尾形光琳 127
沖縄返還 229
荻生徂徠 125, 128
桶狭間の戦い 96
尾崎紅葉 184
尾崎行雄 172, 174, 189
小山内薫 185, 199
織田信長 95, 96, 102
踊念仏 70
小野妹子 23
蔭位の制 30

か行

会合衆 91
改新の詔 26
外戚 45, 56
開拓使官有物払下げ事件 159
懐徳堂 137
海舶互市新例 117
貝原益軒 125
価格等統制令 214
加賀の一向一揆 85, 96
蠣崎氏 81, 111
嘉吉の徳政一揆 83, 84

項目	ページ
学徒出陣	219
勘解由使	41
囲 米	131
化政文化	133, 138
華族令	162
刀狩令	99
片山潜	180, 181
片山哲	224
学校令	182
葛飾北斎	139
桂太郎	172, 188
加藤高明	190, 195, 202
加藤友三郎	193, 194
金沢文庫	71
狩野永徳	102
株仲間	121, 130, 134
鎌倉公方	79, 84, 85
賀茂真淵	136
樺太・千島交換条約	157
河上肇	198
川端康成	198
河村瑞賢	121
観阿弥	87
冠位十二階の制	23
官位相当制	30
官営模範工場	153
勘合貿易	80
韓国併合	176, 188
漢書地理志	12, 13
鑑 真	36
寛政異学の禁	131
寛政の改革	137, 138
関東管領	79, 84, 85
関東大震災	194, 204
観応の擾乱	77
桓武天皇	40, 41, 51
桓武平氏	50, 51
管理通貨制度	208
棄捐令	131, 134
岸信介	229
魏志倭人伝	13
北一輝	197, 210
北畠親房	77, 86
北山文化	87
木戸孝允	147, 150
紀貫之	46
吉備真備	32, 34
旧 辞	19, 36
旧里帰農令	131
教育基本法	223
教育勅語	182, 183
行 基	37
享保の改革	108
享保の飢饉	129
清浦奎吾	195
曲亭馬琴	138
極東国際軍事裁判	222
義和団事件	173
禁中並公家諸法度	105
金本位制	205, 208
禁門(蛤御門)の変	145
金融恐慌	204
空 海	42, 43
空 也	47, 72
陸羯南	169
公事方御定書	128
国博士	26
国 造	17
熊沢蕃山	125
蔵人頭	41
黒田清隆	157, 159, 164
黒田清輝	185
郡 司	30
軍部大臣現役武官制	172, 189, 210
桂庵玄樹	89
警察予備隊	227
敬神党の乱	158
契 沖	125
慶長の役	101
下剋上	85, 90
血税一揆	154
血盟団事件	207
元 寇	68
源氏物語	46, 101
源 信	47
遣隋使	23
遣唐使	26, 32, 36, 46
憲法十七条	23
建武式目	77
建武の新政	76, 86
倹約令	128, 134
五・一五事件	207, 210
江華島事件	156
庚午年籍	27
甲申事変	170
公地公民制	26
幸徳秋水	172, 174, 181
高度経済成長	230
弘仁・貞観文化	42
興福寺	28, 37, 55, 72
光明天皇	77
五街道	120
古河公方	85
五箇条の誓文	147
後漢書東夷伝	12, 13
五経博士	19
古今和歌集	46, 88
国際連合	226, 229
国際連盟	192, 207
国 司	30, 49
国 人	78
国人一揆	85
国体明徴声明	211
国風文化	46
国分寺建立の詔	34
国民徴用令	214
国免荘	48
国立銀行条例	152
御家人	61, 66, 69
五山・十刹の制	87
後三条天皇	54
後三年合戦	50

古事記	19, 36	
五色の賤	31	
コシャマイン	81	
後白河法皇（天皇）	56, 57	
御成敗式目	63, 89	
後醍醐天皇	76, 86, 87	
国会開設の勅諭	159	
国会期成同盟	159	
国家総動員法	214	
国権論	169	
後鳥羽上皇	62, 71	
五人組	108	
近衛文麿	213, 214, 218	
五品江戸廻送令	143	
古墳	16	
五榜の掲示	147	
小村寿太郎	169, 175	
米騒動	191, 194	
五稜郭の戦い	147	
ゴローウニン事件	132	
健児	41	
墾田永年私財法	35, 48	
近藤重蔵	132	

さ行

座	66, 83
西園寺公望	172, 188, 192
西行	71
西郷隆盛	135, 146, 158
最澄	42
斎藤実	193, 207, 210
財閥	179, 204, 206, 209, 223
堺利彦	181, 196
嵯峨天皇	41, 42, 43
坂上田村麻呂	40
佐賀の乱	158
坂本龍馬	146
桜田門外の変	144
鎖国	112
指出検地	91, 97
薩英戦争	145
薩長連合	146
薩南学派	89
佐藤栄作	229
三管領	79
産業報国会	215
参勤交代	104
三国干渉	171
三条実美	144, 162
三世一身法	35
三跡	47
三大事件建白運動	161
山東出兵	202
三筆	43
サン＝フェリペ号事件	100
サンフランシスコ平和条約	227
讒謗律	158
自衛隊	228
紫衣事件	105
四国艦隊下関砲撃事件	145
鹿ヶ谷の陰謀	57
四職	79
下地中分	65
七分積金	131
志筑忠雄	113, 136
執権政治	62
幣原喜重郎	193, 195, 202
地頭	56, 60, 64, 65
持統天皇	21, 27
シドッチ	136
支払猶予令	204
渋川春海	125
渋沢栄一	152
シベリア出兵	191
シーボルト	136
島崎藤村	184, 215
島津斉彬	135
島原の乱	112
持明院統	76
四民平等	154
ジーメンス事件	189
霜月騒動	69
下関条約	171
シャクシャイン	111
朱印船貿易	110, 112
集会条例	159
重要産業統制法	205
守護	60, 78
守護請	78
守護大名	78, 79
朱子学	124, 131, 137
書院造	88
荘園	35, 48, 49, 54, 65
松下村塾	137
承久の乱	62
正倉院宝庫	37
正長の徳政一揆	83
上知令	134
聖徳太子	23, 24, 26
尚巴志	81
昌平坂学問所	137
聖武天皇	32, 34, 36
定免法	128
生類憐みの令	117
昭和恐慌	205
白樺派	198
白河天皇	54
新貨条例	152
新古今和歌集	71
壬午軍乱	170
真珠湾奇襲	218
壬申戸籍	154
壬申の乱	27
薪水給与令	142
神仏分離令	151
新補地頭	63
親鸞	70
推古天皇	22, 23, 36
枢密院	162

菅原道真	42, 45, 46, 73	
杉田玄白		136
調所広郷		135
鈴木貫太郎	210, 219	
角倉了以		121
世阿弥		87
征夷大将軍	40, 60, 77	
征韓論	156, 158	
清少納言		46
青鞜社		197
西南戦争	158, 160	
清和源氏		50
世界恐慌		208
関ヶ原の戦い	101, 104	
石油危機	232, 233	
雪舟		88
前九年合戦	50, 59	
全国水平社		197
千利休	99, 102, 103	
前方後円墳	13, 16, 20	
宗祇	88, 89	
惣村	82, 89	
僧兵		55
惣領		64
蘇我入鹿		26
蘇我馬子	22, 23, 24	
租	31, 49	
尊王攘夷	136, 144	

た行

第一次護憲運動		189
第一次世界大戦		190
大覚寺統		76
大学令		198
大化改新		26
大官大寺		28
大逆事件	181, 188, 196	
大教宣布の詔		151
太閤検地		99
醍醐天皇		45
第五福竜丸事件		228
大正政変		189
大正デモクラシー		196
大政奉還		146
大政翼賛会		217
大仙陵古墳		16
大東亜共栄圏		216
第二次世界大戦		216
大日本帝国憲法		162
代表越訴型一揆		129
大仏造立の詔		34
太平記		86
太平洋戦争		218
大宝律令		30
大犯三カ条		78
平清盛	51, 56	
平重盛	56, 73	
平忠常		50
平忠盛		51
平将門	50, 59	
多賀城	33, 40	
高杉晋作	144, 146	
高野長英		132
高橋是清	194, 204, 208, 210	
高向玄理	23, 26	
滝川事件		211
武野紹鷗		88
大宰府		30
足高の制		128
橘奈良麻呂		34
橘諸兄	34, 35	
田荘	17, 26	
田中角栄	232, 233	
田中義一	195, 197, 202, 204	
田中正造		181
谷崎潤一郎	198, 215	
田沼意次	122, 130	
為永春水	134, 138	
団琢磨		207
治安維持法		197
近松門左衛門		126
蓄銭叙位令		33
地租改正		152
秩父事件		160
秩禄処分		154
中尊寺金色堂		58
鳥獣戯画		59
長州藩	135, 144	
町人請負新田		118
徴兵令		154
鎮守府	33, 40	
鎮西探題		69
土一揆	82, 83	
坪内逍遙	184, 185	
徒然草		71
帝紀	19, 36	
帝国議会		164
鉄砲伝来		94
寺請制度		105
寺内正毅	176, 190, 191	
寺島宗則		168
天智天皇	27, 29	
天正遣欧使節		95
天皇機関説	196, 211	
田畑永代売買の禁止令	108, 152	
田畑勝手作りの禁		108
天平文化		36
天賦人権論		155
天保の改革	134, 138	
天保の飢饉		133
天武天皇	21, 27, 36	
天明の飢饉	129, 130, 131	
問屋		121
問屋制家内工業		129
道鏡		35
道元		70
唐招提寺	36, 37	
東条英機	210, 218, 222	
統帥権干犯問題		203
東大寺	33, 37, 72	

棟梁	50	
徳川家定	144	
徳川家斉	131, 133, 134	
徳川家光	112	
徳川家康	96, 104, 122	
徳川綱吉	116, 124	
徳川斉昭	135, 137, 144	
徳川慶喜	146	
徳川吉宗	128, 136	
得宗	63, 67, 69	
徳富蘇峰	169, 215	
鳥羽・伏見の戦い	147	
富岡製糸場	153, 179	
伴造	17	
豊臣秀吉	98, 100, 111	
渡来人	18, 24	
虎の門事件	194	

な行

中江兆民	155, 165, 174
中江藤樹	125
長崎貿易	113, 117, 130
中先代の乱	77
中臣鎌足	26
中大兄皇子	26
長屋王の変	34
夏目漱石	184
生麦事件	144
鳴滝塾	136
南都六宗	36
南蛮貿易	94
西川如見	136
西田幾多郎	198
二十一カ条の要求	190
二条良基	86
日英通商航海条約	169
日英同盟	174, 190, 193
日独伊三国同盟	217
日独共協定	212
日米安全保障条約	227
日米修好通商条約	143

日米和親条約	142
日明貿易	80
日蓮	70
日露協約	177, 190
日露戦争	174, 179
日韓協約	176
日光東照宮	124
日親	89
日清修好条規	157
日清戦争	170, 179
日宋貿易	57, 68
日ソ中立条約	218
日中平和友好条約	233
日朝修好条規	156, 170
二・二六事件	162, 210
日本銀行	160
日本国憲法	224
日本書紀	19, 24, 36
日本製鉄会社	209
二毛作	66
人足寄場	131
農業基本法	230
農地改革	223
野口英世	198

は行

配給制	214
廃刀令	154
廃藩置県	150, 159
萩の乱	158
白村江の戦い	27
白鳳文化	28
ハーグ密使事件	176
場所請負制度	111
八月十八日の政変	144
バテレン追放令	98, 100
鳩山一郎	229
塙保己一	136
埴輪	20, 21
浜口雄幸	203, 204
林子平	131

林鳳岡(信篤)	117, 124
林羅山	124
原敬	193, 194, 198
ハリス	143, 144
藩学(藩校)	137
蛮社の獄	132
半済	78
版籍奉還	150
班田収授法	26, 31
東山文化	88
菱川師宣	127
人返しの法	134
人掃令	99
日比谷焼打ち事件	175
卑弥呼	13
平等院鳳凰堂	45, 47
平田篤胤	136
平塚らいてう	197
平沼騏一郎	216
広田弘毅	210, 212, 222
琵琶法師	71
フェートン号事件	132
フェノロサ	28, 185
福沢諭吉	155, 170
福島事件	160
武家諸法度	104, 116, 117
武士団	50
藤原京	27, 28
藤原清衡	50, 58
藤原薬子	41
藤原定家	62, 71
藤原純友	50
藤原隆信	73
藤原仲麻呂	30, 34
藤原広嗣	34
藤原不比等	30, 34
藤原冬嗣	41
藤原道長	45
藤原基経	44
藤原良房	44
藤原頼通	45, 47

譜　代	104, 107, 112	
二葉亭四迷	184	
普通選挙法	197	
仏教伝来	19	
風土記	36	
太占の法	21	
船成金	191	
富本銭	27	
不輸・不入	48	
フランシスコ＝ザビエル	95	
プロレタリア文学	198	
文官任用令	172	
文久の改革	144	
分国法	90	
文明開化	155	
文禄の役	101	
平安京	40	
平家物語	71	
平治の乱	56	
平城京	32	
平城天皇	41	
兵農分離	97, 99	
平民社	174	
ペリー	142	
変動相場制	232	
ボアソナード	163	
保安条例	161	
封建制度	61	
保元の乱	56	
北条貞時	67, 69	
北条早雲	90	
北条高時	76	
北条時宗	69, 72	
北条時頼	63, 72	
北条政子	60, 62	
北条泰時	63	
北条義時	62	
法　然	70, 71, 73	
法隆寺	24, 25, 28, 29, 37	
宝暦事件	137	
戊辰戦争	146, 151	
細川勝元	84	
法華宗	89	
堀田正睦	143	
ポツダム宣言	219	
ポーツマス条約	175, 176	
堀越公方	85, 90	
本多利明	137	
本能寺の変	96	

ま行

前島密	153	
前野良沢	136	
枕草子	46	
正岡子規	184	
松岡洋右	207, 218	
松尾芭蕉	126, 138	
松方正義	159, 160	
松平定信	131	
松前氏	81, 111	
マニュファクチュア	134	
間宮林蔵	132	
満州国	207	
満州事変	206	
万葉集	29, 36	
水野忠邦	134	
南満州鉄道株式会社	176, 188	
源実朝	62, 71	
源義経	60	
源頼家	62	
源頼朝	60, 62, 73, 86	
源頼信	50	
美濃部達吉	196, 211	
身分統制令	99	
屯　倉	17, 26	
三宅雪嶺	169, 180	
宮崎安貞	118, 125	
民撰議院設立の建白書	158	
民本主義	196	
夢窓疎石	87	
陸奥宗光	169, 171	
棟別銭	79	
村方騒動	129	
村上天皇	45	
紫式部	46	
村田珠光	88	
村田清風	135	
明治十四年の政変	159	
明六社	155, 158	
明和事件	137	
目安箱	128	
最上徳内	130, 132	
本居宣長	136	
森有礼	155, 182	
森鷗外	184	
モリソン号事件	132	

や行

八色の姓	27	
薬師寺	28, 29, 33, 37, 43	
八幡製鉄所	179	
山鹿素行	125	
山県有朋	154, 164, 172	
山崎闇斎	124	
山背大兄王	26	
山城の国一揆	85	
邪馬台国	13	
ヤマト政権	16, 18, 22	
山名持豊（宗全）	84	
山本権兵衛	189, 194	
雄　藩	135, 146	
湯島聖堂	117, 131, 137	
遙　任	49	
横浜正金銀行	178	
横山大観	199	
与謝野晶子	175, 184	
吉田兼俱	88	
吉田茂	224, 227	
吉田松陰	137	
吉野作造	196	

☆17

寄親・寄子制⋯⋯⋯⋯90	柳条湖事件⋯⋯⋯⋯206	ロンドン海軍軍縮条約⋯⋯⋯⋯203, 207

ら行

楽　市⋯⋯⋯⋯91, 97
ラクスマン⋯⋯⋯⋯132
立憲政友会⋯⋯⋯⋯172, 206, 217
立志社⋯⋯⋯⋯158
リットン⋯⋯⋯⋯207
琉球王国⋯⋯⋯⋯81, 157
琉球処分⋯⋯⋯⋯157

令外官⋯⋯⋯⋯41
領事裁判権⋯⋯⋯⋯169
レザノフ⋯⋯⋯⋯132
連合国軍最高司令官総司令部（GHQ）⋯⋯⋯⋯222, 225
蓮　如⋯⋯⋯⋯89
ロエスレル⋯⋯⋯⋯162, 163
六波羅探題⋯⋯⋯⋯63, 76
盧溝橋事件⋯⋯⋯⋯213

わ行

獲加多支鹵大王⋯⋯⋯⋯16
若槻礼次郎⋯⋯⋯⋯195, 204, 206
和気清麻呂⋯⋯⋯⋯35, 40
倭　寇⋯⋯⋯⋯80
渡辺崋山⋯⋯⋯⋯132
和同開珎⋯⋯⋯⋯33

執筆者　岡本　晶　　新出　高久　　中村　岳人　ほか

写真所蔵・提供・協力一覧（敬称略・五十音順）
一乗寺／円覚寺／沖縄県／沖縄県公文書館／沖縄県立博物館／表千家／川端康成記念会／北野天満宮／宜野湾市／共同通信社／宮内庁京都事務所／宮内庁三の丸尚蔵館／興福寺／神戸市立美術館／広隆寺／国文学研究資料館／国立国会図書館／埼玉県立さきたま史跡の博物館／（社）佐賀県観光連盟／佐賀県立名護屋城博物館／サントリー美術館／滋賀県近江八幡市／四天王寺／勝林寺／神護寺／真正極楽寺／清浄光寺／田原市博物館／東寺／東京国立博物館／東京大学史料編纂所／東大寺／東北歴史博物館／十日町市博物館／徳川記念財団／徳川美術館／西本願寺／日本近代文学館／難波別院／根津美術館／平等院／法隆寺／妙心寺退蔵院／明治新聞雑誌文庫／MOA美術館／輪王寺／鹿苑寺　ほか

本書に関する最新情報は，当社ホームページにある本書の「サポート情報」をご覧ください。（開設していない場合もございます。）

高校／最重要事項100％　図解日本史

編著者　**高校社会科研究会**
　　　　藤田　雅之(他, 上記)
発行所　**受験研究社**
発行者　岡　本　明　剛
　　　　©㈱　**増進堂・受験研究社**

〒550-0013 大阪市西区新町2-19-15／電話 (06)6532-1581㈹／FAX (06)6532-1588

注意 本書の内容を無断で複写・複製しますと著作権法違反となります。複写・複製するときは事前に小社の許諾を求めてください。

Printed in Japan　寿印刷・髙廣製本
落丁・乱丁本はお取り替えします。